Die gegenwärtige Kapitalkonzentration in Europa und die Zukunft der Wettbewerbsordnung

D1677187

Studien der Bremer Gesellschaft für Wirtschaftsforschung e.V.

Herausgegeben von
Alfons Lemper und Rolf W. Stuchtey

Band 10

PETER LANG

Frankfurt am Main · Berlin · Bern · Bruxelles · New York · Oxford · Wien

Eva-Maria Kinner

Die gegenwärtige Kapitalkonzentration in Europa und die Zukunft der Wettbewerbsordnung

PETER LANG
Europäischer Verlag der Wissenschaften

Die Deutsche Bibliothek - CIP-Einheitsaufnahme

Kinner, Eva-Maria:

Die gegenwärtige Kapitalkonzentration in Europa und die
Zukunft der Wettbewerbsordnung / Eva-Maria Kinner. -
Frankfurt am Main ; Berlin ; Bern ; Bruxelles ; New York ;
Oxford ; Wien : Lang, 2002
    (Studien der Bremer Gesellschaft für
    Wirtschaftsforschung e.V. ; Bd. 10)
    Zugl.: Bremen, Univ., Diss., 2002
    ISBN 3-631-39800-X

Gedruckt auf alterungsbeständigem,
säurefreiem Papier.

D 46
ISSN 0937-6283
ISBN 3-631-39800-X

© Peter Lang GmbH
Europäischer Verlag der Wissenschaften
Frankfurt am Main 2002
Alle Rechte vorbehalten.

Printed in Germany 1 2 3 4 5   7

www.peterlang.de

Vorwort des Herausgebers

Die Unternehmenslandschaft in Europa, aber auch im nichteuropäischen Ausland, insbesondere in den USA, befindet sich in jüngerer Zeit, namentlich seit den 90er Jahren des vergangen Jahrhunderts, in bisher nicht gekannten Turbulenzen. Großfusionen sind inzwischen an der Tagesordnung. Bisher einheitliche Unternehmen werden in Teile zerlegt, die dann von anderen Unternehmen aufgekauft werden. Andere Unternehmen konzentrieren sich aus Wettbewerbsgründen auf ihre sog. Kernkompetenzen und veräußern andere Unternehmensteile. Renommierte Namen verschwinden von den Börsenzetteln, andere, neue tauchen auf. Nur wenige Spezialisten sind heute in der Lage, das Beteiligungsgeflecht zu durchschauen, das sich mit einem bestimmten Namen verbindet.

All diese Vorgänge sind einesteils Folge von Wettbewerbsprozessen, andererseits erzeugen sie selbst in massiver Weise Rückwirkungen auf Wettbewerbsvorgänge. Kaum jemand traut sich heute noch verbindliche Aussagen darüber zu, ob und wieweit bei den schon bald selbstverständlichen Konzentrationsprozessen ein funktionsfähiger Wettbewerb, das Kernstück einer jeden Marktwirtschaft, noch erhalten bleibt. Nationale Kartellämter und etwa die deutsche Monopolkommission treten kaum noch in Erscheinung.

Die BREMER GESELLSCHAFT FÜR WIRTSCHAFTSFORSCHUNG E. V. möchte mit dieser Publikation eine Wahrnehmungslücke füllen und einen Beitrag dazu leisten, die Tragweite und Konsequenzen von Vorgängen zu beurteilen, die essentiell die Funktionsfähigkeit unserer marktwirtschaftlichen Ordnung berühren.

Bremen, im April 2002

Dr. Jürgen Fischer   Prof. Dr. Alfons Lemper

Vorwort der Verfasserin

Bei der vorliegenden Publikation handelt es sich um eine Dissertation, die beim Fachbereich Wirtschaftswissenschaft der Universität Bremen eingereicht und angenommen wurde.

An dieser Stelle möchte ich mich bei allen bedanken, ohne deren vielfältige Hilfe und Unterstützung die vorliegende Arbeit nicht zustandegekommen wäre.

Mein ganz besonderer Dank gilt meinem Doktorvater, Herrn Professor Dr. Alfons Lemper, für die langjährige Betreuung und die Begutachtung der Arbeit. Ebenso danke ich Herrn Professor Dr. Rolf Stuchtey für die Erstellung des Zweitgutachtens. Zu danken habe ich auch der Bremer Gesellschaft für Wirtschaftsforschung e. V. für Ihre großzügige Unterstützung.

Herzlich bedanken möchte ich mich ferner bei Herrn Dipl.-Ökonom Reiner J. Vogl für seine immerwährende Gesprächs- und Diskussionsbereitschaft. Herrn Dr. Leif Rullhusen danke ich für die kritische Durchsicht der Arbeit.

Mein ganz persönlicher Dank gilt meinem Mann, der mir in jeder Phase der Arbeit mit seinem unerschütterlichen Optimismus hilfreich zur Seite stand und mich in dieser Zeit mit viel Verständnis begleitet und mir den Rücken gestärkt hat.

Meiner Familie, insbesondere meinen Eltern, danke ich für Ihre Unterstützung in all den Jahren. Ihnen sei diese Arbeit gewidmet.

Eva-Maria Kinner

Inhaltsverzeichnis

Vorwort des Herausgebers 5
Vorwort der Verfasserin 7
Tabellenverzeichnis 13
Abbildungsverzeichnis 15
Abkürzungsverzeichnis 17

1.	**Einführung und Aufbau**	19
2.	**Theoretische Grundlagen**	21
2.1	Begriffsbestimmung	21
2.1.1	Abgrenzung des Begriffs Konzentration	22
2.1.2	Der ökonomische Begriff des Unternehmens-zusammenschlusses	23
2.1.3	Konkretisierung des Zusammenschlußbegriffs durch die wettbewerbsrechtliche Ausgestaltung	26
2.2	Aufgabe und Träger der Konzentrationsmessung in Deutschland	29
2.2.1	Zur Problematik wirtschaftlicher Konzentrationsmaße	30
2.2.2	Unzulänglichkeiten statistisch ermittelter Konzentrationsgrade ..	34
2.2.3	Aussagefähigkeit der quantitativen Konzentrationserfassung	37
3.	**Stand und Entwicklung der Konzentration in der BRD und in Europa**	41
3.1	Externes Unternehmenswachstum als Quelle der zunehmenden Vermachtung der Märkte	46
3.1.1	Geographische Ausrichtung der Akquisitionstätigkeiten	56
3.1.2	Sektorale Spezifizierung der Transaktionen	62
3.1.3	Arten der Diversifikation von Konzentrationsvorgängen	73
3.1.4	Beteiligung der Großunternehmen an den Transaktionen	81
3.1.5	Differenzierung der Transaktionen nach Zusammenschluß-tatbeständen	95
3.2	Motive externer Unternehmensstrategien	104
3.2.1	Ökonomische Motive	108
3.2.2	Außerökonomische Motive	115
3.3	Auswirkungen der Fusions- und Übernahmeaktivitäten	120
3.3.1	Beschränkung des Wettbewerbs durch Unternehmens-konzentration	123
3.3.2	Effizienzsteigernde Effekte externer Unternehmensstrategien	135

4.   Die Wettbewerbsordnung der Bundesrepublik
         Deutschland 141
4.1   Zur ordnungspolitischen Grundsatzentscheidung 141
4.2   Wettbewerbspolitik als signifikanter Sektor der
         Wirtschaftspolitik 146
→ 4.2.1   Grundlagen der Wettbewerbspolitik 146
4.2.2   Zur Begriffsbestimmung des Wettbewerbs 147
→ 4.2.3   Funktionen des Wettbewerbs 149
4.2.4   Zum Verhältnis von gesellschaftspolitischen und
         wohlfahrtsökonomischen Zielen 152
4.3   Wettbewerbstheoretische Einordnung zunehmender
         Konzentration 153
4.3.1   Das Freiheitspostulat als wettbewerbstheoretische
         Grundhaltung 155
4.3.1.1 Die Theorie des freien Wettbewerbs 155
4.3.1.2 Ordoliberalismus 158
→ 4.3.1.3 Das neoklassische Konzept der Wettbewerbsfreiheit 160
→ 4.3.1.4 Die Chicago-School of Antitrust 162
4.3.2   Wohlfahrtsmaximierung als wettbewerbstheoretische
         Grundmaxime 163
4.3.2.1 Clarks workable competition Ansatz 163
4.3.2.2 Theorie der optimalen Wettbewerbsintensität 166
4.3.3   Abschließende Würdigung 167
4.4   Kartellgesetzgebung als Rechtsbasis der Wettbewerbsordnung
         in Deutschland 168
4.4.1   Entstehung und Weiterentwicklung des Gesetzes gegen
         Wettbewerbsbeschränkung (GWB) 168
4.4.2   Aufgabenstellung des GWB 170
4.4.3   Fusionskontrolle als Achillesferse der Wettbewerbs-
         gesetzgebung 171
4.4.4   Materiellrechtliche Ausgestaltung der Fusionskontrolle
         in der Fassung der 6. Novelle 174
4.4.4.1 Informationskriterien des GWB 178
4.4.4.2 Interventionskriterien des GWB 180
4.4.5   Abschließende Beurteilung 184

5.   Die europäische Wettbewerbsordnung 187
5.1   Ausgangslage einer wettbewerbspolitisch orientierten
         Gemeinschaftsordnung 187
5.2   Zielsetzung der europäischen Wettbewerbspolitik 189
5.3   Spannungsverhältnis zwischen Wettbewerbs- und
         Industriepolitik 192

5.3.1 Ursprung und Weiterentwicklung industriepolitischer
       Einflußnahme 192
5.3.2 Ausgestaltung einer Industriepolitik 195
5.4   Das wettbewerbspolitische Instrument der Europäischen
       Fusionskontrolle 200
5.4.1 Die Entwicklung der Fusionskontrolle aus den Wettbewerbs-
       regeln des EWG-Vertrages 200
5.4.2 Grundzüge der EFKVO 205
5.4.2.1 Anwendungsbereich der Verordnung 205
5.4.2.2 Der Zusammenschlußbegriff 208
5.4.2.3 Prüfungskriterien 211
5.4.3 Verhältnis von deutscher und europäischer Fusionskontrolle 214
5.4.4 Abschließendes Resümee 216
5.5   Der Prozeß der zunehmenden Rechtsangleichung 217
5.5.1 Die Fusionskontrolle Frankreichs 219
5.5.2 Die Fusionskontrolle Italiens 222
5.5.3 Die Fusionskontrolle in Belgien 224
5.5.4 Die Fusionskontrolle in den Niederlanden 227
5.5.5 Die Fusionskontrolle Großbritanniens 228
5.5.6 Die Fusionskontrolle Spaniens 231
5.5.7 Die Fusionskontrolle in Griechenland 234
5.6   Zusammenfassung 236

6.   **Schaffung einer internationalen Wettbewerbsordnung
       als Herausforderung der Zukunft** 239
6.1   Grenzen nationaler Wettbewerbspolitik 239
6.2   Strategien für eine zukünftige internationale Wettbewerbs-
       ordnung 241
6.2.1 Konfliktstrategie 241
6.2.2 Kooperationsstrategie 242
6.2.3 Koordinationsstrategie 244
6.3   Abschließende Empfehlungen im Bemühen um eine globale
       Wettbewerbsordnung 248

7.   **Zusammenfassung und Schlußfolgerungen** 251

Literaturverzeichnis 255

Tabellenverzeichnis

Tabelle 1: Aufteilung der Gesamtzahl der Finanzoperationen im Zeitraum zwischen 1984/85 und 1991/92 in rein nationale, gemeinschaftliche und internationale Fälle (Industrie und Dienstleitungen) 56

Tabelle 2: Überblick über Anzahl und Anteil der Transaktionen in der Industrie von 1984/85 bis 1991/92, aufgeteilt in rein nationale, gemeinschaftliche und internationale Operationen 58

Tabelle 3: Die führenden Pharmakonzerne der Welt 69

Tabelle 4: Aufteilung der beim BkartA angezeigten Anzahl von Zusammenschlüssen in der BRD zwischen 1973 und 1998 nach der Diversifikationsrichtung 77

Tabelle 5: Häufigkeit der Beteiligungen der Unternehmen aus dem Kreis der "100 Größten" an der Gesamtzahl der Unternehmenszusammenschlüsse unterteilt nach Ranggruppen in den Jahren 1973-1999 87

Tabelle 6: Gliederung der beim BkartA angezeigten Zusammenschlüsse nach Umsatz 88

Tabelle 7: Unterteilung der Zusammenschlüsse nach Umsätzen der Käufer und der Verkäufer 89/90

Tabelle 8: Anzahl und Anteil der Zusammenschlüsse in der Industrie in den einzelnen Größenklassen 94

Tabelle 9: Struktur der beim BKartA angezeigten Zusammenschlüsse nach der Art der Zusammenschlußtatbestände 96

Abbildungsverzeichnis

Abbildung 1:   Übersicht der am häufigsten in der Literatur
genannten Konzentrationsmaße 32

Abbildung 2:   Fusionswellen in den Vereinigten Staaten 42

Abbildung 3:   Überblick der beim Bundeskartellamt angezeigten Zusammenschlüsse während des
Zeitraums 1973-1998 49

Abbildung 4:   Überblick über die Gesamtzahl der Finanzoperationen (Fusionen, Übernahmen, Beteiligungen sowie Gründungen von Gemeinschaftsunternehmen) in den Jahren 1984/85 bis 1991/92,
an denen jeweils mindestens ein Unternehmen
gemeinschaftsweiter Dimension beteiligt war 52

Abbildung 5:   Entwicklung der Anzahl angemeldeter Fusionsvorhaben bei der Europäischen Kommission
seit Einführung der Europäischen Fusionskontrollverordnung 54

Abbildung 6:   Wichtigste Target- und Käuferländer 1999 .... 59/60

Abbildung 7:   Absolute Transaktionshäufigkeit in den Top-
Käufer und -Targetbranchen des Verarbeitenden
Gewerbes der BRD von 1973-1994 64

Abbildung 8:   Absolute Transaktionshäufigkeit in der deutschen
Maschinenbaubranche in den Jahren 1985-1998
nach den beim BKartA angezeigten Zusammen-
schlüssen 65

Abbildung 9:   Pharma-Industrie: Allianzen, Beteiligungen, Übernahmen 68

Abbildung 10:   Vergleich der kumulierten abnormalen Renditen
bei Inlandszusammenschlüssen deutscher Unternehmen nach Richtung der Diversifikation 76

Abbildung 11:   Die größten Fusionen und Übernahmen mit
deutscher Beteiligung in den Jahren 1998-2000 84

Abbildung 12:   Kaufpreisentwicklung (in Mrd. DM) von Unternehmensübernahmen mit Beteiligung deutscher
Unternehmen 85

Abbildung 13:   Aufgliederung der Fusionen nach Unternehmens-
                größe 93

Abbildung 14:   Übernahmen, Minderheitsbeteiligungen und
                Gründung gemeinsamer Tochtergesellschaften
                (Anzahl der Transaktion, Aktivitäten der 1000
                führenden europäischen Konzerne) 97

Abbildung 15:   Aufgliederung nach Art der Vorhaben (1992-1999) 98

Abbildung 16:   Beweggründe (bzw. deren prozentuale Aufteilung)
                für Zusammenschlüsse im Berichtsjahr 1991/92 106

Abbildung 17:   Matrix für das Management eines Portfolio
                von Unternehmen 111

Abbildung 18:   Systematik der Wettbewerbsbeschränkungen
                und ihre wettbewerbspolitische Behandlung
                anhand der gesetzlichen Regelungen des GWB 127

Abbildung 19:   Zusammenfassung der wesentlichen positiven
                Wirkungen der Unternehmenskonzentration 136

Abbildung 20:   Kriterien der workability-Ansätze 165

Abbildung 21:   Novellierungen des GWB 173

Abbildung 22:   Die wesentlichen Änderungen der Aufgreif- und
                Eingreifkriterien im Rahmen der 6. Novelle im
                Vergleich zur bisherigen rechtlichen Ausgestaltung ... 176/177

Abkürzungsverzeichnis

a.a.O.	am angegebenen Ort
ABl	Amtsblatt
Abb.	Abbildung
Abs.	Absatz
Abschn.	Abschnitt
a.F.	alte Fassung
AG	Die Aktiengesellschaft (Zeitschrift)
AktG	Aktiengesetz
Art.	Artikel
Aufl.	Auflage
BB	Betriebsberater (Zeitschrift)
BEF	Belgische Franc
BGBl	Bundesgesetzblatt
BGH	Bundesgerichtshof
BKartA	Bundeskartellamt
BMWI	Bundesministerium für Wirtschaft
BP	Britisches Pfund
BT-DS	Bundestagsdrucksache
DB	Der Betrieb (Zeitschrift)
ECU	European Currency Unit
EEA	Einheitliche Europäische Akte
EFKVO	Europäische Fusionskontrollverordnung
EuGH	Europäischer Gerichtshof
EuR	Europarecht (Zeitschrift)
EuZW	Europäische Zeitschrift für Wirtschaftsrecht
EG	Europäische Gemeinschaft
EU	Europäische Union
EUR	Euro
et al	und andere
EWG	Europäische Wirtschaftsgemeinschaft
EWGV	Vertrag zur Europäischen Wirtschaftsgemeinschaft
EWR	Europäischer Wirtschaftsraum
FAZ	Frankfurter Allgemeine Zeitung
FF	Französische Franc
FKVO	Fusionskontrollverordnung
FS	Festschrift
GATT	General Agreement on Tarifs and Trade
GU	Gemeinschaftsunternehmen
GWB	Gesetz gegen Wettbewerbsbeschränkungen

HB	Handelsblatt
HG	Hauptgutachten
Hrsg.	Herausgeber
hrsg.	herausgegeben
Jg.	Jahrgang
JuS	Juristische Schulung (Zeitschrift)
LDC	Ley de denfensa de la competencia (Spanisches Kartellrecht)
LBO	Leveraged Buy-Out
M&A	Mergers and Acquisitions
m. E.	meines Erachtens
MK	Monopolkommission
MMC	Monopolies and Merger Commission
MOEL	Mittel- und osteuropäische Länder
n.F.	neue Fassung
NLG	Niederländische Gulden
NZZ	Neue Zürcher Zeitung
o. Jg.	ohne Jahrgang
o. S.	ohne Seitenangabe
o. V.	ohne Verfasser
OECD	Organisation for Economic Cooperation and Developement
OR	Osteuropa-Recht (Zeitschrift)
RIW	Recht der Internationalen Wirtschaft (Zeitschrift)
Tab.	Tabelle
Tz	Textziffer
v. H.	von Hundert
Vgl.	Vergleiche
VO	Verordnung
WiSt	Wirtschaftswissenschaftliches Studium (Zeitschrift)
WISU	Das Wirtschaftsstudium (Zeitschrift)
WiWo	Wirtschaftswoche (Zeitschrift)
WuW	Wirtschaft und Wettbewerb (Zeitschrift)
WTO	World Trade Organization
ZfB	Zeitschrift für Betriebswirtschaft
Zfbf	Zeitschrift für betriebswirtschaftliche Forschung und Praxis (Zeitschrift)
ZRP	Zeitschrift für Rechtspolitik

1. Einführung und Aufbau

Das vergangene Jahrzehnt war gekennzeichnet durch eine tiefgreifende wirtschaftliche Umstrukturierung sowohl europa- als auch weltweit. Das Zusammenwachsen der Märkte als Ergebnis nachhaltiger Integrationsbemühungen, die vielfältigen Deregulierungen und die stetig fortschreitende Liberalisierung der Märkte, die technische Entwicklung, insbesondere im Bereich der Telekommunikation und im Transportwesen, schafften Möglichkeiten der unternehmerischen Zusammenarbeit, welche nur wenige Jahre vorher kaum vorstellbar waren. Diese Veränderungen brachten neue Chancen, gleichzeitig aber auch große Herausforderungen für die Unternehmen. So ist im Ergebnis eine deutliche Intensivierung des Wettbewerbs auf globaler Ebene, vor allem aber im europäischen Wirtschaftsraum, zu verzeichnen, welche die Unternehmen zu erheblichen Anpassungen zwang.

Die Reaktionen der Unternehmen auf die verschärfte Konkurrenzsituation waren unter anderem Umstrukturierungen, Ausgliederungen, Neugründungen, in erster Linie aber eine äußerst rege Fusionstätigkeit. Dabei ist weder das Phänomen der Unternehmenszusammenschlüsse an sich noch seine Motivation und Argumentation neu. Bereits im Vorfeld der Vollendung des Binnenmarktes wurden verstärkt Fusionen und Übernahmen mit der Begründung getätigt, eine gewisse Größe und Marktmacht sei erforderlich, um die Chancen des größeren Marktes nutzen zu können und den Bedingungen des erweiterten Marktes gewachsen zu sein. Seinerzeit mußte von vielen Unternehmen der Übergang vom nationalen zum europäischen Markt bewerkstelligt werden. Zudem erkannte man, daß Fusionen und Übernahmen als Mittel zum schnellen Eintritt in neue Märkte, zur Sicherung und zum Ausbau der dortigen Marktpositionen meist besser geeignet sind als langfristiges internes Wachstum.

Heutzutage haben viele Unternehmen den globalen Markt im Blick. Die gegenwärtige Fusionstätigkeit weist allerdings einige Besonderheiten auf und stellt sich anders dar, als gemeinhin gewohnt. Im Gegensatz zu früheren Jahren haben diese Zusammenschlüsse nicht nur verstärkt internationalen Charakter, sondern betreffen alle Branchen gleichermaßen. Ein weiteres Merkmal der Entwicklung der 90er Jahre ist die Intensität der Fusionstätigkeit, sowohl an der Anzahl als auch am Transaktionsvolumen gemessen. Insbesondere die starke Zunahme von "Megafusionen" und das Aufkommen des - bis in die jüngste Vergangenheit hinein in Europa kaum gekannten - Phänomens der feindlichen Übernahmeschlachten, sind Ausdruck einer einschneidenden Umgestaltung der Wirtschaftslandschaft, die bislang undenkbar gewesen war. Bekannte Unternehmen werden innerhalb kürzester Zeit zusammengeführt, restrukturiert und umbenannt. Nicht selten werden im Anschluß dieser Prozesse Teile der Unternehmen

abgespalten und ausgegliedert, sobald diese nicht mehr zu den Kernkompetenzen des neuen Unternehmensverbundes passen. Die Tendenz zur Internationalisierung hat zur Folge, daß die meisten großen Unternehmen heute
völlig anders aussehen als noch vor wenigen Jahren. Das Zusammenrücken
Europas, vor allem aber das unter dem Begriff Globalisierung verstandene
engere Zusammenrücken der einzelnen Nationalökonomien haben ihre Wirkung
nicht verfehlt. Auch wenn die Folgen dieses Wandels nicht immer von allen
Seiten begrüßt werden, treiben aber eben diese Veränderungen die Entwicklung
immer weiter voran und verändern so die Rahmenbedingungen unseres Wirt-
schaftens.

Selbst wenn erste Anzeichen und die Erfahrungen aus der Vergangenheit darauf
schließen lassen, daß es sich bei der jetzigen Periode verstärkter Fusionstätigkeit um eine Welle handelt, die nach einigen Jahren wieder abebben wird und
Steigerungsraten, wie wir sie in der zweiten Hälfte der neunziger Jahre erlebt
haben, nicht von Dauer sind, bleiben die Fragen nach einer eindeutigen Bewertung dieses Fusionsgeschehens und seiner Konsequenzen sowohl in wettbewerbspolitischer als auch wettbewerbsrechtlicher Hinsicht. Diese gilt es in
den nachfolgenden Ausführungen zu beantworten.

Die vorliegende Arbeit gliedert sich dabei in fünf Teilabschnitte. Das einlei-
tende Kapitel widmet sich der Problematik einer eindeutigen Begriffsabgrenzung und der Schwierigkeit einer exakten statistischen Konzentrationserfassung. Im folgenden Abschnitt erfolgt die Analyse der jüngeren Kapitalkonzentration in der Bundesrepublik Deutschland und in Europa sowie ihrer
Ursachen und Folgen für den Wettbewerb. Die Gliederungspunkte 4 und 5 beschäftigen sich mit den wettbewerbspolitischen Instrumentarien in Deutschland
und Europa und deren wettbewerbstheoretischer Fundierung sowie ihrer Eignung hinsichtlich der Konzentrationsproblematik. Das abschließende Kapital
befaßt sich mit der Frage der Möglichkeit und Erfolgswahrscheinlichkeit der
Schaffung einer internationalen Wettbewerbsordnung.

2. Theoretische Grundlagen

2.1 Begriffsbestimmung

In der wirtschaftswissenschaftlichen Literatur wird seit dem Aufkommen des ökonomischen Begriffs der Konzentration im vorigen Jahrhundert[1] der Versuch einer allgemein akzeptierten Umschreibung dieses Terminus unternommen. Trotz aller Bemühungen fehlt aber bis dato ein geschlossener Erklärungsansatz. Die Unbestimmtheit des Konzentrationsbegriffs liegt in den heterogenen Vorstellungen begründet, die mit diesem Wort in Verbindung gebracht werden, was durch die im Verlauf der Entwicklung zunehmende Ausdehnung des Anwendungsbereiches auf andere Erscheinungen und neue Sachverhalte noch verstärkt wurde. Hinsichtlich der Vielschichtigkeit und Komplexität der Bezeichnung "Konzentration"[2] ist eine gewisse definitorische Abgrenzung und Einordnung unumgänglich. Als allgemeinste Ausgangsbasis dazu eignet sich die auf wirtschaftliche Tatbestände häufig angewandte "weite" Definition von Arndt/Ollenburg, wonach Konzentration als "Ballung ökonomischer Größen"[3] bezeichnet wird. Diese ermöglicht es, den Blickwinkel entsprechend der jeweiligen Fragestellung der Untersuchung einzurichten und somit eine für die nachfolgenden Ausführungen operationale Umschreibung bereitzustellen.

---

1 Vgl. Arndt, Helmut/Ollenburg, Günter: Begriff und Arten der Konzentration, in: Arndt, Helmut (Hrsg.): Die Konzentration in der Wirtschaft, 1. Band, 2. Auflage, Berlin 1971, S. 3.

2 Obwohl es in erster Linie Marx war, der den Begriff der Unternehmenskonzentration in die Wissenschaft eingeführt hat, sei vorab angemerkt, daß Konzentration bzw. Kapitalkonzentration in der folgenden Abhandlung nicht in seinem Sinne - Marx unterscheidet zwei Aspekte der Konzentration: Zum einen das Anwachsen einzelner Unternehmenseinheiten, das er "Akkumulation des Kaptials" nennt; zum anderen die Vereinigung verschiedener Unternehmenseinheiten in einer Hand, die "Zentralisation der Kapitale", vgl. Marx, Karl: Das Kapital, Band 1, 33. Auflage, Berlin 1989, Kapitel 23 und 24 - verstanden, sondern im Sinne der traditionellen bürgerlichen Autoren verwendet wird. Zu den einzelnen Erklärungs- und Definitionsansätzen siehe Arndt Helmut/Ollenburg Günter: a.a.O., S. 1ff; Woll, Artur (Hrsg.): Wirtschaftslexikon, 4. Auflage, München 1990, S. 416; o. V.: Vahlens Großes Wirtschaftslexikon, Band 1, A-K, München 1987, S. 1069f; Grochla, Erwin/Wittmann, Waldemar (Hrsg.): Konzentration, in: Handwörterbuch der Betriebswirtschaft, Band 1, Stuttgart 1975, S. 2221; o. V.: Konzentration, in: Handwörterbuch der Wirtschaftswissenschaften, Band 4 (Han-Kre), Stuttgart 1978, S. 540ff.

3 Ausführlicher hierzu vgl. Arndt, Helmut/Ollenburg, Günter: a.a.O., S. 7; Gunzert, Rudolf (Hrsg.): Was ist Konzentration?, in: Wirtschaftssoziologische Studien, Frankfurt/Main 1960.

2.1.1 Abgrenzung des Begriffs Konzentration

Ballungen bzw. Verdichtungen können sich im Prinzip in den verschiedenen ökonomischen Bereichen vollziehen. Nicht nur bei Betrieben und Unternehmen, sondern auch bei Einkommen, Vermögen, Beschäftigten, Standorten usw. treten Konzentrationen auf, und dementsprechend lassen sich auch spezielle Konzentrationsbegriffe bilden. Im Mittelpunkt des wirtschafts- und wettbewerbspolitischen Interesses steht dabei die Unternehmenskonzentration, auch als Konzentration im Sinne der Verdichtung der Verfügungsgewalt über Real-, Sach- und Humankapital verstanden, da hiervon unmittelbare Wirkungen auf die freiheitliche, dem marktwirtschaftlichen Prinzip des Wettbewerbs beruhende Wirtschaftsordnung ausgehen.

Die Ausweitung des wirtschaftlichen Herrschaftsbereiches[4] eines Unternehmens[5] als Prozeß im Zeitablauf ist sowohl gekennzeichnet durch den Rückgang der Zahl selbständiger Unternehmen am Markt (sog. absolute Konzentration), als auch durch den Anstieg der Anteile der größten Unternehmen am Markt, d.h. einer Ungleichverteilung der Anteile auf die Zahl der Unternehmen (sog. relative Konzentration bzw. Zunahme der Disparität).[6]

Der Konzentrationsprozeß geht folglich mit einer Wandlung der wirtschaftlichen Struktur einher, in dessen Verlauf die Zahl der selbständigen Unternehmen am Markt abnimmt, bzw. sich die Anteile der am Markt agierenden Unternehmen ungleich verteilen. Wie dieser Prozeß allerdings zustande kam, darüber gibt die Konzentrationsbegutachtung keine Auskunft.

Von entscheidender Bedeutung ist daher die Frage, auf welchem Weg die Konzentration zustande kam. Dem Unternehmen stehen zwei Expansionsmöglichkeiten offen. Zum einen sei die Option des externen Wachstums genannt, d.h. Unternehmenswachstum durch Zusammenschluß bzw. Angliederung eines oder mehrerer bisher selbständiger Unternehmen. Bei dieser Art entstehen keine neuen Produktionseinheiten, sondern es verbinden sich am Markt etablierte Unternehmen oder Unternehmensteile zu einer neuen Einheit. Zum anderen steht dem Unternehmen die Alternative zur Verfügung, durch den Ausbau

---

4   Vgl. Sohn, Karl-Heinz: Phänomenologie der wirtschaftlichen Konzentration, in: Barnickel, Hans-Heinrich (Hrsg.): Probleme der wirtschaftlichen Konzentration, Darmstadt 1975, S. 106f.

5   Im folgenden werden die Begriffe Unternehmer, Unternehmen und Unternehmung synonym gebraucht.

6   Vgl. Herdzina, Klaus: Wettbewerbspolitik, 2. überarbeitete Auflage, Stuttgart 1987, S. 170.

eigener Betriebe und Unternehmen, bzw. die Neuerrichtung ganzer Betriebe oder Unternehmen, zu wachsen. Es handelt sich dabei im Gegensatz zum externen Wachstum, das sprunghaft verläuft, meist um ein kontinuierliches Größerwerden des Unternehmens. Beim internen Wachstum werden also keine bereits vorhandenen selbständigen Unternehmen oder deren Teile zusammengeführt, sondern es werden neue Betriebe und Unternehmen im Rahmen eines bereits bestehenden Unternehmens errichtet.[7]

Obwohl die Konzentrationsdiskussion beide Arten des Zustandekommens umfaßt, spielt auf wettbewerbspolitischer Ebene der Fall des internen Wachstums eine sekundäre Rolle, weshalb von diesem im folgenden weitgehend abstrahiert wird. Im Mittelpunkt nicht nur der sich anschließenden Ausführungen, sondern der Wirtschafts- und Wettbewerbspolitik allgemein stehen die externen Wachstumswege der Unternehmen, die hauptsächlich für die Konzentrationsentwicklung der westlichen Industrieländer verantwortlich zeichnen.[8]

2.1.2 Der ökonomische Begriff des Unternehmenszusammenschlusses

Unter Unternehmenszusammenschlüssen[9] sind alle Formen der Vereinigung von zwei oder mehr Unternehmen zu verstehen, wobei das entscheidende Krite-

---

7   Vgl. Haager, Klaus: Die konglomerate Konzentration als Problem der Wettbewerbspolitik, Dissertation, Marburg 1971, S. 4.

8   „Studies from the UK find out, that mergers have contributed to upwards of 50 percent of the increase in concentration over the relevant study periods and company samples". Jacquemin, Alexis et al: Merger and Competition Policy in the European Community, Cambridge, Massachusetts 1990, S. 73.

9   Ähnlich wie bei der Definition von Konzentration wird die Begriffsabgrenzung auch hier unterschiedlich "weit" vorgenommen. Während für die meisten Autoren ein Unternehmenszusammenschluß untrennbar mit dem Verlust der wirtschaftlichen Selbständigkeit wenigstens eines der beteiligten Unternehmen verbunden ist, impliziert ein Unternehmenszusammenschluß für andere auch den Fall der Unternehmenskooperation, bei dem die rechtliche und wirtschaftliche Selbständigkeit der Unternehmen prinzipiell erhalten bleibt bzw. die wirtschaftliche Selbständigkeit nur partiell eingeschränkt wird. Vgl. z.B. Ihrig, Falk: Strategische Allianzen, in: WiSt 1/91, Jg. 20, S. 29. Mit der Vielfalt der Erscheinungsformen von Unternehmenszusammenschlüssen befaßt sich auch Pausenberger, Ehrenfried: Zur Systematik von Unternehmenszusammenschlüssen, in: WISU 11/89, Jg. 18, S. 621ff.

rium[10] für den konzentrativen Charakter der Verlust der wirtschaftlichen Selbständigkeit wenigstens eines der beteiligten Unternehmen ist.

Im Hinblick auf ihre wettbewerbspolitischen Auswirkungen werden die Zusammenschlüsse nach ihrer Diversifikationsrichtung und nach dem Grad der Bindungsintensität unterschieden. Nach der Richtung, in der sich Unternehmen auf den verschiedenen Produktionsstufen zusammenschließen, differenziert man zwischen Vereinigungen horizontaler und vertikaler Art. Erstere liegt vor, wenn sich Unternehmen des gleichen oder ähnlichen[11] Tätigkeitsbereiches miteinander verbinden. Schließen sich Firmen der vor- oder nachgelagerten Produktionsstufen zusammen, spricht man von vertikaler Integration.[12] Die Restgruppe bilden die konglomeraten Zusammenschlüsse, die weder auf dem gleichen Markt tätig sind, noch in einem Käufer-Verkäufer-Verhältnis zueinander stehen.[13] Von entscheidender Bedeutung für die Einordnung sind die konkreten Auswirkungen von Zusammenschlüssen auf die Freiheitsspielräume aktueller und potentieller Marktteilnehmer, die bei horizontalen, vertikalen oder konglomeraten Zusammenschlüssen in ihrer Effektivität unterschiedlich zu werten sind.

---

10   Zu weiteren Merkmalen, die eine Abgrenzung der einzelnen Zusammenschlußformen erleichtern, siehe Schubert, Werner/Küting, Karlheinz: Unternehmungszusammenschlüsse, München 1981, S. 8.

11   Das Bundeskartellamt weist horizontale Zusammenschlüsse mit und ohne Produktausweitung getrennt aus. Bei Zusammenschlüssen ohne Produktausweitung sind die sich zusammenschließenden Unternehmen auf den gleichen Märkten tätig, während im Falle der Produktausweitung die beteiligten Unternehmen auf benachbarten Märkten agieren.

12   Einige Autoren unterscheiden weiterhin im Hinblick auf die Richtung der Diversifikation innerhalb eines Produktionsprozesses in vorwärts und rückwärts gerichtete vertikale Integration. Vgl. dazu Blair, John M.: Economic Concentration, Structure, Behavior and Public Policy, New York 1972, S. 25.

13   Neben der üblicherweise negativen Definition existiert auch der Versuch einer positiven Umschreibung, wobei konglomerate (diagonale oder auch heterogene) Zusammenschlüsse als Zusammenfassung von Verfügungsgewalt über Faktorkombinationen in Wirtschaftsbereichen verstanden werden, die vorher örtlich und/oder produktmäßig voneinander getrennt waren. Innerhalb dieser Umschreibung wird häufig weiter differenziert nach Produkterweiterungs-, Markterweiterungs- und rein konglomeraten Zusammenschlüssen. Vgl. Schmidt, Ingo, Wettbewerbspolitik und Kartellrecht, 3. neubearbeitete Auflage, Stuttgart 1990, S. 131; Grimm, Andrea: Motive konglomerater Zusammenschlüsse, Göttingen 1987, S. 10f; Haager, Klaus: a.a.O., S.8f; Schmidt, Georg: Anreiz und Steuerung in Unternehmenskonglomeraten, Wiesbaden 1990, S. 27ff.

Die Differenzierung hinsichtlich der Bindungsintensität[14] von Unternehmenszusammenschlüssen, d.h. dem Grad der Einschränkung wirtschaftlicher und/ oder rechtlicher Selbständigkeit der Wirtschaftssubjekte, soll Aufschluß darüber geben, ob durch einen Zusammenschluß ein Konzentrations- oder aber "nur" ein Kooperationstatbestand begründet wird. Während bei einer Kooperation in der Regel die wirtschaftliche und rechtliche Selbständigkeit erhalten bleibt und nur Einschränkungen wirtschaftlicher Art auf bestimmten Teilbereichen zwecks besserer Verfolgung gemeinsamer Ziele vorzufinden sind,[15] verliert bei einer Konzentration wenigstens ein Unternehmen seine wirtschaftliche Unabhängigkeit (insbesondere seine finanzielle Dispositionsfreiheit), so etwa bei der Unterstellung unter eine einheitliche Leitung im Rahmen eines Konzerns.

Konzentration entsteht im allgemeinen als Folge von Fusionen bzw. Verschmelzungen, Übernahmen oder Beteiligungen (kapitalmäßig oder personell). Eine eindeutige Zuordnung der Zusammenschlüsse in "kooperativ" bzw. "konzentrativ" ist jedoch häufig mit Schwierigkeiten verbunden,[16] da die Übergänge zwischen einer intensiven Kooperation, einer Kartellierung oder einem Zusammenschluß oft fließend sind und nur graduelle formalrechtliche Unterschiede bestehen.[17] Des weiteren sind Formen und Ausgestaltung von Kooperationen so unterschiedlich, daß eine eindeutige Klassifikation kaum möglich ist.[18] Hinzuweisen wäre in diesem Zusammenhang auf eine neue Form der Kooperation, die sog. Strategischen Allianzen,[19] die sich in den letzten Jahren als besonders

---

14   Zur Frage der Bindungsintensität siehe ausführlich Schubert, Werner/Küting, Karlheinz: a.a.O., S.8ff.

15   Vgl. Pausenberger, Ehrenfried: a.a.O., S. 623; Sell, Axel: Internationale Unternehmenskooperationen, München 1994, S. 3.

16   Besonders deutlich wird diese Problematik bei der kartellrechtlichen Einordnung der Gemeinschaftsunternehmen. Vgl. hierzu ausführlich Scherf, Dieter: Kooperative Gemeinschaftsunternehmen im europäischen Wettbewerbsrecht, in: RIW 4/93, Jg. 39, S. 297ff; derselbe: Konzentrative und kooperative Gemeinschaftsunternehmen im europäischen Kartellrecht, in: AG 8/92, Jg. 37, S. 245ff; o. V.: Bekanntmachung der Kommission über kooperative Gemeinschaftsunternehmen (Text), in: WuW 4/93, Jg. 43, S. 294ff; Kommission der Europäischen Gemeinschaften (Hrsg.): Bekanntmachung der Kommission über Konzentrations- und Kooperationstatbestände nach der Verordnung (EWG) Nr. 4064/89 des Rates vom 21.12.1989 über die Kontrolle von Unternehmenszusammenschlüssen, ABl. C 203 vom 14.08.1990, S. 10ff.

17   Vgl. Hardes, Heinz-Dieter/Rahmeyer, Fritz/Schmid, Alfons u. a. (Hrsg.): Wirtschaftliche Macht, in: Volkswirtschaftliche Lehre, Eine problemorientierte Einführung, 17. aktualisierte Auflage, Tübingen, 1990, S. 470.

18   Vgl. Sell, Axel, Internationale Unternehmenskooperationen, Berichte aus dem weltwirtschaftlichen Colloquium der Universität Bremen, Nr. 22, Bremen, 1991, S. 1.

19   Nähere Ausführungen hierzu vgl. Punkt 3.1.5 dieser Arbeit.

aktuelle Form von Kooperationen etabliert haben. Die Unterscheidung von Kooperation und Konzentration ist insofern relevant, als die Beurteilung ihrer
ökonomischen Auswirkungen als zentrales Element bei der Anwendung unterschiedlicher wettbewerbsrechtlicher Verfahren und deren Rechtsfolgen ent-
scheidet.

2.1.3 Konkretisierung des Zusammenschlußbegriffs durch die wettbewerbsrechtliche Ausgestaltung

Welche Tatbestände der Gesetzgeber als Zusammenschluß interpretiert, war bislang im deutschen Kartellrecht aus § 23 Gesetz gegen Wettbewerbsbeschränkungen zu entnehmen. Eindeutig ist, daß damit nur externe Wachstumsstrategien gemeint sein können.

Durch die seit 1973 geltende Fassung des GWB wird klargestellt, daß nicht nur
horizontale, sondern auch vertikale und diagonale Wachstumsvorgänge erfaßt
werden sollen. Insofern bleibt nur noch offen, welche Formen externer Unternehmensaktivitäten unter den Begriff "Zusammenschluß" einzuordnen sind.

Es war das Bestreben des Gesetzgebers, möglichst alle denkbaren Zusammenschlußformen einzubeziehen, weshalb neben den wichtigsten Fällen von Zusammenschlüssen, die unter Nr. 1-5 genannt werden, im Rahmen der 5. GWB-
Novelle im Jahr 1990 in § 23 Nr. 6 eine sog. Generalklausel aufgenommen
wurde, unter die alle sonst nicht erfaßbaren Fälle subsumiert werden können.
Als Zusammenschlüsse galten bislang:

1. Der Erwerb des Vermögens eines anderen Unternehmens ganz oder zu
   einem wesentlichen Teil durch Verschmelzung, Umwandlung oder in
   sonstiger Weise (Vermögenserwerb).

2. Der Erwerb von Anteilen an einem anderen Unternehmen (Anteilserwerb),
   wenn die Anteile allein oder zusammen mit sonstigen, dem Unternehmen
   bereits gehörenden Anteilen
   a) 25 v.H. des Kapitals oder der Stimmrechte des anderen Unternehmens
      erreichen oder
   b) 50 v.H. des Kapitals oder der Stimmrechte des anderen Unternehmens
      erreichen (sog. Aufstockung) oder
   c) dem Unternehmen eine Mehrheitsbeteiligung im Sinne des § 16 Abs. 1
      des Aktiengesetzes gewähren.

3. Verträge mit einem anderen Unternehmen, durch die
   a) ein Konzern im Sinne des § 18 des Aktiengesetzes gebildet oder der Kreis der Konzernunternehmen erweitert wird (z.b. Beherrschungsvertrag nach § 291 Abs. 1 AktG) oder
   b) sich das andere Unternehmen verpflichtet, sein Unternehmen für Rechnung des Unternehmens zu führen oder seinen Gewinn ganz oder zum Teil an das Unternehmen abzuführen (z.b. Gewinnabführungsvertrag nach § 291 Abs. 1 AktG) oder
   c) dem Unternehmen der Betrieb des anderen Unternehmens ganz oder zu einem wesentlichen Teil verpachtet oder sonst überlassen wird (Pacht- und Überlassungsverträge).

4. Herbeiführung der Personengleichheit von mindestens der Hälfte der Mitglieder des Aufsichtsrats, des Vorstands oder eines sonstigen zur Geschäftsführung berufenen Organs von Unternehmen (personelle Verflechtung).

5. Jede sonstige Verbindung von Unternehmen, auf Grund derer ein oder mehrere Unternehmen unmittelbar oder mittelbar einen beherrschenden Einfluß auf ein anderes Unternehmen ausüben können.

6. Jede Verbindung von Unternehmen - ungeachtet der bereits unter Nr. 1-5 aufgeführten Fälle, - sofern durch die Verbindung ein oder mehrere Unternehmen unmittelbar oder mittelbar einen wettbewerblich erheblichen Einfluß auf ein anderes Unternehmen ausüben können.[20]

Durch die vom Bundestag im Jahr 1998 verabschiedete 6. GWB-Novelle erfolgte u.a. auch eine Änderung der unter Nr. 1-6 genannten Zusammenschlußtatbestände. Diese wurden gestrafft und sind nunmehr in § 37 Abs. 1 GWB n.F. zu finden.[21]

---

20 Vgl. Klaue, Siegfried: Die Europäischen Gesetze gegen Wettbewerbsbeschränkung sowie die entsprechenden Vorschriften der außereuropäischen Partnerländer, Ergänzbare Textsammlung mit Verweisung, Berlin 1969, Stand April 1992, S.17 dazu Gesetz gegen Wettbewerbsbeschränkung, BGBl. Jahrgang 1990, Teil I, Abschn. 3, § 23 Abs. 2 und 3; Ebel, Hans-Rudolf: Der Zusammenschlußbegriff der Fusionskontrolle. Ein Beitrag zu § 23 GWB, in: Betriebs-Berater Nr. 17 vom 20.06.1974, Jg. 29, S. 749ff; Emmerich, Volker: Fusionskontrolle 1992/93, in: AG 12/93, Jg. 38, S.531ff.

21 Vgl. hierzu die Ausführungen unter Punkt 5.1.4 dieser Arbeit.

Im Europäischen Fusionskontrollrecht ist die Definition des Zusammenschluß-begriffs in Art. 3 Absatz 1 der Verordnung[22] in Verbindung mit dem Erwä-gungsgrund Nr. 23 der Verordnung geregelt. Danach dürfen nur Handlungen unter diesen Begriff subsumiert werden, die zu einer dauerhaften Veränderung der Struktur der beteiligten Unternehmen führen.

Im Gegensatz zum deutschen Recht, das den Zusammenschlußbegriff mit Hilfe der aufgelisteten Tatbestandsmerkmale abgrenzt und definiert, verzichtet das EG-Recht auf eine weitergehende Konkretisierung. Neben einer förmlichen Fusion (zwei oder mehr bisher voneinander unabhängige Unternehmen schlie-ßen sich zusammen) wird auch durch den Kontrollerwerb (Erwerb eines be-stimmenden Einflusses auf die Tätigkeit eines Unternehmens) ein Zusam-menschluß bewirkt. Selbst die Gründung eines Gemeinschaftsunternehmens, das auf Dauer alle Funktionen einer selbständigen wirtschaftlichen Einheit er-füllt, stellt einen Zusammenschluß im Sinne von Abs. 1 Buchstabe b der Ver-ordnung dar.[23]

Entscheidendes Kriterium ist dabei, ob durch den Erwerb von Anteilsrechten oder Vermögenswerten, durch Vertrag oder in sonstiger Weise die unmittelbare oder mittelbare Kontrolle über die Gesamtheit oder über Teile eines oder mehre-rer anderer Unternehmen erworben wird. Was dabei im einzelnen unter Kon-trolle zu verstehen ist, erläutert Artikel 3 Absatz 3 VO. Trotz dieser Auflistung bestehen aber gewisse Grenzfälle, bei denen eine eindeutige Zuordnung im ein-zelnen schwierig ist.

Für die nachfolgenden Ausführungen ist zunächst weniger die juristische Kon-kretisierung eines Zusammenschlusses, sondern vielmehr eine ökonomische Umschreibung desselben von Bedeutung. Im Folgenden sind mit dem Begriff Unternehmens- bzw. Kapitalkonzentration in erster Linie externe Wachstums-aktivitäten von Unternehmen gemeint, durch welche vorher unabhängige Unternehmen oder Unternehmensteile unter die Kontrolle bzw. Leitungsmacht einer gemeinsamen Instanz gelangen. Ökonomisch irrelevant ist - im Gegensatz

---

22   Vgl. Kommission der Europäischen Gemeinschaften (Hrsg.): Verordnung (EWG) Nr. 4064/89 des Rates vom 21.12.1989 über die Kontrolle von Unternehmenszusammen-schlüssen, ABl. L 257 vom 21.9.1990, S. 17 (Im folgenden kurz EFKVO, FKVO bzw. VO.).

23   Auf die oftmals schwierige Unterscheidung, ob es sich um ein kooperatives oder kon-zentratives Gemeinschaftsunternehmen handelt, kann in diesem Zusammenhang nicht eingegangen werden. Vgl. dazu Kommission der Europäischen Gemeinschaften (Hrsg.): Bekanntmachung der Kommission über Konzentrations- und Kooperationstatbestände nach der Verordnung (EWG) Nr. 4064/89 des Rates, a.a.O., S.10ff in Verbindung mit der Bekanntmachung der Kommission über kooperative Gemeinschaftsunternehmen (Text), a.a.O., S. 294 ff.

zur statistischen Messung der Konzentration -, ob die rechtliche Selbständigkeit eines oder aller Beteiligten erhalten bleibt.

2.2 Aufgabe und Träger der Konzentrationsmessung in Deutschland

Schwieriger als die Definition des Begriffs Unternehmenskonzentration gestaltet sich die exakte statistische Messung von deren Stand und Entwicklung auf der Grundlage amtlicher Daten, da diese nicht im Hinblick auf wettbewerbspolitische Fragestellungen erhoben werden und somit eine Reihe von Problemen mit sich bringen.

Die einzige ausführliche Darstellung der Unternehmenskonzentration erfolgte einmalig für die Jahre 1954 und 1960 durch das Bundesamt für gewerbliche Wirtschaft. Diese Analyse fand ihren Niederschlag im "Bericht über das Ergebnis einer Untersuchung der Konzentration in der Wirtschaft" vom 29. Februar 1964.[24]

Seit der 2. Novelle des GWB im Jahre 1973 hat die Monopolkommission den gesetzlichen Auftrag gemäß § 24b Abs. 3, im Zweijahresturnus Gutachten über den jeweiligen Stand der Unternehmenskonzentration sowie deren absehbare Entwicklung unter wirtschafts-, insbesondere wettbewerbspolitischen Gesichtspunkten zu erstellen.[25]

Im Gegensatz zu den für die Durchführung der Konzentrationsenquête im Jahr 1960 festgelegten Erhebungsbefugnissen verfügt die Monopolkommission nicht über ein gesetzliches Auskunftsrecht, sondern ist auf freiwillige Auskünfte amtlicher und privater Stellen angewiesen, wobei in erster Linie das Statistische Bundesamt bei der Ermittlung der Daten zu nennen ist.[26]

---

24 Vgl. Bundesamt für Gewerbliche Wirtschaft (Hrsg.): Bericht über das Ergebnis einer Untersuchung der Konzentration in der Wirtschaft, BT-DS IV/2320 vom 5. Juni 1964 (Im folgenden zitiert als Konzentrationsenquote.).

25 Vgl. Minet, Gert-Walter: Kritische Anmerkungen zum Konzept der Konzentrationsbeurteilung in den Gutachten der Monopolkommission, in: Kolvenbach, Walter/Minet, Gert-Walter/Sölter, Arno (Hrsg.): Großunternehmen und Wettbewerbsordnung, FIW-Schriftenreihe, Heft 96, Köln 1981, S. 35.

26 Die Monopolkommission fordert regelmäßig in ihren Hauptgutachten umfangreicheres Datenmaterial und plädiert für ein Enquête-Recht, das in einem neuen § 24 d GWB geregelt werden soll, weil auch der im Rahmen der 5. GWB-Novelle eingeführte § 24 c GWB hinreichendes Datenmaterial bislang nicht sicherstelle. Vgl. Leipelt, Sylvia/ Metzenthin, Andreas: Wettbewerbspolitik vor neuen Herausforderungen - Zum 8. Hauptgutachten der Monopolkommission, in: WuW 1/91, Jg. 41, S. 8.

Ein vergleichbares konzentrationsstatistisches Programm gibt es bislang weder auf EU-Ebene[27] noch in den einzelnen Mitgliedsländern der EU, mit Ausnahme Frankreichs, das jedoch nicht nur wegen der grundlegend anders gerichteten Konzentrationspolitik, sondern auch aufgrund der fehlenden Übereinstimmung der Industriestatistik keine Vergleichsdaten zu Deutschland liefern kann. Die Europäische Gemeinschaft hat in der Vergangenheit zwar versucht, eine Industrieberichterstattung einzuführen, bislang fehlen jedoch derartige Untersuchungen. Es sind zwar Studien bei unabhängigen Sachverständigen (i.d.R. nationale Forschungsbehörden) in Auftrag gegeben worden, dabei handelt es sich aber in erster Linie um Analysen bestimmter Sektoren unter wettbewerbspolitischen Gesichtspunkten. Häufig verbietet jedoch die Vertraulichkeit der Informationen eine Veröffentlichung, weshalb diese Daten bislang auch keiner vergleichenden Auswertung unterzogen werden konnten.[28]

2.2.1 Zur Problematik wirtschaftlicher Konzentrationsmaße

Obwohl die wirtschaftswissenschaftliche Literatur eine Vielzahl verschiedener Konzentrationsmaße[29] vorschlägt, bei deren Bestimmung die Ballung der Kon-

---

27   Auf internationaler Ebene verfügen lediglich Kanada und Japan über umfangreiche konzentrationsstatistische Aufbereitungen der Unternehmenskonzentration.

28   Vgl. Kommission der Europäischen Gemeinschaften (Hrsg.): 20. Bericht über die Wettbewerbspolitik, Brüssel 1991, S. 277.

29   Die Entwicklung der Disparitätsmessung wurde ausgehend von Untersuchungen der Einkommenskonzentration in erster Linie von der italienischen Schule getragen (Gini). Im angelsächsischen Raum sind neben vielen anderen vor allem die Ausführungen von Lorenz (1905) zu nennen. Erst Anfang der 50er Jahre begann man sich mit den Konzentrationsmaßen zu befassen. Neben dem Herfindahl-Index (1950) wurden von Rosenbluth (1955) Konzentrationskurven bekannt. Konzentrationsraten waren schon vorher von Means (1939) und Bock (1957) eingeführt worden. Vgl. Piesch, Walter: Statistische Konzentrationsmaße, Tübingen 1975, S. 10. Zur eingehenden Erklärung und Berechnung der einzelnen Konzentrationsmaße siehe Marfels, Christian: Erfassung und Darstellung industrieller Konzentration, Statistische Grundlagen und Möglichkeiten, 1. Auflage, Baden-Baden 1977, S. 43ff; Rothhardt, Ulrike: Statistische Konzentrationsmessungen in ausgewählten Mitgliedstaaten der Europäischen Gemeinschaften, Darstellung, Kritik und Verbesserungsvorschläge, Dissertation, Heidelberg 1983, S. 76ff; Maurer, Andreas: Statistische Verfahren zur Ermittlung von oligopolistischen Strukturen, Frankfurt/Main 1990, S. 16ff.

zentrationsmerkmale[30] auf wenige Merkmalsträger[31] auf unterschiedlichste Weise berücksichtigt wird, besteht kein Konsens über "die" ideale Maßgröße oder über ein geeignetes Konzept. Im folgenden sollen nur diejenigen Maße kurz angesprochen werden, deren sich die Monopolkommission in ihren Hauptgutachten bedient und deren wettbewerbspolitische Anwendung Auskünfte über die Wettbewerbssituation auf den Märkten erwarten lassen.

Die Unterscheidung zwischen absoluten und relativen Konzentrationsmaßen orientiert sich daran, ob die relativen Anteile der Merkmalsbeträge der Unternehmen an der Merkmalssumme auf die zugeordnete absolute Anzahl der Unternehmen oder auf deren relativen Anteil an allen relevanten Unternehmen bezogen werden. Eine hohe absolute Konzentration ist gegeben, wenn ein großer Anteil der Merkmalssumme auf eine geringe Anzahl von Unternehmen entfällt, eine hohe relative Konzentration, wenn dies für einen geringen Anteil der Unternehmen zutrifft.[32]

Wann die relative und wann die absolute Konzentration gemessen wird, hängt von dem zu untersuchenden Datenmaterial und natürlich von der interessierenden Fragestellung ab.

Generell kann gesagt werden, daß bei der Unternehmenskonzentration immer eher die Frage nach der absoluten Konzentration im Vordergrund steht, während z.B. bei Einkommensverteilungen die Disparität von größerem Interesse ist.

---

30 Als Merkmale der Unternehmenskonzentration werden Umsatzerlös, Wertschöpfung, Grundkapital oder Anzahl der Beschäftigten herangezogen. Vgl. dazu Pohmer, Dieter: Einige Aspekte der Unternehmenskonzentration in der Bundesrepublik Deutschland, in: Hamm, Walter/ Schmidt, Reimer (Hrsg.), Wettbewerb und Fortschritt, Festschrift für Burkhardt Röper, 1. Auflage, Baden-Baden 1980, S. 57; Maurer, Andreas: a.a.O., S. 13; Monopolkommission (Hrsg.): Wettbewerbspolitik oder Industriepolitik, 9. Hauptgutachten 1990/91, Baden-Baden 1992, Tz. 216, 238. (Im folgenden zitiert als 9. Hauptgutachten).

31 Merkmalsträger sind in der Regel Unternehmen bzw. Betriebe, wobei eine genaue Abgrenzung von besonderer Bedeutung ist. Vgl. Bleymüller, Josef/ Gehlert, Günther: Konzentrationsmessung, in: WiSt 9/89, Jg. 18, S. 378; Maurer, Andreas: a.a.O., S. 14; Monopolkommission (Hrsg.): 9. Hauptgutachten, a.a.O., Tz. 216, 238.

32 Vgl. Feuerstack, Rainer: Unternehmenskonzentration, Neuwied 1975, S.30; o. V.: Konzentrationsmessung, in: WISU 8-9/88, Jg. 17, S. 448. Wird beispielsweise ein Produkt von nur zwei Unternehmen mit jeweils gleichem Marktanteil angeboten, so liegt eine hohe absolute, jedoch keine relative Konzentration vor, da keine Ungleichverteilung zu erkennen ist. Vgl. Bleymüller, Josef/Gehlert, Günther: a.a.O., S. 378.

Abbildung 1:   Übersicht der am häufigsten in der Literatur genannten Konzentrationsmaße

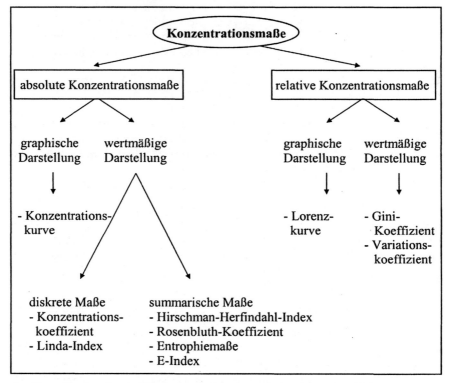

Quelle: Aberle, Gerd: Wettbewerbstheorie und Wettbewerbspolitik, 2. überarbeitete Auflage, Stuttgart 1992, S. 95

Zur Erfassung der Wettbewerbswirkungen der Angebots- bzw. Unternehmenskonzentration eignen sich daher Maße der absoluten Konzentration besser als Maße der relativen Konzentration.

Die Monopolkommission entschied sich deshalb auch bei ihrem 1. Hauptgutachten für die Messung der absoluten Konzentration mit Hilfe von Konzentrationsraten bezogen auf die jeweils 3, 6, 10, 25 und 50 größten Merkmalsträger.[33]

Um aber möglichen Nachteilen bei der Anwendung von Konzentrationsraten

---

[33]   Zur Begründung für die Anwendung von Konzentrationsraten siehe Monopolkommission (Hrsg.): Mehr Wettbewerb ist möglich, 1. Hauptgutachten 1975/76, Baden-Baden 1977, Tz. 151 f. (Im folgenden zitiert als 1. Hauptgutachten.).

zu begegnen, verwendet die Monopolkommission seit dem 4. Hauptgutachten 1984/1985 zusätzlich neben den Konzentrationsraten ein sog. summarisches Konzentrationsmaß, das alle Merkmalsträger berücksichtigt,[34] den Herfindahl-Index.[35] Des weiteren wurden ergänzend zum Herfindahl-Index ab dem 6. Hauptgutachten auch Maßzahlen der relativen Konzentration eingeführt. Sie ermöglichen es, die bei der Messung der absoluten Konzentration nicht unmittelbar zum Ausdruck kommende Größenverteilung der Merkmalsträger zu berücksichtigen. Die Monopolkommission hat sich für die Anwendung von Disparitätsraten und Variationskoeffizienten entschieden.

Mit dieser Erweiterung der Meßmethoden begegnete die Monopolkommission der seit dem 1. Hauptgutachten aufkommenden Kritik, daß die empirische Messung eines einzelnen Merkmals keinen untrüglichen Zahlenspiegel der Branchen- und/oder gesamtwirtschaftlichen Konzentration liefern kann.
Selbst die Bundesregierung hielt es in ihrer Stellungnahme zum 2. Hauptgutachten für eine wichtige Aufgabe der Monopolkommission, "die bestehenden Ansätze schrittweise durch vertiefende Studien und durch Heranziehen alternativer Konzentrationsindices zu verfeinern."[36]
Obwohl seit dieser Zeit - wie bereits ausgeführt - weitere Konzentrationsmaße in die Ausführungen miteinbezogen wurden, bestehen die methodischen Mängel und Unzulänglichkeiten der Konzentrationsstatistik auch weiterhin. Die wettbewerbspolitische Eignung der Konzentrationsindices und darauf aufbauende ökonomisch orientierte Handlungsempfehlungen erscheinen daher nach wie vor zumindest fraglich.

---

34 Im Gegensatz dazu nennt man Maße, bei denen nur die Anteile einer Gruppe von Merkmalsträgern miteinbezogen werden, diskrete Maße, so z.B. die Konzentrationsraten und der Linda-Index, der neben den Konzentrationskoeffizienten von der Kommission der EG bei ihren Sektorstudien verwendet und in den jährlichen Berichten über die Wettbewerbspolitik zum Teil dargestellt wird. Vgl. Monopolkommission (Hrsg.): Fortschritte bei der Konzentrationserfassung, 4. Hauptgutachten 1980/81, Baden-Baden 1982, Tz. 184. (Im folgenden zitiert als 4. Hauptgutachten.) Weitere summarische Konzentrationsmaße sind der Rosenbluth-Index und der E-Index.

35 Vgl. Monopolkommission (Hrsg.): Gesamtwirtschaftliche Chancen und Risiken wachsender Unternehmensgrößen, 6. Hauptgutachten 1984/85, Baden-Baden 1986, Tz. 149 (Im folgenden zitiert als 6. Hauptgutachten.).

36 Deutscher Bundestag (Hrsg.): Stellungnahme der Bundesregierung zum 2. Hauptgutachten der Monopolkommission, BT-DS 8/2835 vom 10.5.1979, S.3.

2.2.2   Unzulänglichkeiten statistisch ermittelter Konzentrationsgrade

Die Unvollkommenheiten des statistischen Zahlenmaterials[37] und die Geheimhaltungsvorschriften nach dem "Gesetz über die Statistik für Bundeszwecke"
(BStatGes), wonach Einzelangaben über persönliche oder sachliche Verhältnisse geheimzuhalten sind, aus denen auf einzelne Beteiligte geschlossen
werden könnte,[38] stellt die Monopolkommission - die dem Stand und der Entwicklung der Angebotskonzentration in den Güterklassen und in den Wirtschaftszweigen des produzierenden Gewerbes[39] sowie dem Stand und der Entwicklung der Konzentration von Großunternehmen (Aggregierte Konzentration)
in ihrem Hauptgutachten große Kapitel widmet - vor große Probleme. Trotz
konzentrationsstatistischer Sonderaufbereitungen, die das Statistische Bundesamt der Monopolkommission regelmäßig zur Verfügung stellt, und dem neu in
das Gesetz gegen Wettbewerbsbeschränkungen eingeführten § 24c GWB,
wonach unbeschadet der Geheimhaltungsvorschriften im 7. Hauptgutachten
Daten zur Unternehmenskonzentration nach Wirtschaftszweigen übermittelt
wurden, die zwar nicht einzeln veröffentlicht, aber im Rahmen empirischer
Analysen ausgewertet werden dürfen, wird die Divergenz zwischen dem
Konzept der amtlichen Wirtschaftsstatistik und ihrer Eignung für konzentrationsstatistische Betrachtungen noch auf absehbare Zeit fortbestehen.[40]

---

37   "Apart from these difficulties, which really arise from the attempt to use census material
     for the analysis of a subject for which it was not principally designed, various other
     problems are associated with the use of concentration ratios as indicators of market
     structures close to those postulated in economic theory". Utton, Michael A.: Industrial
     concentration, Manchester 1970, S. 38.

38   Vgl. § 11 Abs. 1 BStatGes in der Fassung vom 14.3.1980, BGBl.I, S. 292 und § 10 des
     Gesetzes über die Statistik im Produzierenden Gewerbe, Neufassung vom 30.5. 1980,
     BGBl.I, S.646; Vgl. dazu auch Klaue, Siegfried: Die Entwicklung der Konzentration in
     der industriellen Produktion, in: Verbraucherpolitische Hefte, Nr. 5, Dezember 1987,
     S. 33.

39   Das Produzierende Gewerbe wird in der amtlichen Statistik in drei Bereiche unterteilt:
     1. Elektrizitäts-, Gas-, Fernwärme- und Wasserversorgung, 2. Bergbau und Verarbei-
     tendes Gewerbe und 3. Baugewerbe. Der Berichtskreis der Monopolkommission umfaßt
     nur den Bergbau und das Verarbeitende Gewerbe, ab 1978 einschließlich Verarbeiten-
     des Handwerk, sowie das Bauhauptgewerbe. Nicht einbezogen wird die innerhalb des
     Produzierenden Gewerbes zur Abteilung 1 gehörende Unterabteilung 10 (Elektrizitäts-,
     Gas-, Fernwärme- und Wasserversorgung). Im folgenden wird der Begriff des Produ-
     zierenden Gewerbes in dieser engeren Abgrenzung verwendet. Seit dem 9. Hauptgut-
     achten erweiterte die Monopolkommission ihre Konzentrationsberichterstattung auf den
     Handel.

40   Vgl. Deutscher Bundestag (Hrsg.): Stellungnahme der Bundesregierung zum 7. Haupt-
     gutachten der Monopolkommission, BT-DS 11/4804 vom 15.6.1989, S. 8.

Eine wettbewerbstheoretische Würdigung statistisch ermittelter Konzentrationsgrade läßt zudem nur dann brauchbare Resultate erwarten, wenn der relevante Markt zuvor geographisch, sachlich (produktmäßig) und zeitlich korrekt abgegrenzt wurde.

Sämtliche konzentrationsstatistische Angaben beziehen sich auf die in der Bundesrepublik Deutschland produzierenden Unternehmen, Außenhandelsverflechtungen[41] bleiben in Ermangelung geeigneter statistischer Angaben außer Betracht, eine für die stark "exportlastige" und auch gegenüber Importen vergleichsweise "offene" Industrie der BRD nahezu durchweg heroische Annahme,[42] die regelmäßig zu einer Überschätzung der horizontalen Unternehmenskonzentration durch Konzentrationskoeffizienten führt.

Bei der Beurteilung von Stand und Prozeß der Konzentration[43] ist das Fehlen einer dynamischen Analyse der Konzentration im Sinne einer Verlaufsanalyse, die Entstehung und Entwicklung erklärt, augenscheinlich. Für die Bewertung eines Konzentrationsvorgangs steht bislang nur die statische Analyse des erreichten Konzentrationsgrades im Sinne einer Zustandsbetrachtung zur Verfügung. Es handelt sich dabei gewissermaßen um eine Augenblicksbetrachtung, die zwar die Ermittlung des erreichten Konzentrationsgrades dokumentiert, nicht aber die Frage beantwortet, wie diese zustandekam. Als Annäherung an den dynamischen Aspekt der Konzentration kann in diesem Zusammenhang die komparativ-statische Analyse gewertet werden. Sie ermöglicht den Vergleich zweier oder mehrerer Zeitpunkte und erweitert damit die Analyse um die wichtige Frage der Veränderung des Konzentrationsgrades in ihren meßbaren Auswirkungen. Aber auch hier sind die Grenzen deutlich gezogen, da nur die Unterschiede zwischen den betreffenden Zeitpunkten beobachtet und beurteilt werden können, nicht aber deren Entwicklung. Langfristige Beobachtungen des

---

41 Für die Konzentrationsmessung dient lediglich der im Inland erzielte Umsatz inländischer Unternehmen. Teile des Umsatzes, die im Ausland erzielt werden, bzw. Teile der inländischen Produktion, die exportiert werden und entsprechend Teile des Umsatzes ausländischer Unternehmen im Inland, bzw. ausländische Importe werden nicht erfaßt. Dieses Verfahren, das auf das Umsatz- und Produktvolumen inländischer Unternehmer und Anbieter und nicht auf die Umsätze und das Güterangebot im Inland und damit nicht auf die inländische Marktstellung abstellt, ist dem Ziel der Konzentrationsmessung unter wettbewerbspolitischen Gesichtspunkten nicht adäquat. Vgl. dazu Monopolkommission (Hrsg.): Die Wettbewerbsordnung erweitern, 7. Hauptgutachten 1986/87, Baden-Baden 1988, Anlagenband Tz. 111f (Im folgenden zitiert als 7. Hauptgutachten.).

42 Vgl. Berg, Hartmut: Steigender Konzentrationsgrad gleich sinkende Wettbewerbsintensität?, Anmerkungen zum ersten Hauptgutachten der Monopolkommission, in: Wirtschaftsdienst 4/77, Jg. 57, S. 197.

43 Vgl. Arndt, Helmut/Ollenburg, Günter: a.a.O., S. 16.

Konzentrationsverlaufs sind aber auch hier nicht unproblematisch, da wegen der Strukturbrüche[44] in der statistischen Datenbasis zum Teil erhebliche Verzerrungen und Unsicherheiten auftreten, die einen Vergleich und die Interpretation des erreichten Konzentrationsgrades bzw. dessen Entwicklung mit etlichen Unsicherheitsfaktoren und Annahmen behaften. Nachteilig wirkt sich diese Methode vor allem auf die wettbewerbspolitische Interpretation der Konzentrationsergebnisse aus, da nicht nachvollzogen werden kann, ob die Veränderungen der Marktstruktur primär durch Unterschiede im internen Unternehmenswachstum oder stärker durch Zusammenschlüsse, durch Verdrängung oder Marktaustritt zustandekamen.

Im Hinblick auf die faktische Abgrenzung des relevanten Marktes hat die Monopolkommission auf der Basis der verbesserten amtlichen Statistik im Produzierenden Gewerbe ihr konzentrationsstatistisches Instrumentarium ausgeweitet. Während bis zum 4. Hauptgutachten die Zuordnung der Umsätze der Unternehmen zu den Wirtschaftsbereichen nach dem Schwerpunkt ihrer wirtschaftlichen Tätigkeit[45] erfolgte und die Diversifizierung der Unternehmen völlig negiert wurde, versucht man nun parallel dazu, die Konzentration auch unter Verwendung der nach Güterarten klassifizierten Produktionsstatistik zu ermitteln. Die Nachteile des neuen Meßkonzeptes liegen aber darin begründet, daß als Konzentrationsmerkmal nur der Wert der zum Absatz bestimmten Produktion[46] erhoben wird und nicht der Umsatz, die eigentliche relevante Größe des Marktergebnisses. Zu bedenken ist auch, daß bei dieser Art der Messung ein Unternehmen immer nur partiell erfaßt wird, wodurch die Gesamtgröße der Unternehmen nicht mehr erkennbar wird.

---

44   Die frühesten konzentrationsstatistischen Daten liefert die Konzentrationsenquête von 1964 für fachliche Unternehmensteile in den Beobachtungsjahren 1954-1960. Weitere industriestatistische Daten liegen zweijährlich für die Zeitabschnitte 1962 bis 1967 sowie 1968 bis 1974 und 1975 vor. Aufgrund einer Neuordnung der Statistik im Produzierenden Gewerbe sind die Daten vor 1977 mit jenen späterer Jahre nur eingeschränkt vergleichbar. Eine langfristige Beobachtung des Konzentrationsprozesses ist daher mit verschiedenen Brüchen in der statistischen Datenbasis verbunden und erlaubt keine eindeutige Interpretation. Vgl. Monopolkommission (Hrsg.): 9. Hauptgutachten, a.a.O., Tz. 234.

45   Vgl. Monopolkommission (Hrsg.): 1. Hauptgutachten, a.a.O., Tz. 145; Monopolkommission (Hrsg.): 9. Hauptgutachten, a.a.O., Anlagenband Tz. 2.

46   Die Unterschiede zwischen dem Wert der zum Absatz bestimmten Produktion und dem Umsatz sind bedingt durch Lagerbestandveränderungen, Dienstleistungen, die im Umsatz enthalten sind, uneinheitliche Bewertung der Produktion und Verbrauchsteuern, die im Umsatz enthalten sind. Vgl. dazu Monopolkommission (Hrsg.): 4. Hauptgutachten, a.a.O., Tz. 187.

Trotz der aufgeführten Mängel stellt diese Methode derzeit die bestmögliche Annäherung an das wettbewerbspolitische Kriterium der horizontalen Konzentration auf dem relevanten Markt dar.[47]

Ein weiterer gravierender Mangel besteht darin, daß sich die amtlichen konzentrationsstatistischen Angaben im Gegensatz zur wettbewerbspolitischen Betrachtung der Konzentration ausschließlich auf rechtliche Einheiten beziehen. Als Unternehmen werden die kleinsten Einheiten erfaßt, die aus handels- und/oder steuerrechtlichen Gründen Bücher führen und bilanzieren und in denen mindestens 20 Beschäftigte tätig sind. Unternehmensverbindungen, insbesondere Konzernverflechtungen (personelle, kapitalmäßige oder finanzielle Beteiligungen) bleiben unberücksichtigt. Das Ausmaß der wettbewerbspolitisch relevanten Unternehmenskonzentration wird dadurch systematisch unterschätzt.[48] Wie hoch die Verzerrungen insgesamt sind, die sich durch die aufgeführten Mängel ergeben, läßt sich nicht exakt bestimmen und stellt die amtliche Statistik vor erhebliche Schwierigkeiten.[49]

2.2.3 Aussagefähigkeit der quantitativen Konzentrationserfassung

Der Aussagegehalt statistischer Konzentrationsmaße ist - ungeachtet der bereits erwähnten Unzulänglichkeiten - in wettbewerbspolitischer Hinsicht als äußerst gering einzustufen. Und so hat die Aussage von Edward Mason nach wie vor Gültigkeit, der bereits in den 50er Jahren über die Chancen einer Konzentrationsmessung folgendes äußerte:
„Daß Marktmacht eine schwer feststellbare Größe ist, bedarf keines Beweises ... es ist nicht möglich und wird auch nicht möglich sein, durch Berechnung von Marktanteilen oder ähnlichem Hokuspokus einen eindeutigen Maßstab für den Grad von Monopolmacht zu bestimmen".[50]

---

47   Vgl. Deutscher Bundestag (Hrsg.): Stellungnahme der Bundesregierung zum 5. Hauptgutachten der Monopolkommission, BT-DS 10/3683 vom 26.7.1985, S. 3.

48   Vgl. Monopolkommission (Hrsg.): 7. Hauptgutachten, a.a.O., Anlagenband, Tz. 94ff.

49   Zum Versuch, das Ausmaß der Fehlerquellen bei den Konzentrationskoeffizienten zu quantifizieren vgl. Baum, Clemens: Systematische Fehler bei der Darstellung der Unternehmenskonzentration durch Konzentrationskoeffizienten auf der Basis industriestatistischer Daten, in: Jahrbuch für Nationalökonomie und Statistik, 1978, Jg. 193, S. 32ff, insbesondere S.47ff.

50   Zitiert in Raisch, Peter/Sölter, Arno/Kartte, Wolfgang (Hrsg.): Fusionskontrolle. Für und Wider, Stuttgart 1970, S. 58.

Es scheint zwar richtig zu sein, daß es sog. kritische Konzentrationsgrade gibt, nach deren Überschreiten insoweit von einer wettbewerbsgefährdenden Marktstruktur, einer Vermachtung der Märkte, gesprochen werden kann. Bei welchem Grad dies jedoch der Fall ist, kann trotz einer Reihe empirischer Ansätze bislang nicht exakt determiniert werden.

Die Monopolkommission sah in ihrem 1. Hauptgutachten eine Verteilung der Umsatzanteile von 50% und mehr auf die 3 größten Unternehmen als ein Indiz sehr hoher Konzentration an; 25% - 50% Umsatzanteil war Anzeichen hoher Konzentration; 10% - 25% fiel unter die Kategorie mäßig konzentriert, während bei einem Anteil von weniger als 10% von einer geringen Konzentration gesprochen wurde.[51] Diese Gliederung erfolgte willkürlich und war weder theoretisch noch empirisch fundiert, weshalb sie auch heute keine Anwendung mehr findet. Abgesehen davon war es auch bei dieser Art der Einteilung nicht möglich, konkrete Aussagen über Marktstrukturen zu liefern, die eine Wettbewerbsgefährdung darstellen und die Funktionsfähigkeit des Wettbewerbs untergraben, was letztendlich zu einer Aushöhlung der Marktwirtschaft und zu einer Bedrohung der freiheitlichen Gesellschaftsordnung führen kann bzw. welche Marktstrukturen die Intensität des Wettbewerbs möglicherweise fördern können. Obwohl auch bei einer Möglichkeit der genauen Berechnung von Konzentrationsgraden Aussagen über die Wirkungen auf den Wettbewerb rein spekulativer Art und nicht auf Tatsachen gestützte Erkenntnisse sind, vermutet v.a. auch die wettbewerbstheoretische Literatur eine Kausalität zwischen Marktstruktur und -verhalten und unterstellt somit gewissen Strukturen wettbewerbsbeschränkenden Charakter. Entscheidendes Kriterium für die Feststellung einer übermäßigen Marktmacht kann aber nicht die alleinige quantitative Konzentrationserfassung sein. Sie muß im Einzelfall unter Berücksichtigung weiterer Wettbewerbsindikatoren[52] beurteilt werden, wobei nicht ausschließlich Marktstrukturkriterien, sondern vielmehr das Marktverhalten bzw. die Möglichkeit der Ausnutzung von Marktmacht zur Entscheidungsfindung herangezogen werden müssen. Zu einer sachgerechten Beurteilung der Unternehmenskonzentration gilt es daher, ein ganzes Geflecht von Beziehungen und Verhaltensweisen in Rechnung zu stellen; selbst dann bleibt die Kontrolle der Konzentrationsbewegung immer eine Gratwanderung zwischen dem Erfordernis der Erhaltung wettbe-

---

51   Vgl. Monopolkommission (Hrsg.): 1. Hauptgutachten, a.a.O., Tz. 159.

52   Vgl. GWB § 22 Abs. 1 Ziff. 2, unveröffentlichte Checkliste des BKartA über die wettbewerbsrelevanten Kriterien, wobei auch Gesichtspunkte der aktuellen und potentiellen ausländischen Konkurrenz sowie die Bedeutung unterschiedlicher Marktphasen berücksichtigt sind.

werblicher Strukturen einerseits und einem bedenklicher Strukturbeeinflussung andererseits.[53]

Vor diesem Hintergrund erscheinen die Gesamturteile[54] der Monopolkommission in ihren Hauptgutachten über die Unternehmenskonzentration nicht objektiv und keineswegs wertfrei.

Die folgenden Ausführungen versuchen daher, Konzentration zunächst weder als per se positiv noch als per se negativ zu betrachten. Eine Wertung in wettbewerbspolitischer Hinsicht kann nur im Zusammenhang mit einer umfangreichen Struktur-, Verhaltens- und Ergebnisanalyse bzw. ausschließlich anhand von Einzelfallbeurteilungen erfolgen.

---

53 Vgl. Rodenstock, Rolf: Konzentration und Wettbewerb in: Gutzler Helmut/Herion, Wolfgang/Kaiser, Joseph H. (Hrsg.): Wettbewerb im Wandel, Eberhard Günther zum 65. Geburtstag, 1. Auflage, Baden-Baden 1976, S.131.

54 So z.B. im 3. Hauptgutachten, wo die Monopolkommission ausführt, daß "steigende Unternehmenskonzentration zu einer Verschlechterung der Marktergebnisse führt". Vgl. Monopolkommission (Hrsg.): Fusionskontrolle bleibt vorrangig, 3. Hauptgutachten 1978/79, Baden-Baden 1980, Tz. 668 (Im folgenden zitiert als 3. Hauptgutachten.).

3. Stand und Entwicklung der Konzentration in der BRD und in Europa

Alle industriell entwickelten Volkswirtschaften sind - wenn auch in unterschiedlichem Maße - von einer zum Teil hohen und kontinuierlich steigenden wirtschaftlichen Konzentration gekennzeichnet.[55] Diese manifestiert sich in immer größeren und über die nationalen Grenzen hinauswachsenden Unternehmenseinheiten mit einem immer breiteren Produktionsprogramm, in immer mehr und größeren Unternehmenszusammenschlüssen, unter zunehmend wachsender Beteiligung ausländischer Unternehmen.[56]
Für Deutschland ermittelte bereits die Konzentrationsenquête von 1964 ein hohes Konzentrationsniveau. Dieses erhöhte sich im Verlauf der Jahre stetig. Wie sich der Prozeß zunehmender Konzentration allerdings vollzog, nach welchen Kriterien oder gar Gesetzmäßigkeiten, ist weder für Deutschland noch für andere Industrienationen, die im allgemeinen eine ähnliche Entwicklung erfahren haben, exakt nachzuzeichnen. Es ist vielmehr das Ergebnis des Zusammenspiels verschiedener, sich ergänzender oder einander entgegengerichteter Kräfte technischer, rechtlicher und unternehmerischer Art. Prognosen über ein künftiges Konzentrationsbild sind daher - auch unter Beachtung vieler Faktoren - schwer, wenn nicht sogar unmöglich.[57] Selbst die USA, als das Land mit der längsten Konzentrationserfahrung, können hierbei nur bedingt als Vorbild dienen und Aufschluß über den Verlauf konzentrativer Prozesse liefern. Ursache hierfür sind die verschiedenen speziellen ökonomischen und institutionellen Anreize, die Art, Ausmaß und Intensität beeinflussen oder erst gar initiieren. Auffallend ist jedoch, daß die Konzentrationsentwicklung in bestimmten Zeitabschnitten durch einen merklichen Anstieg der Fusionstätigkeit beeinflußt wird. In den USA war diese Entwicklung besonders augenscheinlich, weshalb in diesem Zusammenhang häufig von sog. "Konzentrationszyklen" bzw. "Fusionswellen" die Rede ist.

---

55 Vgl. Knauss, Fritz/Vogel, Otto/Hermanns, Ferdinand: Unternehmenskonzentration in der westlichen Welt. Stand, Entwicklungstendenzen und Vergleiche, FIW-Schriftenreihe Heft 40, Köln 1967, Vorwort des Herausgebers; Barnickel, Hans-Heinrich: Marktwirtschaft, Kartelle, Konzentration, Kontrolle, Heidelberg 1989, S. 108.

56 Vgl. Ruppelt, Hansjürgen: Wettbewerbspolitik und wirtschaftliche Konzentration, Tübingen 1978, S. 1.

57 Vgl. Bain, Joe S.: Industrial Organization, in: Barnickel, Hans-Heinrich (Hrsg.): Probleme der wirtschaftlichen Konzentration, Darmstadt 1975, S. 350.

Abbildung 2: Fusionswellen in den Vereinigten Staaten

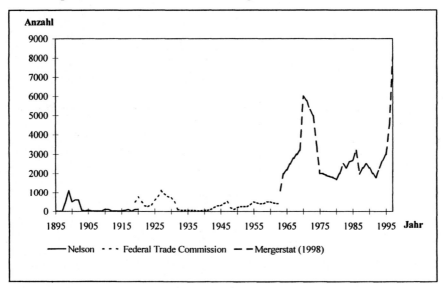

Quelle: Deutscher Bundestag (Hrsg.): 13. Hauptgutachten der Monopolkom-
       mission 1998/1999, BT-DS 14/4002 vom 16.08.2000, S. 414, Abb.
       VII.3

Besonderes Merkmal dieser bislang beobachteten "Wellen" waren die unterschiedlichen Fusionstypen, die die einzelnen Phasen kennzeichneten.[58] Während des ersten Zyklus (1887-1904) wurden außerordentlich viele horizontale
Unternehmenszusammenschlüsse registriert, die zur Oligopolisierung bzw.
Monopolisierung einer Reihe von Wirtschaftssektoren führte. Der zweite Zyklus (1916-1929) bestand vorwiegend aus Zusammenschlüssen vertikaler und
konglomerater Art, was auf die strengere Haltung der Wettbewerbsaufsicht gegenüber horizontalen Fusionen zurückzuführen war. Beim dritten Zyklus (1948-

---

58   Über Art, Ausmaß und Intensität der ersten beiden Zusammenschlußwellen in den USA,
     vgl. Markham, Jesse W.: Survey of the Evidence and Findings on Mergers, in: Business
     Concentration and Price Policy, a Report of the National Bureau of Economic Research,
     Princeton 1955, S. 146ff; Weston Fred: The Role of Mergers in the Growth of Large
     Firms, Publications of the Bureau of Business and Economic Research, University of
     California, Berkeley and Los Angeles 1953. Insbesondere zum 1. Zyklus siehe
     Lamoreaux, Naomi: The great merger movement in American business, 1895 - 1904,
     London 1985.

1970)[59] lag der Schwerpunkt eindeutig bei konglomeraten Unternehmenszusammenschlüssen.[60] In den 80er Jahren befand sich die amerikanische Wirtschaft wieder in einer neuen Fusionswelle,[61] weshalb in diesem Zusammenhang bereits vom "Jahrzehnt der Übernahmen" und der "Epoche der Exzesse" gesprochen wurde. Günstige Kredite und steuerliche Begünstigungen von Schulden während der Reagan-Ära veranlaßten sog. Raider, die nach der Konglomeratswelle der 60er und 70er Jahre verschachtelten und schwach geführten Unternehmen mit Hilfe von sog. Junk-Bonds aufzukaufen, zu entflechten und deren Einzelteile gewinnbringend zu verkaufen.[62] Ob die Transaktionen industriell gesehen Sinn machten, stand nicht zur Debatte. Ausschlaggebendes Motiv war einzig das kurzfristige Gewinnmotiv. Nach dem Übernahme-Rekordjahr von 1988 vermuteten viele Analysten, daß diese massive Umschichtung der US-Unternehmenslandschaft nicht wiederholbar sei.[63] Kurzfristig schien sich diese Meinung auch zu bewahrheiten, doch bereits 1993 drehte sich das "Fusionskarussell" erneut und übertraf bereits ein Jahr später den Rekord von 1988. Im Vergleich zu den 80er Jahren waren die Voraussetzungen und Motive für Unternehmenszusammenschlüsse in den 90er Jahren allerdings völlig anders geartet. Das bisher anhaltende überaus rege Übernahmegeschäft steht ganz im Zeichen der Globalisierung des Wettbewerbs, des technologischen Fortschritts,

---

59   Zur genauen zeitlichen Festlegung der "Zyklen" finden sich in der Literatur unterschiedliche Angaben. Die hier genannten beziehen sich auf Kaufer, Erich: Konzentration und Fusionskontrolle, Tübingen 1977, S. 1; abweichende Angaben finden sich in Blair, John M.: Economic Concentration. Structure, Behavior and Public Policy, a.a.O., S.257ff; Richardson Reid, Samuel: Mergers, Managers, and the Economy, New York 1968, S. 38, 56, 73.

60   Insbesondere für die konglomerate Zusammenschlußwelle zeichneten größtenteils institutionelle Bedingungen verantwortlich, die das Vorherrschen eines Fusionstyps förderten bzw. hemmten. Die Änderung der US-amerikanischen Wettbewerbpolitik, die horizontale und vertikale Zusammenschlüsse marginal behinderte, leitete sog. Substitutionsprozesse ein und förderte damit die alternative, konglomerate Zusammenschlußrichtung. Vgl. Büscher, Rolf: Diagonale Unternehmenszusammenschlüsse im amerikanischen und deutschen Recht, 1. Auflage, Baden-Baden 1983, S. 94.

61   Vgl. o. V.: Fusionswelle in Amerika geht weiter, in: FAZ Nr. 181 vom 07.08.95, S. 12; o. V.: Übernahmefieber, in: ebenda S. 14.

62   Vgl. o. V.: Übernahmefieber, in: Der Volks- und Betriebswirt 1/96, S. 24.

63   So schrieb beispielsweise die Neue Zürcher Zeitung noch 1993, daß "derzeit noch kaum von einer Wiederkehr des Übernahme- und Fusionsbooms der 80er Jahre die Rede sein kann". Vgl. o. V.: Neue Übernahme- und Fusionswelle in den USA, in: Neue Zürcher Zeitung Fernausgabe Nr. 221 vom 24.09.1993, S. 14.

staatlicher Liberalisierungsbestrebungen[64] einiger Branchen und der Verbesserung der Unternehmensleistung durch Konzentration auf Kernfelder. Das Schlüsselwort der Fusionswelle zu Beginn des 21. Jahrhundert heißt "Fokussierung", weg von der Diversifikation hin zur Konzentration auf die eigenen Stärken. Amerikas Manager nähern sich mit der Betonung strategischer Ausrichtung ihrer Unternehmenskäufe europäischem Denken an und ziehen eine dauerhafte Verbesserung ihrer Marktposition dem kurzfristigen Gewinn vor.[65] Diesen Sinneswandel haben nicht zuletzt unzufriedene Aktionäre ausgelöst, die bei den zum Teil auch feindlichen Übernahmeschlachten in den 80er Jahren das Nachsehen hatten und sich mehr und mehr anderen Investitionsmöglichkeiten zuwandten. Die seither anhaltende äußerst rege Zusammenschlußaktivität ist daher vorrangig getragen vom Motiv der strategischen Positionierung und Wertsteigerung der Unternehmen, das nicht nur den Aktionären Gewinne einbringen, sondern in zunehmendem Maße das Einkommen der Firmenlenker erhöhen soll. Dieses ist heutzutage nur noch zu einem geringen Teil von der schieren Größe ihres Unternehmens abhängig, sondern wird vorrangig nach der Wertentwicklung der Aktie berechnet.[66] Der bis heute anhaltende Übernahmeboom wird zwar nicht allseits kritiklos hingenommen, dennoch wird dieses Vorgehen von Fachkreisen durchaus auch begrüßt. Denn ihrer Meinung nach sind "Zusammenschlüsse Teil der natürlichen Entwicklung einer flexiblen und dynamischen amerikanischen Wirtschaft, ..., die trotz all ihrer Probleme den höchsten Lebensstandard der Welt liefert".[67]

Eine derart ausgeprägte Wellenbewegung mit all ihren exzessiven Erscheinungen, wie dies in den USA zu verzeichnen war und noch immer ist, ließ sich bis in die jüngste Vergangenheit weder in Deutschland noch in den meisten übrigen

---

64   Die zunehmenden Deregulierungsbestrebungen des von den wirtschaftsfreundlichen Republikanern dominierten Kongresses, beeinflußten das Takeover-Klima positiv. Vgl. Deysson, Christian: Lang nachdenken. Geduldet von der demokratischen Regierung in Washington rollt über die USA eine beispiellose Konzentrationswelle hinweg, in: WiWo Nr. 40 vom 28.09.1995, Jg. 49, S. 99; Tenbrock, Christian: Geschluckt und genehmigt. In den Vereinigten Staaten lassen Größe und Marktmacht von Unternehmen die Kartellwächter zunehmend kalt, in: Die Zeit Nr. 39 vom 22.09.1995, S. 41.

65   Vgl. Kowalewsky, Reinhard: Ohne Grenzen, in: WiWo Nr. 37 vom 09.09.1994, Jg. 58, S. 43: Farrell, Christopher u.a.: An old-fashioned feeding frenzy, in: Business Week vom 01.05.1995, S.20.

66   Vgl. Achleitner, Paul/Paul, Frederic: International Column, in: M&A Review 1/96, S. 15; Fehr, Benedikt: Schmiermittel für den Wandel. Zur Übernahme-Welle in Amerika, in: FAZ Nr. 148 vom 29.06.95, S. 11.

67   Siegele, Ludwig: Jahrmarkt der Eitelkeiten. Die Großfusionen in den Vereinigten Staaten bringen wenig und kosten viele Arbeitsplätze, in: Die Zeit Nr. 49 vom 01.12.1995, S. 43.

europäischen Industrienationen beobachten.[68] Vielmehr war hier eine - wenn auch in unterschiedlich hohem Maße und mit zeitlich befristeten minimalen Rückgängen - kontinuierliche Steigerung der absoluten Zahl der Zusammenschlußaktivitäten der Unternehmen erkennbar, die den Konzentrationsprozeß bekanntlich nachhaltig beeinflussen können und zu einer dauerhaften Veränderung der Marktstrukturen beitragen.

Dieser Trend konnte in den letzten Jahren zwar anzahlmäßig, nicht jedoch dem Wert und v.a. der Art der Fusionen nach fortgeschrieben werden. Spätestens seit der bislang größten, öffentlich ausgetragenen feindlichen Übernahmeschlacht zwischen dem deutschen Mannesmann-Konzern und dem britisch-amerikanischen Telekommunikationsunternehmen Vodafone Airtouch ist deutlich geworden, daß auch hierzulande eine radikale Umstrukturierung der Unternehmenslandschaft im Gange ist, die immer häufiger von sog. "Megafusionen" getragen wird, deren Transaktionsvolumen nicht selten die zweistellige Milliardenschwelle übersteigen. Insbesondere die deutschen Unternehmen haben eine aktive Rolle in der Fusionsbewegung übernommen, was darauf hindeutet, daß die Unternehmen die Herausforderungen der Umstellung der Industriestrukturen und die Notwendigkeit des Wandels akzeptiert haben. Zu den Hauptfaktoren der derzeitigen "Fusionswelle" in Deutschland und Europa zählen die Globalisierung der Märkte, die Einführung des Euro, die Vollendung des Binnenmarktes, die Erweiterung der EU und nicht zuletzt die gleichzeitig fortschreitende Deregulierung vieler Branchen. Diese Faktoren werden auch in absehbarer Zeit für weitere Zusammenschlüsse sorgen, nicht zuletzt auch deshalb, weil ein derartiger Übernahmeboom eine gewisse Eigendynamik entwickelt und ursprünglich nicht geplante Akquisitionen nach sich zieht.

Um den Verlauf dieser Entwicklung in den einzelnen europäischen Industrienationen miteinander vergleichbar zu machen und evtl. Parallelen bzw. gegenläufige Trends aufzuzeigen, wäre es sinnvoll, die Daten aus den jährlichen Wettbewerbsberichten der nationalen Wettbewerbsbehörden gegenüberzustellen. Dieses Vorhaben kann jedoch wegen der Verschiedenartigkeit der wettbewerbs-

---

68 Außer für die USA, bei denen die Wellenbewegung eindeutig nachzuzeichnen ist, spricht man in diesem Zusammenhang nur noch in Großbritannien von einer wellenartigen Bewegung, die bereits in den fünfziger Jahren begann und bis Anfang der 70er Jahre anhielt. Bis Mitte der 80er Jahre war kein eindeutiger Trend abzulesen. Erst Ende der 80er Jahre wurde ein erneuter Aufschwung der Zusammenschlußaktivitäten verzeichnet, der allerdings nicht von Dauer war. Diese "Flaute" ist allerdings längst vorbei, und auch in Großbritannien sind seit den frühen 90er Jahren des 20. Jahrhunderts anhaltende und jährlich steigende M&A-Zahlen zu vermelden. Vgl. Wenz, Gerit: Entwicklung, Verfahren und Politik der Zusammenschlußkontrolle in Großbritannien, Köln 1991, S.133, Anhang 1 in Verbindung mit den Daten aus den OECD Wettbewerbsberichten; o. V.: Wieder mehr Unternehmenszusammenschlüsse, in : FAZ Nr. 177 vom 02.08.1994, S. 16.

rechtlichen Ausgestaltung[69] insbesondere der unterschiedlichen Aufgreifschwellen und Zusammenschlußtatbestände nicht realisiert werden, ohne den
Sachverhalt zu verfälschen. Des weiteren trägt die unterschiedliche Ausgestaltung und Interpretation der Berichterstattung der nationalen Wettbewerbsbehörden (falls überhaupt vorhanden) ein weiteres zur Ungenauigkeit und mangelnden Gegenüberstellung der absoluten Zahlen bei, weshalb in den folgenden
Ausführungen auf diese Daten verzichtet wird. Die anschließende Analyse
stützt sich neben den Veröffentlichungen in den Printmedien in erster Linie auf
die Daten aus den Berichten des Bundeskartellamtes und der Monopolkommission sowie der Berichte der Europäischen-Kommission über die Wettbewerbspolitik.[70]

3.1   Externes Unternehmenswachstum als Quelle der zunehmenden Vermachtung der Märkte

Für den Erhalt einer freiheitlich-marktwirtschaftlichen Ordnung ist nach der
traditionellen Theorie das Vorhandensein einer großen Zahl selbständiger
Unternehmen unabdingbar. Ihrer Prämisse folgend, ist für die ökonomische
Effizienz das Vorhandensein einer Vielzahl von Unternehmen, die zueinander
in Konkurrenzbeziehung stehen, nötig. Nur der Wettbewerb untereinander
diszipliniert und führt zur optimalen Entwicklung und Verteilung der ökonomischen Potentiale. Jede Form von Beschränkung des Wettbewerbs durch die
Zusammenballung wirtschaftlicher Macht in den Händen einiger weniger Unternehmen widerspricht diesen theoretischen Vorstellungen und müßte demnach

---

69   Zu den einzelnen Wettbewerbsgesetzgebungen, insbesondere den Vorschriften zur
Fusionskontrolle in den europäischen Ländern, siehe Rittner, Franz: Konvergenz oder
Divergenz der europäischen Wettbewerbsrechte?, in: FIW (Hrsg.): Integration oder
Desintegration der europäischen Wettbewerbsordnung?, Referate des XVI. Sympo-
siums, FIW-Schriftenreihe, Heft 105, Köln 1983, S. 31ff; ergänzend dazu Klaue,
Siegfried: Die Europäischen Gesetze gegen Wettbewerbsbeschränkungen sowie die
entsprechenden Vorschriften der wichtigsten außereuropäischen Partnerländer. Ergänz-
bare Textsammlung mit Verweisungen, Berlin 1969, Stand 1992. Vgl. ebenso Kommission der Europäischen Gemeinschaften (Hrsg.): Berichte über die Wettbewerbspolitik,
Brüssel, diverse Jahre sowie die Ausführungen unter Punkt 5.2.5 dieser Arbeit.

70   In diesem Zusammenhang muß darauf hingewiesen werden, daß die Berichterstattung
der Kommission ab dem Berichtsjahr 1993 auf Grundlage einer geänderten Datenbasis
erfolgt und 1994 aus Kostengründen völlig eingestellt wurde. Laut mündlicher Auskunft
des Bundeskartellamtes sind die Daten für die Berichtsjahre 1995 und 1996 erstmals auf
der Basis der geänderten Klassifikation der Wirtschaftszweige erstellt worden, wobei
die Unterschiede zur früheren Klassifizierung nicht so gravierend sind, daß eine Vergleichbarkeit der Daten völlig unmöglich ist, insbesondere in diesem Fall, da die Daten
lediglich gewisse Tendenzen zu untermauern versuchen.

unterbunden oder zumindest einer Kontrolle unterworfen werden. Das externe Unternehmenswachstum in Form von Übernahmen oder Zusammenschlüssen erscheint besonders geeignet, die Intensität des Wettbewerbs nachhaltig zu beeinflussen, da ohne zeitintensive und risikobehaftete Neuinvestitionen innerhalb kürzester Zeit die Kontrolle über ein Marktpotential erworben wird und die wettbewerbliche Handlungsfreiheit der jeweiligen Marktgegenseite beeinflußt oder sogar außer Kraft gesetzt werden kann.

Die Bundesrepublik Deutschland verfügt zwar bereits seit 1958 über das Gesetz gegen Wettbewerbsbeschränkungen, das den Schutz und Erhalt des freien Wettbewerbs zur Aufgabe hat, eine Fusionskontrolle[71] hatte die ursprüngliche Fassung allerdings nicht zum Inhalt. Die Notwendigkeit eines solchen Kontroll- und Schutzinstrumentes des Wettbewerbs kristallisierte sich jedoch relativ schnell heraus. In einer Stellungnahme der Bundesregierung zum BKartA-Bericht für das Jahr 1969 heißt es bereits: "Wettbewerbspolitisches Problem Nummer eins ist heute nicht mehr die Kartellierung, sondern die Unternehmenskonzentration".[72] Während in der Vergangenheit die Bildung von Kartellen (sog. abgestimmtes Verhalten)[73] als Mittel bevorzugt wurde, den Wettbewerbsdruck zu mindern, erfreuten sich nunmehr in zunehmendem Maße die Fusionen und Übernahmen von Unternehmen wachsender Beliebtheit. Trotz der Feststellung, daß die Kartellfrage praktisch erledigt und das Zentralproblem der Wettbewerbspolitik in der Konzentration liegt, dauerte es bis zum Jahr 1973, ehe die Fusionskontrolle nach über Jahre andauerndem zähem Ringen im Rahmen der 2. GWB Novelle in das Gesetz aufgenommen wurde.

---

71   Zu den historischen und wettbewerbstheoretischen Grundlagen der Entstehungsgeschichte des GWB siehe Robert, Rüdiger: Konzentrationspolitik in der Bundesrepublik. Das Beispiel der Entstehung des Gesetzes gegen Wettbewerbsbeschränkungen, 1. Auflage, Berlin 1976, S.61ff.

72   Vgl. Deutscher Bundestag (Hrsg.): Bericht des Bundeskartellamtes über seine Tätigkeit im Jahr 1969 sowie über Lage und Entwicklung auf seinem Aufgabengebiet, BT-DS VI/950 vom 11.06.1970, S. 2 (Im folgenden zitiert als Tätigkeitsbericht des BKartA 1969.).

73   Kartelle bezwecken oder bewirken - von ihrer Zielsetzung her - Beschränkungen des Wettbewerbs. Es handelt sich um vertragliche oder sonstige Abstimmungen, d.h. prinzipiell um eine leicht rückgängig zu machende Koordinierung des Wettbewerbsverhaltens, ohne daß eine dauerhafte Änderung der Unternehmensstruktur eintritt. Wesentlich anders liegen die Dinge dagegen bei Unternehmenszusammenschlüssen. Hier handelt es sich um einen die Unternehmensstruktur dauerhaft ändernden, Investitionsvorgang unter voller Übernahme des Investitionsrisikos durch den Unternehmer. Der Zusammenschluß vermindert zwar häufig die Zahl der Wettbewerber, er ist jedoch nicht per se wettbewerbsbeschränkend. Vgl. Janicki, Thomas: Perspektiven der Fusionskontrolle im gemeinsamen Binnenmarkt, in: WuW 3/89, Jg. 39, S. 196/197; Vgl. § 25 Abs. 1 S. 1 GWB und Art. 85 EWGV nach denen Kartelle verboten sind, Ausnahmen sind jedoch möglich.

Den Wettbewerbshütern in Deutschland wurde damit die Möglichkeit gegeben, Zusammenschlüsse, die gewisse Größenkriterien erfüllen, zu begutachten und ggf. zu verbieten, falls die Entstehung oder Verstärkung einer marktbeherrschenden Stellung eines Unternehmens zu erwarten war. Seit der Einführung der Fusionskontrolle in das GWB wurden beim Bundeskartellamt knapp 26.000 Zusammenschlußfälle geprüft.[74] Während des Zeitraumes von 1973 bis 1998 kam es zu insgesamt 127 Untersagungen. In 16 Fällen wurde die sog. Ministererlaubnis gestellt, die in sechs Fällen erteilt wurde.[75] In vielen kritischen Fällen trugen die Unternehmen den Bedenken des Kartellamtes dadurch Rechnung, daß sie ihre Pläne änderten oder ganz aufgaben. Häufig wurden Zusagen nur unter Auflagen genehmigt, wenn durch einen Zusammenschluß z.b. nur eine regional begrenzte Marktbeherrschung festzustellen war.

Die Zahlenangaben in der nachfolgenden Abbildung 3 dokumentieren eindrucksvoll die Entwicklung der externen Wachstumsaktivitäten in Deutschland während der letzten knapp drei Jahrzehnte.[76] Entscheidend für die Wirkung auf den Wettbewerb ist jedoch nicht ein Konstrukt aus absoluten Zahlenangaben. Vielmehr ist zu differenzieren, wie sich diese Zahlen im einzelnen zusammensetzen, welche Faktoren für diese Entwicklung verantwortlich sind und welche Folgen sich für die wettbewerblichen Marktstrukturen ergeben.

---

74   Vgl. Deutscher Bundestag (Hrsg.): Bericht des Bundeskartellamtes über seine Tätigkeit in den Jahren 1997/98 sowie über die Lage und Entwicklung auf seinem Aufgabengebiet, BT-DS 14/1139 vom 25.06.1999, S. 167; (Im folgenden zitiert als Tätigkeitsbericht des BKartA 1997/98). Lt. fernmündlicher Auskunft registrierte das BKartA für das Jahr 1999 1662 und für das Jahr 2000 1633 angemeldete Zusammenschlüsse.

75   Vgl. ebenda S. 10.

76   Eine Anzeigepflicht für Zusammenschlüsse gab es bereits vor 1973. Aus diesem Grund finden sich in der Literatur auch vereinzelt Übersichten der Zusammenschlüsse früherer Jahre, die allerdings wegen der Neufassung des § 23 bei der 2. Novelle nicht mehr vergleichbar sind und aus diesem Grund hier nicht aufgeführt wurden. Vgl. dazu Gotthold, Jürgen: Macht und Wettbewerb in der Wirtschaft, Köln 1975, S.49 Tab. 1; Deutscher Bundestag (Hrsg.): Bericht des Bundeskartellamtes über seine Tätigkeit im Jahre 1973 sowie über Lage und Entwicklung auf seinem Aufgabengebiet , BT-DS 7/2250 vom 14.06.1974, S.40 Tab. 4 (Im folgenden zitiert als Tätigkeitsbericht des BKartA 1973.).

Abbildung 3: Überblick der beim Bundeskartellamt angezeigten Zusammenschlüsse während des Zeitraums 1973 – 1998

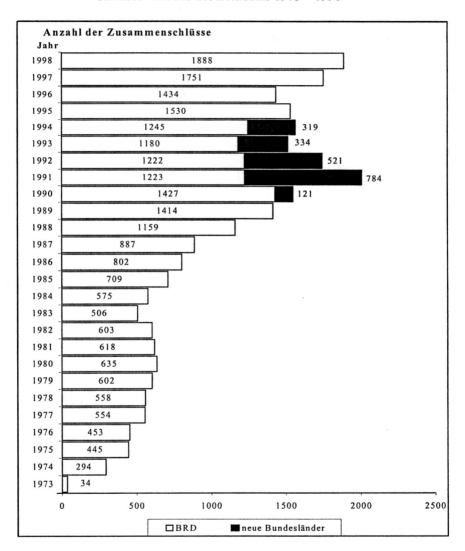

Quelle: Eigene Darstellung basierend auf den Daten aus Tab. 1.1 des Tätig-
keitsberichts des BKartA 1997/98, a.a.O., S. 167.

Obwohl ab 1983 ein kontinuierlicher Anstieg der Fusionsaktivität zu beobachten ist, sollte v.a. der Rekordanstieg Ende der 80er Jahre nicht überbewertet werden, ohne auf gewisse Sondereinflüsse hinzuweisen, die zu einem erheblichen Teil für diesen Verlauf verantwortlich sind. Während ab Mitte der 80er Jahre die bevorstehende Verwirklichung des Binnenmarktes die Unternehmer zu einer externen Anpassung ihrer Größenstrukturen veranlaßte, war es ab 1990 die deutsche Einheit, die den Konzentrationsprozeß antrieb. Abbildung 3 verdeutlicht welchen Einfluß die Privatisierung ostdeutscher Unternehmen auf die Zusammenschluß- und Übernahmestatistik ausübte. Ohne die Sonderentwicklung "Deutsche Einheit" hätten die Zahlen bereits Anfang der 90er Jahre deutlich niedriger gelegen und hätten sich auf dem Niveau eingependelt, das Ende der 80er Jahre erreicht worden ist und sich seither nicht wesentlich veränderte. Es mögen zwar manche Kritiker anführen, daß die Begründung des weiteren Anstiegs mit der Folge des Ereignisses der deutschen Einheit das Problem nur relativiert, nachträglich ist jedoch nicht abzuschätzen, ob und in welchem Umfang sich Unternehmer bei Nichtexistenz dieses Einflusses zum damaligen Zeitpunkt anderweitig, ob national, europaweit oder gar weltweit, nach Partnern umgesehen hätten. Es liegt zwar die Vermutung nahe, daß sich die Unternehmer, gestärkt durch ihre finanziellen Polster, die in der konjunkturellen[77] Aufschwungphase in den 80er Jahren erwirtschaftet wurden, kräftig am weltweiten Fusionskarussell beteiligt hätten. Ob und in welchem Umfang dies jedoch tatsächlich eingetreten wäre oder ob andere Investitionsformen bevorzugt worden wären, läßt sich wie gesagt nicht einmal annähernd abschätzen. Selbst der Einwand, daß in den Zusammenschlußstatistiken die Übernahmen nicht enthalten sind, die der Europäischen Fusionskontrollverordnung unterliegen und daher vom GWB nicht erfaßt werden, scheint angesichts der im Vergleich relativ unbedeutenden Zahl von 135 Zusammenschlüssen, die für den Zeitraum 1990-1992 registriert wurden,[78] keine Bestätigung für ein ausuferndes Fusionsverhalten zu erbringen. Dieser Trend bestätigt sich auch für die Folgejahre. Wie aus der Abbildung 3 ersichtlich ist, bewegte sich die Zahl der jährlich beim BKartA angemeldeten Zusammenschlüsse bis Mitte der 90er Jahre auf einem relativ konstanten Niveau von ca. 1500 Fällen pro Jahr. Erst für

---

77   Zu einer positiven Korrelation von konjunktureller Aufschwung- und Boomphase und der Zunahme der Fusionsaktivität (allerdings nur in der BRD, nicht dagegen in den USA, da hier kompensatorische Effekte von Sanierungsfusionen in der Abschwung- bzw. Rezessionsphase wirken) kommt Büscher, Rolf: a.a.O., S. 88.

78   Vgl. Drauz, Götz: Big is (not) beautiful in Europe, in: EG-Magazin 1-2/93, S.26ff; ergänzend hierzu Kommission der Europäischen Gemeinschaften (Hrsg.): 21. Bericht über die Wettbewerbspolitik, Brüssel 1992, S. 20; Kamburoglou, Panagiotis: Ein Jahr europäische Fusionskontrolle - Ergebnisse einer FIW-Tagung, in: WuW 12/91, Jg. 41, S. 985; o. V.: Fusionen in Europa. Bei der EU-Kommission angemeldete Fälle, in: Die Welt Nr. 121 vom 26.05.1995, S. 1.

den Berichtszeitraum 1997/98 ist eine deutliche Zunahme zu verzeichnen.[79] Diese Entwicklung konnte allerdings für das Jahr 1999 nicht weiterverfolgt werden, da sich insbesondere der mittelständische Markt, der vorrangig in den Statistiken des BKartA Berücksichtigung findet, beruhigt hat, was u.a. auf das Auslaufen der Steuerbegünstigung von Veräußerungsgewinnen zum Jahresende 1998 zurückzuführen ist.[80]

Auf europäischer Ebene zeichnet sich, den statistischen Auswertungen der Europäischen Kommission zufolge, zunächst ein ähnliches Bild der quantitativen Zusammenschluß- und Übernahmeaktivitäten ab. Die jährlichen Wettbewerbsberichte der Europäischen Kommission verzeichneten auf der Basis der Operationen, an denen die 1.000 führenden Industrieunternehmen der Gemeinschaft (Reihenfolge nach Umsatz), ergänzend dazu ab dem 19. Bericht über die Wettbewerbspolitik der Europäischen Gemeinschaft 1990 die 500 größten Industrieunternehmen weltweit und die größten Unternehmen in den Sektoren Handel, Banken und Versicherungen,[81] beteiligt waren, einen ähnlichen Trend, wie dies in Deutschland zu beobachten war.

Obwohl die Zahlen der 70er und frühen 80er Jahre nicht zum Vergleich herangezogen werden können, läßt sich doch ein kontinuierlicher Anstieg externer Wachstumsaktivitäten ab Mitte der 80er Jahre, der Zeit der Vorbereitung auf den Europäischen Binnenmarkt, feststellen, der 1989/90 mit 1.384 Fällen seinen Höhepunkt erreichte. Der in der Mitte der 80er Jahre unter dem Einfluß des Binnenmarktprojektes begonnene "Zyklus" schien sich vorübergehend geschlossen zu haben, betrachtet man den deutlichen Rückgang der Operationen in den Jahren 1990/91 und 1991/92. Ohne die Kenntnis der Daten der Folgejahre ist diese Vermutung allerdings nicht belegbar. Um zumindest annähernd den weiteren Fusionstrend in Europa beurteilen zu können, ist es in Ermange-

---

79   Die Zahlen betreffen zwar in erster Linie Fusionen mit Beteiligung kleiner und kleinster Unternehmen. Allerdings sind hierbei die Zahlen der sog. Großfusionen, die deutsche Märkte betreffen, aber der Europäischen Fusionskontrolle unterliegen, nicht berücksichtigtigt. Diese Zahlen sind seit Anfang der 90er Jahre stetig angestiegen und belaufen sich mittlerweile auf über 200 Fälle pro Jahr.

80   Vgl. Giersberg, Georg: In der Telekommunikation werden astronomische Preise bezahlt, in: FAZ Nr. 16 vom 20.01.2000, S. 30; Muchow, Kai-Christian: Telekom-Deals prägen das M&A-Jahr 1999, in: M&A 1/2000, S. 2, Abb. 1 Transaktionsentwicklung in Deutschland.

81   Bis einschließlich 14. Bericht über die Wettbewerbspolitik der Europäischen-Kommission bezogen sich die Analysen ausschließlich auf die Industrie. Mit dem 15. Bericht wurden diese auf den Handel, die Banken und die Versicherungen ausgedehnt. Vgl. Kommission der Europäischen Gemeinschaften (Hrsg.): 15. Bericht über die Wettbewerbspolitik, Brüssel 1986, Ziff. 265.

lung geeigneter Daten unumgänglich, auf Veröffentlichungen in der Fachpresse zurückzugreifen. Diese beschäftigten sich lange Zeit vorrangig mit den britischen Übernahmeaktivitäten.

Abbildung 4: Überblick über die Gesamtzahl der Finanzoperationen (Fusionen, Übernahmen, Beteiligungen sowie Gründungen von Gemeinschaftsunternehmen) in den Jahren 1984/85[82] bis 1991/92, an denen jeweils mindestens ein Unternehmen gemeinschaftsweiter Dimension beteiligt war.

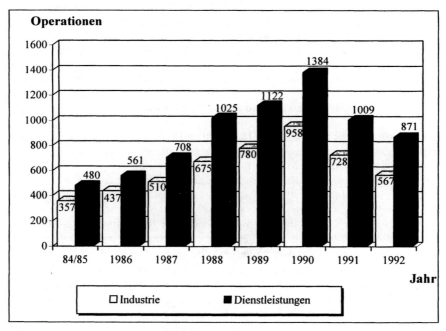

Quelle: Eigene Darstellung basierend auf den Daten aus den Wettbewerbsberichten der Europäischen-Kommission verschiedener Jahre.

---

82   Der Berichtszeitraum beginnt erst im Jahr 1984/85, da Anfang 1983 eine Neuordnung der Datenbasis erfolgte. Daten über Zusammenschlüsse und Beteiligungen wurden zwar schon seit dem 1. Wettbewerbsbericht 1972 veröffentlicht, ihre Vergleichbarkeit ist wegen der Veränderung der Datenbasis allerdings sehr eingeschränkt. Eine weitere Änderung wurde - wie bereits in Fußnote 16 erwähnt - im Jahr 1993 eingeführt, ehe die Berichterstattung 1994 endgültig aufgegeben wurde.

Für Großbritannien bestätigte sich der oben dargestellte Trend eindeutig, da auch dort nach 1989 ein schlagartiger Rückgang der Übernahmetransaktionen zu verzeichnen war, der sich bis 1993 nicht unwesentlich veränderte.[83] Verantwortlich für diese Entwicklung waren, neben einer Reihe anderer Gründe, in erster Linie die Rezessionserscheinungen, die nicht nur in Kontinentaleuropa, sondern auch in Großbritannien die Unternehmen zu größerer Vorsicht veranlassten.[84] Die rege Verkaufstätigkeit Anfang und Mitte der 80er Jahre ließ zudem die Auswahl an geeigneten Übernahmekandidaten merklich schrumpfen, und nicht zuletzt führten die Meldungen über manch fehlgeschlagene Einkäufe zu einer zurückhaltenderen Einstellung gegenüber dem externen Wachstum. Dieser Abwärtstrend änderte sich jedoch im Jahr 1994 schlagartig und gipfelte bereits im darauffolgenden Jahr in einer Rekordzahl an Übernahmen. Dieser Trend ist seither ungebrochen und führte zu jährlich neuen Rekordzahlen in den Übernahmestatistiken.[85] Die Gründe für diese Entwicklung liegen im konjunkturellen Aufschwung, den konsequent durchgesetzten Umstrukturierungsbemühungen zahlreicher Branchen und den im Frühjahr 1997 durchgeführten Neuwahlen. Der sich damals ankündigende Regierungswechsel veranlaßte im Vorfeld noch zahlreiche Firmenübernahmen, da eine Labour-Regierung den Zusammenschlüssen bekanntermaßen nicht so offen gegenübersteht wie eine konservative Regierung.[86]

Berücksichtigt man neben den Rekordmeldungen aus Großbritannien[87] die Berichte über die Situationen des Merger- und Acquisition-Marktes in Italien,[88]

---

83   Vgl. Brenner, Michael/Hammond, John: Auf der Insel hat man Sehnsucht nach den "goldenen" 80er Jahren, in: HB Nr. 82 vom 28.04.1994, S. B5; o. V.: Hopes of an M&A Revival, in: Acquisitions Monthly 5/92, S. 4.

84   Aufgrund der schwachen Konjunktur entwickelte sich der M&A-Markt in Westdeutschland von einem Verkäufer- zu einem Käufermarkt. Die Zeiten, in denen die Nachfrage nach Firmen das Angebot deutlich überstieg, ist vorbei. Verkaufswillige Unternehmer finden derzeit schwieriger und dann zum Teil auch nur unter Preiszugeständnissen einen Käufer für ihr Unternehmen. Vgl. hierzu o. V.: Die schwache Konjunktur bremst die Unternehmenskäufer, in: FAZ Nr. 11 vom 14.01.93, S. 17; Beckermann, Johannes: Deutschland tendiert zu einem Käufermarkt, in: HB Nr. 82 vom 29.04.93, S. B2.

85   Vgl. o. V.: Übernahmewelle beschert Bankiers lukrative Bonus-Zahlungen, in: FAZ Nr. 4 vom 06.01.1997, S. 11; Marriott, Christiian: Boom time is back, in: Acquisitions Monthly 1/96, S. 22; o. V: Rekordübernahmen durch britische Unternehmen in Europa, in: FAZ Nr. 12 vom 15.01.1998, S. 12.

86   Vgl. o. V.: Rekorde bei Übernahmen und Fusionen in Großbritannien, in: FAZ Nr. 6 vom 08.01.1996, S. 17.

87   Vgl. Javetski, Bill: Merger Fever Is Gripping London, in: Business Week vom 25.12.1995, S. 58f; o.V.: Wieder deutlich mehr Unternehmensübernahmen in Großbritannien, in: FAZ Nr. 186 vom 18.08.1995, S. 14.

Frankreich,[89] Spanien[90] und auch den ehemaligen EFTA-Staaten, so hat sich der Anfang 90er Jahre zu beobachtende Abwärtstrend der Übernahmen mit Beteiligung europäischer Unternehmen umgekehrt, ohne daß erneut Anzeichen erkennbar wären, die diesen Trend kippen könnten.

Abbildung 5: Entwicklung der Anzahl angemeldeter Fusionsvorhaben bei der Europäischen Kommission seit Einführung der Europäischen Fusionskontrollverordnung.

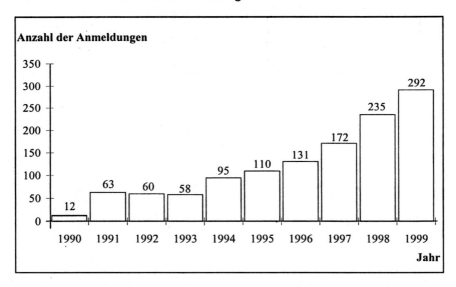

Quelle: Eigene Darstellung in Anlehnung an Kommission der Europäischen Gemeinschaften (Hrsg.): 29. Bericht über die Wettbewerbspolitik 1999, Brüssel 2000, S. 71, Schaubild 4

---

88   Vgl. Achtenhagen, Leona/Lang, Nikolaus-Sebastian: M&A in Italien, in: M&A Review 6/96, S. 268ff; Ward, Angela: Investors undeterred by political climate, in: Acqusitions Monthly, December 1995, S. 45ff.

89   Vgl. Hadley, John: The waiting game is over, in: Acquisitions Monthly, June 1995, S. 42ff; o. V.: French companies most active EU acquirors as boom continues, in: Acquisitions Monthly, November 1995, S. 31; o. V.: An der Pariser Börse steigt das Übernahme- und Fusionsfieber, in: FAZ Nr. 224 vom 26.09.1997, S 30.

90   Vgl. Thomson, Andy: Spanish M&A moves into the fast lane, in: Acqusitions Monthly, April 1997, S. 80ff; Polo de Lara, Enrique: Better times ahead, in: Acquisitons Monthly, Supplement, April 1995, S. 31ff.

Diese Entwicklung läßt sich auch anhand des seit Mitte der 90er Jahre zu beobachtenden Anstiegs der auf der Grundlage der EFKVO bei der Kommission
angemeldeten Fusionsvorhaben belegen, wobei vor allem auch deutsche Unternehmen durch ihre aktive Beteiligung am europäischen Fusionskarussell nachhaltig dazu beitragen, daß sich ein Ende dieses Prozesses in absehbarer Zeit
nicht abzeichnet.[91]

Diese Entwicklung mag viele beunruhigen, die das Aufkauf- und Fusionsfieber
seit jeher mit Skepsis verfolgt haben, wobei nicht selten die Überbewertung der
absoluten Zahlenangaben für ein gewisses Unbehagen verantwortlich ist. Selbst
wenn berücksichtigt wird, daß abgesehen von der Zunahme der Transaktionszahlen die Werte der Übernahmen jährlich neue Rekordmarken überschreiten,[92]
ist es dennoch voreilig, ja sogar falsch, einen direkten Zusammenhang zwischen
der Häufigkeit der Operationen und der Entwicklung des Konzentrationsgrades
bzw. der Vermachtung der Märkte herzustellen. Nicht mit jedem Zusammenschluß stirbt ein Stück Wettbewerb. Daß die Entwicklung der letzten Jahre auch
das Gegenteil bewirkte, d.h. zu einer Intensivierung des Wettbewerbs geführt
hat, zeigt die steigende Zahl grenzüberschreitender Aktivitäten, die aufgrund
des Eindringens neuer, meist ausländischer Anbieter verfestigte Strukturen auf-
brach, Rationalisierungsmaßnahmen beschleunigte und neue Wettbewerbs-
impulse gab.
Festzuhalten bleibt daher, daß das einseitige Argument, daß Zusammenschlüsse
zur Vermachtung der Märkte führen und dadurch Wettbewerb zerstört wird
weder schlüssig noch haltbar ist. Vielmehr handelt es sich um ein äußerst viel-
schichtiges Phänomen, daß sich nicht nach dem einfachen Muster gut-schlecht
einordnen läßt. Zudem sagen die Zahlen über Zusammenschlußfälle allein nur
begrenzt etwas aus über die Konzentrationsentwicklung. Die Gesamtzahl der
Zusammenschlüsse enthält auch eine Reihe von wettbewerblich unbedenklichen
Fällen oder sogar erwünschte Fälle der Dekonzentration beispielsweise durch
die Abspaltung von Unternehmensteilen durch Großunternehmen. Auch die geringe Zahl der Untersagungen verdeutlicht, daß in den allermeisten Fällen von
vornherein kein Verdacht auf Marktbeherrschung bestand. Es ist vielmehr festzustellen, daß für die Beurteilung der Funktionsfähigkeit des Wettbewerbs auf

---

91   Vgl. o. V.: Deutsche Unternehmen sind fusionsfreudig, in: FAZ Nr. 158 vom
     10.07.1996, S. 15; o. V.: Immer mehr Fusionen, in: Die Welt Nr. 12, vom 15.01.1996,
     S. WV1; o. V.: "In Deutschland sind verstärkt Übernahmen zu erwarten", ihn: FAZ Nr.
     99 vom 29.04.1997, S. 31.

92   Vgl. Herden, Raimund W./Reinhard, Henning: M&A-Volumen in Europa setzt neue
     Maßstäbe, in: M&A Review 12/99, S. 525f; Giersberg, Georg: Der deutsche Beteili-
     gungsmarkt hat sich 1998 verdreifacht, in: FAZ Nr. 9 vom 12.01.1999, S. 20.

den Märkten dem Konzentrationsgrad allein nicht die Bedeutung zukommt, wie mancherorts angenommen wird.

3.1.1 Geographische Ausrichtung der Akquisitionstätigkeiten

Den Verflechtungen der Volkswirtschaften durch einen ständig wachsenden Warenaustausch folgte in den letzten Jahren eine zunehmende Verflechtung der Unternehmen. Ihren Niederschlag fand diese Entwicklung in der gestiegenen Bedeutung grenzüberschreitender Aktivitäten insbesondere sog. cross-border-Zusammenschlüsse, die gleichsam Ausdruck des gemeinsamen Wunsches der Unternehmen nach überregionaler Präsenz, Marktführerschaft und Neupositionierung sind.

Tabelle 1:   Aufteilung der Gesamtzahl der Finanzoperationen im Zeitraum zwischen 1984/85 und 1991/92 in rein nationale, gemeinschaftliche und internationale Fälle (Industrie und Dienstleistungen)

		National [1]		Gemeinschaftlich [2]		International [3]	
Jahr	Gesamtzahl	Anzahl	%*	Anzahl	%*	Anzahl	%*
1984/85	480	313	65	99	21	68	14
1985/86	561	344	61	116	21	101	18
1986/87	708	448	63	147	21	113	16
1987/88	1025	570	56	250	24	205	20
1988/89	1122	585	52	352	31	185	16
1989/90	1384	555	40	511	37	318	23
1990/91	1009	438	43	354	35	217	22
1991/92	871	445	51	282	32	144	17

* gerundet
[1] Operationen zwischen Unternehmen aus ein und demselben Mitgliedstaat
[2] Operationen zwischen Unternehmen aus verschiedenen Mitgliedstaaten
[3] Operationen zwischen Unternehmen eines Mitgliedslandes und eines Drittlandes
  mit Auswirkungen auf den Markt der Gemeinschaft

Quelle: Eigene Zusammenstellung basierend auf den Daten diverser Berichte der Europäischen Kommission über die Wettbewerbspolitik.

In Tabelle 1 spiegeln sich deutlich die Auswirkungen der Abschaffung der Binnengrenzen und die zunehmende Öffnung der Märkte weltweit wider. Während im Zeitraum 1984/85 noch 65% aller Fälle rein nationalen Charakter aufwiesen, verloren sie in den folgenden Jahren zunehmend an Bedeutung und erreichten im Jahr 1989/90 mit einem Anteil von 40% an den gesamten Operationen ihren vorläufigen Tiefpunkt. Dem signifikanten Rückgang der nationalen Operationen entsprach eine Steigerung gemeinschaftsweiter und internationaler Aktionen, wobei erstere einen Anstieg von 21% in den Jahren 1984/85 auf 37% im Zeitraum 1989/90 verzeichneten und mit 511 Fällen annähernd den Wert der nationalen Operationen erreichten. Die Fälle, in denen Drittlandsunternehmen Übernahmen in der Gemeinschaft tätigten, verzeichneten 1989/90 eine enorme Steigerung, die sich aber im Jahr 1991/92 deutlich abschwächte. Dieser Rückgang bzw. der Wiederanstieg rein nationaler Zusammenschlüsse ist mit dem seinerzeit zu beobachtenden generellen Einbruch am Transaktionsmarkt zu erklären, der - wie bereits ausgeführt - hauptsächlich konjunkturbedingter Natur war. In Zeiten der Rezession wird zusätzliches Risiko, das bei grenzüberschreitenden Fusionen ungleich höher ist als z. B. bei nationalen, möglichst vermieden. Im Zuge der Erholung des M&A Marktes revidierte sich die Anfang des letzten Jahrzehnts beobachtete Entwicklung allerdings wieder. Die Anzahl grenzüberschreitender Unternehmenszusammenschlüsse, deren Käufer aus Drittstaaten stammen, hat sich während des Zeitraumes von 1991-1996 mehr als verdoppelt.[93] Gemeinschaftsweite Zusammenschlüsse erlebten einen ähnlichen Boom. So stieg die Zahl der zum Kauf angebotenen europäischen Unternehmen im selben Zeitraum um rund ein Viertel. In durchschnittlich 80% der Fälle kamen die neuen Besitzer ebenfalls aus einem europäischen Staat.[94]

Allein beim industriellen Sektor, der bis Anfang der 90er Jahre im Durchschnitt an 70% der Transaktionen beteiligt war (siehe Tabelle 2), verbuchte man im Zeitraum 1984 - 1992 einen durchschnittlichen Rückgang rein nationaler Fälle von ca. 20%. Im Rekordjahr 1989/90 wurden erstmals mehr gemeinschaftliche als nationale Operationen durchgeführt. Der Anteil der Fälle, in denen Drittlandsunternehmen Übernahmen in der Gemeinschaft tätigten, stieg um annähernd 50%.

---

93   Vgl. o. V.: France regains its popularity with UK buyers, in: Acquisitions Monthly, Februar 1997, S. 56; o. V.: UK firms spending big in Germany, in: Acquisitions Monthly, Februar 1996, S. 56.

94   Vgl. Ward, Angela: German companies enjoy a busy beginning to the year, in: Acquisitions Monthly, May 1995, S. 39; Thomson, Andy: Cross-border boom time, February 1996, S. 43; o. V.: EU boom gathers pace, in: Acquisitions Monthly, Februar 1997, S. 40.

Tabelle 2:   Überblick über Anzahl und Anteil der Transaktionen in der Industrie von 1984/85 bis 1991/92, aufgeteilt in rein nationale, gemeinschaftliche und internationale Operationen

		National		Gemeinschaftlich		International		Gesamtzahl der Operationen in der Industrie	
Jahr	Gesamtzahl	Anzahl	%*	Anzahl	%*	Anzahl	%*	Anzahl	%*
1984/85	480	231	48	69	14	57	12	357	74
1985/86	561	266	47	92	16	79	14	437	77
1986/87	708	324	46	112	16	74	10	510	72
1987/88	1025	374	36	180	18	121	12	675	66
1988/89	1122	391	35	270	24	119	11	780	70
1989/90	1384	355	26	374	27	229	17	958	70
1990/91	1009	279	28	274	27	175	17	728	72
1991/92	871	264	30	186	21	117	13	567	64

* gerundet

Quelle: Eigene Zusammenstellung basierend auf den Daten diverser Berichte
der Europäischen Kommission über die Wettbewerbspolitik.

Die Entwicklung des Berichtsjahres 1991/92 verzeichnet zwar auch hier einen
Rückgang grenzüberschreitender Zusammenschlüsse, wobei dieser aber - wie
bereits angedeutet - nur von kurzer Dauer war. Signifikant ist allerdings die in
diesem Zusammenhang zu beobachtende deutliche Abnahme der gesamten
Transaktionen der Industrie zugunsten des Dienstleistungssektors und dessen
ebenfalls beobachtbare zunehmende Auslandsorientierung. Diese Entwicklung
wird auch auf bundesdeutscher Ebene bestätigt.

Generell ist die Zunahme der grenzüberschreitenden Transaktionen nicht nur
auf der Berichtsebene der Kommission nachzuweisen. Insbesondere mit der
stärkeren Einbindung der deutschen Wirtschaft in die europäische und Weltwirtschaft nimmt die Beteiligung an grenzüberschreitenden Fusionen und Zu-

sammenschlüssen auch hierzulande stetig zu.[95] Einer Auswertung der M&A Review Database zufolge ergab sich für Deutschland im Jahr 1999 folgendes Bild:

Abbildung 6:   Wichtigste Target- und Käuferländer 1999[96]

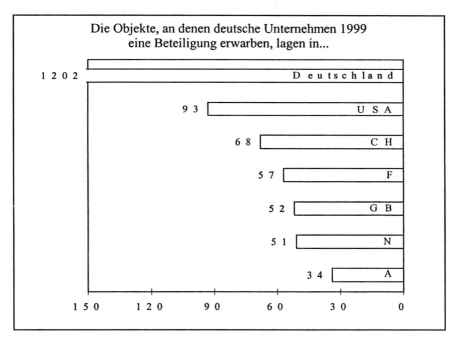

Quelle: Muchow, Kai-Christian: Telekom-Deals prägen das M&A-Jahr 1999, in: M&A Review 1/2000, S. 4, Abbildung 3

---

95   An den von der Europäischen Kommission im Zeitraum von 1991-1997 geprüften Zusammenschlüssen waren Unternehmen aus Deutschland in 202 Fällen beteiligt, gefolgt von Großbritannien mit 166 Fällen und Frankreich mit 161. Zu den weiteren Plazierungen vgl. Deutscher Bundestag (Hrsg.): 13. Hauptgutachten der Monopolkommission 1998/1999, a.a.O., S. 414, Tab. VII.3. Einige Analysten sehen Deutschland sogar als künftigen Schlüsselmarkt für Zusammenschlüsse und Übernahmen in Europa. Vgl. o. V.: "Der Markt für Übernahmen wächst", in: FAZ Nr. 264 vom 12.11.1999, S. 25.

96   Der Vergleich mit den Daten des BKartA für die Jahr 1991-1998 liefert ein ähnliches Ergebnis mit nur geringfügigen Rangunterschieden. Vgl. hierzu die Tab. 9.1 und 9.2 der Tätigkeitsberichte des BKartA diverser Jahre.

Fortsetzung Abbildung 6:   Wichtigste Target- und Käuferländer 1999

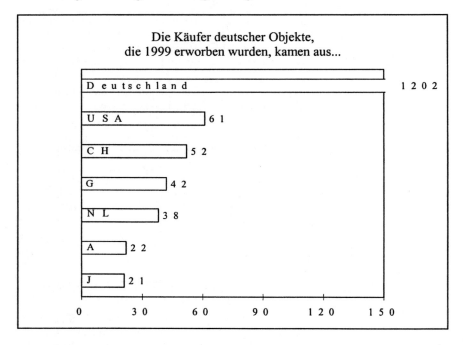

Quelle: vgl. ebenda

Obgleich der Anteil rein nationaler Zusammenschlüsse auf den ersten Blick beträchtlich erscheint, werden einer Auswertung der Daten des BKartA[97] zufolge
deutsche Unternehmen immer weniger von hier ansässigen Unternehmen erworben. Reziprok hierzu waren die Käufer deutscher Objekte zunehmend häufiger im Ausland ansässig. Kamen noch 1991 in rund dreiviertel der Fälle die

---

97   In den Statistiken des BKartA finden seit Anfang der 90er Jahre aufgrund des Zu-
ständigkeitsbereiches der Europäischen Fusionskontrollverordnung große grenzüber-
schreitende Zusammenschlüsse keine Berücksichtigung mehr. Die relativ hohen Werte
rein nationaler Zusammenschlüsse sind folglich dahingehend zu relativieren, als es sich
bei sog. deutsch-deutschen Fusionen überwiegend um kleinere Zusammenschlüsse
handelt. Erfahrungsgemäß suchen Unternehmen dieser Größenklassen ihre potentiellen
Partner weniger häufig außerhalb der Landesgrenzen, als dies bei großen Unternehmen
der Fall ist.

Käufer aus dem eigenen Land, reduzierte sich der Wert im Jahr 1998 auf rund 60%. [98]
Zu den favorisierten Zielländern deutscher Übernahmen gehörten in den letzten Jahren[99] neben den USA erwartungsgemäß die europäischen Partnerländer. Mit der Schweiz rückte ein weiterer Staat Europas in den Blickwinkel deutscher Aufkäufer. Reziprok wuchs deren Interesse an Zusammenschlüssen in der Bundesrepublik gleichermaßen, so daß die Schweiz mittlerweile neben den "traditionellen" Aufkäufern aus den USA und der EU eine bedeutende Stellung innerhalb der Statistik der ausländischen Kaufinteressenten einnimmt.[100] Für die Schweiz gilt Deutschland im Vergleich zu den übrigen EU-Staaten und auch den USA als wichtigstes Zielland. Per Saldo treten bundesdeutsche Unternehmen dort allerdings nach wie vor überproportional häufiger auf, als dies umgekehrt der Fall ist. Für die übrigen EU-Partnerländer ergibt sich ein differenzierteres Bild. Während deutsche Unternehmen in der Vergangenheit in Frankreich, Italien und Spanien überwiegend als Käufer aktiv waren, wurden deutsche Unternehmen häufiger an britische und niederländische Interessenten verkauft. Das gleiche Ergebnis erbringt der Ländervergleich mit den USA.[101] Die Länder des ehemaligen Ostblocks hingegen sind sowohl auf Käufer- als auch auf Verkäuferseite nach wie vor eher selten vorzufinden. Dies kann sich allerdings in Zukunft insbesondere für die Länder ändern, die eine Mitgliedschaft in der EU anstreben. Die traditionell größte Anziehungskraft als Standort und Übernahmeziel in Europa hatte aber bislang Großbritannien. Einige Gründe, weshalb Deutschland in der Vergangenheit als Targetland nicht so begehrenswert war, liegen in der im Verhältnis zu den übrigen EU-Staaten verhältnismäßig restriktiven Wettbewerbsgesetzgebung, den grundlegend anders gearteten Unternehmenskulturen (insbesondere die schwach ausgeprägte Informa-

98 Vgl. Tab. 9.1 und 9.2 der Tätigkeitsberichte des BKartA diverser Jahre. Eine weitere Quelle ermittelt einem Wert von kanpp 50% rein deutscher Transaktionen, vgl. hierzu Giersberg, Georg: In der Telekommunikation werden astronomische Preise bezahlt, a.a.O., S. 30.

99 Für die Jahre 1997 und 1998 ergibt sich nach den Angaben des BKartA ein ähnliches Bild. Vgl. hierzu Deutscher Bundestag (Hrsg.): Tätigkeitsbericht des BKartA 1997/98, a.a.O., S. 183, Tab. 9.1 und 9.2.

100 Vgl. o. V.: Unternehmenskäufe. Ausländische Käufer deutscher Unternehmen, in: Die Welt Nr. 7 vom 09.01.1996, Schaubild S. 11 ergänzend hierzu die Daten aus den Berichten des BKartA diverser Jahre. Vgl. o. V.: Der Markt der Übernahmen wächst wieder, in: FAZ Nr. 153 vom 05.07.1995, S. 9/10.

101 Vgl. Gocke, Andreas: In 1994 wieder Rückgang des deutschen M&A-Marktes - jedoch mehr Interesse am Ausland, in: M&A Review 1/95, S. 3ff; Schäfer, Michael: Der deutsche Markt für Unternehmenskontrolle in 1995 wieder im Aufschwung, in: M&A Review 1/96, S. 5ff; derselbe: Deutscher Markt für Unternehmenskontrolle stabilisiert sich auf hohem Niveau, in: M&A Review 1/97, S. 5ff.

tionspolitik) und -strukturen (z. B. der bisher vergleichsweise wenig börsennotierten Unternehmen) aber auch der verhältnismäßig ausgeprägten Gewerk-
schafts- und Mitbestimmungsregelungen.[102]

Trotz manch bestehender Hindernisse ermöglichte der in den letzten Jahren
massiv vorangetriebene Abbau von institutionellen Marktzugangs- und Nieder-
lassungshemmnissen, die Vereinheitlichung von Normen und Standards sowie
die Revolution in der Kommunikationstechnik fusionswilligen Unternehmern
immer häufiger die Partnersuche über die Ländergrenzen hinweg. Dieser Trend
ist in erster Linie wegen seines Beitrages zur erwünschten Verflechtung der
Volkswirtschaften zu begrüßen. Grenzüberschreitende Unternehmensaktivitäten, sog. transnationale Fusionen und Zusammenschlüsse sind die natürliche
Folge der Globalisierung der Märkte und gewissermaßen als Symbol[103] der zu
fördernden wirtschaftlichen Integration zu betrachten, wobei allerdings in
diesem Kontext nicht vergessen werden soll, daß ab einer bestimmten, nicht zu
quantifizierenden Grenze die zunehmende Konzentration sich ins Gegenteil
verkehren und hemmend für die Integration wirken kann. Andererseits verur-
sachen aber gerade das Anwachsen internationaler Handels- und Wettbewerbs-
beziehungen und die zunehmenden Integrationsbestrebungen die Notwendigkeit
der Unternehmensexpansion und der globalen Ausrichtung, um den Größenordnungen im internationalen Vergleich standhalten zu können. Die Unternehmen
haben die Zeichen der Zeit durchaus erkannt, was die abnehmende Bedeutung
rein nationaler Zusammenschlüsse beweist.

3.1.2 Sektorale Spezifizierung der Transaktionen

Das Fusionsfieber hat nahezu alle Branchen erfaßt, dennoch zeichnete sich im
Rahmen einer quantitativen Analyse der beobachteten Transaktionen innerhalb
des Verarbeitenden Gewerbes lange Zeit eine Konzentration bundesdeutscher

---

102 Vgl. Kleine, Christian: Probleme bei Akquisitionen in Deutschland - Ergebnisse einer
Umfrage bei schweizerischen Käufern, in: M&A Review 11/95, S. 475ff; Walter, Jerry:
Movin towards one Europe, in: Acquisitions Monthly, May 1997, S. 62f; Cutts,
John/Finbow, Anthony: Investing in a difficult market, in: Acquisitions Monthly,
Februar 1996, S. 68f; Müller-Stewens, Günter/Gocke, Andreas: Investoren auch durch
zuviel Regelungen abgeschreckt, in: HB Nr. 84 vom 02.05.1995, S. 25.

103 Vgl. Mestmäcker, Ernst-Joachim: Fusionskontrolle im Gemeinsamen Markt zwischen
Wettbewerbspolitik und Industriepolitik, in: EuR 4/88, Jg. 39, S. 357.

Käuferaktionen auf Unternehmen bestimmter Sektoren ab.[104] Anhand der Anzahl der beim Bundeskartellamt registrierten Erwerbsfälle wurde der Maschinenbaubranche bislang die Spitzenposition zugewiesen, gefolgt von der chemischen Industrie, der Elektrotechnik sowie dem Ernährungssektor. Dieses Vierergespann erwies sich auch bei der Betrachtung aller angezeigten Zusammenschlüsse für den Zeitraum 1973-1994[105] als bevorzugte Kaufadresse. In rund 23% aller in diesem Zeitraum registrierten Fälle wurden die genannten Sektoren als Targetbranche ausgewiesen. Fast ebenso eifrig traten Unternehmen dieser Branchen als Käufer auf. Abbildung 7 veranschaulicht die Häufigkeitsverteilung von Unternehmenserwerben innerhalb dieser Top-Käufer- und Targetbranchen.

---

104 Geringfügige Rangunterschiede in den einzelnen Veröffentlichungen sind dem differenzierten Datenmaterial zuzuschreiben. Grundsätzlich herrscht jedoch Übereinstimmung bezüglich der Top-Käufer und -Verkäuferbranchen. Neben den Angaben des BKartA veröffentlicht hauptsächlich die Fachzeitschrift M&A-Review Informationen über Anzahl und Anteil der jährlichen Transaktionen mit bundesdeutscher Beteiligung.

105 Aufgrund der Umstellung der Branchenkennziffern sind die Angaben für die Jahre 1995ff nicht mit denen der Jahre 1973-1994 vergleichbar. Vgl. Deutscher Bundestag (Hrsg.): Bericht des Bundeskartellamtes über seine Tätigkeit in den Jahren 1995/96 sowie über die Lage und Entwicklung auf seinem Aufgabengebiet, BT-DS 13/7900 vom 19.06.1997, S. 163. (Im folgenden zitiert als Tätigkeitsbericht des BKartA 1995/96). Auch nach der neuen Klassifizierung belegen diese Branchen jedoch weiterhin die Spitzenplätze in der Transaktionshäufigkeit. Vgl. ebenda S. 164ff sowie Tätigkeitsbericht des BKartA 1997/98, a.a.O., S. 174ff.

Abbildung 7:   Absolute Transaktionshäufigkeit in den Top-Käufer und -Target-
branchen des Verarbeitenden Gewerbes der BRD von 1973-1994

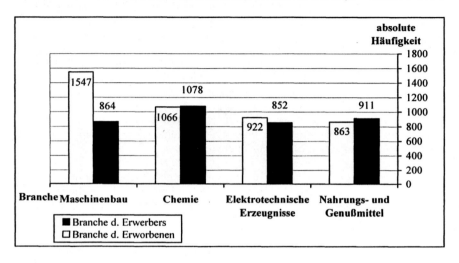

Quelle: Eigener Entwurf basierend auf den Daten aus dem Tätigkeitsbericht
des BKartA 1993/94, S.160/161, Tab. 5.3.

Vor allem der deutschen Maschinenbaubranche kam in der Vergangenheit eine
klare Führungsrolle in der Beliebtheitsskala der Objektbranchen zu. Bereits Anfang der 60er Jahre wurde der Maschinenbausektor als konzentrationsanfällige
Industriegruppe bezeichnet. Ursache hierfür war damals das Fehlen von Großunternehmen, die im härter werdenden Konkurrenzkampf mit ausländischen
Produzenten bestehen können. Des weiteren wurde bereits zum damaligen Zeitpunkt erkannt, daß die infolge des technischen Fortschritts ständig steigenden
Kosten für Entwicklung und die zunehmende Investitionstätigkeit eine Beibehaltung der bisherigen Struktur unmöglich erscheinen lassen.[106] Wie in Abbildung 8 deutlich zu sehen ist, führte dieser "Nachholbedarf" an Fusionen nicht
nur in der Rezessionsphase Anfang der 90er Jahre[107] zu einer beachtlichen Anzahl von Zusammenschlüssen, sondern der Übernahmeboom hielt auch in der
Phase der konjunkturellen Belebung ab Mitte der 90er Jahre an. Dies hat zur

---

106   Vgl. hierzu Knauss, Fritz: Konzentrationsbewegung in der Bundesrepublik, in: Knauss,
      Fritz/Vogel, Otto/Hermanns, Ferdinand (Hrsg.): Unternehmenskonzentration in der
      westlichen Welt, a.a.O., S.25/26.

107   Der Höchststand von 152 Fällen kam nur unter "Mithilfe" einer Reihe deutsch-deutscher
      Zusammenschlüsse zustande.

Herausbildung marktstarker internationaler Unternehmen geführt, ohne daß es, der Einschätzung des Bundeskartellamtes zufolge, bisher zur Entstehung marktbeherrschender Stellungen gekommen wäre.[108]

Abbildung 8: Absolute Transaktionshäufigkeit in der deutschen Maschinenbaubranche in den Jahren 1985-1998[109] nach den beim BKartA angezeigten Zusammenschlüssen

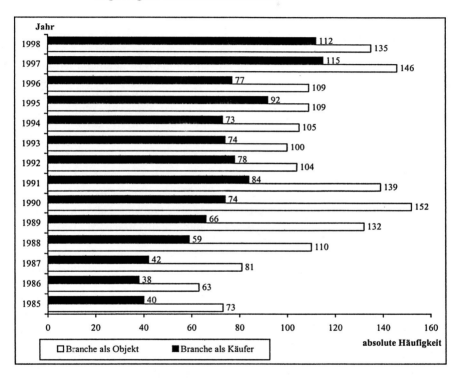

Quelle: Eigene Darstellung basierend auf den Daten aus den Tätigkeitsberichten des BKartA der verschiedenen Jahre in Anlehnung an: Spickers, J.: Maschinenbau-Akquisitionen 1985-1993: Eckwerte der Restrukturierung einer Branche, in: M&A Review, 1/94, S.17.

108 Vgl. Deutscher Bundestag (Hrsg.): Tätigkeitsbericht des BKartA 1997/98, a.a.O.,S. 104.

109 Wie bereits in Fußnote 51 vermerkt, sind aufgrund der Änderung der Statistik der Wirtschaftszweige die Daten für die Jahre 1995-1998 nur eingeschränkt vergleichbar mit denen der Vorjahre. Die Daten für 1995ff sollen lediglich gewisse Trends untermauern.

Obgleich es sich beim Großteil der in den Statistiken des BKartA registrierten
Fälle eher um kleinere Zusammenschlüsse handelt, war der Maschinen- und
Anlagenbau aber zuweilen auch Gegenstand und Mittelpunkt spektakulärer
Übernahmen. Hierzu zählt die zwar vorrangig dem Stahlbausektor zugerech-
nete, den Maschinenbau jedoch unmittelbar betreffende und zunächst heftigst
umstrittene Übernahme des Dortmunder Maschinenbau- und Stahlkonzerns
Hoesch durch den Essener Krupp-Konzern zur Jahreswende 1991/92.[110] In bei-
spielhafter Weise verdeutlichte dieser Zusammenschluß, daß der traditionell
mittelständisch strukturierte Wirtschaftsbereich zunehmend dem Einfluß von
Großunternehmen und dadurch zwangsläufig auch den Banken ausgesetzt ist.
Der dadurch ausgeübte wachsende Einfluß der Kapitalmärkte übt Druck auf die
Unternehmen aus, sich auf Kerngeschäftsfelder zu konzentrieren und diese auch
durch externes Wachstum zu stärken, während andere Unternehmensteile abgestoßen werden. Oftmals ist ein sich beschleunigender Konsolidierungsprozeß zu
beobachten, da vorangegangene Zusammenschlüsse innerhalb einer Branche
Marktpositionen neu definieren und dadurch strategische Reaktionen auslösen.
Zudem geraten weiterhin auf sich gestellte Unternehmen unter erhöhten Zugzwang ebenfalls eine kritische Masse zu erreichen.

Diese Kettenreaktionen waren in der Vergangenheit bei vielen Industriesektoren
zu beobachten. Besonders deutlich wurde dies jedoch in der Automobilbranche.
Zunächst wurde im Rahmen der Strategie des sog. Outsourcing, d.h. der Aus-
lagerung von Produktionsteilen auf selbständige Zulieferer, der Wertschöp-
fungsanteil kontinuierlich vermindert und die Konzentration auf die Kernkompetenzen vorangetrieben. Im Anschluß daran, z.T. aber auch fast zeitgleich,
setzte eine wahre Übernahmeflut unter den verbleibenden Automobilherstellern
ein. Wer nicht fusionierte, schloß sich in irgendeiner Form einer Automobil-
gruppe an, von denen Branchenbeobachter vermuten, daß am Ende nur noch
sechs eigenständig bleiben werden.[111] Dieses Szenario erscheint angesichts
hoher Überkapazitäten, einer zu erwartenden Abschwächung der Autokon-
junktur und des von Asien ausgehenden Preiskampfes immer realistischer zu
werden. Allerdings gibt es auch in dieser Branche Ausnahmen von der Regel.
Dem Wettlauf um immer größere Einheiten widersetzten sich weiterhin erfolgreich BMW, Peugeot-Citroen, Porsche und Honda.

---

110   Vgl. o. V.: Traurige Hochzeit, in: Manager Magazin 2/92, Jg. 22, S. 8ff; Student,
      Dietmar: Der Coup und die Folgen, in: WiWo Nr. 43 vom 18.10.1991, Jg. 45, S. 170ff;
      Hillebrand, Werner/Wilhelm, Winfried: Das letzte Aufgebot, in: Manager Magazin
      7/92, Jg. 22, S. 30ff.

111   Vgl. o. V.: Nur noch sechs große Gruppen in der Automobilindustrie, in: FAZ Nr. 152
      vom 04.07.2000, S. U5.

Den Berichterstattungen der Europäischen-Kommission[112] zufolge, konzentrierte sich der Großteil der Übernahmen und Beteiligungen ebenfalls auf wenige signifikante Sektoren, wobei bis Anfang der 90er Jahre der chemische Sektor die Skala der "fusionsfreudigsten" Branchen anführte. Ausschlaggebend hierfür war die Branchenkrise Anfang der 80er Jahre, während der sich viele Chemieunternehmen genötigt sahen, sich neu zu orientieren. Nach einer raschen Expansionsphase in den 60er und 70er Jahren durchlief diese Branche eine schwierige Phase, die von stagnierendem Produktionswachstum und Überkapazitäten gekennzeichnet war. Demzufolge waren strukturelle Veränderungen vorzunehmen. Im Zuge dieser Neuorientierung kam es daher bereits im Vorfeld der Vollendung des Binnenmarktes zu zahlreichen Fusionen und Übernahmen innerhalb dieser breitgefächerten Branche, mit denen neben der Zielsetzung der Erhöhung des Marktanteils auch die geographische Ausdehnung der Geschäftstätigkeit angestrebt wurde. Diese Entwicklung konnte jedoch nicht darüber hinwegtäuschen, daß die Branche v.a. in Deutschland bis zum Ende der 80er Jahre durch Strukturfaktoren gekennzeichnet war, die einen stark restriktiven Wettbewerb ermöglichten und hohe Eintrittsbarrieren gewährleisteten.

Erst die fundamentalen Veränderungen der Rahmenbedingungen insbesondere für die pharmazeutische Industrie im Verlauf der letzten Dekade veranlaßten die Unternehmen zu radikalen Umstrukturierungen.[113] Initiiert durch Einsparungen aufgrund staatlich verordneter Gesundheitsreformen und durch die weltweiten Strukturveränderungen des Gesundheitsmarktes, versuchten die Unternehmen des nach wie vor sehr zersplitterten Pharmasektors,[114] durch Neupositionierung ihrer Kräfte, die Turbulenzen unbeschadet zu überstehen und zu international wettbewerbsfähigen Unternehmenseinheiten heranzuwachsen.

Dabei kristallisierten sich zunächst zwei Ansätze heraus: Einerseits durch Integration und Erweiterung der Aktivitäten entlang der Wertschöpfungskette, andererseits durch die Konzentration auf Kerngeschäfte.[115] Beide Ansätze schienen geeignet, die bis dato breit diversifizierten Großkonzerne zu ent-

---

112 Vgl. o. V.: Die Unternehmenskonzentration wird in der Gemeinschaft anhalten, in: Blick durch die Wirtschaft Nr. 143 vom 27.07.1990, o. S.; Kommission der Europäischen Gemeinschaften (Hrsg.): 19. und 20. Bericht über die Wettbewerbspolitik, a.a.O., Tab. 8, S. 221 und Tab. 8, S. 265.

113 Vgl. Kleine, Dirk/Reese, Philipp: Gründe und Motive für die M&A-Welle in der Pharmaindustrie, in: M&A Review 3/97, o. Jg. , S. 105ff.

114 Noch im Jahr 1997 teilten sich die zehn größten Arzneiunternehmen 35% des gesamten Pharmamarktes unter sich auf, die 20 größten gerade einmal 55%. Vgl. Achtenhagen, Leona: M&A-Aktivitäten in der deutschen Chemie- und Pharmaindustrie, in: M&A Review 9/97, o. Jg., S. 262.

115 Vgl. Lill, Uwe: Der Pharmamarkt im Übernahmefieber, in: FAZ Nr. 192 vom 19.08.1994, S. 11.

schlacken, da es sich bereits damals abzeichnete, daß diese Unternehmen nicht die Mittel haben, ein breitgefächertes Portfolio mit unterschiedlichen Anforderungen in einem sich stark verändernden Umfeld erfolgreich weiterzuentwickeln. Ein Großteil der Konzerne entschied sich für die Variante der Portfoliobereinigung und vollzog in den vergangenen Jahren die Trennung des klassischen Chemiegeschäfts von den sog. Life-Science-Gebieten (Pharma, Diagnostika, Agrokultur).[116] Diese Restrukturierungen gingen einher mit einer wahren Flut[117] von Akquisitionen und Allianzen, wie Abbildung 9 verdeutlicht.

Abbildung 9: Pharma-Industrie: Allianzen, Beteiligungen, Übernahmen

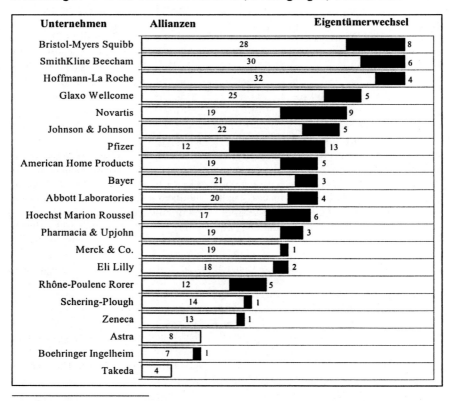

---

116 Vgl. Falter, Wolfgang/Schwiersch, Jochen: Die Größe macht's doch, in: FAZ Nr. 249 vom 26.10.1999, Verlagsbeilage, S. B1; Herden, Raimund W./Dönges, Jutta: Globales M&A-Volumen 1998 erstmals über 2 Bio. US-$, in: M&A-Review 2/99, o. Jg., S. 69f.

117 Weitere Quellen sprechen allein für das Jahr 1996 von über 1.000 Allianzen und Minderheitsbeteiligungen. Vgl. Kleine, Dirk/Reese, Philipp: a.a.O., S. 105, Abb. 2.

Quelle: o. V.: Zeneca sucht Kooperationen für den Wechsel ins nächste Jahr-
tausend, in: FAZ Nr. 226 vom 29.09.997, S. 24

Diese Strategie der Konsolidierung und Kostensenkung führte in den Folgejahren dazu, daß zahlreiche Unternehmen, vorrangig jedoch Unternehmensteile
und Teilgesellschaften (sog. Spin-offs)[118] abgespalten, verkauft, eingegliedert
und nach kurzer Zeit wieder weiterveräußert wurden. Neue Unternehmen mit
wohlklingenden Namenszügen entstanden, während alteingesessene Unternehmen verschwanden.[119] Die Ranglisten der führenden Pharmakonzerne ändern
sich derzeit im Zuge dieser atemberaubenden Fusionswelle in immer kürzeren
Abständen und ein Ende dieser Entwicklung ist derzeit weder in Deutschland
noch weltweit in Sicht. Selbst die jüngst zu beobachtende Verlangsamung des
Konzentrationsprozesses in der Branche ist kein Indiz dafür, daß der Konsolidierungsprozeß abgeschlossen ist, vergleicht man die noch immer niedrigen
Marktanteile auch der größten Unternehmen im Verhältnis zu anderen
Branchen.[120]

Tabelle 3:   Die führenden Pharmakonzerne der Welt

Rang	Unternehmen	Marktanteil in %
1.	Glaxo Smithkline	7,0
2.	Pfizer	6,5
3.	Astra Zeneca	4,4
4.	Merck & Co.	4,3
5.	Aventis	4,2
6.	Novartis	4,0
7.	Bristol-Myers Squibb	3,9
8.	Johnson & Johnson	3,6
9.	Roche	3,1
10.	American Home Products	3,0

Quelle: o. V.: "Keine Branche wird so umfassend erforscht wie Pharma", in:
FAZ Nr. 34 vom 10.02.2000, S. 24

---

118   Vgl. o. V.: Spin-offs hit record, in: Acquisitions Monthly, June 1999, o. Jg., S. 6

119   Im Jahr 1996 wurde beispielsweise aus den beiden Schweizer Traditionsunternehmen
Sandoz und Ciba-Geigy ein neues Unternehmen mit dem Kunstwort Novartis, zwei
Jahre später aus Hoechst und Rhone-Poulenc Aventis.Vgl. o. V.: Novartis - Kunstwort
für einen Neuanfang, in: FAZ Nr. 59 vom 09.03.1996, S. 16; o. V.: Die Geschichte von
Hoechst ist ständiger Wandel, in: FAZ Nr. 280 vom 02.12.1998, S. 22.

120   Vgl. o. V.: Größe allein reicht nicht, in: FAZ Nr. 14 vom 18.01.2000, S. 15; Lindner,
Roland: Die deutschen Pharmaunternehmen sind nur noch Nischenanbieter, in: FAZ Nr.
291 vom 14.12.2000, S. 32; o. V.: Die Synergieeffekte blieben meist aus, in: FAZ Nr.
120 vom 27.05.1997, S. 20.

Darüber hinaus stehen die Pharmaunternehmen unter enormem Innovations-
druck, da viele umsatzstarke Arzneimittel in naher Zukunft ihren Patentschutz
verlieren werden. Die Entwicklung neuer Präparate, deren Kosten zwischen
einer halben und einer Milliarde Mark angesiedelt sind, können jedoch immer
seltener von Unternehmen ohne entsprechende Marktkapitalisierung aufge-
bracht werden.[121] Insbesondere traditionsreiche deutsche Pharmaunternehmen
wie Bayer oder auch BASF werden immer wieder mit Fusionsgerüchten in Zusammenhang gebracht, hielten diese Unternehmen sich doch in der Vergangenheit aus dem Fusionsgeschäft weitestgehend heraus, sondern begnügten sich mit
ihrer Rolle als Nischenanbieter. Inwiefern diese Unternehmen ihre bislang
durchaus erfolgreiche Strategie auch weiterhin verfolgen werden, ist derzeit
nicht abzusehen. Fest steht allerdings, daß weitere Restrukturierungen und
Neuordnungen folgen werden um dem Ziel der Marktführerschaft in ausgewählten Bereichen näher zu kommen. Deutlich wird dies durch die jüngsten
Meldungen einiger Life-Science-Unternehmen, sich auch vom Agro-Geschäft
zu trennen und sich ausschließlich auf das Pharmageschäft zu konzentrieren.[122]
Die Indizien sprechen dafür, daß die Fusionsfreude dieses Industriezweiges
auch weiterhin anhalten wird. Daran ändert auch die Tatsache nichts, daß schät-
zungsweise nur ein Drittel der Zusammenschlüsse erfolgreich sind.[123] Zudem ist
die Konsolidierung in Europa nach Meinung vieler Analysten der erste Schritt
auf dem Weg zu transatlantischen Unternehmenszusammenschlüssen in der
kommenden Dekade, denn bemerkenswerterweise kamen für viele europäische
Pharmakonzerne die Konkurrenzunternehmen aus den USA als Koope-
rationspartner bislang nur in den seltensten Fällen in Frage.[124] Transatlantische

---

121 Vgl. o. V.: Die Fusionen in der Pharmaindustrie zielen wieder auf das Kerngeschäft, in:
     FAZ Nr. 27 vom 02.02.1998, S. 17; o. V.: Neue Pharma-Großmacht, ebenda, S. 11 ;
     Hoffritz, Jutta/Salz, Jürgen: Allianz oder Mesalliance?, in: WiWo Nr. 50 vom
     03.12.1998, S. 141; Lill, Uwe: An der Strategie scheiden sich die Geister, in: FAZ Nr.
     153 vom 06.07.1999, Beilage, S. B8; Weizsäcker von, Carl Christian: Keine Angst vor
     Fusionen, in: FAZ Nr. 95 vom 24.04.1999, S. 15.

122 Vgl. Rieman, Achim: Der stete Wandel bleibt, in: FAZ Nr. 249 vom 26.10.1999,
     Verlagsbeilage, S. B1; o. V.: Aventis wird zum reinen Pharmaunternehmen, in: FAZ Nr.
     267 vom 16.11.2000, S. 21; o. V.: Aventis treibt die Markteroberung in Amerika voran,
     in: FAZ Nr. 53 vom 03.03.2001, S. 18.

123 Während insgesamt gesehen nur etwa 40% der Fusionen den Unternehmenswert der
     beteiligten Unternehmen steigerten, waren es in der Chemie- und Pharmabranche nur
     etwa 33%. Vgl. Hoffritz, Jutta/Salz, Jürgen: a.a.O., S. 141.

124 Hierzu zählt beispielsweise die 1995 erfolgte Fusion von Hoechst mit dem ameri-
     kanischen Pharmakonzern Marion Merrell Dow. Vgl. Miller, Karen Lowry/Weber,
     Joseph: A $7 Billion Passport?, Why Hoechst needs Marion Merrell Dow, in: Business
     Week vom 20. März 1995, o. Jg. , S. 60f; o. V.: Hoechst wird einer der vier größten
     Arzneimittelhersteller, in: FAZ Nr. 52 vom 02.03.1995, S. 18.

Allianzen und Zusammenschlüsse wurden daher kaum registriert, vielmehr fand die Partnersuche im europäischen Raum,[125] oftmals sogar im eigenen Land statt, wie die Beispiele der Zusammenschlüsse der beiden Schweizer Chemie- und Pharmaunternehmen Ciba Geigy und Sandoz im Jahr 1996 bzw. jüngst die Fusion der beiden britischen Unternehmen Glaxo Wellcome und SmithKline Beecham[126] verdeutlichen. Gerade diese schwache Präsenz europäischer Pharmaunternehmen auf dem amerikanischen Markt wird in Zukunft zu einer Reihe weiterer Zusammenschlüsse führen, deren Ausrichtung zunehmend international sein wird.

Trotz des nach wie vor überaus regen Übernahmegeschäftes in den traditionellen Branchen des Verarbeitenden Gewerbes, ist eine gewisse Trendwende in der Beliebtheitsskala der Käufer- und Targetbranchen unverkennbar. Immer häufiger sind Unternehmen des Dienstleistungssektors Objekt von Übernahmen und Fusionen. Innerhalb dieser breit gefächerten Branche, die sozusagen ein Sammelbecken für eine große Zahl verschiedenster Branchen darstellt, waren dabei finanzielle Dienstleister gleichermaßen betroffen wie Unternehmen des Medien-, Computer- oder Telekommunikationssektors oder auch der Energieversorgung. Die als Folge der Liberalisierung und Deregulierung in den ehedem wettbewerblichen "Ausnahmebereichen"[127] entstandene Dynamik führte zu einer Reihe bedeutender Zusammenschlüsse.

Die stärkste Aktivität im Übernahmegeschäft des Dienstleistungssektors konnte im Bereich der Finanzinstitutionen registriert werden. Sowohl bei den Banken und Kreditinstituten als auch bei den Versicherungsanbietern kam es zu einer Vielzahl von Transaktionen. Als Hauptgrund für die hohe Anzahl von Übernahmen und Fusionen im Bereich der Banken werden vor allem die zu große

---

125 Zu nennen wären hier beipielsweise die Fusionen von Akzo (Niederlande) mit Nobel (Schweden) 1993; Roche (Frankreich) mit Boehringer Mannheim (Deutschland) 1997; Astra (Schweden) mit Zeneca (Großbritannien) 1998.

126 Bereits 1998 haben diese beiden Unternehmen versucht, mit einer Zusammenlegung zum allbeherrschenden Unternehmen in der Arzneimittelbranche zu wachsen. Dieser Versuch scheiterte letztlich an personellen Querelen. Nach Änderungen in der Führungsebene glückte Anfang 2000 der zweite Fusionsversuch. Vgl. Lindner, Roland: a.a.O., S. 32.

127 Das im April 1998 in Kraft getretene Gesetz zur Neuregelung des Energiewirtschaftsrechts hat die kartellrechtliche Ausnahmestellung der leitungsgebundenen Energiewirtschaft beendet. Bereits 1996 wurde mit dem Telekommunikationsgesetz (TKG) der Ordnungsrahmen für den Übergang der überkommenen Monopolstrukturen zur Entwicklung einer Wettbewerbswirtschaft auf dem Gebiet der Telekommunikation geschaffen. Wiederum 2 Jahre zuvor wurden die Rahmenbedingungen der Versicherungswirtschaft durch das Gesetz zur Durchführung versicherungsrechtlicher Richtlinien geändert.

Zahl von Marktteilnehmern bzw. eine zu hohe Dichte des Filialnetzes (sog. "Overbanking"), die sich verstärkende Wettbewerbssituation in einem gesättigten Markt, die steigenden Aufwendungen für neue Technologien und das Konzept des "Shareholder-Value" genannt. Während sich die deutsche Bankenlandschaft nur langsam den veränderten Rahmenbedingungen anpaßt, ist diese in den meisten europäischen Ländern schon weit vorangeschritten, was eine Reihe großer Inlandsfusionen[128] belegt. Dort arbeitet man bereits in einer zweiten Phase an Expansionsplänen auf europäischer bzw. internationaler Ebene. In Deutschland konnte lediglich die Deutsche Bank mit der Übernahme des amerikanischen Investmenthauses Bankers Trust im Jahr 1998/99 ihre globale Ausrichtung vorantreiben.[129]

Auch die Wachstumsbranche Telekommunikation steht derzeit sowohl in Deutschland als auch in Europa im Mittelpunkt einer großen Fusionswelle. Die europa- und weltweit durchgeführten Deregulierungen haben die Telekommunikationsindustrie von ihren staatlichen Fesseln befreit und lassen sie nun zu einer wettbewerblich ausgerichteten Branche werden. Noch vor geraumer Zeit schien es, als ob Zusammenschlußvorhaben zwischen Telekom-Riesen höchst selten von Erfolg gekrönt seien. So scheiterte nicht nur die geplante europäische Fusion der Deutschen Telekom mit der Telecom Italia SpA[130] sondern auch das bis dahin ehrgeizigste Projekt einer internationalen Verschmelzung von British Telekom mit dem amerikanischen MCI-Konzern[131] kam nicht zustande. Mitt-

---

128 So z. B. die Fusion der französischen Banken Societé Générale und Paribas im Februar 1999 sowie bereits einen Monat später die Fusion der beiden vorgenannten mit der Banque Nationale de Paris zur Großbank BNP Paribas oder die Fusion der beiden Schweizer Banken UBS Schweizerische Bankgesellschaft und des Schweizerischen Bankvereines (SBV) zur "United Bank of Switzerland" (UBS) im Jahr 1997. Generell sind die Märkte in Großbritannien, Skandinavien und der Schweiz bei der Konsolidierung bereits weit fortgeschritten. In Italien, Frankreich und Spanien ist eine Beschleunigung des Konzentrationsprozesses zu beobachten. Vgl. Piontke, Manfred: "Momentan wirken deutsche Bankaktien noch uninteressant", in: FAZ Nr. 130 vom 09.06.1999, S. 32.

129 Vgl. Baumann, Michael/Burgmaier, Stefanie: Weiße Flecken, in: WiWo Nr. 49 vom 26.11.1998, S. 50ff; Peterson, Thane/Siverman, Gary: Is Deutsche Bank "out of its depth", in: Business Week vom 07. December 1998, S. 46f.

130 Vgl. o. V.: Deutsche Telekom und Telecom Italia fusionieren, in: FAZ Nr. 91 vom 20.04.1999, S. 17; o. V.: Italiens Politiker haben immer noch Einfluß auf Telekom Italia, ebenda S. 23; o. V.: Verzögerung bei der Entstehung des deutsch-italienischen Telefongiganten, in: FAZ Nr. 92 vom 21.04.1999, S. 21; o. V.: Deutsche Telekom sieht sich nicht unter Zeitdruck, in: FAZ Nr. 120 vom 27.06.1999, S. 30.

131 Vgl. o.V.: Der Kampf um Großkunden schweißt die Telekom-Konzerne zusammen, in: FAZ Nr. 286 vom 09.12.1997, S. 27.

lerweile ist die anfängliche Unsicherheit der Einsicht gewichen, daß selbst ein großer Telekom-Anbieter nicht an irgendeiner Form der Zusammenarbeit oder Allianz vorbeikommt. Ob es sich dabei um die deutsche Telekom oder British Telecom handelt, immer häufiger sind v.a. auch die großen Unternehmen dieser Branche Gegenstand von Übernahmen.

Innerhalb der USA hingegen bestimmen seit der Gesetzesänderung 1996 Telekom-Übernahmen maßgeblich das Fusionsgeschehen. Mit dem sog. "Telecommunications Reform Act 1996" wurde die traditionelle Trennung zwischen regionalen und überregionalen Telefondiensten aufgehoben.[132] Diese Gesetzesänderung war sozusagen der Startschuß für die Fusionswelle in der amerikanischen Telekommunikations-Industrie, deren Wirkungen in naher Zukunft auch in Europa zu merklichen Veränderungen der Unternehmensstruktur in dieser Branche führen werden. Wer auf dem globalen Telekommunikationsmarkt der Zukunft mitspielen will, muß sowohl die rasante technische Entwicklung des Internets mitmachen als auch direkten Kontakt zu den Telefonkunden haben. Der Zwang besteht darin, integrierte und weltumspannende Sprach- und Datennetzwerke aufbauen zu müssen. Diese erfordern Größe und Finanzkraft. Aus eigener Kraft können die wenigsten Unternehmen diese rasante Entwicklung bewältigen, weshalb dazu häufig technologisch besser positionierte Unternehmen aufgekauft werden, um deren Wissen zu übernehmen.

Am Beispiel einiger ausgewählter Branchen ist deutlich geworden, daß es derzeit für viele Unternehmen kaum eine Alternative zum externen Unternehmenswachstum als Instrument zur Gestaltung der Unternehmensgröße und -struktur gibt. Die Gründe hierfür sind teils branchenspezifisch, größtenteils jedoch branchenübergreifend. Während für die Branchen der sog. old-economy vorrangig die verfügbaren Produktions- und Organisationstechniken und das Verhalten der Marktpartner Fusionen veranlaßten, waren für die Wachstumsbranchen des Dienstleistungssektors die geänderten Rahmenbedingungen, die der Staat und die Politik den Unternehmen vorgibt Auslöser konzentrativer Prozesse.

3.1.3 Arten der Diversifikation von Konzentrationsvorgängen

Während die geographische Ausrichtung vieler Zusammenschlüsse in den verschiedenen Branchen in den letzten Jahren eindeutig grenzüberschreitend war,

---

132 Vgl. Achleitner, Paul/Herden, Raimund W./von Reiche, Christoph: International Column, in: M&A Review 10/96, S. 437f.

hat sich - wie aus den vorangegangenen Ausführungen bereits deutlich geworden - bezüglich der Wahl der Branchenzugehörigkeit der zu akquirierenden Unternehmen ein Sinneswandel vollzogen.

Inspiriert durch das amerikanische Vorbild[133] war es jahrelang modern, Mischkonzerne (nach dem Angelsächsischen auch als "Konglomerate" bezeichnet) aufzubauen, deren Diversifikationsgrad Ausmaße erreichte, der den Kernbereich eines derartigen Konglomerats nur noch erahnen ließ. Der Einfluß US-amerikanischen Fusionsverhaltens wurde besonders in Großbritannien deutlich, das im Gegensatz zu Kontinentaleuropa - und hier insbesondere der Bundesrepublik - Ähnlichkeiten der Rahmenbedingungen auf dem Markt für Unternehmenskontrolle zeigt.[134]

Die britische Fusions- und Übernahmestatistik wies bereits Anfang der 70er Jahre einen Anteil konglomerater Zusammenschlüsse von durchschnittlich 20% an der Gesamtzahl der angemeldeten Zusammenschlüsse aus, der sich bis zum Ende der 80er Jahre annähernd verdoppelte.[135]

Unter konzentrationspolitischen Gesichtspunkten wurde diese Art der Zusammenschlüsse lange Zeit als unproblematisch und sogar wünschenswert beurteilt, da weder oligopolistische noch monopolistische Marktstrukturen als Folgeerscheinung sichtbar wurden[136] und die Möglichkeiten der Wettbewerbsbeschränkung durch Ausschalten der Konkurrenz als wesentlich geringer eingestuft wurden, als dies bei horizontalen oder vertikalen Zusammenschlüssen der Fall ist.

---

133   Die enorm gestiegene Zahl diagonaler Zusammenschlüsse im Rahmen der sog. konglomeraten Fusionswelle in der Zeit von 1965-1973 in den USA wurde maßgeblich beeinflußt durch die Verschärfung der Wettbewerbsgesetze bezüglich horizontaler und vertikaler Zusammenschlüsse, während Marktdiversifikationszusammenschlüsse noch immer einer eindeutigen Klärung durch die Rechtsprechung bedürfen und somit mehr oder weniger ungeachtet gesetzlicher Bestimmungen durchgeführt werden können.

134   Vgl. Porter, Ray J.: Strukturelle Unterschiede zwischen Großbritannien und Deutschland, in: M&A Review 5/93, S. 211ff; Gant, Joanna: Europe - The call for rules, regulation and a sense of fair play, in: Acquisitions monthly, February 1992, S. 28; Hauschka, Christoph E./ Roth, Thomas: Übernahmeangebote und deren Abwehr im deutschen Recht, in: AG 7/88, Jg. 33, S. 181ff; Otto, Hans-Jochen: Übernahmeversuche bei Aktiengesellschaften und Strategien der Abwehr, in: Der Betrieb, Beilage 12/88, Jg. 41, S. 1ff; Beelitz, Frank F.: Kein absoluter Schutz vor ungebetenen Freiern, in: HB Nr. 82 vom 29.04.93, S. B8.

135   Vgl. OECD (Hrsg.): Competition Policy in OECD Countries 1989/90, a.a.O., S. 269, Table 4: Percentage of proposed mergers by number and value of assets of target companies classified by type of integration: 1970-1989.

136   Vgl. Müller, Jürgen/Hochreiter, Rolf: Stand und Entwicklungstendenzen der Konzentration in der Bundesrepublik Deutschland, Göttingen 1975, S. 104.

Im Laufe der Zeit wurden allerdings kritische Stimmen laut, die, bestärkt durch empirische Untersuchungen[137] und Meldungen über wenig erfolgreiche "Ausflüge" von Firmenmanagern in fremde Geschäftsbereiche,[138] behaupten, daß weitverzweigte Diversifikationen weder eine Wettbewerbsverbesserung noch eine höhere Rentabilität gewährleisten[139] und somit keinen Beitrag zum Wohlfahrtsgewinn liefern.

Anhand der Aktionärsreaktionen[140] nach der beim Bundeskartellamt angezeigten Inlandszusammenschlüsse wies Prof. Dr. Rolf Bühner bereits Anfang der 90er Jahre den Erfolg bzw. Mißerfolg von Zusammenschlüssen unterschiedlicher Diversifikationsrichtung nach.

Die Ursachen der relativ geringen Erfolgsquote konglomerater Zusammenschlüsse sind vielschichtig und sollen in diesem Zusammenhang nicht näher erläutert werden. Sie sind Gegenstand nachfolgender Ausführungen. Grundsätzlich sei jedoch angemerkt, daß ausufernde Diversifikationsstrategien beim externen Wachstum den Höhepunkt bereits seit einiger Zeit überschritten haben. Nach den wirtschaftlichen Boomjahren und der damit verbundenen Übernahmekonjunktur ist nunmehr bei vielen Konglomeraten die Phase der Konsolidierung angesagt, deren Zielsetzung die Konzentration auf die "Kerntätigkeiten" darstellt. Aufgrund dessen sind in den Übernahmestatistiken immer häufiger Abspaltungen enthalten, d.h. Verkäufe vormals angegliederter branchenfremder

---

137 Empirische Untersuchungen dazu lieferten Porter, Michael E.: Diversifikation - Konzerne ohne Konzept, in: Harvard Manager 4/87, Jg. 9, S. 30ff; Bühner, Rolf: Erfolg von Unternehmenszusammenschlüssen in der Bundesrepublik Deutschland, Stuttgart 1990. Michael Porter fand heraus, daß nach Zusammenschlüssen in den USA 60% der übernommenen Unternehmen früher oder später wieder verkauft wurden. Bei Übernahmen von Unternehmen mit unverwandten Produktbereichen lag die Verkaufsquote sogar bei 74%. Vgl. Porter, Michael E.: From Competitive Advantage to Corporate Strategy, in: Harvard Business Review 3/87, Vol. 65, S. 45ff.

138 Als bestes deutsches Beispiel für die Risiken, die konglomerate Unternehmens-zusammenschlüsse mit sich bringen, ist der Ausflug von VW in die EDV-Branche zu nennen. Das Intermezzo bei Triumph-Adler kostete rund 2 Mrd. DM. Vgl. o. V.: VW-Konzern: Durch die Devisen-Manipulation verlor VW an jedem US-Dollar 1,17 DM, in: HB Nr. 84 vom 04.05.1987, S. 15.

139 Vgl. Viehöver, Ulrich: Gefährliches Potpourri, in: Wirtschaftswoche Nr. 20 vom 12.5.1989, Jg. 43, S.56.

140 Das Spektrum möglicher Beurteilungsmerkmale bzw. konkreter Dimensionen des Erfolges ist groß. Die Forschungsaktivitäten haben bislang aber noch zu keinen entsprechenden allgemein anerkannten Kriterien geführt. Ausführlich zu weiteren Indikatoren der Erfolgsanalyse siehe Jacobs, Siegfried: Strategische Erfolgsfaktoren der Diversifikation, Wiesbaden 1992, S. 89ff.

Geschäftsfelder, die sich nicht in die Unternehmenskonzepte integrieren ließen.[141]

Abbildung 10: Vergleich der kumulierten abnormalen Renditen bei Inlandszusammenschlüssen deutscher Unternehmen nach Richtung der
Diversifikation

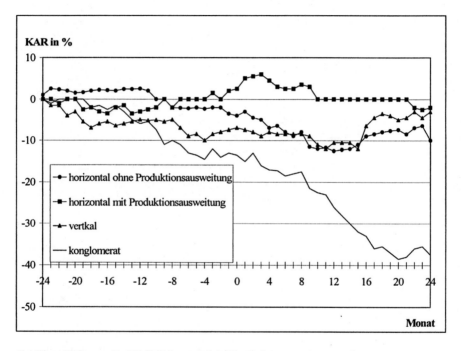

Quelle: Bühner, Rolf: Erfolge und Mißerfolge von Unternehmenszusammenschlüssen, Vortrag anläßlich der Jahrestagung des Vereins für Socialpolitik am 29.07.1993 in Münster, Redemanuskript, S. 28.

Diese sog. Desinvestments sind mittlerweile zu einem wertvollen Instrument
zur proaktiven Gestaltung des Unternehmens-Portfolios geworden.[142] Den
Empfehlungen der Wissenschaft, daß sich erfolgreiche Mischkonzerne auf drei

---

141 Vgl. o. V.: Viele Tochterunternehmen werden verkauft, in: FAZ Nr. 279 vom 1.12.93,
     S. 28.

142 Vgl. Scheiter, Sieghard/Rockenhäuser, Jörg: Deutsche Manager entdecken allmählich
     den strategischen Wert von Desinvestitionen, in: FAZ Nr. 43 vom 21.02.2000, S. 35.

bis vier Geschäftsbereiche konzentrieren sollen, zwischen denen eine strategische Ähnlichkeit besteht, scheinen die Unternehmen zumindest jetzt, nach den zum Teil negativen Erfahrungen der letzten Jahre, Folge zu leisten.[143]

Im Vergleich zu Großbritannien und auch Frankreich hatte das amerikanische Vorbild der Konglomeratsbildung in der Bundesrepublik ohnehin nicht den von vielen erwarteten Anklang[144] gefunden, verdeutlicht man sich den relativ geringen Anteil konglomerater Zusammenschlüsse mit deutscher Beteiligung.

Tabelle 4: Aufteilung der beim BKartA angezeigten Anzahl von Zusammenschlüssen in der BRD zwischen 1973 und 1998 nach der Diversifikationsrichtung

Diversifikationsrichtung	1973-1998		Anteil in %	
Horizontal	19958		77,3	
davon:				
ohne Produktausweitung	12457			62
mit Produktionsausweitung	7501			38
Vertikal	2171		8,4	
Konglomerat	3698		14,3	
Gesamt	**25827**		**100**	

Quelle: Tätigkeitsbericht des BKartA 1997/1998, a.a.O., S. 182, Tabelle 8

---

143 Vgl. Behrens, Bolke: Spiel mit Perlen, in: WiWo Nr. 44 vom 25.10.1991, Jg. 45, S.59f.

144 Dies hängt in erster Linie auch mit der Problematik bzw. Machbarkeit der Finanzierung dieser Übernahmen zusammen. In den USA wurden viele Käufe mit sog. Junk Bonds (Ramsch-Bonds) finanziert, die den Investoren zwar hohe Renditen, aber wenig Sicherheiten bieten. Solange der Übernahmeboom - der den Aktienmarkt sehr stark bestimmt - anhält, das Zinsniveau niedrig ist, und die Wirtschaft im Wachstum begriffen ist, werden Anleihekäufer auch weiterhin Risiken eingehen. Kommen aber die Junk Bonds durch diverse Ausfälle als Finanzierungsinstrument in Verruf, werden sich Übernahmeaktivitäten sehr stark reduzieren. Des weiteren konnte sich das sog. Raidertum, (der Aufkauf von Unternehmen gegen deren Willen) aufgrund des verhältnismäßig geringen Anteils börsennotierter deutscher Unternehmen nicht in dem Maße ausbreiten, wie dies in den USA und auch in GB zu verfolgen war. Vgl. hierzu Behrens, Rolf/Merkel, Reiner, Fusionsfieber, Das Milliardengeschäft Mergers & Acqusitions, Frankfurt/Main 1992, S.63,67.

Der verhältnismäßig geringe Anteil konglomerater Zusammenschlüsse von 14% an der Gesamtzahl aller beim Bundeskartellamt angezeigten Zusammenschlüsse[145] läßt erkennen, daß sich die Mehrzahl der deutschen Unternehmen mit ihren Akquisitionen nur in begrenztem Umfang auf fremde Märkte wagt und statt dessen eher an einem engen Produktbereich festhält. Diese Strategie entspricht zwar dem Trend, wird aber von Aktionärsseite tendenziell schlechter bewertet als eine "sanfte" Innovation rund um ein bestehendes Produktprogramm, wie dies bei horizontalen Zusammenschlüssen mit Produktausweitung der Fall ist. Wenngleich auch konglomeraten Zusammenschlüssen kämpferische Strategien zur Verminderung des Wettbewerbs zugeschrieben werden,[146] gehen die Aktionäre mit den Wettbewerbshütern insofern konform, als sie bei horizontalen Zusammenschlüssen weniger die Effizienz- und Leistungssteigerung vermuten als vielmehr das Ziel der Wettbewerbsbeschränkung und die Steigerung der Konzentrationsrate durch die Reduzierung der Zahl der Konkurrenten.[147] Horizontale Zusammenschlüsse bergen letztlich die Hauptgefahr der Herausbildung monopolistischer Marktstrukturen und als Folge davon Wohlfahrtsverluste in sich.[148] Diese Bedenken sind durchaus legitim, da Zusammenschlüsse innerhalb der gleichen Produktlinie zu einer Beseitigung oder Minderung vorhandener oder zu einer Verhinderung möglicher Alternativen für Kunden oder Lieferanten führen können.[149] Der komplexe Sachverhalt wird aber - wie so oft - allein auf die absolute Zahl der Marktteilnehmer und deren Unternehmensgrößenstrukturen reduziert. Ohne eine Gesamtbetrachtung der Wettbewerbsbedingungen und des Wettbewerbsgeschehens (in erster Linie die Kenntnis aller

---

145   Bei den von der Europäischen Kommission geprüften Unternehmenszusammenschlüssen seit 1990 gehören in etwa 80-90% der Fälle die fusionierenden Unternehmen jeweils derselben Branche an. Vgl. Deutscher Bundestag (Hrsg.): 13. Hauptgutachten der Monopolkommission, a.a.O., S. 413.

146   Zum Überblick der wettbewerbsbeschränkenden Verhaltensweisen diversifizierender Unternehmen, insbesondere der drei wesentlichen Ausprägungen "Deep-Pocket-Theory", Reziprozitätspraktiken und die Verminderung des potentiellen Wettbewerbs, siehe Maisel, Helmut: Diversifikation und konglomerate Interdependenz - Ein Beitrag zu den Wettbewerbswirkungen diagonaler Konzentration, Frankfurt/Main, 1984, S.116ff.

147   Vgl. Levin, Dan: Horizontal Mergers: The 50-Percent Benchmark, in: American Economic Review 5/90, Jg. 80, S. 1238.

148   Zu Wohlfahrtseffekten horizontaler Zusammenschlüsse siehe McAfee, R. Preston/ Williams, Michael A.: Horizontal Mergers and Antitrust Policy, in: The Journal of Industrial Economics 2/92, Vol. 40, S. 181ff; Farrell, Joseph/Shapiro, Carl: Horizontal Mergers: An Equilibrium Analysis, in: American Economic Review 1/90, Jg. 80, S. 107ff.

149   Vgl. Baier, Manfred: Das System horizontaler Wettbewerbsbeschränkungen im deutschen Recht, in: WiSt 2/87, Jg. 16, S. 95.

relevanten Marktstruktur-[150] und -ergebniskriterien) kann nicht zwangsläufig von einer Beschränkung des Wettbewerbs gesprochen werden. Vielmehr zeigt sich am Beispiel der deutschen Maschinenbaubranche, daß Zusammenschlüsse horizontaler Art (auch ohne Produktausweitung) notwendig sind, um schnell in Größenstrukturen hineinzuwachsen, die die internationale Wettbewerbsfähigkeit eher gewährleisten. Eine ähnliche Entwicklung ist auch im Bereich des Handels zu verzeichnen. Mit einem Anteil von 80% aller Transaktionen innerhalb des eigenen Sektors nimmt der Handel die unangefochtene Spitzenposition ein. Nach Auskunft der Monopolkommission ist der Wettbewerb aber selbst in dieser Branche funktionsfähig.

Obwohl vom Kapitalmarkt vergleichsweise positiv beurteilt,[151] hat sich jedoch der Anteil vertikaler Integrationsbestrebungen der Unternehmen an der jährlich beim Bundeskartellamt angezeigten Zahl der Zusammenschlüsse von 12% Ende der 80er Jahre auf 4% im Jahr 1998 deutlich verringert. Hierbei zeichnet sich gewissermaßen eine Trendwende ab. Die bisherigen Beweggründe vertikaler Integrationsbestrebungen, die in erster Linie in der verminderten Lieferanten- und Abnehmerabhängigkeit und den relativ geringen Transaktionskosten[152] begründet lagen,[153] weichen in zunehmendem Maße der Unternehmensphilosophie der "Lean production".[154] Diese beschreibt - wie bereits in Punkt 3.1.2 erwähnt - eine Produktionsweise, deren Kern die Verringerung der Fertigungstiefe bzw. die Verkürzung der Wertschöpfungskette darstellt. Insbesondere die deutsche und europäische Automobilindustrie hat sich dieses Konzepts bedient und die Gliederung ihrer Wertschöpfungskette auf den Prüfstand gestellt.
Ziel war die Reduzierung der Gesamtkosten innerhalb des Fertigungsverbundes und die Abkehr von der zentralisierten Massenfertigung und deren Substitution

---

150 Ausführliche Darstellung der Marktstrukturelemente siehe Baldwin, William L.: Market Power, Competition and Antitrust Policy, Homewood, Illinois 1987, S.121ff.

151 Vgl. Bühner, Rolf: Erfolg von Unternehmenszusammenschlüssen in der Bundesrepublik, Stuttgart 1990, S. 96, 111.

152 Coase bezeichnet die Kosten des Informationsaustausches am Markt als Transaktionskosten. Sie umfassen die Kosten der Informationsbeschaffung und des Informationsaustausches, die bei der Anbahnung, Verhandlung, Spezifikation, Durchführung und Kontrolle von Verträgen entstehen. Vgl. Coase, Ronald H.: The problem of Social Cost, in: Journal of Law and Economics 1960, Vol. 3, S. 15.

153 Vgl. Lieberman, Marvin B.: Determinants of vertical Integration: An empirical Test, in: The Journal of Industrial Economics 5/91, Vol. 39, S. 451, 463.

154 Vgl. Bühner, Rolf: Erfolg von Unternehmenszusammenschlüssen in der Bundesrepublik, a.a.O., S. 96, 111.

durch kooperative und dezentrale Produktionsorganisationen.[155] Resultat dieser Umorganisation war und ist eine grundlegende Neuausrichtung der Zuliefer-/ Abnehmerbeziehungen weg vom Teile-Zulieferer, hin zum System- oder Modulzulieferer.[156] Durch die Übertragung von Teilen der Fertigungstiefe auf die Zulieferer wird deren Rolle, aber auch deren Abhängigkeit, größer. Vor allem dann, wenn die Zulieferer sich in einer Art Monokultur auf einen Kunden konzentrieren. Den verschärften Wettbewerb unter den Autoherstellern bekommen daher zwangsläufig auch die Zulieferer zu spüren, mit der Folge des zunehmenden Drucks auf die Preise und Gewinne. Hinzu kommt, daß die Automobilindustrie verstärkt ihre Vorratshaltung auf die Zulieferer verlagert und somit das volle Lieferrisiko auf den Zulieferer abwälzt, ohne daß dies gesondert vergütet wird. Zusätzlichem Wettbewerbsdruck sehen sich die vormals vorwiegend national ansässigen Zulieferer durch die Konkurrenz aus Europa und Übersee ausgesetzt, da durch die Internationalisierung der Märkte und die wirtschaftliche Verflechtung der Länder die Automobilhersteller sich verstärkt der Strategie des "Global Sourcing" bedienen.[157]

Welche Vorteile bzw. Nachteile diesem Konzept sowohl für die Assembler als auch für die Zulieferer im einzelnen inhärent sind, ist nicht Gegenstand dieser Ausführungen und kann auch nicht ohne weiteres auf andere Branchen übertragen werden. Deshalb soll es auch keiner genaueren Überprüfung und Darstellung unterzogen werden. Für die Zukunft wird allerdings gelten, daß diese Managementphilosophie einen wettbewerbsentscheidenden Faktor für eine hohe Leistungsfähigkeit durch flexible und "flache" Produktionsorganisation darstellt.

Sowohl auf deutscher als auch auf europäischer Ebene wird in Zukunft mit einer Reihe von Zusammenschlüssen zu rechnen sein, deren Diversifikationsrichtung sich allerdings aufgrund branchenspezifischer Unterschiede nicht exakt determinieren läßt. Einen derart eindeutigen Trend hin zu einer bestimmten Diversifikationsrichtung, wie dies in den USA bis Mitte der 90er Jahre der Fall war, wird es trotz der derzeitigen Bevorzugung einer vorrangig horizontalen Ausrichtung der Fusionstätigkeiten in absehbarer Zeit sowohl in der BRD als auch in Europa insgesamt nicht geben.

---

155 Vgl. Wildemann, Horst: Entwicklungsstrategien für Zulieferunternehmen, in: ZfB 4/92, Jg. 62, S. 392.

156 Vgl. BDI (Hrsg.): BDI-Mittelstandsinformationen, Juni 1992, Zulieferfragen 18, S. 1 (unveröffentlichtes Manuskript).

157 Vgl. hierzu Trapp, Wolfgang G.: Zunehmender Marktdruck zwingt zur Konzentration auf das Wesentliche, in: HB Nr. 224 vom 21.11.1991, S. 31; Urbat, Klaus: Dem internationalen Wettbewerbsdruck kann man nur gemeinsam standhalten, in: HB Nr. 224 vom 21.11.1991, S. 33.

3.1.4 Beteiligung der Großunternehmen an den Transaktionen

Die zunehmende Größe der Unternehmungen, häufig eine Folgeerscheinung wirtschaftlicher Konzentration in Form horizontaler, vertikaler und konglomerater Zusammenschlüsse, zuweilen aber auch Resultat internen Wachstums, war von jeher mit zwiespältigen Gefühlen verbunden. Einerseits gilt sie als Beweis hoher Wirtschaftskraft, andererseits schreibt man den Großunternehmen[158] eine mit der Größe wachsende Macht zu, die zum Schaden wirtschaftlich Schwächerer mißbraucht werden könnte.[159] Genau dieser Marktmachtaspekt, den man vorrangig mit der aggregierten (overall)[160] Konzentration in Verbindung bringt, fördert die ambivalente Einstellung gegenüber großen Wirtschaftseinheiten zutage. Selbst bei denjenigen, die sich mit diesem Fragenkomplex wissenschaftlich, wirtschaftlich oder im Rahmen ihrer Unternehmertätigkeit näher befassen, spaltet sich das Lager, und man begegnet Befürwortern und Gegnern wirtschaftlicher Konzentration gleichermaßen. Während die eine Seite auf die Notwendigkeit externen Größenwachstums durch die zunehmende Internationalisierung und die wachsende Importkonkurrenz hinweist, die die Erschließung neuer Märkte und den raschen Einsatz rationeller Produktionsmethoden notwendig macht, der aber in vielen Wirtschaftsbereichen heute nur mit einem beträchtlichen Kapitaleinsatz und damit verbunden einer beachtlichen (Mindest-) Betriebsgröße zu bewerkstelligen ist,[161] versucht die Gegenseite die Gefahren der

---

158   Die genaue Definition des Begriffs "Großunternehmen" ist äußerst schwierig, und man wird sicherlich nicht nur mit einem Kriterium auskommen. Als Größenklassenkriterien kommen nicht nur die üblicherweise herangezogenen Beschäftigtenzahlen in Frage, sondern außerdem Umsatzhöhe, Wertschöpfung, Produktionskapazität, Marktanteile, Forschungsintensität usw. Vgl. Kolvenbach, Walter: Großunternehmen und Wettbewerbsordnung, in: Kolvenbach, Walter/Minet, Gert-Walter/Sölter/Arno (Hrsg.): Großunternehmen und Wettbewerbsordnung, a.a.O., S. 3.

159   Vgl. Ochel, Willy: Konzentration im Widerstreit der Meinungen, in: Abs, Hermann J./Frey, Emil/Gunzert, Rudolf u. a. (Hrsg.): Vom Sinn der Konzentration, Frankfurt/Main 1965, S.75.

160   "By "aggregate" concentration, sometimes referred to as "overall" concentration or the "concentration of economic power," is meant control over a relativly large proportion of the nation's total nonfinancial or industrial resources or activity by a small number of very large enterprises, such as the 100 or 200 largest corporations. Conceptually, aggregate concentration differs from conglomerate concentration in that in the former, each of the top corporations could conceivably be engaged in only one industry. Vgl. Blair, John M.: a.a.O., S.60 Dieser Begriff soll als Verfügungsmacht über Produktionsfaktoren und speziell als finanzielle Stärke ökonomische Macht in einer globalen, nicht direkt marktbezogenen Bedeutung, symbolisieren. Vgl. Müller, Jürgen/Hochreiter, Rolf: a.a.O., S. 115.

161   Vgl. Pohmer, Dieter: Einige Aspekte der Unternehmungskonzentration in der BRD, in: Hamm, Walter/Schmidt, Reimer (Hrsg.): a.a.O., S.58.

zunehmenden marktübergreifenden wirtschaftlichen und politischen Machtausweitung aufzulisten.[162] Wie so oft wird eine realistische Einschätzung und Beurteilung des Sachverhalts zwischen den beiden Extremen zu suchen sein, was allerdings eine differenzierte, wertneutrale Begutachtung des Engagements der führenden Industriekonzerne, die an den Zusammenschlüssen großen Ausmaßes beteiligt sind, erfordert. Dies ist um so schwieriger, als auch Anhänger einer weitgehend neutralen Gruppe nicht davor gefeit sind, emotionalen Einflüssen zu unterliegen. Bereits Adam Smith sprach "von der Verderbtheit unserer moralischen Gefühle, die durch den Hang veranlaßt wird, die Reichen und Großen zu bewundern".[163]

Diese Aussage hat bis heute ihre Gültigkeit behalten und wird dadurch bewiesen, daß die Öffentlichkeit genau jenen Unternehmen Anerkennung und Respekt zollt, die in den Ranglisten der jährlich von führenden Wirtschaftsmagazinen[164] veröffentlichten Top-Listen der größten Unternehmen plaziert sind. Allenfalls können sich kundige Wissenschaftler und Wettbewerbstheoretiker dieser Neigung entziehen. Deren Interesse gilt weniger den Listenplätzen, sondern vielmehr dem Zustandekommen der Plazierungen und deren wettbewerbspolitischen Auswirkungen.

Insbesondere die deutschen Wettbewerbshüter stehen solchen Mega-Fusionen[165] zumeist äußerst skeptisch gegenüber. Sie fürchten, daß zunehmende aggregierte Konzentration zur Bildung nationaler Champions führt, die aufgrund unüberschaubarer Größenstrukturen und damit verbunden bürokratischer

---

162 Ausführlich zu den Folgen wirtschaftlicher Konzentration siehe Arbeitsgruppe Alternative Wirtschaftspolitik (Hrsg.): Wirtschaftsmacht in der Marktwirtschaft, Köln 1988, S.159ff.

163 Smith, Adam: Theorie der ethischen Gefühle, zitiert in Afheldt, Heike: Verlockungen der Größe, in: WiWo Nr. 26 vom 23.06.1989, S. 3.

164 Das amerikanische Wirtschaftsmagazin "Fortune" veröffentlicht bereits seit 1955 die Rangliste der 500 größten US-amerikanischen Industriekonzerne, die seit Jahren von General Motors angeführt wird. Ausführlich siehe dazu o. V.: The Fortune 500, in: Fortune Nr. 8 vom 18.04.1994, S. 126ff; o. V.: "Fortune 500"-Unternehmen haben 1993 deutlich besser verdient, in: FAZ Nr. 79 vom 06.04.1994, S. 16; Stewart, Thomas A.: The Fortune 500, in: Fortune Nr. 5 vom 15.05.1995, S. 87ff; Schlytter-Henrichsen, Thomas: Interessante Möglichkeiten für Großkonzerne, in: HB Nr. 82 vom 28.04.1994, S. B9; Kahn, Jeremy: The Fortune Global 5Hundred, in: Fortune Nr. 15 vom 03.08.1998, S. 74ff; Weber, Joseph: The Global 1000, in: Business Week vom 13.07.1998, S. 42ff; Behrens, Bolke: Top 500 Europas, in WiWo Nr. 33 vom 10.08.1995, S. 32ff.

165 Der Terminus "Megafusion" wird unterschiedlich definiert. Grundsätzlich versteht die öffentliche Diskussion unter Megafusionen überwiegend Zusammenschlüsse von Großunternehmen mit zumeist grenzüberschreitendem Charakter. Vgl. Deutscher Bundestag (Hrsg.): 13. Hauptgutachten der Monopolkommission 1998/99, a.a.O., S. 410.

Schwerfälligkeit früher oder später mit Effizienzverlusten zu kämpfen haben und letztlich am staatlichen Subventionstropf ihr Überleben sichern. Die Gefahr der Erpreßbarkeit der Politik durch Groß-Konzerne und deren Versuche die Politik zu instrumentalisieren, sehen ein Großteil der übrigen Europäer - allen voran Frankreich, die Niederlande und die südlichen Mitgliedsländer der EU - nicht. Sie verspüren einen industriellen Nachholbedarf und fördern die Machtausweitung ihrer Unternehmen.

Bundesdeutsche Unternehmen können zwar nicht mit dem uneingeschränkten Wohlwollen der Wettbewerbsbehörden rechnen, dennoch erliegen auch nationale Großunternehmen in zunehmendem Maße den Verlockungen der Größe und versuchen, durch Akquisitionen Plätze auf den nationalen und internationalen Ranglisten der größten Industrieunternehmen gutzumachen bzw. erstmals in den "elitären" Unternehmensclub der Top 100 aufgenommen zu werden. Bedeutendstes Beispiel der letzten Jahre für einen "derartigen Aufstieg" war die Fusion von Daimler Benz und Chrysler zu Daimler-Chrysler, wodurch das zweitgrößte Unternehmen den Welt entstand.[166] Aber auch viele weitere namhafte deutsche Großunternehmen waren an bedeutenden Fusionen sowohl auf Käufer- als auch auf Verkäuferseite beteiligt.

---

166 Vgl. o. V.: Ein Drittel der größten Unternehmen der Welt kommt aus Europa, in: FAZ Nr. 168 vom 23.07.1999, S. 19.

Abbildung 11: Die größten Fusionen und Übernahmen mit deutscher Beteiligung in den Jahren 1998-2000

Jahr	Kaufobjekt	Käufer	Kaufpreis in Mrd. DM
2000	**Mannesmann AG** Deutschland	**Vodafone Airtouch** Großbritanien	389,0
	Voicestream Wireless Corp. Vereinigte Staaten	**Deutsche Telekom** Deutschland	106,0
	Viag Interkom GmbH & Co.KG Deutschland	**Britisch Telecom** Großbritanien	31,0
	Atecs Mannesmann AG Deutschland	**Siemens** Deutschland	19,2
1999	**Orange Plc** Großbritanien	**Mannesmann AG** Deutschland	60,0
	Hoechst AG Deutschland	**Rhone-Poulenc** Frankreich	50,3
	Viag AG Deutschland	**Veba AG** Deutschland	26,0
	One-2-One Großbritanien	**Deutsche Telekom AG** Deutschland	25,0
1998	**Chrysler Corp.** Vereinigte Staaten	**Daimler Benz AG** Deutschland	72,0
	Bankers Trust Vereinigte Staaten	**Deutsche Bank AG** Deutschland	17,1
	Friedrich Krupp AG Hoesch-Krupp Deutschland	**Thyssen Krupp AG** Deutschland	11,8

Quelle: Giersberg, Georg: Große Fusionen lassen viele neue Unternehmen in Deutschland entstehen, in: FAZ Nr. 300 vom 28.12.1998, S. 18; derselbe: Deutsche Unternehmen erobern den Weltmarkt bei Zement, Kohle, Vermögensverwaltung und Telekommunikation, in: FAZ Nr. 301 vom 27.12.1999, S. 20; derselbe: Der Markt für Übernahmen und Beteiligungen hat sich mehr als verdoppelt, in: FAZ Nr. 301 vom 28.12.2000, S. 18

Feststellbar ist zudem der fast inflationäre Anstieg der Transaktionsvolumina, die von Jahr zu Jahr neue Rekordmarken überspringen und sich seit Anfang der 90er Jahre weltweit annähernd versechsfacht haben.[167] Allein der Wert der Unternehmensübernahmen an denen ein deutsches Unternehmen als Käufer oder Verkäufer beteiligt war, ist im Jahr 2000 auf über 900 Milliarden DM gestiegen.[168] Abbildung 12 verdeutlicht die Wertentwicklung der Transaktionen mit deutscher Beteiligung in den letzten 10 Jahren.

Abbildung 12: Kaufpreisentwicklung (in Mrd. DM) von Unternehmensübernahmen mit Beteiligung deutscher Unternehmen.

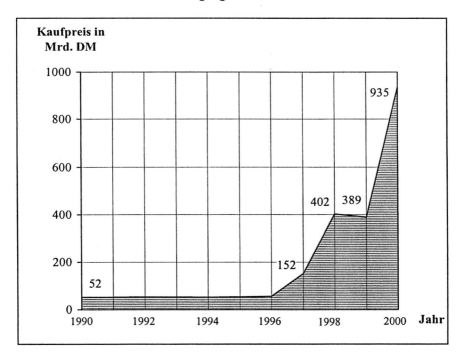

Quelle: Giersberg, Georg: Die Steuersenkung erhöht das Angebot an Unternehmen, in: FAZ Nr. 8 vom 10.01.2001, S. 2

---

167 Vgl. Deutscher Bundestag (Hrsg.): 13. Hauptgutachten der Monopolkommission 1998/99, a.a.O., S. 411, Abbildung VIII.I.

168 Selbst wenn berücksichtigt wird, daß darin die Übernahme von Mannesmann durch Vodafone mit einem Übernahmewert von 388 Milliarden DM enthalten ist, ist die Steigerung der Werte der Unternehmensübernahmen unverkennbar.

Bezugnehmend auf die Auswertungen der Monopolkommission, war der Kreis der "100 Größten"[169] der BRD im Berichtsjahr 1998/99 an 37,4% (im Vergleich dazu lag der Wert in der Berichtsperiode 1996/97 bei 26,2%) aller dem Bundeskartellamt angezeigten Zusammenschlüssen (Tab. 2) beteiligt; 91 Unternehmen aus dem Kreis der Top "100" engagierten sich hierbei. Zu den eifrigsten Käufern (nach der absoluten Anzahl der Akquisitionen gerechnet) innerhalb der Top 100 der deutschen Industrie gehören seit Jahren die RWE AG, VEBA AG,[170] Siemens, Thyssen AG, Viag und Daimler Chrysler.

Bei einer Einteilung der Unternehmen in 25er Ranggruppen ergibt sich bei einer gesonderten Untersuchung der Gruppen, daß die 25 größten Unternehmen an etwa der Hälfte der Zusammenschlüsse beteiligt waren. Gegenüber der vorherigen Berichtsperiode ist der Anteil allerdings rückläufig (von 54,9% auf 48,8%).[171] Auf den Zeitraum seit Beginn der Berichterstattung des Bundeskartellamtes im Jahr 1973 bis zum letzten Tätigkeitsbericht verteilt sich die Häufigkeit der Unternehmensbeteiligungen aus dem Kreis der 100 Größten nach Ranggruppen geordnet wie folgt.

---

169 Die 100 größten Unternehmen nicht nur der Industriebranche, sondern auch des Handels- und Dienstleistungssektors.

170 Bereits 1988 wurde VEBA (in den Bereichen Strom, Chemie, Öl, Handel, Verkehr und Dienstleistung tätig) als der emsigste Unternehmensaufkäufer der Nation betitelt. Vgl. Student, Dietmar: "Monopoly mit Milliarden", in: WiWo Nr. 50 vom 09.12.1988, Jg. 42, S. 54.

171 Vgl. Monopolkommission (Hrsg.): 13. Hauptgutachten 1998/99, a.a.O., S. 289.

Tabelle 5:   Häufigkeit der Beteiligungen der Unternehmen aus dem Kreis der „100 Größten" an der Gesamtzahl der Unternehmenszusammenschlüsse unterteilt nach Ranggruppen in den Jahren 1973-1999

Jahr	Die auf Rang 1-25 stehenden Unternehmen		Die auf Rang 26-50 stehenden Unternehmen		Die auf Rang 51-75 stehenden Unternehmen		Die auf Rang 75-100 stehenden Unternehmen		Gesamtzahl der Zus.Schl. an denen die 100 größten Unternehmen beteiligt waren*
	waren... mal an Zus. Schl. beteiligt	dies entspr. einem Anteil von...%	waren... mal an Zus. Schl. beteiligt	dies entspr. einem Anteil von...%	waren... mal an Zus. Schl. beteiligt	dies entspr. einem Anteil von...%	waren... mal an Zus. Schl. beteiligt	dies entspr. einem Anteil von...%	
73-75	242	62	62	16	48	12	36	9	388
76-77	250	52	86	18	101	21	46	10	483
78-79	289	52	116	21	86	16	62	11	553
80-81	265	44	102	17	162	27	75	12	604
82-83	226	49	103	22	89	19	42	9	460
84-85	248	51	98	20	89	18	48	10	483
86-87	302	52	139	24	83	14	56	10	580
88-89	495	57	185	21	121	14	74	8	875
90-91	780	52	294	19	213	14	221	15	1508
92-93	799	57	270	19	215	15	119	8	1403
94-95	703	51	293	21	270	20	104	8	1370
96-97	488	55	187	21	114	13	100	11	889
98-99	589	49	319	27	200	17	98	8	1206
Mittelwert	-	*53*	-	*20*	-	*17*	-	*10*	-

* Diese Zahl stimmt mit der Gesamtzahl der Zusammenschlüsse nicht überein, weil bei einemZusammenschluß an dem mehrere Unternehmen aus dem Kreis der "100" beteiligt waren, dieser jedem der beteiligten Unternehmen zugerechnet wird.

Quelle: Eigener Entwurf in Anlehnung an die Hauptgutachten der Monopolkommission verschiedener Jahre.

Die Unternehmen auf den Rängen 1 bis 25 nehmen mit einem durchschnittlichen Anteil von etwa 50% zwar eine dominierende Position ein. Wider Erwarten ist aber hierbei kein signifikanter Unterschied in der Verteilung im Laufe der Jahre erkennbar. Selbst bei den Zusammenschlußaktivitäten der Unternehmen der folgenden Ränge schwanken die jährlichen prozentualen Anteile nur geringfügig um die Durchschnittswerte.

Über die wettbewerbspolitischen Konsequenzen geben die absoluten Transaktionszahlen jedoch wenig Auskunft. Entscheidend sind die Größenordnungen, in denen sich die Zusammenschlüsse vollziehen.

Tabelle 6:   Gliederung der beim BKartA angezeigten Zusammenschlüsse nach Umsatz

Umsatzerlöse in Mio. DM	Gesamtumsatz aller jeweils beteiligten Unternehmen													
	1985	1986	1987	1988	1989	1990	1991	1992	1993	1994	1995	1996	1997	1998
bis 4	-	-	-	-	-	-	-	-	-	-	-	-	-	-
>4-50	4	4	8	6	6	1	-	-	-	-	-	-	-	-
>50-500	62	54	53	63	74	15	3	2	-	-	4	-	1	-
>500-1000	70	83	74	111	113	135	179	151	158	143	145	118	170	189
>1000-2000	81	74	101	120	135	144	188	175	116	152	145	127	183	245
>2000-12000	229	260	267	400	490	519	669	580	485	479	497	500	565	627
>12000	263	327	384	459	596	734	968	835	755	790	739	689	832	827
Gesamt	709	802	887	1159	1414	1548	2007	1743	1514	1564	1530	1434	1751	1888

Quelle: Eigener Entwurf; Zahlenangaben aus den Tätigkeitsberichten des BKartA aus den Jahren 1985-1998.

Die Tendenz einer Zunahme der Operationen großen Maßstabs scheint sich zu bestätigen. Allerdings kann Tabelle 6 keinen Beweis der Zunahme von Groß-fusionen liefern, die neben der Bedeutung für den Wettbewerb auch von all-gemeinem gesellschaftlichen Interesse sind. Denn von Großunternehmen, ins-besondere von deren Finanzkraft, kann marktübergreifende wirtschaftliche Macht begründet werden, die sich durch Zusammenschlüsse großen Maßstabs zudem deutlich verstärken kann.[172]
Eine Aufschlüsselung der Transaktionen nach den Umsätzen der erworbenen und erwerbenden Unternehmen liefert diesbezüglich weitere Informationen.

Tabelle 7:   Unterteilung der Zusammenschlüsse nach Umsätzen der Käufer und der Verkäufer

Umsatz-erlöse in Mio. DM	Anzahl der Zusammenschlüsse mit einem Umsatz der erworbenen Unternehmen													
	85	86	87	88	89	90	91	92	93	94	95	96	97	98
bis 4	287	274	320	425	504	625	748	693	632	627	622	508	574	577
>4-50	254	283	318	418	526	483	723	625	525	534	518	498	601	645
>50-500	116	180	176	230	289	334	428	352	286	317	319	322	427	487
>500-1000	17	21	28	34	40	47	62	36	32	37	35	48	70	81
>1000-2000	10	17	25	21	23	23	19	13	14	29	22	24	49	49
>2000-12000	21	22	19	29	30	32	24	23	20	17	13	32	26	41
>12000	4	5	1	2	2	4	3	1	5	3	1	2	4	8
Gesamt	709	802	887	1159	1414	1548	2007	1743	1514	1564	1530	1434	1751	1888

Quelle: Eigener Entwurf; Zahlenangaben aus den Tätigkeitsberichten des BKartA aus den Jahren 1985-1998.

---

172   Vgl. Monopolkommission: 8. Hauptgutachten 1988/89, a.a.O., S. 141, Tz. 342.

Fortsetzung Tabelle 7:   Unterteilung der Zusammenschlüsse nach Umsätzen
                          der Käufer und der Verkäufer

Umsatz- erlöse in Mio. DM	Anzahl der Zusammenschlüsse mit einem Umsatz der/des erwerbenden Unternehmen													
	85	86	87	88	89	90	91	92	93	94	95	96	97	98
bis 4	17	12	19	29	42	43	88	85	79	86	83	66	82	93
>4-50	48	36	30	31	63	79	133	164	165	156	142	126	105	102
>50-500	94	112	113	137	158	151	167	168	148	157	159	154	165	156
>500-1000	84	86	85	124	139	165	220	217	218	202	195	157	211	252
>1000-2000	87	86	98	132	139	149	213	213	154	181	177	159	226	286
>2000-12000	261	288	299	434	518	592	783	659	545	576	586	558	642	704
>12000	253	309	357	453	587	710	1050	910	814	884	821	745	908	889
Gesamt	844	929	1001	1340	1646	1889	2654	2416	2123	2242	2163	1965	2339	2482

Quelle: vgl. ebenda

Die Befürchtung der verstärkten Herausbildung nationaler Monopolunterneh-
men und damit verbunden die Möglichkeit der Ausnutzung von Marktmacht
durch sog. Milliarden-Deals hat sich aufgrund der oben dargestellten Daten
nicht bestätigt. Obgleich die Beteiligung der deutschen Großunternehmen an
den Zusammenschlüssen in der BRD relativ hoch ist, besteht aber nach wie vor
die überwiegende Mehrheit der Operationen aus Übernahmen kleiner und
kleinster Unternehmen durch Großunternehmen. Sog. Mega-Fusionen waren
nur relativ selten Gegenstand der Prüfung durch das Bundeskartellamt. Seit
Mitte der 80er Jahre bewegen sich die Werte relativ konstant um durchschnittlich etwa 50 Fälle pro Berichtsjahr, in denen ein Unternehmen mit einem Umsatz von mehr als 2 Mrd. DM erworben wurde. Eine deutliche Erhöhung ist erst
seit letzter Berichtsperiode erkennbar. Ob es sich dabei allerdings um eine kurzfristige Erscheinung oder aber eine Trendwende handelt, ist derzeit nicht abzusehen.

In diesem Zusammenhang ist allerdings darauf zu verweisen, daß in den Statistiken des BKartA die Zusammenschlüsse nicht berücksichtigt werden, die der europäischen Fusionskontrolle unterliegen. Trotz des beobachtbaren kontinuierlichen Anstiegs der Fusionsanmeldungen nach den Richtlinien der Europäischen Fusionskontrollverordnung sind auch diese Werte kein Maßstab für die Annahme der Vermachtung deutscher Märkte, da diese von derartigen Zusammenschlüssen z. T. nur am Rande betroffen sind.[173] Selbst der Einwand, daß Großunternehmen nicht nur finanziell, sondern vielfach auch personell und über zahlreiche sonstige Verbindungen[174] miteinander verwoben und daher in der Lage sind, hierdurch einen wettbewerblich erheblichen Einfluß auf die aktuellen und auch potentiellen Wettbewerber auszuüben, die eine Beschränkung des Wettbewerbs implizieren kann, stellt kein Indiz für die häufig gestellte Forderung dar, Großzusammenschlüsse per se zu verbieten.

Wie bereits angesprochen, kann in einer weitgehend liberalisierten Weltwirtschaft das Phänomen Konzentration nicht nur im nationalen Rahmen gesehen werden. Unsere Spitzenunternehmen sind mit ähnlich potenten Konkurrenten oder gar noch größeren Unternehmen auf nationalen, europäischen oder internationalen Märkten konfrontiert. Die nationale Unternehmensgröße ist so gesehen angesichts der internationalen Verflechtung eben nur immer eine relative Größe. Denn neben den heimischen Mitkonkurrenten ist auch die Importkonkurrenz des Auslandes auf dem Inlandsmarkt wie auch auf den Weltmärkten mit zu berücksichtigen. Hinzu kommen - wie bereits erwähnt - nicht unwesentliche Unterschiede im Konzentrationsklima der einzelnen Staaten.[175]
Unter diesen Gesichtspunkten geht die Betrachtung der aggregierten Unternehmenskonzentration in der Begrenzung auf die BRD folglich nicht weit genug. Von Bedeutung ist vielmehr der europäische bzw. weltweite Vergleich.

Vergegenwärtigt man sich, daß das größte deutsche Unternehmen, die Daimler Benz AG, im Jahr 1998, d.h. vor der Fusion mit Chrysler, nur knapp die Hälfte des Umsatzes von General Motors, dem weltweit größten Industrieunternehmen, und nur etwa zwei Drittel des Umsatzes der Royal Dutsch/Shell, dem

---

173 Vgl. Deutscher Bundestag (Hrsg.): Tätigkeitsbericht des BKartA 1991/92, a.a.O., S. 8 und Tätigkeitsbericht des BKartA 1993/94, a.a.O., S. 10.

174 Vgl. ausführlich zu personellen Verflechtungen und Verflechtungen der größten Unternehmen über Gemeinschaftsunternehmen die Hauptgutachten der Monopolkommission diverser Jahre.

175 Vgl. Rodenstock, Rolf: Konzentration und Wettbewerb, in: Gutzler, Helmut/Herion, Wolfgang/Kaiser, Joseph H.(Hrsg.): Wettbewerb im Wandel, Eberhard Günther zum 65. Geburtstag, Baden-Baden, 1976, S.125.

europaweit größten Unternehmen, erreichte,[176] sind die externen Umstrukturierungsmaßnahmen der deutschen Unternehmen, die in vielen Wirtschaftsbereichen dem zunehmend härter werdenden internationalen Wettbewerb ausgesetzt sind, diesem jedoch aufgrund vielfach unteroptimaler Größenstrukturen weniger Gewicht entgegensetzen können, etwas differenzierter einzuordnen. Auch im Hinblick darauf, daß die beobachteten Aktivitäten der Industriegiganten keineswegs eine ausschließlich bundesdeutsche Besonderheit darstellen, sondern sowohl Vorläufer als auch Nachahmer in den benachbarten Industrieländern finden.

Die Auflistung der weltweit größten Unternehmen[177] läßt erkennen, daß die deutsche Industrie mit nur 40 Unternehmen in den Top 500 der weltweit größten Unternehmen[178] nicht die Anzahl von Großunternehmen hervorgebracht hat, wie man in Anbetracht der wirtschaftlichen Weltgeltung der Bundesrepublik Deutschland vermuten würde. Andere europäische Länder wie Großbritannien, Frankreich, Italien und auch die Niederlande haben inzwischen Unternehmensgrößenstrukturen erreicht, die zum Teil erheblich über denen der BRD liegen. Trotz der stärker ausgeprägten Konzentration in diesen Ländern beteiligen sich gerade deren Großunternehmen nach wie vor rege am weltweiten Übernahmegeschäft.

Die statistischen Auswertungen der Europäische Kommission ermittelten in ihrer wertmäßigen Aufschlüsselung der Zusammenschlüsse nach Gesamtumsätzen der beteiligten Unternehmen bereits Anfang der 90er Jahre die Tendenz einer Zunahme der Operationen großen Maßstabs.

---

176 Vgl. o. V.: Guide to the Global 500, in: Fortune No. 2 vom 26.07.1993, Vol. 128, S.39; o. V.: Amerikas Unternehmenslandschaft wandelt sich, in: FAZ Nr. 109 vom 11.05.1995, S. 24; Kommission der Europäischen Gemeinschaft (Hrsg.): Die größten Industriekonzerne der Welt, in: Panorama, Brüssel/Luxemburg 1994, S. 87ff.

177 Vgl. o. V.: Guide to the Global, a.a.O., S. 35ff; o. V.: Guide to the Global 500, in: Fortune No. 2 vom 27.07.92, Vol 126, S. 51ff; Kommission der Europäischen Gemeinschaften (Hrsg.): Die größten Industrieunternehmen der Welt, in: Panorama, Brüssel/Luxemburg 1993, S. 33ff; o. V.: Die größten Companies der Welt, in: WISU 8-9/93, Jg. 22, S. 636-637.

178 o. V.: Unter den 500 größten Konzernen der Welt sind 40 deutsche, in: FAZ Nr. 172 vom 26.07.1996, S. 17.

Abbildung 13: Aufgliederung der Fusionen nach Unternehmensgröße

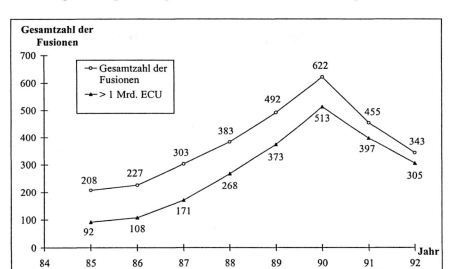

Quelle: Eigener Entwurf in Anlehnung an die Berichte der EG-Kommission
über die Wettbewerbspolitik; Daten aus den Berichten verschiedener
Jahre.[179]

Das Schaubild verdeutlicht nochmals den bereits in Punkt 3.1 ausführlich beschriebenen Verlauf der Entwicklung der Gesamtzahl der Zusammenschlüsse
für den Zeitraum von Mitte der 80er bis Anfang der 90er Jahre. Zudem belegen
die Zahlen aus der Abbildung den Trend hin zu Zusammenschlüssen größeren
Ausmaßes. Während sich in der Zeit zwischen 1985 und 1989 die beiden Kategorien (Übernahmen insgesamt und Transaktionen über 1 Mrd. ECU) nahezu
parallel entwickelten, setzte im Berichtszeitraum 89/90 eine Wende ein. Die absolute Zahl der Operationen sank im Vergleich mit den Zusammenschlüssen der
Größenordnung über 1 Mrd. ECU Umsatz geringfügiger, weshalb der Anteil
"großer" Zusammenschlüsse im Jahr 1991/92 einen Spitzenwert von rund 90%
erreichte. Wie aus der nachfolgenden Tabelle ersichtlich wird, ist dies zu einem
großen Teil dem kontinuierlichen Anstieg der Zusammenschlüsse in den Grö
ßenklassen > 5 Mrd. ECU zuzuschreiben. So lag im Berichtsjahr 1991/92 bei

---

179 Wie bereits in den vorangeganen Ausführungen des öfteren angemerkt, wurde die
Berichterstattung der Kommission nach einer Datenänderung im Jahr 1993 im darauffolgenden Jahr endgültig eingestellt.

jeder vierten Übernahme der addierte Gesamtumsatz bereits bei über 10 Mrd.
ECU und bei annähernd jeder zweiten Übernahme bei über 5 Mrd. ECU.

Tabelle 8:   Anzahl und Anteil der Zusammenschlüsse in der Industrie in den
              einzelnen Größenklassen.

Jahr	Gesamtzahl der Zusammenschl. > 1 Mrd.	%*	davon Zusammenschl. > 1 Mrd.		davon Zusammenschl. > 2 Mrd.		davon Zusammenschl. > 5 Mrd.		davon Zusammenschl. > 10 Mrd.	
			Anzahl	%	Anzahl	%	Anzahl	%	Anzahl	%
86/87	171	56	53	17	50	17	37	12	31	10
87/88	268	71	83	22	75	20	49	13	61	16
88/89	373	76	85	17	118	24	64	13	106	22
89/90	513	84	129	21	160	26	84	14	140	23
90/91	397	86	83	18	114	25	84	18	116	25
91/92	305	89	60	17	85	25	71	21	89	26

* Anteil der Zusammenschlüsse > 1 Mrd. an der Gesamtzahl der Zusammenschlüsse

Quelle: Eigener Entwurf in Anlehnung an die Wettbewerbsberichte der EG-
          Kommission; Daten aus den Berichten diverser Jahre.

Der Trend zu Fusionen großen Ausmaßes ist seither nahezu ungebrochen. Nach
einer kurzfristigen Abschwächung des Fusionsmarktes Anfang der 90er Jahre
werden seither jährlich neue Rekordmargen überschritten. Allein im Jahr 1999
belief sich das europäische Transaktionsvolumen auf ungefähr 1.200 Mrd. $,
was nahezu einer Verdopplung des Vorjahreswertes entspricht. Seit 1992 sind
die Werte sogar um das 9-fache gestiegen.[180] Mit einem Anteil von ca. 50 % am
weltweiten M&A-Volumen wurde 1999 erstmals in der Geschichte der Anteil
der USA übertroffen. Getragen werden diese Werte häufig von einer Reihe
grenzüberschreitender Mega-Fusionen, die für ihre "Wunschpartner" ein viel-
faches ihres Umsatzes als Kaufpreis bieten. Ein weiteres Indiz für die gestiegene Bedeutung von Fusionen relativ großer Unternehmen in Europa sind die -
wie bereits mehrfach erwähnt - jährlich steigenden Fusionsanmeldungen bei der
EU-Kommission.

---

180   Vgl. Müller-Stewens, Günter: Was folgt dem Rekordjahr?, in: M&A 1/2000, S. 1.

Mit Blick auf den weiteren Konzentrationsprozeß in Europa ist auch mittelfristig nicht mit einer Kehrtwende zu rechnen. Vielmehr benötigen die Unternehmen im zunehmend härter werdenden Wettbewerb in aller Regel eine gewisse Größe, die sich bekanntermaßen in der Theorie nicht determinieren läßt, sondern in der Praxis nach dem Prinzip des trial and error ermittelt werden muß. Vor dem Hintergrund dieses Befundes ist somit auch die Frage der Zulässigkeit bzw. Existenzberechtigung großer Zusammenschlüsse positiv zu beantworten. In gleicher Weise argumentieren auch die Wettbewerbshüter sowohl auf nationaler als auch auf europäischer Ebene. Sie genehmigten die Mega-Fusionen in den meisten Fällen, da nach Abwägung aller Kriterien in der überwiegenden Zahl der betroffenen Märkte eine Marktbeherrschung nicht festgestellt werden konnte.

3.1.5 Differenzierung der Transaktionen nach Zusammenschlußtatbeständen

Der in manchen Branchen hohe Konzentrationsgrad ist zwar in erster Linie Ergebnis der regen Fusions- und Übernahmeaktivität, dennoch sollten alternative Formen unternehmerischer Zusammenarbeit wettbewerbspolitisch nicht ignoriert werden. Denn sie bilden häufig die Vorstufe zu einer späteren engeren Verflechtung vormals loser Übereinkünfte. Neben Minderheitsbeteiligungen und Kapital- oder personellen Verflechtungen erfreut sich bei den Unternehmen die Bildung von Gemeinschaftsunternehmen als Alternative zur Akquisition wachsender Beliebtheit.
Wie nachfolgende Übersicht belegt, liegt bei über einem Viertel der bisher beim Bundeskartellamt angezeigten Zusammenschlüsse der Tatbestand der Bildung von Gemeinschaftsunternehmen zugrunde.[181]

---

181 Vgl. Deutscher Bundestag (Hrsg.): Tätigkeitsbericht des BKartA 1997/98, a.a.O., S. 182, Tabelle 7.

Tabelle 9:   Struktur der beim BKartA angezeigten Zusammenschlüsse nach
             Art der Zusammenschlußtatbestände

Jahr	Gesamt-zahl	Ver-mögens-erwerb a)	%	Anteils-erwerb b)	%	Gemein-schafts-unternehmen c)	%	a+b %	a+b+c % *
1985	709	159	22	372	52	153	22	74	96
1986	802	172	21	430	54	174	22	75	97
1987	887	211	24	481	54	171	19	78	97
1988	1154	260	23	616	53	260	23	76	99
1989	1414	323	23	741	52	325	23	75	98
1990	1548	280	18	775	50	460	30	68	98
1991	2007	501	25	952	47	507	25	72	97
1992	1743	320	18	815	47	560	32	65	97
1993	1514	290	19	672	44	507	33	63	96
1994	1564	295	19	698	45	527	34	64	98
1995	1530	305	20	688	45	501	33	65	98
1996	1434	313	22	673	47	410	29	69	98
1997	1751	423	24	836	48	443	25	72	97
1998	1888	414	22	975	52	467	25	74	99
Mittelwert	-	-	*21*	-	*49*	-	*27*	*71*	*98*

a) = F+Ü
b) = Minder- und Mehrheitsbeteiligungen
c) = Gemeinschaftsunternehmen einschließlich Neugründungen
* = Die Abweichungen ergeben sich aus den in dieser Tabelle nicht berück-
    sichtigen Zusammenschlußtatbeständen der vertraglichen Verbindungen,
    Personengleichheit und der sonstigen Verbindungen. Deren minimale Anteile
    und somit ihr unerheblicher Einfluß auf den Wettbewerb rechtfertigt die
    Nichtberücksichtigung.

Quelle: Zusammenstellung aus den Tätigkeitsberichten des BKartA verschie-
          dener Jahre.

Im europäischen Vergleich verteilen sich die jährlichen Transaktionen wie
folgt:

Abbildung 14: Übernahmen, Minderheitsbeteiligungen und Gründung gemeinsamer Tochtergesellschaften (Anzahl der Transaktion, Aktivitäten der 1000 führenden europäischen Konzerne)

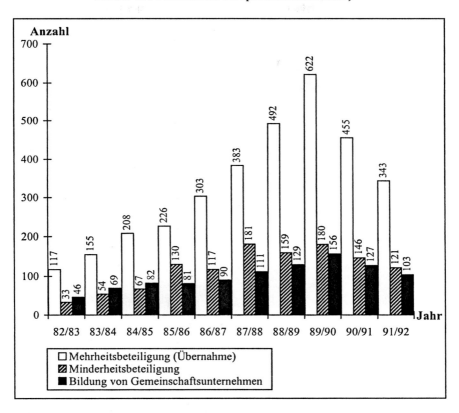

Quelle: In Anlehnung an Buigues, P./Ilzkovitz, F./Lebrun, J.-F.: Industrieller
Strukturwandel im Europäischen Binnenmarkt: Anpassungsbedarf in
den Mitgliedstaaten, in: Kommission der Europäischen Gemeinschaften (Hrsg.): Europäische Wirtschaft - Soziales Europa, Sondernummer
25, Brüssel 1990, Tab. 7.4, S. 64 ergänzt um die Daten folgender Jahre.

Die für den Zeitraum 1982-1992 dargestellte Entwicklung verdeutlicht die Vor-
rangstellung von Fusionen und Übernahmen gegenüber den anderen Formen der
Einflußnahme vor allem während der Boomphase Ende des letzten Jahrzehnts.
Die überwiegend grenzüberschreitend gegründeten Gemeinschaftsunterneh-

men[182] wiesen mit einem Anteil von knapp 20% an der jährlich ermittelten Gesamtzahl der Operationen eine gewisse Konstanz auf. Beim Erwerb einer Minderheitsbeteiligung, die häufig als erster Schritt zum Kennenlernen eines Partners im anderen Mitgliedstaat dient und unter Umständen im Laufe der Zeit zur Fusion oder Übernahme einer Mehrheitsbeteiligung führen kann, ist Ähnliches zu beobachten.

Für die Folgejahre ergibt sich aufgrund der geänderten Datenbasis durch die Einführung der Europäischen Fusionskontrollverordnung folgende Aufgliederung der angemeldeten Zusammenschlüsse nach der Art der unternehmerischen Zusammenarbeit.

Abbildung 15: Aufgliederung nach Art der Vorhaben (1992-1999)

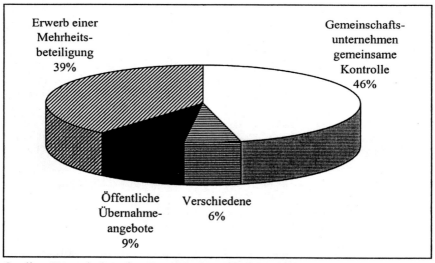

Quelle: Kommission der Europäischen Gemeinschaften (Hrsg.): Die Wettbewerbspolitik der Europäischen Gemeinschaften. XXIX. Bericht über die Wettbewerbspolitik, Luxemburg 2000, S. 72, Schaubild 5

Obwohl die Vergleichbarkeit der Daten aus Abbildung 10 und 11 nicht unmittelbar gegeben ist, ist der verstärkte Trend zur Bildung von Gemeinschaftsunternehmen unverkennbar. Zukünftig werden m. E. - angesichts der zahlreichen Meldungen über wenig erfolgreiche Firmenhochzeiten - die Unterneh-

---

182 Vgl. Kommisssion der Europäischen Gemeinschaften (Hrsg.): 22. Bericht über die Wettbewerbspolitik 1992, Brüssel 1993, S. 533.

mensstrategien auch weiterhin vermehrt dahin gehen, sich mit einer Minderheitsbeteiligung oder der Bildung eines Gemeinschaftsunternehmens zu begnügen, nicht zuletzt deswegen, weil im Falle der Nichtrealisierung von - bei Fusionen häufig erwarteten - Synergievorteilen eine Entflechtung relativ unproblematisch durchzuführen ist. Der Vorteil von Minderheitsbeteiligungen liegt zudem in der Möglichkeit der besseren Informationsgewinnung und Einsichtnahme in die wirtschaftlichen Belange des oder der - in zunehmendem Maße ausländischen – Partnerunternehmen. Unternehmensmeldungen zufolge erweist sich die vorgeschaltete "Kennenlernphase" als besonders wertvoll bei Aktivitäten außerhalb der Kernbereiche.[183]

Die wettbewerbspolitische Beurteilung nicht nur der Gemeinschaftsunternehmen und Minderheitsbeteiligungen, sondern aller vertraglichen, personellen und/oder finanziellen Verbindungen (auf die hier im Rahmen dieser Arbeit nicht näher eingegangen wird) im Hinblick auf den Einfluß, den derartige Unternehmensverbindungen auf den Wettbewerb ausüben, ist bis heute nicht abschließend geklärt.[184] Wie bereits in Punkt 2.1 dieser Arbeit angesprochen, gibt es in der Unternehmenspraxis eine übergangslose Vielfalt von Formen der Zusammenarbeit mit oder ohne gesellschaftsrechtlichen Verbindungen, die sich einer säuberlichen Zuordnung in "konzentrativ" und "kooperativ" weitgehend entziehen und deren wettbewerbspolitische Beurteilung sowohl auf nationaler als auch auf europäischer Ebene nach wie vor gewisse Interpretationsspielräume offenläßt.

Welche Dimension die Diskussion der zahlreichen Formen der Unternehmensverbindungen erreichen kann, zeigt sich neben dem Beispiel der Minderheitsbeteiligungen und der Bildung von Gemeinschaftsunternehmen an einer in den 80er Jahren neu entstandenen Form unternehmerischer Zusammenarbeit, der sog. Strategischen Allianz, die einen neuen Trend unternehmerischen Handelns begründete.

Von Unternehmensseite als Musterbeispiel für eine moderne und zukunftsgerichtete Strategie gewürdigt, der manche neben einzel- und weltwirtschaftlichen

---

183 Vgl. Reinhardt, Peter: Süß ist die Macht, in: WiWo Nr. 47 vom 17.11.1989, Jg. 43, S. 70.

184 Zur wettbewerbsrechtlichen Diskussion von Gemeinschaftsunternehmen siehe Scherf, Dieter: Konzentrative und kooperative Gemeinschaftsunternehmen im europäischen Kartellrecht, a.a.O., S. 245ff. Mit der kartellrechtlichen Einordnung von Minderheitsbeteiligungen befaßt sich Köhler, Helmut: "Gemeinsame Kontrolle" von Unternehmen aufgrund von Minderheitsbeteiligungen im Europäischen Kartellrecht, in: EuZW 20/92, Jg. 3, S. 634ff.

Vorteilen sogar friedensstiftende Kräfte zuschreiben,[185] drängt sich v.a. bei den deutschen Wettbewerbshütern die Vermutung auf, daß sich hinter dem modischen Begriff häufig nichts anderes als das alte Übel weltumspannender Industriekartelle verberge, das eine Deformation der Weltwirtschaft bewirke.[186]

Die kritische und zum Teil unterschiedliche Beurteilung resultiert nicht nur aus dem gänzlich anders gelagerten Blickwinkel, aus dem Unternehmen und Wettbewerbsgesetzgebung dieses Phänomen betrachten, sondern auch aus diesem bunt-schillernden Begriff selbst, unter dem jeder etwas anderes versteht, angefangen von lockeren Kooperationsverträgen über zeitlich begrenzte Einzelprojekte bis hin zum unbefristeten Joint Venture mit gegenseitiger Kapitalbeteiligung.[187] Selbst in der Literatur kristallisieren sich verschiedene Definitionsansätze heraus.[188] In Anlehnung an Backhaus/Piltz soll unter Strategischer Allianz eine Koalition von zwei oder mehr selbständigen Unternehmen verstanden werden, die mit dem Ziel eingegangen wird, die individuellen Stärken in einzelnen Geschäftsfeldern zu vereinen.[189]
Ebenso vielfältig wie die Definitionsansätze dieser besonderen Form der unternehmerischen Zusammenarbeit sind auch die Ansichten und Meinungen über

---

185 Vgl. Reuter, Edzard: Ein neues Netz für den Frieden. Plädoyer für mehr Partnerschaft, in: Die Zeit Nr. 12 vom 16.03.1990, S. 41.

186 Vgl. Henzler, Herbert A.: Ein Lernspiel ohne Grenzen, in: FAZ Nr. 51 vom 29.02.1992, S. 13; Albach, Horst: Strategic Alliances and Strategic Families in Global Competition, Discussion Paper FS IV - 19, Wissenschaftszentrum Berlin 1992, S.16.

187 Vgl. Hirn, Wolfgang/Krogh, Henning: Entente cordiale, in: Manager Magazin 10/92, Jg. 22, S. 268; Henzler, Herbert A., a. a. O, S. 13.

188 Zu den einzelnen Definitionsansätzen siehe Sell, Axel: Internationale Unternehmenskooperationen, München 1994, S.79f; Bronder, Christoph/Pritzl, Rudolf (Hrsg.): Wegweiser für Strategische Allianzen. Meilen- und Stolpersteine bei Kooperationen, Frankfurt und Wiesbaden 1992, S. 17; dieselben: Strategische Allianzen zur Steigerung der Wettbewerbsfähigkeit, in: io Management Zeitschrift 5/91, Jg. 60, S. 27; Lei, David: Offensive and Defensive Uses of Alliances, in: Long Range Planning, 4/93, Vol. 26, S. 32; Murray, Edwin A. Jr./Mahon, John F.: Strategic Alliances: Gateway to the New Europe?, in: Long Range Planning 4/93, Vol. 26, S. 103; Gahl, Andreas: Die Konzeption strategischer Allianzen, Berlin 1991, S. 12.

189 Vgl. Backhaus, Klaus/Piltz, Klaus: Strategische Allianzen - eine neue Form kooperativen Wettbewerbs?, in: Backhaus, Klaus/Piltz, Klaus (Hrsg.): Strategische Allianzen, Sonderheft 27 zu zfbf, 1990, S. 1.

Motive,[190] Wirkungen[191] und Erfolgsaussichten.[192] Obwohl bei dieser Kooperationsform im Prinzip die rechtliche und wirtschaftliche Selbständigkeit der Unternehmen im Gegensatz zur Unternehmenskonzentration, die eine Beseitigung der wirtschaftlichen Selbständigkeit von mindestens einem der beteiligten Unternehmen impliziert, erhalten bleibt, scheint diese Form des Unternehmenszusammenschlusses[193] aus wettbewerbsrechtlicher und -politischer Sicht nicht ausnahmslos unbedenklich. Etwaige Wettbewerbsbeschränkungen ergeben sich nicht primär durch die Verminderung der Zahl von Konkurrenten, sondern liegen vielmehr in der Möglichkeit des opportunistischen Verhaltens und der friedlichen Koexistenz der beteiligten Partner. Die Gefahr des freiwilligen Verzichts auf wettbewerbliche Auseinandersetzungen ist folglich groß. Dieses führt i.d.R. zu einer Minderung der Wettbewerbsintensität oder gar zur Aufteilung von Märkten. Die anfängliche Euphorie über diese besondere Form der wirtschaftlichen Zusammenarbeit der Unternehmen scheint im Laufe der Zeit jedoch zumindest teilweise verflogen zu sein, da sich mit der Bildung strategischer Allianzen neben den betriebswirtschaftlichen Zielsetzungen auch weitere Beweggründe verbinden lassen, deren Zielsetzung die Beschränkung des Wettbewerbs und als mögliche Folge daraus die Ausschaltung von Konkurrenten ist.[194]
Die Möglichkeit der wettbewerbsbeschränkenden Zielsetzungen, die im Grunde in jeder Art der unternehmerischen Zusammenarbeit zwischen Wettbewerbern

---

190 Die Motive für die Bildung Stategischer Allianzen sind vielfältig. Einen Überblick über die Grundmotive vermitteln Backhaus, Klaus/Meyer, Margit: Strategische Allianzen und strategische Netzwerke, in: WiSt 7/93, Jg. 22, S. 331; Voigt, Stefan: Strategische Allianzen, in: WiSt 5/93, Jg. 22, S. 246f; Bronder, Christoph: Kooperationsmanagement - Unternehmerdynamik durch Strategische Allianzen, Frankfurt/Main 1993, S. 19ff. Eine abweichende Klassifikation wählen Lorange, Peter/Roos, Johan/Simcic Bronn, Peggy: Building Successful Strategic Alliances, in: Long Range Planning, 6/92, Vol. 25, S. 10f.

191 Insbesondere zum wettbewerbspolitischen Konfliktpotential von Allianzen siehe Hammes, Michael: Wettbewerbspolitische Aspekte strategischer Allianzen, in: Wirtschaftsdienst 9/93, Jg. 73, S. 496; Deutscher Bundestag (Hrsg.): Tätigkeitsbericht des BKartA 1989/90, a.a.O., S. 30ff.

192 Als besonders erfolgreich gelten Allianzen, wenn verwandte Geschäfte verstärkt oder neue Absatzgebiete stärker bearbeitet werden sollen, die Allianzpartner annähernd gleich starke Unternehmen und die Eigentumsanteile paritätisch verteilt sind und die Allianzpartner zudem die Fähigkeit entwickeln, sich über Erwartungen und Zielvorgaben hinaus zu entwickeln. Firmenkäufe dagegen eignen sich besser für das Kerngeschäft der Unternehmen und bei bereits existenten räumlichen Märkten.

193 Vgl. Ihrig, Falk: Strategische Allianzen, a.a.O., S. 29, Abb. 1.

194 Vgl. o. V.: Nicht alle strategischen Allianzen beschränken den Wettbewerb, in: FAZ Nr. 123 vom 27.05.1992, S. 16.

impliziert werden kann, sollte jedoch nicht überbewertet werden. So kann auch auf die betriebswirtschaftlichen Vorteile dieser Bündnisse verwiesen werden, die durchaus wettbewerbsfördernden Charakter aufweisen.[195] Strategische Allianzen eröffnen die Chancen zum direkten Zugang zu neuen Technologien, Produkten und Märkten. Zudem sind durch die Bündelung von Aktivitäten im Rahmen einer Allianz Skalenvorteile und ein daraus resultierendes Kostendegressionspotential gegeben. Darüber hinaus kann mit Hilfe strategischer Allianzen der Diffusionsprozeß neuer Systemtechnologien forciert werden, und nicht zuletzt liegt ein wesentlicher Vorteil der Bündnisse in der Aufteilung der Geschäftsrisiken und -kosten. Weiterhin bieten diese Allianzen die Möglichkeit, protektionistische Maßnahmen einzelner Länder zu umgehen. Sie können daher ein wirkungsvolles Vehikel sein, um die Strategie der Internationalisierung zum Tragen zu bringen.[196]

Wettbewerbspolitisch ergibt sich jedoch das bekannte Dilemma der Notwendigkeit einer Abgrenzung zwischen "guten", weil dem Wettbewerb dienlichen, und "schlechten", weil dem Wettbewerb abträglichen, Bündnissen.[197] Diese Möglichkeit der Einordnung und Beurteilung ist jedoch in der Praxis kaum umsetzbar und muß häufig schon an der Vielfalt und Ungenauigkeit der Definitionsansätze scheitern, die mit dem Terminus "Strategische Allianzen" in Verbindung gebracht werden.

Eine gewisse Differenzierung hinsichtlich erwünschter und unerwünschter Allianzen trifft das Bundeskartellamt. Es steht strategischen Allianzen grundsätzlich skeptisch gegenüber und stuft vertikale Allianzen, also Vereinbarungen zwischen Unternehmen auf vor- und nachgelagerten Wirtschaftsstufen, und Allianzen im Bereich der Zulieferindustrie i.d.R. als unproblematisch ein.

Kritisch hingegen werden horizontale Allianzen zwischen Unternehmen, die miteinander im Wettbewerb stehen, gesehen, da die Zusammenarbeit und gegenseitige Interessenharmonisierung innerhalb der Bündnisse wettbewerbspoli-

---

195   Vgl. Möschel, Wernhard: Wettbewerbsproblematik strategischer Allianzen, in: Neue Zürcher Zeitung, Fernausgabe Nr. 124 vom 31.05./01.06.1992, S. 17.

196   Vgl. Bleeke, Joel/Ernst, David: Mit internationalen Allianzen auf die Siegerstraße, in: Harvard Manager 3/92, Jg. 14, S. 118.

197   Vgl. Brittan, Leon: Strategic Alliances - an old problem and a new challenge to community competition policy, Vortrag auf der 6. Internationalen Kartell Conferenz, Berlin, 25. Mai 1992, o. S.

tisch mit der Gefahr der Errichtung "privatwirtschaftlicher Marktordnungen" verbunden ist.[198]

Aus Sicht der Industrie ist es nicht sachgerecht, horizontalen Allianzen zwischen Wettbewerbern von vornherein kartellrechtlich kritisch gegenüberzustehen, da i.d.R. bei solchen Allianzen die Partner auch weiterhin über wichtige Wettbewerbsparameter autonom entscheiden und insbesondere in den von der Allianz nicht betroffenen Bereichen Wettbewerber bleiben.[199]

Die mit Hilfe von Strategischen Allianzen erreichte neue Dimension der Zusammenarbeit von Unternehmen mag unterschiedlich gesehen werden. Unbestritten ist jedoch, daß sie im Zeitalter der Globalisierung und Internationalisierung ein wichtiges Instrument darstellt, das es Unternehmen ermöglicht, über den Erfahrungs- und Informationsaustausch die Kosten und Risiken der Entwicklung und Vermarktung neuer Produkte zu reduzieren und - gerade auf wachstumsträchtigen Zukunftsmärkten - neue Technologien entstehen zu lassen, die einzelne, auch sehr große Unternehmen für sich allein nicht zu erschließen vermögen.

Ob Strategische Allianzen als Alternative zu den Akquisitionen oder als Zwischenweg zwischen internem und externem Wachstum einzustufen sind, d.h. als Vorstufe konzentrativer Prozesse, kann bis dato nicht eindeutig festgelegt werden, sondern wird sich in der Zukunft erweisen. Im Zeitalter wirtschaftlicher Umbrüche und strukturellen Wandels erscheint es meiner Ansicht nach sinnvoller, zunächst auf kapitalintensive Aufkäufe weitgehend zu verzichten, zumal mit einer Fusion häufig auch Unternehmensbereiche übernommen werden, die sich zum Teil nur schwer bzw. überhaupt nicht in das Kerngeschäft integrieren lassen und daher früher oder später mit Verlust wieder verkauft werden müssen. Strategische Allianzen und andere Formen der unternehmerischen Kooperation bieten hingegen die Option der genauen Abgrenzung und Auswahl der Kooperationsfelder, die es möglich macht, trotz des begrenzten Souveränitätsverzichts[200] an den betriebswirtschaftlichen Vorteilen der Bündnisse zu parti-

---

198 Vgl. Deutscher Bundestag (Hrsg.): Tätigkeitsbericht des BKartA 1989/90, a.a.O., S.30f; Hollmann, Hermann H.: Strategische Allianzen - Unternehmens- und wettbewerbspolitische Aspekte, in: WuW 4/92, Jg. 42, S. 301; Albach, Horst: Strategische Allianzen, strategische Gruppen und strategische Familien, in: ZfB 6/92, Jg. 62, S. 667; Hansen, Knud: Zur Aktualität des "Freiburger Imperativs", in: WuW 4/91, Jg. 41, S. 289.

199 Vgl. Hollmann, Hermann H.: a. a. O., S. 302.

200 Dies bezieht sich auch auf die bessere Vereinbarkeit der Vorstellungen von Führungspersönlichkeiten, denn nicht wenige Zusammenschlüsse scheitern schon im Entstehen, weil sich Spitzenmanager nicht über ihre eigenen Positionen und die Aufgabenverteilung im vereinigten Konzern einigen können. Allein aus diesem Grund, erwarten Beobachter in Zukunft einen stärkeren Trend hin zu Allianzen. Vgl. Appel, Holger: Die 100 größten Unternehmen, in: FAZ Nr. 152 vom 04.07.2000, S. U1.

zipieren, die für das erfolgreiche Fortbestehen vieler Unternehmen unabdingbar geworden sind.

3.2   Motive externer Unternehmensstrategien

Sowohl die regen Zusammenschlußaktivitäten als auch deren vielfältige Ausprägungen werfen unweigerlich Fragen nach den Gründen, Motiven und Zielen auf, die Unternehmenslenker veranlassen könnten, sich für diese Form des Wachstums zu entscheiden. Grundsätzlich - so scheint es zumindest - bietet die externe Strategie Vorteile, die auf dem Wege des internen Wachstums nicht, bzw. nur mit erheblich größerem zeitlichen und finanziellen Aufwand erreicht werden können. Diese Grundsatzentscheidung ist ökonomisch nachvollziehbar, impliziert jedoch bereits eine Reihe weiterer Fragen, beispielsweise die nach der Wahl der Diversifikationsart, der Branchenzugehörigkeit und Größenordnung des/der zu akquirierenden Unternehmen/s und nicht zuletzt nach dem Zeitpunkt der Durchführung einer Transaktion. Der Fragenkatalog läßt sich beliebig fortführen, die Bandbreite möglicher Erklärungsansätze - dies sei vorab bereits vermerkt - wird nicht minder umfangreich ausfallen.

Einige Gründe, die Unternehmen veranlassen können, eine externe Wachstumspolitik zu forcieren, wurden in den vorhergehenden Ausführungen bereits beiläufig erwähnt, ohne jedoch eine detaillierte Einteilung vorzunehmen. Die eindeutige Klassifikation der Vielzahl theoretischer Beweggründe gestaltet sich äußerst schwierig, weshalb in der Literatur ein breites Spektrum möglicher Systematisierungsansätze vorzufinden ist.

Während einige Autoren zwischen Motiven der Verkäufer- bzw. Käuferseite differenzieren,[201] unterscheiden andere aus der Sicht der Aktionäre nach vermögenssteigernden bzw. wertsteigernden und nicht wertsteigernden Beweggründen.[202] Eine weitere Gruppe kategorisiert nach Eigentümer- und Managermotiven.[203] In der Praxis unterscheiden M&A-Spezialisten häufig zwischen strategischen und rein finanziellen Motiven.

---

201   Vgl. Hess, Walter: Wie man ein Unternehmen kauft oder verkauft, in: io Management Zeitschrift 2/89, Jg. 58, S. 35, Abb. 1.

202   Vgl. Halpern, Paul: Corporate Acquisitions: A Theory of Special Cases? A Review of Event Studies Applied to Acquisitions, in: The Journal of Finance, Vol. 38, 1983, S. 299ff.

203   Vgl. Penrose, Edith T.: The Theory of The Growth of the Firm, 2. Auflage, Oxford 1980, S.26ff; Reid Richardson, Samuel: Mergers, Managers, and the Economy, New York 1968, S.131ff; Bühner, Rolf: Erfolg von Unternehmenszusammenschlüssen in der Bundesrepublik Deutschland, a.a.O., S. 6ff. Er kategorisiert etwas abweichend nach realen und spekulativen sowie Managementmotiven.

Da es weder sinnvoll erscheint noch Zielsetzung dieser Arbeit ist, das breite Spektrum potentieller Akquisitionsmotive respektive sämtlicher in der Literatur vorzufindender Erklärungsansätze[204] zu diskutieren, soll an dieser Stelle vorerst eine kurze Betrachtung der am häufigsten dokumentierten Fusionsgründe erfolgen, ehe im Anschluß einige signifikante Beweggründe näher erläutert werden.

Die EU-Kommission veröffentlichte in der Vergangenheit[205] ohne tiefergehende Gliederung in ihren Wettbewerbsberichten eine Reihe von Motiven, die anhand der Häufigkeit der Nennungen aufgelistet wurden. Die Ergebnisse gründen sich auf Aussagen von Unternehmensbefragungen und Veröffentlichungen in der Fachpresse. Diese Daten müssen allerdings mit Vorsicht ausgewertet werden, da Unternehmenszusammenschlüsse nicht auf einem einzigen Beweggrund, sondern i.d.R. auf einem Ursachenbündel basieren.[206] Aus Geheimhaltungsgründen wird zudem nicht zu erwarten sein, sämtliche Gründe zu erfahren, die letztendlich zu einem Zusammenschluß geführt haben.[207]

---

204 Stellvertretend für die umfangreichen Versuche der Einordnung und Unterteilung von Fusionsmotiven sei an dieser Stelle auf eine Abbildung verwiesen, die einige Systematisierungsansätze beinhaltet. Vgl. hierzu Bamberger, Burkhard: Der Erfolg von Unternehmensakquisitionen in Deutschland. Eine theoretische und empirische Untersuchung, Bergisch Gladbach 1994, S. 61, Abb. 20

205 Mittlerweile wurde die Untersuchung der Ursachen des Fusions- und Übernahmegeschehens in der Gemeinschaft eingestellt, da lt. Kommission die Zwecksetzung der jährlichen Wettbewerbsberichterstattung die Beschreibung der Entwicklung des Fusionsgeschehens darstellt. Vgl. Europäische Kommission (Hrsg.): 23. Bericht über die Wettbewerbspolitik, a.a.O., S. 549

206 "Mergers normally take place for more than one reason...", vgl. Cooke, Terence, E.,: Mergers and Acquisitions, Oxford 1986, S. 37; Frankus, Hans J.: Fusionskontrolle bei Konglomeraten, Berlin 1972, S.32

207 So stellt z. B. Scherer fest, "... businessmen are often less than candid about their motives...", vgl. Scherer, Frederic M.: Industrial Market Structure and Economic Performonce, Chicago 1970, S. 112

Abbildung 16: Beweggründe[208] (bzw. deren prozentuale Aufteilung) für Zusammenschlüsse im Berichtsjahr 1991/92

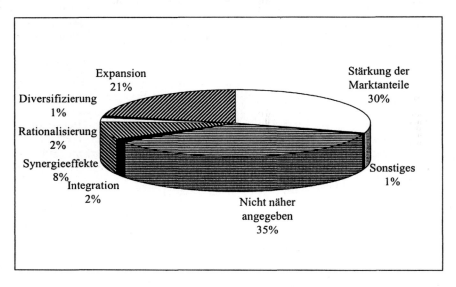

Quelle: Kommission der Europäischen Gemeinschaften (Hrsg.): 22. Bericht über die Wettbewerbspolitik in der EG, a.a.O., S. 536

Gegenüber den Vorjahren[209] ist keine signifikante Änderung der Hauptmotive erkennbar. Die wichtigsten Beweggründe waren seit Ende der 80er Jahre die Stärkung der Marktstellung, die betriebliche Expansion und der Wunsch nach Realisierung von Synergieeffekten. Beim Rationalisierungs- und Umstrukturierungsmotiv, das v.a. Mitte der 80er Jahre eine wichtige Rolle spielte, hat bereits wieder eine gewisse Umorientierung stattgefunden. Im Zuge der Umorganisation vieler Konzerne, sozusagen als Sogwirkung des konglomeraten Zusam-

---

208   Annähernd ähnliche Ergebnisse liefert eine Umfrage, die das ifo-Institut bei Unternehmen durchführte, die Fusionen planen bzw. bereits vollzogen haben, veröffentlicht in: Czada, Peter/Tolksdorf, Michael/Alparslan, Yenal: Wirtschaftspolitik, 2. aktualisierte und erweiterte Auflage, Opladen 1992, S. 105.

209   Vgl. Kommission der Europäischen Gemeinschaften (Hrsg.): 21. Bericht über die Wettbewerbspolitik in der EG, a.a.O., S. 473, Tab. 8a; Kommission der Europäischen Gemeinschaften (Hrsg.): 20. Bericht über die Wettbewerbspolitik in der EG, a.a.O., S. 270, Tab. 12.

menschlußbooms Ende der 80er bzw. Anfang der 90er Jahre, hat dieser Beweggrund in letzter Zeit wieder zunehmend an Bedeutung gewonnen.[210]

Im wesentlichen sind folgende Entwicklungen der Vergangenheit dafür verantwortlich, daß derzeit das Konsolidierungsmotiv als Erklärung vieler Transaktionen im Vordergrund steht:

- Das Umsatzwachstum war häufig wichtiger als die nachhaltige Ertragskraft.
- Durch zunehmende Diversifikation entfernten sich die Unternehmen vom i.d.R. erfolgreichen Kerngeschäft.
- Der Einstieg in neue Geschäftsfelder wurde nicht sorgfältig genug geplant[211] und erfolgte unfokussiert auf breiter Front.
- Konzentrationsprozesse in der Branche führten zu Übernahmen von Wettbewerbern und damit auch zur Übernahme ihrer Strukturprobleme.
- Auf absehbare Marktentwicklungen wie Stagnation der Nachfrage, Substitutionstechnologien, Trendbrüche oder regionale Verschiebungen wurde nicht rechtzeitig reagiert.[212]

Neben diesen Argumenten, die hauptsächlich strategischer Natur sind und deren Hintergrund in der Realisierung von Wettbewerbsvorteilen liegt, enthält das Schaubild der Kommission eine weitere, prozentual durchaus gewichtige Kategorie der "sonstigen und nicht näher dargelegten Gründe". Hierbei handelt es sich um eine Reihe von Motiven, die nicht in der Auflistung enthalten sind oder aber von den Unternehmen aus Geheimhaltungsgründen nicht bekanntgegeben werden. Häufig faßt man unter dieser Kategorie sog. außerökonomische bzw.

---

210 Vgl. hierzu Hinterhuber, Hans H./Levin, Boris M.: Strategic Networks - The Organization of the Future, in: Long Range Planning 3/94, Vol. 27, S. 43ff; Matsusaka, John G.: Takeover motives during the conglomerate merger wave, in: Rand Journal of Economics 3/93, Vol. 24, S. 357ff; Toy, Stewart: Splitting up. The other side of merger mania, in: Business Week vom 01.07.1985, S. 40ff.

211 Insbesondere die Unternehmenskultur erwies sich in der Vergangenheit als kritischer Erfolgsfaktor für Zusammenschlüsse. Die Konflikte, die sich bei der Zusammenführung zweier oder mehrerer Unternehmen ergeben wurden im Zuge des Kaufrausches häufig negiert, und es gelang vielen Unternehmen nicht, die kulturelle Veränderung positiv zu nutzen und eine neue "Corporate Identity" aufzubauen. Vgl. Krystek, Ulrich: Unternehmenskultur und Akquisition, in: ZfB 5/92, Jg. 62, S. 539ff; Rubeli, Martin: Takeovers: Geld und Geist bestimmen den Erfolg, in: io Management Zeitschrift 4/1990, Jg. 59, S. 46ff; Wicher, Hans: Unternehmenskultur, in: WISU 4/94, Jg. 23, S. 329ff.

212 Vgl. Belz, Christian/Schögel, Marcus/Kramer, Marcus (Hrsg.): Lean Management und Lean Marketing, in: Thexis 1994, darin: Joas, August: Portfolio-Bereinigung: Die Basis für profitables Wachstum schaffen, S. 14ff.

nicht rational zu begründende Motive zusammen. Der Anteil dieser Faktoren, die letztlich auch das Fusionskarussell in Bewegung setzen, ist nicht zu unterschätzen, leider aber auch nicht einmal annähernd zu quantifizieren. Das Vorhandensein dieser Art der Akquisitionsmotive, die man weniger eigentümergeführten Unternehmen, sondern vorrangig Unternehmensmanagern zuschreibt und deshalb in der Literatur häufig unter dem Begriff "Managementmotive"[213] subsumiert, sollte jedoch nicht dazu mißbraucht werden, jeden Unternehmenszusammenschluß als Willkürhandlung übermächtiger Firmenlenker einzustufen. Ebenso falsch wäre es, nicht erfolgreiche Zusammenschlüsse als Beweis der Überbewertung nicht-ökonomischer Motive anzuführen. Vielmehr muß jedwede Form des unternehmerischen Wachstums als Investitionsentscheidung betrachtet werden, in der es abzuwägen gilt, welche der gegebenen Alternativen am kostengünstigsten durchführbar und der Zielerreichung am vorrangigsten dienlich ist.

3.2.1 Ökonomische Motive

Unternehmenszusammenschlüsse bringen tiefgreifende wirtschaftliche Veränderungen für die beteiligten Unternehmen mit sich. Die Neukombination von Ressourcen sollte deshalb mit unternehmerischem Weitblick und genauer Zielvorgabe geplant und durchgeführt werden, stets die Erhaltung und Steigerung der Leistungsfähigkeit der beteiligten Unternehmen im Blickwinkel.

Diese Fähigkeiten, aber auch die Möglichkeiten, externe Investitionsentscheidungen nach strategischen und operationellen Gesichtspunkten durchzuführen, schreibt man häufig nur den Großunternehmen zu. Bei mittelständischen Unternehmen wird der Entschluß, eine dauerhafte Partnerschaft anzustreben bzw. einzugehen, vielfach mit einer Zwangssituation der Unternehmen in Verbindung gebracht, bei der weniger ökonomische Gründe bzw. eine klare strategische Ausrichtung, als vielmehr das Zufallsprinzip bei der Auswahl künftiger Partner vorherrscht.[214] Einige Fälle in der Praxis mögen diese Behauptung stützen, sind jedoch m. E. kein Beweis dafür, daß Mittelständler aufgrund fehlen-

---

213   Ausführlich hierzu vgl. u. a. Stein, Ingo: Motive für internationale Unternehmensakquisitionen, Wiesbaden 1992, S. 154ff; Grimm, Andrea: Motive konglomerater Zusammenschlüsse, a.a.O., S. 79ff; Bühner, Rolf: Erfolg von Unternehmenszusammenschlüssen in der Bundesrepublik Deutschland, a.a.O., S. 19ff; Tichy, Gunther: Die wissenschaftliche Aufarbeitung der Merger-Mania. Neue Erkenntnisse für die Wettbewerbspolitik? in: Kyklos 3/90, Vol. 43, S. 455ff.

214   Vgl. Gösche, Axel: Mergers & Acquisitions im Mittelstand, Unternehmen und Beteiligungen gezielt kaufen und verkaufen, Planung, Strategie, Durchführung, Integration, Wiesbaden 1991, S. 17ff.

den Weitblicks notgedrungen mit sog. "Zwangsehen" ihr Fortbestehen sichern. Diese Fälle finden sich auch bei großen Unternehmen, wobei es sich meiner Ansicht nach auch hier eher um die Ausnahme als die Regel handelt.[215] Letztendliches Hauptmotiv "...for all concentrations, combinations, integrations, expansions of existing plant, and establishment of new firms is always the desire for higher profits, or the desire to secure a profit which the entrepreneur considers to be sufficient".[216]

Diese Zielsetzung, soll vorrangig durch die effizientere Koordination der Ressourcen und durch einzelwirtschaftliche Kostenersparnisse erreicht werden, die in der Art auf internem Wege nicht realisiert werden können.[217] Beim Versuch, die angestrebte Leistungssteigerung mit Hilfe von Übernahmen und Fusionen zu erreichen, wird daher immer wieder das Konzept der Synergien vorgebracht.[218] Obwohl häufig zitiert, überrascht es, daß die exakte Definition des Begriffs im wirtschaftlichen Zusammenhang noch immer problematisch und ungenau ist.[219] Eine weitverbreitete Auslegung des Begriffes spricht vom sog. 2+2=5 Effekt, womit die Tatsache umschrieben werden soll, daß der Wert des

---

215 M&A Berater kommen - jüngsten Meldungen zufolge - zu abweichenden Ergebnissen. Ihren Aussagen zufolge werden etwa 50 - 60% aller zum Kauf stehenden Unternehmen aufgrund finanzieller Schwierigkeiten angeboten, gefolgt von den Fällen, in denen der Inhaber aus Altersgründen sein Unternehmen verkauft (ca. 30%). Vgl. o. V.: Die Nachfrage nach Unternehmensübernahmen steigt wieder, in: FAZ Nr. 282 vom 05.12.94, S. 20.

216 Schneider, E.: Real Economies of Integration and Large-Scale Production Versus Advantages of Domination, in: Chamberlin E. H. (Hrsg.): Monopoly and Competition and Their Regulation, Papers and Proceedings of a Conference Held by the International Economic Association, London 1954, S. 204.

217 Vgl. Grimm, Andrea: a.a.O., S. 36.

218 Erstmals brachten Ansoff und Weston dieses Konzept in die Diskussion. Vgl. Weston, J. F./Ansoff, H. I.: Merger Objectives and Organization Structure, in: Quaterly Review of Economics and Business, Vol. 2, 1962, S. 49ff. Ausführlich und ergänzend hierzu Voigt, Jörn F.: Synergieeffekte: Wo sie entstehen, wie sie zu bewerten sind, in: Gablers Magazin 3/90, Jg. 4, S. 24ff; Rhumbler, Felix: Synergiemanagement, Konsequenzen aus einer Studie: Viel wollen, wenig können, in: Gablers Magazin 3/90, Jg. 4, S.27ff; Schneider, Jörg: Synergiemanagement: Flops können vermieden werden, in: Gablers Magazin, 3/90, Jg. 4, S. 18ff; Grote, Birgit: Zur Messung von Synergiepotential und Synergieeffekten, in: WiSt 5/91, Jg. 20, S. 261ff.

219 Als Synergiepotential definiert Ansoff potentiell auftretende, komplexe Wirkungen durch die Kombination vorhandener Mittel und Fähigkeiten verschiedener Unternehmen, die zu einer Gesamtleistungsfähigkeit führen, die größer ist als die Summe ihrer Teile. Vgl. Ansoff, H. I.: Corporate Strategy. An Analytic Approach to Business Policy for Growth and Expansion, New York u.a., 1965, S. 19.

Produktionsergebnisses größer ist, als der Wert der eingesetzten Produktionsfaktoren, und daß das Ganze mehr wert ist als die Summe seiner Teile.[220]
Bei Zusammenschlüssen liegen Synergieeffekte immer dann vor, wenn die gemeinsame Herstellung eines Produktprogramms innerhalb eines Unternehmens vorteilhafter, d.h. kostengünstiger, leistungssteigernd oder weniger kapitalintensiv ist als die getrennte Produktion. Synergieeffekte können dabei auf die Nutzung von Verbundvorteilen (economies of scope)[221] und/oder Größenvorteilen (economies of scale)[222] zurückzuführen sein.
Synergien basieren folglich auf der Annahme, daß das nach der Fusion zusammengefaßte Unternehmen erfolgreicher ist als die vorher rechtlich und wirtschaftlich unabhängig voneinander agierenden Unternehmen.
Synergetische Vorteile lassen sich in den Bereichen der Beschaffung, der Produktion, des Absatzes, der Forschung und Entwicklung, der Finanzierung, der Verwaltung und Organisation, kurzum in allen Bereichen betrieblicher und unternehmerischer Tätigkeit realisieren.[223]
Prinzipiell können Kostensenkungspotentiale bzw. Quellen der Gewinnsteigerung bei allen Zusammenschlußformen gleichermaßen auftreten. Häufig werden jedoch einzelne Ziele mit bestimmten Diversifikationsarten verknüpft, weshalb man die Erzielung von Synergieeffekten im operativen Bereich in erster Linie horizontalen und vertikalen Zusammenschlüssen zurechnet, während mit der Bildung von Konglomeraten vorrangig die Realisierung finanzieller und organisatorischer Synergien angestrebt wird.[224] Letztgenannte sollen durch den Er-

---

220 Vgl. Bisani, Fritz: Synergiemanagement: Ein Begriff macht Karriere, in: Gablers Magazin 3/90, Jg. 4, S. 10.

221 Ausführlich zu Kostensenkungspotentialen vgl. Teece, David C.: Economies of scope and the scope of the enterprise, in: Journal of Economic Behavior and Organisation 3/80, Jg. 1, S. 223ff; Panzar, John C./Willig, Robert D.: Economies of Scope, in: American Economic Review 2/81, Jg. 71, S. 268ff; Bailey, Elizabeth E./Friedlaender, Ann F.: Market Structure and Multiproduct Industries, in: Jounal of Economic Literature, September 1982, Vol. 20, S. 1024ff; Willig, Robert D.: Multiproduct Technology and Market Structure, in: American Economic Review 2/79, Jg. 69, S. 346ff.

222 Mit economies of scale befaßten sich ausführlich Scherer, Frederic M.: Industrial Market Structure and Economic Performanc, 2. Auflage, Chicago 1980, S. 81ff.

223 Vgl. hierzu ausführlich Stein, Ingo: Motive für internationale Unternehmensakquisitionen, a.a.O., S. 50ff; zudem Büscher, Rolf: a.a.O., S. 57ff; Grimm, Andrea: a.a.O., S. 42ff; Bisani, Fritz: a.a.O., S. 12.

224 Vgl. hierzu Lubatkin, Michael: Merger strategies and stockholder value, in: Strategic Management Journal 8/87, S. 39ff mit weiterer Literatur.

fahrungs- und Gedankenaustausch innerhalb flacher Hierarchien[225] und die Zentralisierung der Organisation erreicht werden.

Abbildung 17: Matrix für das Management eines Portfolio von Unternehmen

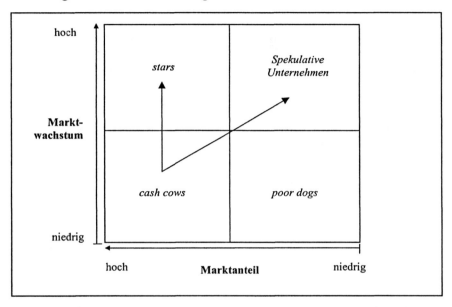

Quelle: Salter, Malcolm, S./Weinhold, Wolf A.: Diversification through Acquisition, New York, London 1979 S. 69 Figure 4-3. in Verbindung mit Leontiades, Milton: Mischkonzerne verändern die Welt. Der Synergiefaktor jenseits der Monopole, Düsseldorf 1987, S. 90, Abb. 5.

Finanzielle Synergien sollen in erster Linie durch rationell auf die Konzernkomponenten verteilte Nutzung der eigenen laufenden Einnahmen realisiert werden. Die Möglichkeit, das Unternehmenspotential zwischen den verschiede-

---

225 Die sog. Lean-Welle greift in zunehmendem Maße auf die Managementetagen über. Dieses Konzept beschränkt sich nicht mehr länger auf den Produktionsbereich (Verringerung der Fertigungstiefe (sog. Outsourcing), Abbau nicht-wertschöpfender Bereiche im Produktionsprozeß), sondern greift in verstärktem Umfang auch auf die Unternehmenshierarchien über, denen oftmals auch eine "Schlankheitskur" verordnet wird. Ausführlich zum Lean-Management, vgl. Scholz, Christian: Lean Management, in: WiSt 4/94, Jg. 23, S. 180ff; Wildemann, Horst: Lean Management – Entwicklungstendenzen für die Zulieferindustrie, in: Thexis 1994, S. 182ff.

nen Produktionsrichtungen nach marktstrategischen Gesichtspunkten zu verlagern, impliziert zudem den Wunsch, das Unternehmerrisiko,[226] das nicht nur durch konjunkturelle und saisonale Schwankungen, sondern in den letzten Jahren auch durch den Strukturwandel erheblich zugenommen hat, zu reduzieren. Die Verringerung des Marktrisikos, welches mit der Tätigkeit in einem bestimmten Markt verbunden ist, und die Einseitigkeit eines Ein-Produkt-Unternehmens werden durch die Tätigkeit in einer Fülle von Märkten überwunden. Dies wiederum führt zu einer vergrößerten Stabilität und Kontinuität und als Folge davon zu einer möglichen Effizienzsteigerung.[227] Dem Bestreben des Risikoausgleichs kommen hierbei jene Diversifikationen in besonderem Maße entgegen, bei denen Märkte angegliedert werden, die den strukturellen, saisonalen und konjunkturellen Marktveränderungen nur mit unterdurchschnittlicher Intensität ausgesetzt sind, bzw. deren Nachfrage sich zu dem bestehenden Produktionsprogramm antizyklisch verändert.[228]

Dieses Konzept der Risikostreuung durch Unternehmensdiversifikation folgt der sog. Portefeuille-Theorie[229] in der Weise, als Mischkonzerne als Bündel verschiedener Anlagemöglichkeiten anzusehen sind. Je besser dabei die finanziellen Stärken und Schwächen der Komponenten des Konglomerats unterstützend und überbrückend ineinandergreifen, desto mehr Synergie kann der Mischkonzern gewinnen.

---

226 Vgl. Amihud, Y./Lev, B.: "Risk reduction as a managerial motive for conglomerate mergers", in: Bell Journal of Economics 2/81, Jg. 12, S. 605ff.

227 Vgl. Biedenkopf, Kurt: Ordnungspolitische Probleme der Konzentration, in: Die Aussprache, Jg. 18, 1968, S.115.

228 Vgl. Schumacher, Harald: Konglomerate Konzentration und funktionsfähiger Wettbewerb, in: Hamburger Jahrbuch für Wirtschafts- und Gesellschaftspolitik, Jg. 18, 1973, S. 138.

229 Die Entwicklung dieses Konzepts geht zurück auf Markowitz, Harry M.: Portfolio Selection, in: The Journal of Finance, Vol. 7, 1952, S. 77ff; derselbe: Portfolio Selection. Efficient Diversification of Investments, 4th Printing, New Haven, London 1976 (Original von 1959). Obwohl die Übertragung dieses Ansatzes auf das Phänomen der konglomeraten Diversifikation einige Unvollkommenheiten in sich birgt, da im Gegensatz zum Wertpapier-Investor, der nur Kapital einsetzt, bei Unternehmenszusammenschlüssen zusätzlich Führungskräfte investiert werden, erscheint die Anwendung des Portfolio-Ansatzes in bezug auf das Phänomen der Unternehmenszusammenschlüsse geeignet; vgl. hierzu Herrmann, Andreas/Bayón-Eder, Tomás: Zur Übertragbarkeit der Portefeuille-Theorie auf das Produkt-Portfolio-Problem, in: WiSt 2/94, Jg. 23, S. 59ff.

Die von der Boston Consulting Group entwickelte Matrix für das Portefeuille-Management[230] veranschaulicht die Funktionsweise finanzieller Synergien.

Ein breit diversifizierter Unternehmensverbund besitzt das Potential, Teile überschüssiger Cash-flows, der in der Vergangenheit von sog. "Cash Cows" erwirtschaftet wurde, in spekulative, vielversprechende neue Bereiche, aber auch in sog. "Stars" zu investieren, während Bereiche, die Verluste erwirtschaften, ohne Gefahr für die Existenz des Unternehmens abgestoßen werden können. Konglomerate Zusammenschlüsse können somit zeitliche Gewinnschwankungen reduzieren, die Einkommensströme der zusammengeschlossenen Unternehmen stabilisieren und das Risiko der Zahlungsunfähigkeit verringern.

Obwohl dieses Modell vorrangig auf die interne Umschichtung und bestmögliche Verwendung finanzieller Ressourcen abstellt, eröffnet sich Mischkonzernen mit einem ausgeglichenen Produktportfolio in verstärktem Maße die Möglichkeit der externen Finanzierung zu günstigeren Konditionen, da Kreditinstitute nicht zuletzt das geringere Ausfallrisiko ihrer Forderungen bei ihren Konditionen mitberücksichtigen.[231]

Die Möglichkeit, Risiken und Markteintrittsverluste auf andere Märkte abzuwälzen, bzw. mit anderen Märkten zu kompensieren, deren Produkte sich in einer anderen Lebenszyklusphase befinden, schaltet jedoch nicht die Unsicherheitsfaktoren aus, die damit verbunden sind, sog. "Stars" oder vielversprechende Unternehmen zu lokalisieren und die Entscheidung über die zukünftige Zusammensetzung der Geschäftszweige des Unternehmensverbundes zu treffen.[232] Lange Zeit verließen sich Experten und Firmenlenker zu häufig darauf, mit alten und traditionellen Verhaltensweisen zur Wiederholung früherer Erfolge zu kommen, während das Unternehmen bereits von neuen Strömungen in

---

230 Ausführlich dazu Kreilkamp, Edgar: Stategisches Management und Marketing. Markt- und Wettbewerbsanalyse. Strategische Frühaufklärung. Portfolio-Management, Berlin 1987. Vgl. hierzu die Buchbesprechung von Berg, Hartmut: Strategisches Management und funktionsfähiger Wettbewerb, in: WuW 12/89, Jg. 39, S. 969ff. Zum Konkurrenzmodell des Portfolio-Ansatzes der Boston Consulting Group, dem von der Unternehmensberatung McKinsey propagierten Marktattraktivitäts-Geschäftsfeldstärken-Portfolio siehe ebenfalls Kreilkamp, Edgar, a.a.O.

231 Vgl. Schmidt, Georg: Anreiz und Steuerung in Unternehmenskonglomeraten, a.a.O., S. 35.

232 Konglomerate Zusammenschlüsse sind nicht immer eine Garantie für eine Risikoreduktion. Vgl. Mueller, Dennis C.: The Effects of Conglomerate Mergers, in: Journal of Banking and Finance 1/77, S. 315ff.

der Wirtschaft in neue Richtungen bewegt wird, die neue Handlungsweisen erfordern.[233]

Jenes Maß an Einfallsreichtum und Kreativität, das häufig darauf ausgerichtet ist, nur die eigene Position zu sichern, führt langfristig nicht zum Unternehmenserfolg und sollte daher darauf verwendet werden, zusätzliche Werte für Aktionäre und Beschäftigte der Unternehmen zu schaffen.[234]

In dieser Richtung hat sich bereits ein Wertewandel vollzogen. Ein zwar nicht gänzlich neues, aber derzeit aktuelles Instrument strategischer Unternehmensführung ist das sog. Shareholder-Value-Konzept,[235] das in den angelsächsischen Ländern seit längerem selbstverständlich ist und mittlerweile auch hierzulande für Furore sorgt. Ziel der Wertsteigerungsanalyse ist die konsequente und kontinuierliche Überprüfung des in Geschäftsbereiche unterteilten Unternehmens im Hinblick auf ihren positiven bzw. negativen Wertbeitrag zum Unternehmensgesamtwert. Dieses Wertsteigerungsmanagement ermöglicht die Aufdeckung unrentabler ("wertvernichtender") Geschäftseinheiten. Ein eventueller Restrukturierungsbedarf kann schneller erkannt und behoben werden. Das Konzept des Wechsels von der Manager- zur Aktionärsorientierung übernehmen immer mehr namhafte deutsche Unternehmen.[236] Die Ursache für das Aufkommen des Shareholder-Value-Konzepts war in den USA und Großbritannien der zunehmende Druck von feindlichen Übernahmen.[237] In Deutschland stellte das Corporate Raiding zwar bislang keine allzugroße Gefahr dar. Spätestens seit

---

233   Vgl. Hungenberg, Harald: Großunternehmen am Ende?, Wenn der Himmel einstürzt, in: Gablers Magazin 9/93, Jg. 7, S. 36ff; Joas, August: Portfolio Bereinigung: Die Basis für profitables Wachstum schaffen, a.a.O.

234   Vgl. Bühner, Rolf: Managen wie die Raider, in: Harvard Manager 1/90, Jg. 12, S. 36ff.

235   Einen kurzen Überblick über die Methodik der SVA liefern Becker, Gernot M.: Shareholder Value Analysis als Instrument der strategischen Planung, in: WISU 2/95, Jg. 24, S. 122ff und Höfner, Klaus/Pohl, Andreas: Wer sind die Werterzeuger, wer die Wertvernichter im Portfolio?, in: Harvard Business Manager 1/93, Jg. 15, S. 51ff; Lewis, Thomas G./Stelter, Daniel: Mehrwert schaffen mit finanziellen Ressourcen, in: Harvard Business Manager 4/93, Jg. 15, S. 107ff.

236   Als Pioniere, die die Idee des SVA in Deutschland anwandten, gelten die Kaufhof AG, Haniel, Bertelsmann, Henkel, Veba u. a. m. Vgl. hierzu ausführlicher Hillebrand, Walter/Luber, Thomas: Im Dienst der Aktionäre, in: Capital 4/95, Jg. 34, S.48ff; Prior, Egbert: Veba pflegt die Aktionäre, in: Capital 5/95, Jg. 34, S. 18. Einen Überblick, wer von den deutschen Unternehmen den Aktionärswert mehrt und wer nicht, gibt Baden, Kay/Balzer, Arno: Wahre Werte, in: Manager Magazin 5/93, Jg. 23, S. 178ff.

237   Vgl. u. a. zu unfriendly takeovers Berg, Hartmut/Müller, Jens: "Unfriendly takeovers": Ursachen, Formen und Wettbewerbswirkungen, in: WISU 11/90, Jg. 19, S. 647ff; Becker, Paul: Feindliche Übernahmen. Wesen, Ziele und Gefahren, in: WiSt 5/1990, Jg. 19, S. 218ff.

dem spektakulären Übernahmeversuch von Thyssen durch Krupp[238] und Mannesman durch Vodafone hat sich gezeigt, daß die zunehmende Internationalisierung der Aktionärsstruktur und die größere Transparenz der Kapitalmärkte es nicht länger erlaubt, die Interessen der Aktionäre[239] so sträflich zu vernachlässigen, wie dies in der Vergangenheit häufig der Fall war ohne dabei Gefahr zu laufen, Opfer einer feindlichen Übernahme zu werden. Die Shareholder-Value-Methode stellt zudem ein interessantes Instrument zur Rentabilitätssteigerung dar, das besonders in Zeiten wirtschaftlicher Stagnation zur Stärkung der internen Unternehmenssubstanz beiträgt.

Bei einigen Unternehmen, deren Hauptaugenmerk in der Vergangenheit allein dem Größenwachstum, nicht aber den Aktionärs- bzw. Eignerinteressen galt, wird eine strategische Neuausrichtung im Sinne der Durchforstung der Geschäftsfelder nach ihrem Beitrag zur Wertschaffung unumgänglich sein. Die Forderung, die Unternehmen mögen sich auf ihre operativen Kernfähigkeiten im angestammten Geschäft zurückbesinnen, signalisiert hierbei möglicherweise eine Kehrtwendung.[240]

3.2.2 Außerökonomische Motive

Wenn man der Aussage Schumpeters, daß die Motive unternehmerischen Handelns nicht das Gewinnstreben, sondern der Traum und der Wille, ein privates Reich zu gründen, das Raum und Machtgefühl gewährt, der Siegerwille, Erfolg zu haben des Erfolges wegen und schlicht die Freude am Gestalten sind, Glauben schenkte,[241] würde sich die Erörterung der folgenden Motive erübrigen, da

---

238 Vgl. hierzu die zahlreichen Veröffentlichungen in der FAZ, dem Handelsblatt, der NZZ u.a. während des Zeitraumes vom 19.03.1997 bis zum 08.04.1997.

239 Nicht nur börsennotierte Unternehmen greifen aufgrund des zunehmenden Drucks der Aktionäre zum Value Management, auch nichtbörsennotierte Unternehmen wollen wissen, wo die Stärken und Schwächen bzw. die Wertschöpfer oder Wertvernichter liegen. Vgl. Baden Kay/Balzer, Arno: Gute Besserung, in: Manager Magazin 5/93, Jg. 23, S. 173.

240 Prominentes Beispiel einer sog. Restrukturierungsstrategie war die Daimler Benz AG. Der neue Vorstandsvorsitzende Schrempp verordnete dem Konzern eine radikale Abmagerungskur und beendete die vernichtende Bilanz der zehnjährigen High-Tech-Tour seines Vorgängers, die das Unternehmen in die Reihen der Wertvernichter brachte. Vgl. Schweer, Dieter: a.a.O., S. 50ff; Templeman, John: The Shocks for Daimler`s new driver, in: Business Week vom 21.08.1995, S. 16f; o. V.: Befreiungsschlag, in: FAZ Nr. 148 vom 29.06.1995, S. 11.

241 Vgl. Dürr, Ernst: Der Schumpetersche Unternehmer in der Theorie der wirtschaftlichen Entwicklung, in: Borchert Manfred/Fehl, Ulrich/Oberender, Peter (Hrsg.): Markt und Wettbewerb, Festschrift für Ernst Heuß, Stuttgart 1987, S. 248.

die Theorien und Konzepte über die Abweichung vom Gewinnmaximierungs-
postulat als Folge der Trennung von Eigentum und Leitungsmacht gegenstands-
los wären. In der amerikanischen Literatur finden sich jedoch einige Ansätze, die sich v. a.
während der sog. "Konglomeratswelle" herausgebildet haben, die die Vermutung unterstreichen, daß es durchaus Divergenzen bei den Interessen eigentü-
mer- bzw. managergeführter Unternehmen gibt.[242] Hierbei werden Managern
regelmäßig außerökonomische Motive unterstellt, die vorrangig der persönlichen Nutzenmaximierung dienen und den Gewinninteressen der Eigentümer
zum Teil konträr gegenüberstehen.[243]

Berle und Means waren mit die ersten, die sich mit dem Management als Träger
eigenständiger Interessen eingehend beschäftigten. Ihre sog. Agency-Theorie[244]
geht davon aus, daß die Manager ihre eigenen Interessen verfolgen und eher
nach eigenem Ansehen und Gehaltswachstum sowie Größe des Unternehmens
streben, während die Eigentümerinteressen auf die Realisierung einer maxi-
malen Kapitalrentabilität gerichtet sind. Die durch die Trennung von Leitung
und Eigentum eines Unternehmens entstehenden Konflikte sind dabei um so
geringer, je größer die Kapitalbeteiligung der Manager am Unternehmen ist,[245]
d.h. je mehr Property-Rights-Motive[246] zu Lasten der Managementmotive in den
Vordergrund treten. Da jedoch mit zunehmender Unternehmensgröße Eigentum
und Leitung der Unternehmen getrennt sind und eine Kapitalbeteiligung der
Leitungsorgane zum Teil nur bei börsennotierten Unternehmen besteht, gewinnt

---

242 Vgl. Fox, Mark A./Hamilton, Robert T.: Ownership and Diversification: Agency Theory
     or Stewardship Theory, in: Journal of Management Studies 1/94, Jg. 31, S. 69ff.

243 Vgl. Marfels, Wolfgang: Konglomerate Unternehmenszusammenschlüsse, a.a.O., S. 60.

244 Die Arbeiten von Adolph A. Berle und Gardiner C. Means, die bereits im Jahr 1932
     beobachteten, daß in großen Publikumsgesellschaften Eigentum und Leitung zumeist
     voneinander getrennt sind, waren Ausgangspunkt für die Entwicklung von Theorien, die
     sich mit dem Verhältnis zwischen Managern und Eigentümern eines Unternehmens
     beschäftigten. Dabei haben sich mit der Agency-Theorie und dem Property-Rights-
     Ansatz zwei grundlegende Forschungsrichtungen herausgebildet. Vgl. Berle, Adolph
     A./Means, Gardinger C.: The Modern Corporation and Private Property, Rev. Ed., New
     York 1967 (Original von 1932).

245 Vgl. Lewellen, Wilbur/Loderer, Claudio/Rosenfeld, Ahron: Merger Decisions and
     Executive Stock Ownership in Acquiring Firms, in: Journal of Accounting and
     Economics, Vol. 7, 1985, S. 218ff.

246 Eigentümerkontrollierte Unternehmen verfolgen eher Gewinn- als Umsatzsteigerungen,
     konstantere Gewinne, höhere Ausschüttung, einen geringeren Diversifizierungsgrad und
     eine vorsichtigere Mergers & Acquisitionspolitik. vgl. Cordes, Jürgen: Der Erfolg von
     Mischkonzernen aus theoretischer und empirischer Sicht, Bergisch Gladbach/Köln
     1993, S. 66.

der Managementeinfluß v.a. bei den Entscheidungen über Zusammenschlüsse zunehmend an Bedeutung, da diese ein schnelles Wachstum ermöglichen und geeignet sind, den Herrschaftsbereich der Unternehmensführung auszuwieten.[247]
Der Wunsch nach Größenmaximierung ist nicht ausschließlich in den nicht-monetären, behavioristischen Zielen des Prestige- und Machtgewinns begründet, sondern zudem in der Zielsetzung, die Höhe ihrer Vergütungen, die nach wie vor eng mit der Unternehmensgröße zusammenhängen, zu erhöhen.[248]

Auf der Problematik des Interessenkonfliktes zwischen eigentümer- und managergeführten Unternehmen beruht auch die Free-Cash-Flow Theorie von Jensen.[249] Hiernach liegt das Bestreben der Manager in erster Linie darin, freie liquide Mittel zur Ausweitung des eigenen Herrschaftsbereiches im Unternehmen zu belassen, anstatt sie an die Eigentümer respektive an die Aktionäre auszuschütten. Das Vorhandensein freier liquider Mittel vergrößert den unternehmerischen Handlungsspielraum der Manager und somit auch die Möglichkeit, Unternehmensübernahmen großen Ausmaßes durchzuführen. Eine Erweiterung dieses Ansatzes unterstellt den Managern neben den vorhandenen liquiden Mitteln zusätzlich ungenutzte Möglichkeiten der Fremdkapitalaufnahme zur Finanzierung von Unternehmenszusammenschlüssen heranzuziehen, um den eigenen Einflußbereich auszuweiten.[250]

Die Überlegungen, die zur Hybris-Hypothese[251] geführt haben, basieren auf der Fragestellung, weshalb bei Unternehmenstransaktionen in den USA überhöhte,

---

247 Vgl. Penrose, Edith T.: The Theory of the Growth of the Firm, a.a.O., S. 186ff.

248 Vgl. Schwalbach, Joachim: Vorstandsbezüge werden falsch berechnet, in: Harvard Manager 3/91, Jg. 13, S. 39ff; Baker, George P./Jensen, Michael C./Murphy, Kevin J.: Compensation and Incentives: Practice vs. Theory, in: The Journal of Finance 3/88, Vol. 43, S. 609; o. V.: Vorstandsgehälter sind oft unabhängig vom Unternehmenserfolg, in: FAZ Nr. 195 vom 23.08.94, S. 14; Alachian, Armen A.: The Basis of Some Recent Advances in the Theory of Management of the Firm, in: Journal of Industrial Economics, 1965, Vol. 14, S. 30ff; Green, Milford B.: Mergers and Acquisitions, London 1990, S. 18.

249 Vgl. hierzu Jensen, Michael C.: Agency Costs of Free Cash Flow, Corporate Finance and Takeovers, in: American Economic Review 5/86, Vol. 76, S. 323ff; derselbe: Takeovers: Their Causes and Consequences, in: The Journal of Economic Perspectives 1/88, Vol. 2, S. 28ff.

250 Vgl. Bruner, R. F.: The Use of Excess cash and Debt Capacity as a Motive for Merger, in: Journal of Financial and Quantitative Analysis, Vol. 23, 1988, S. 205ff.

251 Vgl. Roll, Richard: The Hubris hypothesis of Corporate Takeovers, in: Journal of Business 2/96, Vol. 59, S. 197ff.

d.h. über dem Marktwert liegende Preise bezahlt wurden und diese Zusammenschlüsse dann oftmals nicht erfolgreich waren. Richard Roll, auf den diese Hypothese zurückgeht, glaubte darin die Selbstüberschätzung des Managements zu erkennen, das seine Fähigkeiten zur erfolgreichen Führung des übernommenen Unternehmens falsch beurteilte und deshalb nicht imstande war, mögliche Erfolgspotentiale zu realisieren. Bestätigt wird diese Hypothese durch die Renditeentwicklung sowohl auf der Käufer- als auch auf der Verkäuferseite. Während die Aktienkurse der kaufenden Unternehmen bereits mit der Ankündigung beabsichtigter Übernahmen sanken, waren bei den Zielunternehmen durchwegs Kurssteigerungen zu beobachten.

Für diese Hypothese, die zwar nicht exakt zu quantifizieren ist, spricht weiterhin, daß durch Zusammenschlüsse Unternehmenskomplexe entstehen, die enorme Managementkapazitäten erforderlich machen, diese sind bekanntermaßen jedoch begrenzt.[252]

Obwohl die oben angeführten Managementmotive in der Theorie in erster Linie mit konglomeraten Zusammenschlüssen in Verbindung gebracht werden, sind sie zu einem gewissen Grad auch bei den anderen Formen des externen Unternehmenswachstums vorzufinden.

Welches Gewicht den Managementinteressen bei Zusammenschlüssen tatsächlich zukommt, läßt sich allerdings empirisch nicht exakt nachvollziehen. Es wäre jedoch vermessen, Diversifikationsstrategien oder auch andere Formen von Unternehmenszusammenschlüssen allein auf eigennützige Motive des Managements zurückzuführen. Der Versuch des Managements, ohne Rücksicht auf die Gewinnentwicklung ihre Bezüge zu erhöhen und ihren Einflußbereich auszudehnen, kann allenfalls kurzfristig zum Erfolg führen, langfristig gesehen ist auch das alleinige Größenwachstum keine Garantie für den Erfolg. Jüngste Berichte lehnen deshalb diese einseitige Betrachtung der Managermotive ab. Diese Gründe mögen in Zeiten der Diversifikationswelle in den USA zum Teil Gültigkeit gehabt haben. Dabei darf aber nicht vergessen werden, daß es in erster Linie institutionelle Bedingungen waren, die die Diversifikationsstrategie der Unternehmen zur alleinigen Möglichkeit des externen Wachstums hochgehievt haben.[253] Für die Bundesrepublik haben aufgrund des relativ geringen Anteils konglomerater Zusammenschlüsse die Managementmotive ohnehin nicht den Stellenwert in der Literatur gefunden, wie dies in den USA zu

---

252 Vgl. Penrose, Edith: a.a.O., S. 161ff und S. 202ff.

253 Die Änderung der Wettbewerbspolitik, die dazu führte, daß horizontale und vertikale Fusionen marginal behindert wurden, leitete Substitutionsprozesse ein und förderte damit die alternative, konglomerate Zusammenschlußform. Vgl. Büscher, Rolf: Diagonale Unternehmenszusammenschlüsse im amerikanischen und deutschen Recht, a.a.O., S. 93ff.

beobachten war. Vielmehr scheint aufgrund der hohen Zahl horizontaler Zusammenschlüsse die Motivation eher in der Zielsetzung der Stärkung der Marktstellung und Erzielung von Synergievorteilen zu liegen.

Die Diskussion, welche der zahlreichen Gründe letztendlich einen Zusammenschluß bewirken, bleibt trotz umfangreicher Erklärungsansätze immer Spekulation. Eine empirische Überprüfung erscheint fast unmöglich, obwohl diese notwendig und wünschenswert wäre, um ordnungskonforme und effiziente Maßnahmen zur Bekämpfung unerwünschter Konzentrationsvorgänge ergreifen zu können.

Die Hoffnung, bei Kenntnis einzelwirtschaftlicher Motive, ordnend in das Fusionsgeschehen eingreifen zu können, kann sich aber allein aus dem Grund nicht erfüllen, da es sich um ex post Beobachtungen handelt, deren Richtung sich äußerst schnell ändern kann. Die Eingriffsmöglichkeiten sind selbst bei Kenntnis der Gründe relativ gering, da diese bereits von neuen Strömungen erfaßt worden sind. Dies liegt zum einen daran, daß es Vorreiter auf Unternehmensebene gibt, zum anderen handelt es sich aber - und dies ist meines Erachtens der weitaus höhere Anteil - um Änderungen der gesamtwirtschaftlichen Rahmenbedingungen, die aufgrund politischer Willensbildung tiefgreifende Veränderungen auf Unternehmensebene nach sich ziehen. Diese Änderungen können sich sowohl begünstigend als auch abschreckend auf die Zusammenschlußaktivitäten auswirken, bzw. diese erst initiieren. Vor allem die 80er Jahre brachten in dieser Hinsicht viele Veränderungen, auf die die Unternehmen reagierten, d. h. der aktive Part, den man fälschlicherweise den Unternehmen zuschreibt, übernahm in dieser Periode, wie fast nie zuvor, die Politik. Die Reaktionen der Unternehmen waren nur die Antwort auf bereits vorgegebene Richtungen.

Zu den einschneidensten Veränderungen auf europäischer Ebene zählt in erster Linie die Vollendung des gemeinsamen Marktes, der den Weg bahnte, die engen nationalen Märkte zu überwinden, gleichzeitig aber eine Herausforderung für die Unternehmen war, aufgrund der verstärkten Konkurrenz aus den europäischen Nachbarstaaten, an Wettbewerbsfähigkeit zu verlieren. Zu diesem, in der Geschichte Europas wohl einmaligen Prozeß kam die Öffnung des ostdeutschen und auch der osteuropäischen Märkte hinzu, die die Unternehmen auf deutscher, aber auch europäischer wenn nicht sogar weltweiter Ebene mit völlig veränderten Rahmenbedingungen konfrontierte. Diese politischen Entscheidungen verlangten v.a. auf wirtschaftlicher Ebene neue und vor allem rasche Handlungsweisen, wozu verstärktes externes Wachstum zählte. Daß in dieser Situation auch unüberlegte und wenig durchdachte zum Teil sogar spekulative Unternehmensaktivitäten gehörten, ist nachzuvollziehen. Begünstigend hierbei war die Tatsache, daß aufgrund voller Kassen, die im günstigen Konjunkturklima der 80er Jahre erwirtschaftet wurden, ein enormes finanzielles Potential vorhanden war, das nach vielversprechenden Investitionen suchte.

3.3   Auswirkungen der Fusions- und Übernahmeaktivitäten

So wünschenswert die Kenntnis der den jeweiligen Zusammenschlüssen zugrundeliegenden Motivationsstruktur auch ist, so unzweckmäßig erscheint es, diese zum Ansatzpunkt möglicher wettbewerbspolitischer Beurteilungen zunehmender Konzentration zu machen. Trotz intensiver theoretischer Diskussion und empirischer Forschung ist es bislang nicht gelungen, eindeutige Ursache-Wirkungsketten zu konstruieren. Die zentrale Frage nach dem Zusammenhang von Konzentration und Wettbewerb entbehrt noch immer einer eindeutigen Klärung.

Dies mag z.t. darin begründet liegen, daß die Folgen externer Wachstumsstrategien zu vielfältig sind und meist über den rein ökonomischen Bereich hinausreichen. Häufig werden Politik und Gesellschaft gleichermaßen berührt. Dies belegt bereits die Regierungserklärung der Bundesregierung der dritten Wahlperiode des Deutschen Bundestages unter Konrad Adenauer, in der es u.a. heißt: "Wir wollen nicht, daß schließlich bei immer größerer Konzentration der Wirtschaft zu Großbetrieben das Volk aus einer kleinen Schicht von Herrschern über die Wirtschaft und einer großen Klasse von Abhängigen besteht".[254]

Wilhelm Röpke umriß die Tragweite des Konzentrationsphänomens mit dem vielzitierten Ausdruck, wonach Konzentration die eigentliche Sozialkrankheit unserer Zeit darstellt.[255] Die diesen Zitaten inhärente Wertung verengt bereits den Blickwinkel und lenkt die Beurteilung der Erscheinungsformen wirtschaftlicher Konzentration auf die Diskussionsebene, auf der sich ein Großteil der Ökonomen und auch Politiker mit dieser Thematik auseinandersetzt.[256] Obwohl es - wie bereits mehrfach erwähnt - unbegründet ist, externes Wachstum per se negativ einzustufen,[257] verurteilt die Wissenschaft diese Unternehmensstrategie

---

254   Deutscher Bundestag (Hrsg.): Stenographische Protokolle, 3. Wahlperiode, 3. Sitzung, 29.10.1957, S.19.

255   Vgl. Röpke, Wilhelm: Jenseits von Angebot und Nachfrage, Tübingen 1958, S.48.

256   Zu den unterschiedlichen Leitbildern, die für die Beurteilung herangezogen werden und ihren Vertretern siehe Gliederungspunkt 4 dieser Arbeit.

257   Vgl. Kartte, Wolfgang: Fusionskontrolle in der Marktwirtschaft, in: Raisch, Peter/Sölter, Arno/Kartte, Wolfgang (Hrsg.): Fusionskontrolle: Für und Wider, Stuttgart 1970, S. 87-114.

nahezu einhellig als widernatürlich, unvernünftig und sogar gefährlich und zählt sie zu den Grundkategorien der Wettbewerbsbeschränkungen.[258]

Eine denkbare Erklärung dieser durchweg ablehnenden Haltung gegenüber externem Unternehmenswachstum liegt zum einen darin, daß viele Ökonomen nach wie vor von der Marktformenlehre ausgehen und einen monokausalen Zusammenhang unterstellen, wonach das Verhalten der Marktteilnehmer allein aus deren Zahl bzw. Marktanteilen (Marktstruktur) resultiert. Zum anderen, so scheint es zumindest, wird häufig zwischen Konzentration und Kartellierung nicht genügend differenziert. Während eine Kartellbildung immer die Beseitigung bzw. zumindest die Beeinträchtigung des Wettbewerbs[259] zum Inhalt hat, ist externes Unternehmenswachstum vorrangig nicht auf die Wettbewerbsminderung ausgerichtet.[260] Zusammenschlüsse können durchaus auch wettbewerbsfördernde Effekte beinhalten. Diese werden in der Literatur jedoch oftmals zugunsten der zahlreich diskutierten wettbewerbshemmenden Wirkungen vernachlässigt.

Eine weitere Unzulänglichkeit der Konzentrationsdiskussion besteht darin, einseitig nur die Aktivitäten der Privaten in den Mittelpunkt der Begutachtung zu stellen. Staatliche Instanzen, die weitaus häufiger und gravierender den Handlungsspielraum der Wirtschaftssubjekte einschränken, bleiben i.d.R. unberücksichtigt.[261] Der ehemalige Kartellamtspräsident Kartte kritisierte diesen Tatbe-

---

258 Eine abweichende Meinung vertritt Kai van de Loo, der feststellt, daß die Freiheit zum internen und zum externen Unternehmenswachstum, also auch die Freiheit zur bewußten Konzentrationsstrategie und zum Unternehmenszusammenschluß, zu den wettbewerbs-notwendigen Handlungsrechten und daher nicht zu den Grundkategorien der Wettbewerbsbeschränkung gezählt wird. Vgl. van de Loo, Kai: a.a.O., S. 79f.

259 Vgl. Rittner, Fritz: Vertragsfreiheit und Wettbewerbspolitik, in: Andreae, Clemens-August/Benisch, Werner (Hrsg.): Wettbewerbsordnung und Wettbewerbsrealität, Festschrift für Arno Sölter, Köln 1982, S.31; Berg, Hartmut: Wettbewerbspolitik, in: Vahlens Kompendium der Wirtschaftstheorie und Wirtschaftspolitik, Band 2, 5. Auflage, München 1992; Haubrock, Manfred: Konzentration und Wettbewerbspolitik, Frankfurt/Main u.a. 1994, S. 68; Herdzina, Klaus: a.a.O., S. 135.

260 Vgl. Wolf, Dieter: Wettbewerbsrecht ist künftig in Brüssel zu machen, aber in Berlin anzu-wenden., in: HB Nr. 23 vom 02.02.1994, S. 4; Böhm, Franz: Freiheit und Ordnung in der Marktwirtschaft, Baden-Baden 1980, S. 214, 296f.

261 Vgl. hierzu die Ausführungen von Seidenfus, Helmuth St.: Wettbewerbsverzerrungen durch gesetzliche Bestimmungen und administrative Maßnahmen, in: Andreae, Clemens-August/Benisch, Werner (Hrsg.): Wettbewerbsordnung und Wettbewerbsrealität, Festschrift für Arno Sölter, a.a.O., S.109-114; Iber-Schade, Annerose: Wettbewerbsbehinderung und Wettbewerbsverzerrungen durch "Staatsbetriebe", ebenda, S. 115-128; Aberle, Gerd: a.a.O., S. 67-72; van de Loo, Kai: a.a.O., S.78 und 83, Übersicht 1; Kolvenbach, Walter/Minet, Gert-Walter/Sölter, Arno (Hrsg.): a.a.O., S. 85.

stand, indem er feststellte, "die Unternehmer sind ... keine Gefahr mehr für uns. Unsere wirklichen Gegner sind die Regierungen".[262]

Insgesamt gesehen resultiert die Unsicherheit in der Beurteilung konzentrativer Vorgänge aber aus dem ambivalenten Charakter dieses Phänomens. Dieser ist in erster Linie auf die verschiedenen Schutzobjekte zurückzuführen, denen sich die Wettbewerbspolitiker verpflichtet fühlen. Wird der Individualschutz - verstanden als wirtschaftliche Freiheit des einzelnen - favorisiert, ist Konzentration anders zu beurteilen, als dies beim Institutionenschutz - verstanden im Sinne der Aufrechterhaltung des anonymen Kontroll- und Steuerungsmechanismus - der Fall sein wird.

Weniger ideologisch handeln hingegen sowohl die deutschen als auch die europäischen Wettbewerbshüter, die unbeeindruckt von Negativurteilen der Wettbewerbstheorie den Großteil der seit Einführung der Fusionskontrolle angemeldeten Zusammenschlüsse als wettbewerbspolitisch unbedenklich einstuften und nur vereinzelt Wettbewerbsbeschränkungen als Folgeerscheinung der Zusammenschlüsse feststellen konnten.[263] Sie berücksichtigen bei ihren Entscheidungen die veränderten wirtschaftlichen Rahmenbedingungen, in erster Linie den zunehmenden Wettbewerbsdruck,[264] dem Unternehmen aufgrund der internationalen Arbeitsteilung und der Globalisierung der Weltwirtschaft mit zunehmender Intensität ausgesetzt sind, als auch ein weitaus umfangreicheres Spektrum marktstruktureller und -verhaltensbedingter Kriterien. Absolute Größenmerkmale haben nur im Zusammenhang mit anderen Marktdaten Aussagekraft für die Marktstellung und deren davon eventuell ausgehenden Wirkungen.

Eine einseitige auf die Erkenntnisse der Marktformenlehre ausgerichtete Beurteilung der Zusammenschlüsse wäre auch verfehlt, zumal diese eine exakte Abgrenzung des relevanten Marktes erforderlich macht. Neben dem zeitlichen und dem räumlichen Aspekt stellt jedoch v.a. die sachliche bzw. güterwirtschaftliche Festlegung der von Zusammenschlüssen betroffenen Märkte die Wettbewerbshüter vor eine große Herausforderung. Unter der Vielfalt möglicher Abgrenzungsverfahren hat sich zwar das sog. "Bedarfsmarktkonzept" weitgehend

---

262   o.V.: Anwalt der Marktwirtschaft, in: Unternehmer Magazin 7/92, Jg. 40, S.8.

263   Vgl. hierzu die Ausführungen unter Punkt 3.1.

264   Zu den aktuellen Ursachen des verstärkten Wettbewerbsdrucks siehe Picot, Arnold: Strukturwandel und Wettbewerbsdruck, in: Zfbf 2/90, Jg. 42, S. 121 Abb. 3.

durchgesetzt, allerdings wirft auch diese Methodik erhebliche Anwendungs-
probleme auf.[265]

Die Problematik der subjektiven Einschätzung und der Zuhilfenahme von Vermutungstatbeständen bei der Beurteilung von Zusammenschlüssen wird auch in
absehbarer Zukunft weiterbestehen, da "der größte Mangel für ein sachgerech-
tes Urteil darüber, wie Fusionen und Zusammenschlüsse zu beurteilen sind,
nach wie vor darin besteht, daß es keine Theorie der optimalen Konzentration
gibt, an der man sich orientieren kann".[266] Dies liegt nicht allein an der Vielfalt
der Konzentrationstatbestände, die es praktisch unmöglich erscheinen läßt, ein
allseits gerecht werdendes, wissenschaftlich gesichertes und konsistentes
Handlungsmuster bereitzustellen, an dem sich die praktische Wirtschafts- und
v.a. Wettbewerbspolitik orientieren könnte, sondern in erster Linie am ambivalenten Charakter des Konzentrationsphänomens.[267] Selbst wenn man die ord-
nungs- und gesellschaftspolitischen Komponenten außer acht läßt, bleibt noch
immer das Dilemma[268] zwischen dem Erhalt freiheitlicher Marktstrukturen und
der für die Realisierung und Förderung des technischen Fortschritts notwendigen kostenoptimalen Strukturen.

3.3.1 Beschränkung des Wettbewerbs durch Unternehmenskonzentration

Das Dilemma der terminologischen Diskrepanzen, das sich durch die gesamte
Konzentrationsdiskussion zieht, zeigt sich auch bei der Begriffsbestimmung der
Wettbewerbsbeschränkung.

---

265 Zur Kritik der Abgrenzung des relevanten Marktes vgl. Baum, Herbert: Der relevante
     Markt als Problem der Wettbewerbspolitik, in WuW 6/80, Jg. 30, S. 401ff. Zu ab-
     weichenden Marktabgrenzungskonzepten siehe van de Loo, Kai: a.a.O., S. 44ff. Zum
     Bedarfsmarktkonzept vgl. Markert, Kurt: Die Mißbrauchsaufsicht über marktbeherr-
     schende Unternehmen, in: Cox, Helmut/Jens, Ulrich/Markert, Kurt (Hrsg.): Handbuch
     des Wettbewerbs, München 1981, S. 305; Niemeyer, Hans-Jörg: Europäische Fusions-
     kontrolle, in: Betriebsberater Beilage 25 zu Heft 35/36/1991, S. 5.

266 Rohloff, Adalbert: Welche Konzentrationspolitik ist notwendig oder zweckmäßig, in:
     Konjunkturpolitik 1968, Jg. 14, S. 41; Jöhr, Walter A.: Die Konzentration als Problem
     der Wirtschaftspolitik, in: Arndt, Helmut (Hrsg.): Die Konzentration in der Wirtschaft,
     2. Auflage, Band 1, Berlin 1971, S. 459.

267 Vgl. Noll, Bernd: Wettbewerbs- und ordnungspolitische Probleme der Konzentration,
     Spardorf 1986, S. 100f.

268 Vgl. Kantzenbach, Erhard: Unternehmenskonzentration und Wettbewerb, HWWA-Dis-
     kussionspapier Nr. 9, Hamburg 1993, S. 5; Olten, Rainer: Wettbewerbstheorie und
     Wettbewerbspolitik, München 1995, S. 147.

Obgleich viele Autoren versucht haben, den Terminus "Wettbewerbsbeschrän-kung" zu konkretisieren und die verschiedenen Ausprägungen und Erschei-nungsformen einer Systematik zuzuordnen, fehlt dennoch bis dato eine allge-mein akzeptierte Festlegung. Es gibt eine unüberschaubare Vielfalt möglicher Definitionsansätze, wobei im folgenden kurz die am häufigsten genannten - und zum Teil überschneidenden - Ansätze aufgeführt werden.

Unter Wettbewerbsbeschränkung verstehen einige Autoren eine rechtliche oder faktische Beschränkung der wettbewerbsrelevanten Handlungs- oder Entschlie-ßungsfreiheit in Bezug auf den Einsatz eines oder mehrerer Aktionspartner (i.d.R. Preise, Rabatte und Konditionen, Menge, Qualität, Service und Wer-bung).[269] Andere setzen Beschränkungen des Wettbewerbs mit Beschränkung der Wettbewerbsfreiheit gleich, wobei unter Einschränkung der Wettbewerbs-freiheit explizit eine unangemessene bzw. unbillige Einengung des Handlungs-spielraumes bzw. der Wahlmöglichkeiten von Marktteilnehmern zu verstehen ist.[270] Ausgehend von der jeweiligen Rechtsordnung bezeichnet ein Autor Wettbewerbsbeschränkungen als verbotene Hinderungshandlungen bzw. Ver-stöße gegen die Spielregeln.[271] Eine weitere Umschreibung faßt unter Wettbe-werbsbeschränkungen alle Verhaltensweisen zusammen, die über markt-rele-vante Aktionsparameter den freien Wettbewerb zu reduzieren bzw. auszu-schalten suchen.[272] Äußerst ausführlich und sozusagen als Zusammenfassung aller genannten Ansätze lautet eine weitere Umschreibung, wonach Wettbe-werbsbeschränkungen konkrete Handlungen von Marktteilnehmern sind, die den Einsatz von Aktionsparametern im Wettbewerbsprozeß freiwillig oder zwangsweise beseitigen, einschränken oder verhindern, um sich auf Kosten an-derer Wettbewerber oder der Marktgegenseite Vorteile zu verschaffen. Sie be-einträchtigen oder beseitigen die Entscheidungs- und Handlungsfreiheit anderer Marktteilnehmer und bewirken, daß die Funktionen des Wettbewerbs nicht optimal erfüllt werden können. Durch Wettbewerbsbeschränkungen wird die Zahl der Alternativen der Marktgegenseite verringert, die Freiheit von An-

---

269 Vgl. Schmidt, Ingo: a.a.O., S. 109.

270 Herdzina vermeidet mit seiner Definition eine Schwäche anderer Ansätze, die jede Einschränkung des Handlungsspielraumes als Beschränkung der Wettbewerbsfreiheit ansehen. Marktleistungsbedingte Vorstöße von Marktteilnehmern, die zwangsläufig den Handlungsspielraum der anderen beschränken, können jedoch nicht als Wettbewerbs-beschränkungen interpretiert werden. Vielmehr geht es in diesem Zusammenhang nur um unbillige und unangemessene, nicht marktleistungsbedingte Handlungen. Vgl. Herdzina, Klaus: a.a.O., S. 87.

271 Vgl. Schmidtchen, Dieter: Fehlurteile über das Konzept der Wettbwerbsfreiheit in: Ordo, 1988, Band 39, S. 131f.

272 Vgl. Molitor, Bruno: Wirtschaftpolitik, 3. überarbeitete Auflage, München 1992, S. 52.

bietern und Nachfragern eingeschränkt und die Lenkungs-, Anreiz-, Kontroll-
und Allokationsfunktion des Wettbewerbs beeinträchtigt. Sie führen zu Veränderungen der Marktstruktur, der Marktverhaltensweisen und zu schlechteren
Marktergebnissen.[273]
Die Liste möglicher Definitionsansätze[274] läßt sich beliebig weiterführen, trägt
jedoch wenig zur Konkretisierung des Begriffs bei. Die Wahl des jeweiligen
Ansatzes hängt vielmehr vom zugrundeliegenden wettbewerbstheoretischen
Leitbild ab, dem sich die jeweiligen Autoren zugehörig fühlen. Zusammenfassend ist jedoch anzumerken, daß es sich um Verhaltensstrategien der Marktteilnehmer handelt, die geeignet sind, den Wettbewerb zu beeinträchtigen bzw.
zu beseitigen. Marktstrukturelle Bedingungen wirken hierbei mittelbar begünstigend oder hemmend auf das Marktverhalten, können jedoch nicht ohne
weiteres bzw. nicht von vornherein als wettbewerbsgefährdend eingestuft
werden.[275]

Zu weiteren Ungenauigkeiten und Unstimmigkeiten führt der bei der Diskussion der Wettbewerbsbeschränkungen immer wieder verwendete Begriff der
wirtschaftlichen Macht bzw. Marktmacht (hier in der Hauptsache die Macht des
Anbieters; auf die Existenz und Bedeutung von Macht auf der Nachfragerseite
wird zunächst nicht weiter eingegangen). Ausgehend von Max Webers
allgemeiner Definition, der unter Macht "jede Chance, innerhalb einer sozialen
Beziehung den eigenen Willen auch gegen Widerstreben durchzusetzen,
gleichviel worauf diese Chance beruht",[276] versteht, wird wirtschaftliche Macht
bzw. Marktmacht bezeichnet als die Fähigkeit, den Freiheitsspielraum und
damit die Handlungsalternative der Marktgegenseite zu beschränken.
Wird Marktmacht im Sinne obiger Umschreibung verstanden, kann sie nur mit
einem negativen Werturteil belegt werden, da es sich hier um nicht-wettbe-
werbliche Aktivitäten handelt.

---

273 Vgl.Olten, Rainer: a.a.O., S. 112/113.

274 Die Beschränkung des Wettbewerbs ist praktisch nicht definierbar. Dies zeigt allein der
     Versuch, eine Liste zusammenzustellen, in der schlechte und damit staatlicherseits zu
     verhindernde Konzentration definiert werden soll. Vgl. hierzu Raisch, Peter/Sölter,
     Arno/Kartte, Wolfgang: a.a.O., S.53f.

275 Vgl. Herdzina, Klaus: a.a.O., S. 97f.

276 Vgl. Weber, Max: Wirtschaft und Gesellschaft, Grundriß der Sozialökonomik,
     Tübingen 1922, S. 28. Zu weiteren Definitionsansätzen vgl. Bartling, Hartwig: Wirt-
     schaftliche Macht unter wettbewerbspolitischem Aspekt, Berlin 1971, S. 14ff; ebenda:
     Wirtschaft und Gesellschaft, 4. neu herausgegebene Auflage, Köln 1956, S. 28; ebenda:
     Wirtschaft und Gesellschaft, 1. Halbband, Köln 1964, S. 38.

Ohne den Machtbegriff zu verharmlosen, kann Macht ökonomisch betrachtet durchaus aber auch positive Wirkungen haben, sie kann sogar unabdingbare Voraussetzung für wirtschaftliches Handeln sein, wenn sie definiert wird als Fähigkeit, die Umwelt im Sinne eigener Zielsetzung zu beeinflussen. Nahezu jede wirtschaftliche Aktivität verlangt eine gewisse Machtposition (Machtlosigkeit wird nur im realitätsfernen Modell der vollkommenen Konkurrenz vorausgesetzt), um sie gegenüber Konkurrenten erfolgswirksam durchsetzen zu können, auch wenn dadurch deren Handlungsspielraum möglicherweise beschränkt wird.

Darüber hinaus ist die Möglichkeit der Ausübung privater Macht nicht unbeschränkt. Machtgebilde auf der Angebotsseite führen in zahlreichen Fällen zur Entwicklung ähnlicher Machtgebilde auf der Nachfrageseite, welche die ursprünglichen Machtkörper in Schach halten bzw. neutralisieren.[277] Die Ausübung privater Macht wird daneben durch staatliche Vorschriften begrenzt, in erster Linie durch das Kartellgesetz. Hierbei spielen jedoch nicht leistungsbedingte, temporäre Machtstellungen eine Rolle, sondern die Möglichkeit der unbilligen Ausnutzung restriktiver Macht, die darauf gerichtet ist, den Handlungs- und Entscheidungsspielraum der anderen Marktpartner unbillig zu beschränken, bzw. der Versuch, diese vom Markt zu verdrängen. Bei der Frage, wann es sich im einzelnen um restriktive - dem Wettbewerb abträgliche - wirtschaftliche Macht und kompetitive, wettbewerbliche Macht handelt, geht es um eine Ermessensentscheidung, die einer richterlichen Kontrolle unterworfen werden muß.

Marktmächtigen Unternehmen steht ein erweiterter Verhaltensspielraum zur Verfügung, der umso größer ist und um so restriktiver ausgenutzt werden kann:

- je niedriger die Preiselastizität der Nachfrage ist, d.h. je geringer die Substitutionsmöglichkeiten (auch diejenigen der potentiellen Wettbewerber) sind, und je dringlicher die Nachfrage nach dem jeweiligen Produkt ist,
- je höher die Markteintrittsbarrieren sind,
- je kleiner die Marktgruppen sind und
- je größer das Unternehmen ist, d.h. je höher der Marktanteil ist.[278]

---

277 Galbraith hat mit seiner Theorie der "Countervailing power" darauf hingewiesen. Vgl. Galbraith, John K.: Gegengewichtige Marktmacht, in Herdzina, Klaus (Hrsg.): Wettbewerbstheorie, Köln 1975, S. 124ff.

278 Vgl. Aberle, Gerd: a.a.O., S. 61.

Abbildung 18: Systematik der Wettbewerbsbeschränkungen und ihre wettbewerbspolitische Behandlung anhand der gesetzlichen Regelungen des GWB

Quelle: Eigene Zusammenstellung in Anlehnung an Herdzina, Klaus: Die zentralen Regelungen des Gesetzes gegen Wettbewerbsbeschränkungen, in: WiSU-Studienblatt 1/93, Jg. 22, o.S.,; Kartte, Wolfgang: Das Bundeskartellamt, in: WISU 8-9/87, Jg. 16, S.417

Die Bandbreite denkbarer Wettbewerbsbeschränkungen und möglicher Systematisierungsansätze gestaltet sich als äußerst umfangreich und bereitet der Wirtschaftswissenschaft nach wie vor Probleme. Die jahrzehntelang betriebene emsige Suche nach der Wettbewerbsbeschränkung an sich halten daher einige für verfehlt. Für andere wiederum besteht die immerwährende Aufgabe der theoretischen Wettbewerbspolitik darin zu untersuchen, was als Wettbewerbsbeschränkung betrachtet werden sollte.[279]

Abbildung 18 vermittelt - ohne den Anspruch der Vollständigkeit zu erheben - in Anlehnung an die in der Literatur herkömmlichen Systematisierungsansätze und Unterteilungsmechanismen einen kurzen Einblick.

Abstrahiert man zunächst von den staatlich begründeten Wettbewerbsbeschränkungen,[280] und wendet sich dem umfangreichen Katalog möglicher privater Wettbewerbsbeeinträchtigungen zu, fällt die Zweiteilung in markstrukturelle und -verhaltensbedingte Wettbewerbsbeschränkungen auf.[281]
Obgleich die Tatbestände letztgenannter Kategorie bei der Konzentrationsdiskussion keine unmittelbare Rolle spielen - sie werden durch markstrukturelle Gegebenheiten, i.d.R. Marktmacht, nur begünstigt -, sollen sie an dieser Stelle der Vollständigkeit und Verständlichkeit wegen kurz erläutert werden.

Exkurs: Wettbewerbsbeschränkendes Marktverhalten

Als mutmaßlich freiheitsbeschränkendes Verhalten gilt in erster Linie kollusives Marktverhalten. Hierunter ist ein breites Spektrum zu subsumieren, angefangen von lockeren Informationen über Verhaltensabstimmungen bis hin zum

---

279   Vgl. Kantzenbach, Erhard: Unternehmenskonzentration und Wettbewerb, a.a.O., S. 8. Vor allem Vertreter der sog. Harvard-Schule ging es in ihren Forschungsarbeiten in erster Linie darum, Formen der Wettbewerbsbeschränkung zu identifizieren, während die Anhänger der Chicago-Schule ihr Augenmerk auf die Entdeckung von Konzentrationsursachen gerichtet haben. In den USA hat sich die Mitte der 80er Jahre geänderte Einflußnahme der Wettbewerbstheorie, v.a. die der Chicago-Schule, auf die Gesetzgebung ausgewirkt, so daß eine Reihe von vormals im Gesetz explizit aufgeführten Wettbewerbsbeschränkungen nunmehr nur noch der sog. rule of reason unterworfen wurden, vgl. Herdzina, Klaus: Wettbewerbstheorie und Wettbewerbspolitik, in: Wirtchaftsdienst 10/86, Jg. 66, S. 525ff.

280   Vgl. Teichmann, Ulrich: a.a.O., S. 202; Kantzenbach, Erhard: ebenda, S. 7.

281   Die Einteilung findet sich in der Art oder mit kleinen Abänderungen bei einem Großteil der zu diesem Thema veröffentlichten Ausführungen, wird allerdings nicht von allen Wettbewerbstheoretikern geteilt.

Kartell.[282] Eine andere Umschreibung des Begriffs des kollektiven Marktverhaltens umfaßt "alle Formen von Marktverhalten, welche auf Zusammenarbeit (Kooperation) bzw. Zusammenspiel (Kollusion) rechtlich selbständig bleibender Marktteilnehmer der gleichen Wirtschaftsstufe beruhen".[283] Während beim abgestimmten Verhalten die beteiligten Unternehmen zusammenarbeiten, ohne daß sie schriftliche Abreden über die Zusammenarbeit getroffen haben,[284] ist das entscheidende Merkmal beim Kartell, daß eine Beschränkung der wettbewerbsrelevanten Handlungs- oder Entschließungsfreiheit in bezug auf einen oder mehrere Aktionsparameter durch Vertrag oder Beschluß festgelegt wird.[285] Die Wettbewerbsgesetzgebung definiert den Kartellbegriff im § 1 GWB, wonach "Verträge, die Unternehmen oder Vereinigungen von Unternehmen zu einem gemeinsamen Zweck schließen, und Beschlüsse von Vereinigungen von Unternehmen unwirksam sind, soweit sie geeignet sind, die Erzeugung oder die Marktverhältnisse für den Verkehr mit Waren oder gewerblichen Leistungen durch Beschränkung des Wettbewerbs zu beeinflussen".[286] Das Ziel dieser Verhaltensstrategien liegt im Versuch der Verbesserung des wirtschaftlichen Erfolges der Mitglieder, die i.d.R. auf identischen Märkten tätig sind. Gemeinsam ist dieser Strategie zudem, daß die Unternehmen rechtlich auch weiterhin selbständig agieren. Abgesehen von der unterschiedlichen

---

282 Vgl. Aberle, Gerd: a.a.O., S. 53. Als Grenzfälle gelten in diesem weiten Spektrum spontan-solidarisches Parallelverhalten ohne planmäßige Verhaltensbindung, das vielleicht nur aus der bloßen Erwartung gegenseitiger Reaktionsverbundenheit am Markt vorliegt und andererseits straff und zentralistisch organisierte Kartelle "höherer Ordnung", wie z.B. Syndikate.

283 Vgl. Herdzina, Klaus: Wettbewerbspolitik, 4. Auflage, Stuttgart 1993, S. 145.

284 Vgl. Schubert, Werner/Küting, Karlheinz: a.a.O., S. 92; Kantzenbach, Erhard/Kruse, Jörn: Kollektive Marktbeherrschung, Göttingen 1989, S. 26; Kantzenbach, Erhard: a.a.O., S. 104f. Vom abgestimmten Verhalten ist das sog. Parallelverhalten, auch als Nachmachen oder bloße Reaktionsverbundenheit bezeichnet, zu unterscheiden. Dieses Verhalten zeichnet sich dadurch aus, daß ein gleichförmiges Marktverhalten mehrerer Unternehmen nicht auf einer vorangegangenen Willenskoordinierung beruht, sondern sich als Folge autonomer Entscheidungen aufgrund der jeweiligen Marktsituation aus der Interessenlage der Unternehmen ergibt.

285 Vgl. Schmidt, Ingo: a.a.O., S. 111; Kantzenbach, Erhard: a.a.O., S. 108f; Rittner, Fritz: Vertragsfreiheit und Wettbewerbspolitik, in: Andreae, Clemens-August/Benisch, Werner (Hrsg.): Wettbewerbsordnung und Wettbewerbsrealität, a.a.O., S. 31.

286 Das generelle Kartellverbot des § 1 GWB sieht jedoch eine Reihe von Ausnahmen vom Verbotsprinzip vor. Vgl. hierzu insbesondere §§ 98-105 GWB.

Motivationsstruktur ist dies der entscheidende Unterschied zur Konzentration.[287]

Zu weiteren Tatbeständen verhaltensbedingter Wettbewerbsbeschränkungen zählen die sog. Bindungen. Hierunter sind Maßnahmen zu verstehen, mit denen Unternehmen Einfluß auf die Geschäftspolitik anderer Unternehmen, meist ihrer Abnehmer oder Lieferanten, ausüben.[288] Gegenstand derartiger Bindungen kann zum einen die Verpflichtung auf bestimmte Vertragsinhalte (z.B. Preise, Rabatte usw.) sein. In diesem Fall spricht man von Inhaltsbindungen, die die Wettbewerbsfreiheit des Partners, insbesondere deren Preisgestaltungsfreiheit, unmittelbar einschränkt. Mit einer weiteren Variante, den sog. Abschluß-bindungen, wird versucht, Einfluß auf die Geschäftsbeziehungen von zwei oder mehreren Partnern in Form von Verwendungs- und Vertriebsbeschränkungen, Ausschließlichkeitsbindungen oder Kopplungsverträgen zu nehmen. Zusammen mit dem abgestimmten Verhalten faßt man diese Vorgehensweise unter dem Begriff Verhandlungsstrategie zusammen.

Die letzte Kategorie wettbewerbsbeschränkender Verhaltensweisen bilden die sog. Behinderungen. Diese Maßnahmen konsolidieren alle wettbewerbsbeeinträchtigenden Handlungen und Maßnahmen, die darauf abzielen, Mitbewerber (horizontal) bzw. Lieferanten oder Abnehmer (vertikal in ihrem Handlungs-rahmen zu beeinflussen oder zu beschränken. Zu den Haupttypen dieser Vorge-hensweisen zählen in erster Linie Boykotte, Lieferverweigerungen und Preis-diskriminierungen, aber auch Ausschließlichkeits- und Koppelungsbindungen, wobei bei den letzteren eine exakte Systematisierung oftmals Schwierigkeiten bereitet und diese deshalb auch z.T. unter Bindungen eingeordnet werden.

Trotz der zahlreich und ausführlich diskutierten mutmaßlich wettbewerbsbe-schränkenden Verhaltensweisen bleibt die Problematik der Feststellung, ob es sich um eine unbillige Einschränkung des Handlungsspielraumes der Marktteil-nehmer oder um erwünschtes Wettbewerbsverhalten handelt, bestehen. Die Wettbewerbspolitik wendet aus diesem Grunde fallweise auch die unterschied-lichen wettbewerbspolitischen Instrumentarien an, angefangen vom per se Ver-bot über die Mißbrauchsaufsicht bis hin zur präventiven Fusionskontrolle.[289]
(Ende des Exkurses)

---

287 Zu Gemeinsamkeiten und Verschiedenheiten von Kartellbildung und Konzentrations-prozeß vgl. Lenel Hans Otto: Die Problematik der Kartelle und Syndikate in: Arndt, Helmut (Hrsg.): a.a.O., S. 201ff.

288 Vgl. Tolksdorf, Michael: a.a.O., S 75.

289 Ausführlich zu den wettbewerbspolitischen Instrumenten siehe Gliederungspunkt 5 dieser Arbeit.

Zurück zur eigentlichen Fragestellung der Wirkung externer Konzentrationsstrategien auf den Wettbewerb, die vielfach neben den bereits genannten Ver-
handlungs- und Behinderungsstrategien als das wichtigste Instrument der Wettbewerbsbeschränkung bezeichnet werden.[290]

Mit der Frage, wie Fusionen - die Bezeichnung wird im weiten Sinne für Unternehmenszusammenschlüsse verwandt - wettbewerbspolitisch einzuordnen sind,
betreten wir ein weniger eindeutiges Terrain als im Fall von Absprachen zwischen Unternehmen und bewußten Behinderungen, die regelrecht auf Wettbewerbsbeschränkungen angelegt sind.[291]

Gemeinhin werden unter wettbewerbshemmenden Marktstrukturen dauerhaft
verfestigte hohe Konzentrationsgrade, im Hinblick auf den Produktionssektor
der Volkswirtschaft also hohe Grade der Unternehmenskonzentration verstanden.[292]
Diese können zum einen durch die Verminderung der Zahl selbständiger Entscheidungsträger entstehen, so daß es zwangsläufig zur Reduzierung der Aus-
wahlmöglichkeiten (Erhöhung des absoluten horizontalen Konzentrationsgrades) und zum anderen zur Erhöhung der Marktanteile (Erhöhung des relativen horizontalen Konzentrationsgrades) kommt.[293]
Diese sog. Primärwirkungen, die i.d.R. durch horizontale Zusammenschlüsse
entstehen, sind geeignet, eine Reihe weiterer Wettbewerbsbeschränkungen, sog.
Sekundärwirkungen, nach sich zu ziehen bzw. auszulösen.[294]
In erster Linie können sie als Signal- bzw. Sogwirkung einen Nachfolgeprozeß
lostreten, der sowohl aktuelle als auch potentielle Wettbewerber veranlaßt, sich
entsprechend zu verhalten bzw. sich an den Vorreitern zu orientieren.
Unterstellt man weiterhin die Kausalität von zunehmender Konzentration und
Verhaltenskoordinierung, können bereits erlangte dominierende Marktposi-
tionen oder möglicherweise sogar monopolartige Marktstrukturen zu wettbe-

---

290 Vgl. Böhm, Franz: a.a.O., S. 295.

291 Vgl. Molitor, Bruno: a.a.O., S. 59.

292 Vgl. Herdzina, Klaus: Wettbewerbspolitik, Stuttgart 1984, S. 154.

293 Vgl. Willeke, Franz-Ulrich: a.a.O., S. 312.

294 Vgl. Röpke, Jochen: Die Strategie der Innovation. Eine systemtheoretische Unter-
     suchung der Interaktion von Individuum, Organisation und Markt im Neuerungsprozeß.
     Die Einheit der Gesellschaftswissenschaften, hrsg. von (Boettcher E.,) Band 19,
     Tübingen 1977, S. 392ff.

werbs-aversem Verhalten verleiten. Zu den bekannten Nachteilen dieses Verhaltens zählen folgende Sachverhalte:[295]

-   Durch nachlassenden Wettbewerbsdruck werden die Voraussetzungen friedliches Parallelverhalten günstiger. Generell werden alle Arten der Verhaltensabstimmungen, ob formal oder informell, erleichtert.
-   Die Markteintritts- und -austrittsschranken erhöhen sich.
-   Die Anpassungsflexibilität und Allokationseffizienz des Wettbewerbs beeinträchtigt.
-   Der Anreiz zu innovativ-kreativem Verhalten und zur Durchsetzung des technischen Fortschritts erlahmt.
-   Der Gewinn der konzentrierten Unternehmensbereiche steigt zu Lasten Abnehmer und/oder Lieferanten.

Der Falltyp der horizontalen Fusion und deren mutmaßlich wettbewerbsbeschränkenden Wirkungen sind wesentlich einfacher zu determinieren und bereiten der Wettbewerbstheorie weniger Schwierigkeiten[296] als die Bewertung vertikaler und konglomerater Zusammenschlüsse, da von letzteren keine unmittelbare Wirkung auf die Wettbewerbsintensität ausgeht. Diese Diversifikationsarten zeichnen sich dadurch aus, daß weder die Zahl der direkten Konkurrenten verringert wird, noch eine spürbare Verschiebung der Marktanteile auf den betreffenden Märkten zu erwarten ist.

Es verwundert daher nicht, daß zur Frage, ob vertikale Konzentration eine Gefahr für den Wettbewerb darstellt, bisher nur wenig publiziert geworden ist. Im Gegensatz zur horizontalen Konzentration fehlt diese uno actu sich ergebende Wettbewerbsbeschränkung. Gleichwohl sind auch die vertikalen Zusammenschlüsse geeignet, Wettbewerbsbeschränkungen zu bewirken.[297] Dies kann dadurch geschehen, daß zwar nicht der Monopolisierungsgrad erhöht wird, aber

---

295 Vgl. Olten, Rainer: a.a.O., S. 147; Ruppelt, Hansjürgen: a.a.O., S. 172f; Schmidt, Ingo/Röhrich, Martina: Zielkonflikte zwischen dem Erhalt kompetitiver Marktstrukturen und der Realisierung von Effizienzsteigerungen durch externes Unternehmenswachstum, in: WiSt 4/92, S. 182.

296 Vgl. Molitor, Bruno: Fusionen als Prüfsteine der Wettbewerbspolitik, in: Orientierungen zur Wirtschafts- und Gesellschaftspolitik, 41/1989, S. 5.

297 Vgl. Edwards, Corwin D.: Maintaining Competition. Requisites of a Governmental Policy, New York 1964, 1. Auflage, S. 98f; Kaysen, Carl/Turner, Donald F.: Antitrust Policy. An Economic and Legal Analysis, Cambridge (Mass.) 1959, S. 199f; Blair, John M.: Economic Concentration. Structure, Behavior and Public Policy, a.a.O., S. 25f.

eine marktbeherrschende Stellung auf einer Produktionsstufe verstärkt und auf vor- oder nachgelagerte Stufen übertragen wird.[298]

Zu den möglichen Gefahren zählen vorrangig:[299]

1. Verstärkung der Marktstellung durch die Sicherung der Bezugs- und Absatzwege, wodurch nicht-integrierte Konkurrenten auf vor- oder nachgelagerten Märkten behindert werden. In der Literatur wird diese Strategie als Marktschließungsdoktrin ("foreclosure") bezeichnet. Sie betrifft in erster Linie aktuelle Marktteilnehmer. Als besonders rigide Form der Marktschließung gelten Angebots- bzw. Abnahmeverweigerung.
2. Errichtung bzw. Erhöhung der Marktzutrittsschranken für Newcomer. Die abschreckende Wirkung liegt insbesondere am höheren Kapitalbedarf, an höheren Mindestbetriebsgrößen und technischem Know how, möglicherweise sogar an der Notwendigkeit des Erwerbs von Patenten der alteingesessenen Unternehmen.
3. Erleichterung von Preisdiskriminierungen ("price squeeze") gegenüber nicht-integrierten Wettbewerbern. Hier läßt sich als besonders aktuelles Beispiel die Zulieferindustrie anführen. Neben dem Druck auf die Preise stellt die Gestaltung der Konditionen (z.B. Rabatte, Zahlungsziele u.ä.) ebenfalls ein erhebliches Drohpotential dar, das um so effektiver ist, je geringer die Marktanteile der nicht-integrierten Unternehmen auf der Bezugs- wie auf der Absatzseite sind. Die Gefahr besteht darin, daß Wettbewerber in eine Preisschere geraten, weil das integrierte Unternehmen als Lieferant die Kosten und als Wettbewerber auf der nächsten Stufe die erzielbaren Verkaufspreise bestimmt.
4. Verdrängung von Konkurrenten ("squeeze"); hierunter fallen alle Geschäftspraktiken integrierter Unternehmen, die darauf gerichtet sind, nicht-integrierte Unternehmen zu benachteiligen, zu schwächen oder aus dem Markt zu verdrängen bzw. auszuschließen.

Die aufgezeigten wettbewerbspolitischen Risiken wiegen um so schwerer, je größer die Ausgangsmacht eines beteiligten Unternehmens ist, d.h. je stärker die

---

298 Vgl. Bork, R.H.: Vertical Integration and Competitive Processes, in: Weston J.F./Peltzman, S.: Public Policy Toward Mergers, Pacific Plisades/Calif. 1969, S. 139ff.

299 Vgl. Vito, Roberto: Zur wettbewerbspolitischen Beurteilung vertikaler Zusammenschlüsse, in: WuW 10/92, Jg. 42, S. 807f; Monopolkommission (Hrsg.): 5. Hauptgutachten, a.a.O., Tz. 725-730.

Marktposition des integrierten Unternehmens auf zumindest einer Wirtschaftsstufe und/oder je verbreiteter eine derartige Integration überhaupt ist.[300]

Die Identifizierung mutmaßlicher wettbewerbspolitischer Gefahren[301] konglomerater Zusammenschlüsse ist ungleich schwieriger, als dies bei den horizontalen und auch vertikalen Konzentrationsstrategien der Fall ist. Der Grund hierfür mag darin liegen, daß die Wettbewerbstheorie im wesentlichen nur die Kon-
kurrenzbeziehungen zwischen Anbietern oder die Anbieter-Nachfrager-Bezie-
hungen jeweils nur für ein Produkt auf einem Markt untersucht.[302] Definitions-
gemäß gibt es jedoch im Falle eines konglomeraten Zusammenschlusses vorher
keine marktgleiche Betätigung der Zusammenschlußpartner. Denn diese produ-
zieren sowohl produktions- wie absatzmäßig unverbundene Güter und/oder
bieten auf verschiedenen Bedarfsmärkten an.[303] Für die Prognose möglicher
Gefährdungspotentiale für den Wettbewerb bzw. Wettbewerbsbeschränkungen
kann man bei Konglomeratfusionen folglich nicht auf die relativ einfache
Methode der Addition von Marktanteilen der Zusammenschluß-beteiligten ab-
stellen.

Obwohl diagonale Zusammenschlüsse nicht notwendigerweise den Wettbewerb
beschränken,[304] sind sie aber dennoch geeignet, in mannigfaltiger Weise Wettbewerbsbeschränkungen zwischen aktuellen Wettbewerbern oder gegenüber potentiellen Wettbewerbern hervorzurufen.[305]

---

300   Vgl. Zohlnhöfer, Werner: Wettbewerbspolitik im Oligopol: Erfahrungen der amerikani-
      schen Antitrustpolitik, Basel, Tübingen 1968, S.37; Ruppelt, Hansjürgen: a.a.O., S. 173.

301   Vgl. Monopolkommission (Hrsg.): 5. Hauptgutachten, a.a.O., Kap.VIII.

302   Vgl. Frankus, Hans J.: a.a.O., S. 48.

303   Vgl. Ruppelt, Hansjürgen: a.a.O., S. 174.

304   Diversifikation stellt kein per se wettbewerbspolitisches Problem dar. Vgl. Frankus,
      Hans J.: a.a.O., S. 51.

305   Zu den wettbewerbspolitischen Gefahren derartiger Zusammenschlüsse vgl. ins-
      besondere Edwards, Corwin D.: Conglomerate Bigness as a Source of Power, in:
      Business Concentration and Price Policy, ed. by National Bureau of Economic
      Research, Princeton 1955, S. 331ff; Marfels, Wolfgang: a.a.O., S. 71ff; Willeke, Franz-
      Ulrich: a.a.O., S. 324; Barnickel, Hans-Heinrich: a.a.O., S. 235.

Das Gefahrenpotential ist in erster Linie in der Finanzkraft dieser Unternehmen zu sehen.[306] Sie begünstigt wettbewerbsbeschränkendes Verhalten durch:[307]

1. die Möglichkeit der internen Subventionierung,
2. das Errichten von Marktschranken,
3. die Verminderung der Intensität von Wettbewerbshandlungen,
4. die Anordnung bzw. Durchführung von Zwangshandlungen,
5. die Einflußmöglichkeiten auf die Institutionen politischer Macht.

Abgesehen von den wettbewerbspolitischen Gefahren, die vorrangig aus der finanziellen Überlegenheit der Unternehmen erwachsen können, stellt der durch diagonale Zusammenschlüsse steigende Einfluß auf die Wirtschafts- und Gesellschaftspolitik eine zusätzliche Gefahr dar.[308] Neben der Finanzkraft sind auch personelle Verbindungen geeignet, nachteilige Wettbewerbswirkungen auszulösen bzw. zu begünstigen.

3.3.2 Effizienzsteigernde Effekte externer Unternehmensstrategien

Eine fundierte wettbewerbstheoretische Beurteilung von Unternehmenszusammenschlüssen ist - aufgrund ihres ambivalenten Charakters - äußerst schwierig. Folgt man auch nicht ohne Bedenken der Annahme Sölters, der behauptet, "...daß der Verlust an Freiheit (insbesondere der Handlungsfreiheit, eigene Anmerkung) in der konzentrativen Wirtschaft in hohem Maße durch deren Effi-

---

306 Vgl. Herrmann, Harald: Wettbewerbsgefahren der Konglomeratfusion, in: Betriebs-Berater Nr. 18 vom 30.06.1989, Jg. 44, S. 1214; Edwards, Corwin D.: The Significance of Conglomerate Concentrations in Modern Economies, in: Arndt, Helmut (Hrsg.): a.a.O., S. 143ff; Willeke, Franz-Ulrich: a.a.O., S. 320. Wettbewerbspolitische Gefahren diagonaler Zusammenschlüsse sind in der wirtschaftlich-finanziell marktstrategischen Überlegenheit der aufnehmenden Unternehmen gegenüber tatsächlichen oder potentiellen Konkurrenten auf dem Markt zu sehen. Dieser Tatsache (der sog. Ressourcentheorie) trägt das GWB seit der 4. Novelle Rechnung. In § 23 Abs. 1 Nr. 2 wurde der sog. Vermutungstatbestand der Entstehung oder Verstärkung einer überragenden Marktstellung eingeführt, wenn die beteiligten Unternehmen insgesamt mindestens 12 Mrd. DM Umsatz haben.

307 Ausführlich zu den einzelnen wettbewerbsbeschränkenden Tatbeständen siehe Maisel, Helmut: a.a.O., S. 116ff; Blair, John M.: a.a.O., S. 41ff; Büscher, Rolf: a.a.O., S. 100ff; Willeke, Franz-Ulrich: a.a.O., S. 320ff; Marfels, Wolfgang: a.a.O., S. 69ff; Frankus, Hans J.: a.a.O., S. 47ff; Schmidt, Ingo/Röhrich, Martina: a.a.O., S. 182.

308 Vgl. Haager, Klaus: a.a.O., S. 137ff.

zienz überkompensiert wird...",[309] so ist doch unbestritten, daß Zusammenschlüsse neben den zugegebenermaßen zahlreichen mutmaßlich wettbewerbsbeschränkenden Wirkungen auch positive Effekte beinhalten.

Abbildung 19: Zusammenfassung der wesentlichen positiven Wirkungen der Unternehmenskonzentration

Mögliche positive Wirkungen der Unternehmenskonzentration:			
Verbesserte Allokationseffizienz durch das Nutzen von „economies of scale" und Lernkurveneffekten. Beseitigung bestehender Wettbewerbsnachteile durch Erreichen der optimalen Unternehmensgröße.	Erhöhte Chancen zum Eintritt in neue Märkte auch bei bestehen von Markteintrittsbarrieren. Gesteigerte Möglichkeit zur Finanzierung aufwendiger Projekte von Forschung und Entwicklung.	Verbesserte Fähigkeit zur Kompensation partieller Mißerfolge und zur Bewältigung von Unternehmenskrisen durch diversifiziertes Angebot und Präsenz auf einer Vielzahl von Märkten.	Gesteigerte internationale Wettbewerbsfähigkeit durch überlegene Befähigung von Großunternehmen zur Erschließung von Auslandsmärkten.

Quelle: Berg, Hartmut: Wettbewerbspolitik, in: Vahlens Kompendium der Wirtschaftstheorie und Wirtschaftpolitik, Band 2, 5. Auflage, München 1992, S275.

Die Vorteilhaftigkeit horizontaler Unternehmenszusammenschlüsse aufgrund betrieblicher Kostensenkungspotentiale muß an dieser Stelle nicht mehr ausgeführt werden, ebensowenig müssen die einzelwirtschaftlich positiven Effekte

---

309 Vgl. Röper, Burkhardt: Grenzen der Selbstbestimmung und -verantwortung des Bürgers in einer freiheitlichen Wirtschaftsordnung, in: Andreae, Clemens-August/Benisch, Werner (Hrsg.): a.a.O., S. 42.

vertikaler und diagonaler Zusammenschlüsse nochmals erwähnt werden, dies erfolgte bereits in Punkt 3.2 dieser Ausführungen.[310] Für die gesamtwirtschaftliche Beurteilung ist allein entscheidend, ob diese positiven Effekte an die Marktgegenseite weitergegeben werden. Dies ist um so wahrscheinlicher, je geringer die Marktmacht der am Zusammenschluß beteiligten Unternehmen ist. Bekanntermaßen wird der Marktmachtaspekt vorrangig mit der aggregierten Konzentration in Zusammenhang gebracht, weshalb für die Realisierung positiver Effekte die externen Wachstumsaktivitäten der Großunternehmen besonders aufmerksam zu verfolgen sind. Die potentielle Gefahr dieser "übermächtigen" Konzerne relativiert sich allerdings, wenn der Bewertungsrahmen externer Wachstumsstrategien in räumlicher Hinsicht verändert wird. Verläßt man den rein nationalen Rahmen, verschiebt sich die Bedeutung auch der aggregierten Konzentration erheblich. Es stellt sich sogar die Frage, ob im internationalen Markt tätige Unternehmen groß genug sind, um sich behaupten zu können. Konzentration und auch Kooperation gelten plötzlich als unerläßliche Maßnahmen zur Erzielung wirtschaftlichen Erfolges.
Wie bereits ausgeführt, können insbesondere Unternehmenszusammenschlüsse grenzüberschreitender Art den Wettbewerb insofern intensivieren, als sie in der Lage sind, bereits bestehende Machtgebilde zu disziplinieren, bzw. deren Entstehung zu verhindern. Positive Wirkungen sind in erster Linie bei oligopolitisch strukturierten Inlandsmärkten zu erwarten, auf denen die Zutrittsschranken für potentielle lokale Wettbewerber zu hoch sind, und potentieller und tatsächlicher Wettbewerb in erheblichem Umfang einzig von ausländischen Produzenten ausgeht.[311] Generell sind Großunternehmen eher befähigt bzw. in der Lage, Auslandsmärkte zu erschließen, da hierfür i.d.R. ein umfangreiches Informations- und auch Finanzpotential erforderlich ist, über das kleinere und mittlere bzw. nicht-integrierte Unternehmen nur selten verfügen. Gerade bei der wettbewerbspolitischen Beurteilung der Finanzkraft zeigt sich das Janusgesicht besonders deutlich. Wurde es noch im vorhergehenden Punkt als außerordentlich gefährliches Potential beschrieben, dem besondere Aufmerksamkeit geschenkt werden muß, ist jedoch andererseits in vielen Fällen ihre Existenz vonnöten, um Investitionen, Innovationen und Forschungsvorhaben durchzuführen. All dies kommt normalerweise den Verbrauchern und der Gesamtwirt-

---

310 Vgl. zudem ausführlich Willeke, Franz-Ulrich: a.a.O., S. 328; Barnickel, Hans-Heinrich: Probleme der wirtschaftlichen Konzentration, a.a.O., S. 69ff; Moon, Ronald W.: Business Mergers and Take-over Bids, 3rd Edition, London 1968, S. 33ff. Zu wettbewerbsfördernden Einflüssen diagonaler Zusammenschlüsse vgl. Frankus, Hans J.: a.a.O., S. 94.

311 Vgl. Scherer, Frederic M.: Industrial Market Structure and Economic Performance, Chicago 1980, S. 250.

schaft zugute, so daß das Finanzkriterium dem Wettbewerb durchaus auch nützlich sein kann.

Sieht man vom klassischen Fall horizontaler, vertikaler oder auch konglomerater Fusionen ab und betrachtet den Konzentrationstatbestand der Übernahmen, revidieren sich manch negative Einstellungen und Vorbehalte gegenüber externen Unternehmenstransaktionen, und es lassen sich eine Reihe weiterer - sowohl einzel- als auch gesamtwirtschaftlich - positiver Effekte konstatieren. Insbesondere eine Form des Unternehmenskaufes, die schon vor Jahren auf dem amerikanischen und britischen Unternehmensmarkt für Furore sorgte, gewinnt auch in Kontinentaleuropa zunehmend an Relevanz. Diese explizite Erscheinungsform des Merger & Acquisitions Geschäfts wurde unter dem Begriff "Management-Buyout" bekannt. Hierunter ist ein Unternehmenserwerb zu verstehen, bei dem das existierende Management die Mehrheit der Anteile oder zumindest Anteile des Unternehmens übernimmt und somit zum Miteigentümer bzw. Unternehmer wird.[312] Diese Form der Neustrukturierung der Eigentumsverhältnisse gewinnt nicht nur vor dem Hintergrund der zunehmenden Nachfolgeproblematik v.a. mittelständisch strukturierter Familienunternehmen[313] zunehmende Bedeutung, sondern bietet auch bei den immer häufiger werdenden Ausgliederungen von Konzerneinheiten[314] eine interessante und äußerst er-folgreiche Alternative in der Weise, daß weder die Familienunternehmen noch die ausgegliederten Unternehmenseinheiten vormals oft diversifizierter Unternehmen unter dem Dach eines anderen Großkonzerns verschwinden. Übernahmen dieser Art wirken daher nicht konzentrationsfördernd, sondern erhalten und vergrößern oftmals die dezentrale Entscheidungsstruktur einer Volkswirtschaft, was nicht nur unter wettbewerbspolitischen, sondern v.a. gesellschaftspolitischen Aspekten äußerst positiv zu beurteilen ist. Die Tatsache, daß Unternehmensübernahmen durchaus auch dekonzentrativ wirken können, spricht "für eine intakte Anpassungsfähigkeit des Wirtschaftssystems".[315]

---

312   Vgl. Küting, Karlheinz: Management-Buyout, in: WiSt 3/1997, Jg. 26, S. 134ff; Drukarczyk, Jochen: Management Buyouts, in: WiSt 11/1990, Jg. 19, S. 545ff.

313   Vgl. Pöhlmann, Dieter: Nachfolger "einkaufen", in: FAZ Verlagsbeilage "Unternehmensbeteiligungen" Nr. 145 vom 26.06.1990, S. B 20; Link, Harald: Eine intelligente Lösungsmöglichkeit für das Problem der Nachfolgeregelung, in: HB Nr. 82 vom 28.04.1994, S. B 4; o.V.: Uns fehlten die Nachfolger, in: FAZ Nr. 286 vom 09.12.1992, S. 27.

314   Vgl. Hachenburg von, Alexander: Management Buyouts und Shareholder Value, in: io Management 37/1997, Jg. 66, S. 48ff.

315   Krakowski, Michael: Dekonzentrationsprozesse in der Bundesrepublik Deutschland, Köln 1985, S. 85.

Disziplinierend und motivierend wirken MBO`s zudem in der Hinsicht, daß zum einen das Auseinanderdriften von Manager- und Anteilseignerinteressen[316] vermindert bzw. beseitigt wird. Denn die vormals angestellten Führungskräfte arbeiten nunmehr ganz oder zu einem großen Teil auf eigene Rechnung und werden daher bestrebt sein, eine möglichst hohe Verzinsung des eingesetzten Eigenkapitals aber auch des in den meisten Fällen hohen Anteils an Fremd-kapital[317] zu erwirtschaften. MBO`s bieten außerdem neue Perspektiven der Existenzgründung auf Märkten mit hohen mindestoptimalen Betriebsgrößen, auf denen normalerweise Unternehmensgründungen relativ unwahrscheinlich sind, da hoher Kapitalbedarf und umfangreiches Know-how kaum überwind-bare Marktzutrittsschranken darstellen.[318]

Fazit: Nahezu jeder Aspekt des Konzentrationskomplexes hat ambivalenten Charakter. Konzentration kann wünschenswerte oder gar unerläßliche "Zusam-menfassung der Kräfte", eine "Flucht nach vorn" oder ein "Kind der Not", aber auch Beeinträchtigung oder gar Ausschaltung des Wettbewerbs sowie "Aus-beutung" der Abnehmer bedeuten. Aus diesem Doppelgesicht der Konzentration ergibt sich, daß jedermann, der generelle und apodiktisch einseitige Urteile über sie fällt, dem Problem nicht gerecht wird. Wie heute nahezu alles in der Wirt-schaft differenziert zu sehen ist, so gilt dies explizit auch für Fragen der Kon-zentration.[319]

---

316 Vgl. hierzu die Ausführungen unter Punkt 3.2.2 dieser Arbeit.

317 Der Autokauf eines Unternehmens mit massiver Kreditfinanzierung wird als leveraged-buyout (LBO) bezeichnet. Dieser Begriff setzt sich aus der angelsächsischen Be-zeichnung für das Ausmaß der Verschuldung einer Unternehmung (financial leverage) und dem Begriff für den Aufkauf einer Unternehmung (buyout) zusammen. Vgl. Milde, Helmuth: Leveraged Buyout, in: WiSt 1/1990, Jg. 19, S. 7ff. Zur Abgrenzung von MBO und LBO vgl. Arbeitskreis Finanzierung der Schmalenbach-Gesellschaft Deutsche Gesellschaft für Betriebswirtschhaft (Hrsg.): Analyse der für die Entwicklung eines Buy-Out-Marktes notwendigen Bedingungen in der Bundesrepublik Deutschland unter besonderer Berücksichtigung von MBOs, in: ZfbF 10/1990, Jg. 42, S. 831 Abb. 1.

318 Vgl. Martin, Andreas: Management buy out, in: WiSt 5/1988, Jg. 17, S. 247ff.

319 Vgl. Kolvenbach, Walter/Minet, Gert-Walter/Sölter, Arno (Hrsg.): a.a.O., S. 112.

4. Die Wettbewerbsordnung der Bundesrepublik Deutschland

4.1 Zur ordnungspolitischen Grundsatzentscheidung

Die Basis für die Erstellung einer marktwirtschaftlichen Ordnung des Wirtschaftslebens im Nachkriegsdeutschland und damit die Grundentscheidung zugunsten eines Systems dezentraler Planung und Lenkung des Wirtschaftsprozesses auf der Grundlage freien Leistungswettbewerbs wurde auf unterschiedlichen Ebenen geschaffen.

Auf politischem Sektor legte die Deutschlandpolitik der westlichen Alliierten, die nicht länger an einer Politik der Vergeltung, der Reparationen und Demontagen festhielt, den Grundstein für das Entstehen einer marktwirtschaftlichen Ordnung. Hierauf aufbauend brachte die Durchführung der Währungsunion und die Aufhebung der Bewirtschaftungsvorschriften die entscheidende Wende wirtschaftlicher Art.[320] Die geistigen Grundlagen für eine freiheitliche, gleichzeitig aber auch sozial verpflichtende Gesellschafts-, Wirtschafts- und Sozialordnung und ihre Sicherung durch einen starken Staat wurden bereits während der Zeit des Nationalsozialismus durch Vertreter des Neo- und Ordoliberalismus[321] gelegt. Führende Wissenschaftler, zu denen in erster Linie die Vertreter der Freiburger Schule (Walter Eucken, Alfred Müller-Armack, Franz Böhm u.a.m.) zählten, erkannten bereits frühzeitig die Schwächen des Wirtschaftsliberalismus, der die Freiheit am Markt durch wirtschaftspolitische Abstinenz des Staates (sog. Nachtwächterstaat)[322] propagierte und der dirigistischen staatlichen Wirtschaftslenkung des Sozialismus. Ihr Ziel war es, einen marktwirtschaftlichen Ordnungstypus zu schaffen, der eine "neuartige Synthese"[323] der beiden konkurrierenden Leitbildvorstellungen des Liberalismus und Sozialis-

---

320 Ausführlicher hierzu vgl. Pilz, Frank: Das System der Sozialen Marktwirtschaft, München 1974, S. 25ff.

321 Zur Einordnung der verschiedenen neoliberalen Strömungen vgl. Nawroth, Egon Edgar: Die Sozial- und Wirtschaftsphilosophie des Neoliberalismus, Heidelberg 1961, S. 5f; Behlke, Reinhard: Der Neoliberalismus und die Gestaltung der Wirtschaftsverfassung in der Bundesrepublik Deutschland, Berlin 1961, S. 37ff; Starbatty, Joachim: Ordoliberalismus, in: WiSt, 1983, Jg. 12, S. 567ff. Ein guter Überlick findet sich auch bei Blum, Reinhard: Soziale Marktwirtschaft. Wirtschaftspolitik zwischen Neoliberalismus und Ordoliberalismus, Tübingen 1969; Wulff, Manfred: Die neoliberale Wirtschaftsordnung. Versuch einer dynamischen Analyse der Konzeption und der Realität, Tübingen 1976; Fikentscher, Wolfgang: Wirtschaftsrecht, Band II, Deutsches Wirtschaftsrecht, München 1983, S. 40ff.

322 Vgl. Böhm, Franz: a.a.O., S. 197.

323 Vgl. Müller-Armack, Alfred: Soziale Marktwirtschaft, in: HdSW, Band 9, Tübingen 1956, S. 390.

mus darstellen soll, ein sog. Dritter Weg zwischen Kapitalismus und Sozialismus.[324] Dieses neu zu schaffende Wirtschaftsordnungskonzept sollte "das Prinzip der Freiheit (Konsumfreiheit, Gewerbefreiheit, Wettbewerbsfreiheit, Produktions- und Handelsfreiheit, Freiheit der Eigentumsnutzung) auf dem Markt mit dem des sozialen Ausgleichs verbinden".[325] Ludwig Erhards Leitsatz, der diese ordoliberale Idee aufgriff und dessen großes Verdienst die politische Umsetzung derselben war,[326] lautete: "Nicht die freie Marktwirtschaft des liberalistischen Freibeutertums einer vergangenen Ära, auch nicht das "freie Spiel der Kräfte"..., sei gefragt, "sondern die sozial verpflichtete Marktwirtschaft, die das einzelne Individuum wieder zur Geltung kommen läßt".[327] Diese Zielkombination einer rechtsstaatlich abgesicherten wirtschaftlichen Freiheit und das Postulat der sozialen Sicherheit und Gerechtigkeit begründete auch den Namen dieses neuen Konzepts.

Der Begriff "Soziale Marktwirtschaft" wurde bekanntermaßen von Alfred Müller-Armack geschaffen und erstmals in seinem 1946/47 erschienen Buch "Wirtschaftslenkung und Marktwirtschaft"[328] erwähnt. Er definierte diese Wortverbindung als "eine ordnungspolitische Idee, deren Ziel es ist, auf der Basis der Wettbewerbswirtschaft die freie Initiative mit einem gerade durch die marktwirtschaftliche Leistung gesicherten sozialen Fortschritt zu verbinden. Auf der Grundlage einer marktwirtschaftlichen Ordnung kann ein vielgestalti-

---

324 Vgl. Blum, Reinhard: "Soziale Marktwirtschaft", in: Görresgesellschaft (Hrsg.): Staatslexikon, Band 4, 7. Auflage, Freiburg im Breisgau 1988, Spalte 1242.

325 Müller-Armack, Alfred: Wirtschaftsordnung und Wirtschaftspolitik, Freiburg 1966, S. 243; derselbe: Soziale Marktwirtschaft, in: HdSW, a.a.O., S. 390.

326 Weder die Alliierten noch die großen Parteien SPD und CDU sprachen sich ursprünglich für eine marktwirtschaftliche Lösung aus. Widerstände kamen zudem aus weiten Kreisen der Bevölkerung, die in der staatlichen Lenkung der Wirtschaft die einzige Chance sahen, aus dem Chaos der Nachkriegszeit herauszukommen. Vgl. hierzu Pilz, Frank: a.a.O., S. 28; Wünsche, Horst Friedrich: Soziale Marktwirtschaft: Der Weg zu wirklicher Marktwirtschaft, in: Orientierungen zur Wirtschafts- und Gesellschaftspolitik, Nr. 52, 1992, S. 63.

327 Schlecht, Otto: Schäden der Zwangswirtschaft lassen sich durch Interventionismus nicht reparieren, a.a.O., S. S1.

328 Vgl. Müller-Armack, Alfred: Wirtschaftslenkung und Marktwirtschaft, 2. Auflage, Hamburg 1948.

ges und vollständiges System sozialen Schutzes errichtet werden".[329] Tragendes Fundament dieses "der Ausgestaltung harrenden progressiven Stilgedankens"[330] sollte ein freier Leistungswettbewerb auf der Basis dezentraler Entscheidungsbefugnis sein. Nur ein fairer Wettbewerb privater Unternehmen auf offenen Märkten gilt als wirksamer Motor wirtschaftlicher Entwicklung und Wohlstandssteigerung. Um aber gerade diesen Wettbewerb auf Dauer zu sichern und ihn vor Verfälschungen frei zu halten, bedarf es der Setzung staatlicher Rahmendaten. Die historischen Erfahrungen, daß ein marktwirtschaftliches System ohne konsequente staatliche Politik dazu neigt, die wirtschaftlichen Freiheitsrechte zu gefährden, begründete die Forderung der Ordoliberalen nach einem starken Staat. Aus der Sicht der Vertreter der "Freiburger Schule" ist die Marktwirtschaft "kein Naturgewächs..., das am besten gedeiht, wenn es sich selbst überlassen bleibt, sondern ... eine sensible Kulturpflanze, die Resultat einer Züchtung ist und der Pflege bedarf".[331] Die größte Gefahr für die Marktwirtschaft wurde von Walter Eucken und seinen Mitstreitern darin gesehen, daß wirtschaftliche Machtpositionen errichtet werden, die dazu benutzt werden, den Wettbewerb zu beschränken oder gar auszuschalten und geeignet sind, die Prinzipien einer marktwirtschaftlichen Wettbewerbsordnung zu untergraben.

Die "Wirtschaftsverfassung des Wettbewerbs", wie Walter Eucken das Konzept der Wettbewerbsordnung bezeichnete, manifestiert er in den konstituierenden und regulierenden Prinzipien zur Errichtung und Erhaltung der Wettbewerbsordnung. Sie bilden sozusagen als Bausteine die Elemente des Bauplans für die Soziale Marktwirtschaft.[332] Zu diesen konstitutiven Prinzipien einer wettbe-

---

329 Müller-Armack, Alfred: "Soziale Marktwirtschaft", in: Wirtschaftsspiegel, 1947, o. S. Friedrich August von Hayek hielt die Formel "Soziale Marktwirtschaft" schon immer für unglücklich. Seiner Meinung nach weiß niemand, was eigentlich sozial heißt. Klar ist für ihn nur, daß eine Soziale Marktwirtschaft keine Marktwirtschaft ist. Vgl. Grosser, Dieter u.a.: Soziale Marktwirtschaft. Geschichte - Konzeption - Deutung, Stuttgart 1988, S. 3.

330 Müller-Armack, Alfred: Wirtschaftsordnung und Wirtschaftspolitik, a.a.O., S. 12. Bei der Sozialen Marktwirtschaft handelt es sich weniger um ein theoretisch konsistent fundiertes, fest umrissenes Konzept, sondern vielmehr - wie Müller-Armack es bezeichnete - um eine "irenische", das heißt friedensstiftende Formel. Vgl. Rürup, Bert: Die Marktwirtschaft des Sozialen nicht berauben, in: FAZ Nr. 149 vom 29.06.1996, S. 15.

331 Zohlnhöfer, Werner: "Warum überhaupt Wirtschaftspolitik? Begründungen für Interventionen des Staates in das Wirtschaftsgeschehen", in: Ellwein, Thomas u.a. (Hrsg.): "Zuviel Staat? Die Grenzen der Staatstätigkeit", Stuttgart 1982, S. 43.

332 Vgl. Weber, Ralf L.: Walter Eucken und der Wandel von Wirtschaftssystemen, in: WiSt 11/92, Jg. 21 , S. 579ff.

werblich organisierten Wirtschaftsordnung zählt Walter Eucken im einzelnen:[333]

- Marktpreisbildung
- Primat der Währungspolitik
- offene Märkte
- Privateigentum
- Vertragsfreiheit
- Haftung
- Konstanz der Wirtschaftspolitik

Der Erkenntnis, daß eine wettbewerbliche Ordnung des Wirtschaftsablaufs auch systemfremde Elemente enthalten kann und sich Schwachpunkte und Mängel zeigen können, die der Korrektur bedürfen, trug Eucken durch die Forderung nach Anwendung gewisser regulierender Prinzipien[334] Rechnung. Korrigierende Interventionen - entsprechend den regulierenden Prinzipien - durch den Staat sind erforderlich, um beispielsweise

- monopolistische Marktstrukturen zu korrigieren bzw. einzudämmen (Macht- und Monopolproblem),
- anomalem Verhalten des Angebots im Interesse wirtschafts- und sozialpolitischen Ausgleichs vorzubeugen (Problem des Marktversagens),
- Einkommen im Rahmen gewisser sozial gesteuerter Grenzen zu korrigieren (Problem der Einkommens- und Vermögensverteilung) und
- einzelwirtschaftliche Rentabilität mit den Erfordernissen der Gesamtwirtschaft zu koordinieren und den berechtigten Erwartungen der Allgemeinheit unterzuordnen (Problem externer Effekte).

Für den "Cheftheoretiker" Eucken bedeutete die Schaffung einer Wettbewerbsordnung und deren Überwachung oberste Priorität. Eine funktionsfähige Marktwirtschaft, die der Leistungssteigerung dient und sich an Verbraucherwünschen orientiert, trägt seiner Meinung nach bereits sozialen Charakter in sich,[335] so

---

333 Vgl. Eucken, Walter: Grundsätze der Wirtschaftspolitik, 6. Auflage, Tübingen 1990, S. 254ff.

334 Vgl. ebenda S. 291ff.

335 Der frühere Bundeskanzler Helmut Schmidt war gegensätzlicher Meinung. Er behauptete: "Marktwirtschaft ist von sich aus niemals sozial. Die soziale Politik im engeren wie im weiteren Sinne ist immer das krasse Gegenteil von Marktwirtschaft", zitiert in: Schwarz, Gerhard: Martkwirtschaft ohne wenn und aber, in: Doering, Detmar/Fliszar, Fritz (Hrsg.): Freiheit: Die unbequeme Idee, Argumente zur Trennung von Staat und Gesellschaft, Stuttgart 1995, S. 119.

daß sich die Anwendung regulierender Prinzipien allein auf die Sicherung einer funktionsfähigen Wettbewerbsordnung beschränken sollte.

Hierzu sind Rahmenbedingungen erforderlich, die es den Wirtschaftssubjekten ermöglichen, innerhalb staatlich gesetzter Grenzen ihre Unternehmensentscheidungen autonom, d.h. frei von Interventionen und dirigistischen Maßnahmen, durchzusetzen. Die Einflußnahme des Staates darf allerdings nicht dazu führen, auf dem erreichten status quo wider bessere Erkenntnisse zu beharren, sondern muß die Möglichkeit bieten und auch die Bereitschaft zeigen, sich neuen Strömungen anzupassen und den Auswirkungen weltweiter Veränderungen Rechnung zu tragen. Dazu ist es notwendig, auch staatliches Verhalten, das ordnungspolitischen Vorstellungen widerspricht, konsequent zu korrigieren. Um die Subventions-, Umverteilungs- und Versorgungsmentalität in ein eindeutiges Wettbewerbsbekenntnis umzuwandeln, ist in erster Linie der Staat gefordert, bei allen seinen Handlungen ordnungspolitischen Kurs zu halten und sich auch selbst dem rauhen Klima zunehmender Konkurrenz zu stellen. Mit dem Regierungswechsel im Jahr 1982 wurden erste Schritte in diese Richtung eingeleitet und bis heute weiterverfolgt, was durch die nachhaltigen Deregulierungs- und Privatisierungsbemühungen der letzten Jahre zum Ausdruck kommt.[336] Größere Anstrengungen stehen jedoch noch dahingehend aus, den Auswirkungen weltweiten Strukturwandels und den damit einhergehenden Problemen wirksam zu begegnen. Oberste Priorität sollte dabei die Erkenntnis haben, daß die Unternehmen es sind, die den Motor der Wirtschaft am Laufen halten. Ihre Anstrengungen, im weltweiten Konkurrenzkampf zu bestehen und wettbewerbsfähig zu bleiben, müssen daher unterstützt und nicht durch egoistisches, einzelstaatliches Vorgehen behindert werden. Ebensowenig hilfreich ist es, an althergebrachten und zudem bis heute wenig fundierten theoretischen Erkenntnissen festzuhalten, die mit den heutigen Herausforderungen des Wirtschaftslebens nicht mehr im entferntesten - sofern dies jemals der Fall war - zu tun haben. Die ordnungspolitischen Vorstellungen, insbesondere das tiefe Mißtrauen gegenüber jedweder Bündelung unternehmerischer Aktivitäten und den in diesem Zusammenhang regelmäßig vorgebrachten Argumenten zunehmender Vermachtung, müssen vor dem bestehenden wettbewerbspolitischen Hintergrund überdacht und einem sachgerechten Urteil unterworfen werden.

---

336 Vgl Presse- und Informationsamt der Bundesregierung (Hrsg.): Bericht der Bundesregierung zur Zukunftssicherung des Standortes Deutschland vom 03.09.1993, S. 42ff.

4.2   Wettbewerbspolitik als signifikanter Sektor der Wirtschaftspolitik

4.2.1   Grundlagen der Wettbewerbspolitik

Obwohl sich die Wettbewerbspolitik mittlerweile als Teilbereich der Wirt-
schaftsordnungspolitik etabliert hat, ist dagegen nach wie vor die Frage der
konkreten Ausgestaltung politischer Einflußnahme auf den anonymen Steue-
rungs- und Kontrollmechanismus des Wettbewerbs problematisch. Das Fehlen
einheitlicher wettbewerbstheoretischer Leitbilder sowie divergierende Definitionsansätze und daraus folgend wenig präzise formulierte Zielvorgaben sind
Ursachen dafür, daß trotz des gemeinsamen Anliegens, den freien Leistungswettbewerb als tragende Säule der Marktwirtschaft herzustellen, zu fördern und
zu erhalten, die Erwartungen bezüglich des Inhalts der Wettbewerbspolitik
höchst unterschiedlich sind.

Übereinstimmung herrscht insofern, als die Wettbewerbspolitik als Instrument
der Wirtschaftspolitik gehalten ist, das Koordinierungsprinzip der Marktwirtschaft, den Wettbewerb auf den Märkten zu gewährleisten. Zu diesem Zweck
bedienen sich staatliche Instanzen, in deren Aufgabenbereich die Entscheidung
und Durchsetzung wettbewerbspolitischer Zielvorstellungen und der Einsatz
zieladäquater Mittel gehören, wettbewerbspolitischer Konzeptionen. Die ge-
staltenden Organe erwarten von diesen theoretischen Ansätzen Orientierungshilfen und Handlungsanweisungen. Die Problematik der Wettbewerbspolitik
besteht allerdings darin, daß sie sich nicht auf ein einziges, allgemein akzep-
tiertes theoretisches Konzept stützen kann, sondern es mit einer Fülle mehr oder
weniger gut ausgearbeiteter wettbewerbstheoretischer Ansätze zu tun hat. Hinzu
kommt, daß diese nur dem Anspruch der Rationalität und Geschlossenheit,
nicht aber dem der Übertragbarkeit auf die wirschaftliche Realität genügen
müssen. Des weiteren sind diese Konzepte nicht in der Lage, aus der Fülle möglicher Zielbündel die real anzustrebenden zu konkretisieren. Ihre Aufgabe besteht vielmehr ausschließlich darin, Aussagen über Marktstrukturen, Marktverhalten und Marktergebnisse zu liefern. Um der Verpflichtung, Empfehlungen
und Handlungsanweisungen für die Praxis zu liefern, näher zu kommen, hat es
sich im Laufe der Zeit als sinnvoll und zweckmäßig erwiesen, sog. Referenz-
situationen in Form eines Hypothesensystems zu formulieren. Nur wenn die
systematische Analyse konkreter Ursache-Wirkungsbeziehungen bestimmter
Wettbewerbsvorgänge gelingt, kann die Grundlage einer vernünftigen Politik
geschaffen werden, mit der Marktprozesse beeinflußt werden können. In diesem
Fall handelt es sich dann um sog. Leitbilder bzw. normative Referenzsitu-
ationen. Im Unterschied zu wettbewerbspolitischen Konzeptionen, die zunächst
nur Ziel-Mittel-Systeme mit Hypothesen über Wirkungsabläufe und Prämissen
hinsichtlich der Zielbewertung darstellen, deren Übertragbarkeit auf die wirt-

schaftliche Realität aber noch nicht unmittelbar angesprochen wird, handelt es sich bei den Leitbildern um anzustrebende reale Zustände. Obwohl in der Literatur häufig nicht zwischen wettbewerbspolitischen Konzeptionen und Leitbildern unterschieden wird, ist doch ersichtlich, daß aus der Fülle wettbewerbstheoretischer Ansätze, die sich im Laufe der Zeit entwickelt haben, nur wenige Leitbildcharakter erlangten. Selbst diese sind umstrittener denn je bzw. wurden längst als unbrauchbar in die Mottenkiste theoretischer Konstrukte verbannt.

Ehe weitere Ausführungen dergestalt angeführt werden, inwieweit wettbewerbstheoretische Konzepte überhaupt geeignet sind, konkrete Aussagen und Beurteilungsmaßstäbe zur Konzentrationsproblematik zu liefern, ist es jedoch unerläßlich, sich mit dem Begriff und dem Untersuchungsobjekt der Wettbewerbspolitik, dem Wettbewerb zu beschäftigen.

4.2.2 Zur Begriffsbestimmung des Wettbewerbs

Mit der bewußten Entscheidung für das Konzept der Sozialen Marktwirtschaft wurde eine Gesamtordnung geschaffen, deren primäres Koordinierungsprinzip der Wettbewerb sein soll. Dieses Phänomen - so wird immer wieder darauf verwiesen - sei allerdings wandelbar, vielgestaltig, entwicklungsfähig und widersprüchlich und läßt sich daher nur ungern in die Zwangsjacke einer abgesegneten Begriffsbestimmung pressen.[337] Die Vorstellungen darüber, was Wettbewerb ist, wie man ihn verwirklicht, welchen Zweck und welche Funktionen er zu erfüllen hat, wann er realisiert wird und welche Eigenschaften ihm inhärent sind, divergieren daher in erheblichem Maße. Nicht nur die Praxis, auch die wissenschaftliche Präzisierung "des Wettbewerbs" läßt bis heute offen, wie das Wesen dieses Phänomens exakt zu umschreiben ist. Obwohl es an der Zahl möglicher Erläuterungen und Ansätzen zur Umschreibung des Wettbewerbsbegriffs nicht mangelt, fehlt bis dato ein umfassender, allgemein akzeptierter Ansatz.[338] Selbst die Wettbewerbsgesetzgebung enthält keine Legaldefinition des Terminus "Wettbewerb".[339] Diese Unbestimmtheit des Begriffs führte im Laufe der Zeit zu einer unüberschaubaren Fülle von Definitionsan-

---

337 Vgl. Tolksdorf, Michael: Dynamischer Wettbewerb, a.a.O., S. 10.

338 Vgl. Herdzina, Klaus: Wettbewerbspolitik, a.a.O., S. 10f.

339 Vgl. Knöpfle, Wolfgang: Kann der Inhalt des Wettbewerbs i. S. des GWB bestimmt werden?, in: DB Nr. 27/28 vom 12.07.1991, Jg. 44, S. 1433; Deutscher Bundestag (Hrsg.): Schriftlicher Bericht des Ausschusses für Wirtschaftspolitik über den Entwurf eines Gesetzes gegen Wettbewerbsbeschränkungen, BT-DS 2/3644 vom 22.06.1957, S. 13.

sätzen.[340] Eine beliebige und erweiterungsfähige Auswahl möglicher Wettbewerbsumschreibungen verdeutlicht die Unsicherheit, was zweckmäßigerweise als Wettbewerb anzusehen ist.

Der Vorstellung des Bundeskartellamtes entsprechend ist "Wettbewerb seinem Wesen nach ein adäquater Bestandteil einer freiheitlich demokratischen Grundordnung."[341] Für Borchardt und Fikentscher ist "Wirtschaftlicher Wettbewerb das selbständige Streben sich gegenseitig im Wirtschaftserfolg beeinflussender Anbieter oder Nachfrager (Mitbewerber) nach Geschäftsverbindungen mit Dritten (Kunden) durch Inaussichtstellen möglichst günstiger Geschäftsbedingungen".[342] Eine weitere Umschreibung versteht unter "Wettbewerb die Rivalität zwischen Individuen (oder Gruppen oder Nationen), die immer dann auftritt, wenn zwei oder mehr Subjekte nach etwas streben, das nicht alle bekommen können."[343]

Um sich dem Dilemma der Unbestimmtheit des Wettbewerbsbegriffs zu entziehen,[344] verzichten einige Autoren bewußt auf eine konkrete Umschreibung. Vielversprechender erscheint ihnen der Versuch, den Wettbewerb anhand bestimmter Merkmale zu konkretisieren. Über die Merkmale, zu denen

- die Existenz eines Marktes,
- mindestens zwei Marktteilnehmer,
- ein gemeinsames Marktobjekt,
- rivalisierendes (antagonistisches) Verhalten der Marktteilnehmer um ein bestimmtes Ziel,
- dessen bessere Verwirklichung durch ein Marktsubjekt zu Lasten der Zielerreichung der anderen Marktsubjekte auf der gleichen Marktgegenseite (Gewinnorientierung)

---

340 Zu einigen Definitionsversuchen und der "Unmöglichkeit" Wettbewerb zu definieren, vgl. Schmidtchen, Dieter: Wettbewerbspolitik als Aufgabe, Baden-Baden 1978, S. 33ff.

341 Deutscher Bundestag (Hrsg.): Bericht des Bundeskartellamtes über seine Tätigkeit im Jahr 1958 sowie über Lage und Entwicklung auf seinem Aufgabengebiet, BT-DS 3/1000 vom 16.06.19959, S. 7.

342 Vgl. Borchardt, Knut/Fikentscher, Wolfgang: Wettbewerb, Wettbewerbsbeschränkung, Marktbeherrschung, Stuttgart 1957, S. 15. Zu einer ähnlichen Umschreibung vgl. Schuster, Helmut: Wettbewerbspolitik, München 1973, S. 20.

343 Vgl. Stigler, George: Competition, in: Eatwell, J./Milgate, M./Newman, P. (Hrsg.): The New Palgrave - A Dictionary of Economics, Band 1, 1987, S. 531.

344 Bisweilen wird das Wagnis, den Wettbewerbsbegriff anhand bestimmter Merkmale zu umschreiben, als Flucht aus der Resignation vor dem Versuch der Ableitung eines allgemeinen Wettbewerbsbegriffes bezeichnet.

zählen, herrscht weitaus größere Übereinstimmung.[345]

Neben den genannten Bedingungen müssen allerdings bestimmte Grundvoraussetzungen gegeben sein, damit Wettbewerb sich entfalten kann. Hierzu zählt eine Rechtsordnung, die den Wirtschaftssubjekten Eigentums- und Verfügungsrechte über Güter und Dienstleistungen zuerkennt, die die Möglichkeit eröffnet, unternehmerisch tätig zu werden (Gewerbe- und Investitionsfreiheit), die die freie Wahl des Tauschpartners zuläßt (Vertrags- und Konsumfreiheit), ein funktionsfähiges Währungssystem gewährleistet und den Wettbewerb vor Beschränkungen schützt.[346] Die Verwirklichung des Wettbewerbsgedankens ist somit nicht wirtschaftssystemneutral, sondern - wie bereits mehrfach angedeutet - gebunden an ein System dezentraler Koordination.[347] Wettbewerb benötigt folglich eine marktwirtschaftliche Konstruktion, wettbewerbsfähige und v.a. wettbewerbswillige Marktteilnehmer sowie Märkte, auf denen Güter und Leistungen angeboten und nachgefragt werden. Sind diese Grundvoraussetzungen gewährleistet, kann der Wettbewerb seine Aufgaben erfüllen und zur Erreichung der wirtschafts- und gesellschaftspolitischen Ziele beitragen.

4.2.3 Funktionen des Wettbewerbs

Die Vorstellungen, welche Aufgaben ein wirksamer Wettbewerb in einer marktwirtschaftlich geprägten Wirtschaftsordnung zu erfüllen hat, sind vielgestaltig. Es gehört zu den bleibenden Verdiensten J. M. Clarks, die grundlegende Frage "What do we want competition to do for us?" als erster umfassend beantwortet zu haben. Seiner Meinung nach kann ein funktionsfähiger Wettbewerb folgende Leistungen erbringen:[348]

---

345 Vgl. Olten, Rainer: Wettbewerbstheorie und Wettbewerbspolitik, a.a.O., S. 13f.

346 Vgl. Bender, Dieter u.a. (Hrsg.): Vahlens Kompendium der Wirtschaftstheorie und Wirtschaftspolitik, 3. überarbeitete und erweiterte Auflage, Band 2, München 1988, S. 235; Günther, Eberhard: Wege zur Europäischen Wettbewerbsordnung, Baden-Baden 1968, S. 43. Zu den Freiheitsrechten ausführlich vgl. Grosser, Dieter u.a.: a.a.O., S. 11f.

347 Wettbewerb als systembegründendes Prinzip der Marktwirtschaft vgl. Hoppmann, Erich: Fusionskontrolle, Tübingen 1972, S. 9.

348 Vgl. Clark, John Maurice: Competition as a dynamic process, Washington D.C. 1961, S. 63ff; Kantzenbach, Erhard: Die Funktionsfähigkeit des Wettbewerbs, Göttingen 1966, S. 14f.

1. Einkommensverteilung entsprechend der erbrachten Leistung.
2. Aufrechterhaltung des wirksamen Wettbewerbs durch Schutz gegen endogene Zerstörungstendenzen.
3. Flexible und produktivitätsorientierte Steuerung des Faktoreinsatzes im evolutorischen Prozeß.
4. Sicherung einer hohen Produktivität und die Gewährleistung technologischen Fortschritts.
5. Anreiz zu Produktdifferenzierung und deren permanente Weiterentwicklung und Verbesserung aufgrund der Konsumentenpräferenzen.
6. Schaffung und Abbau temporärer Gewinne als Anreiz für technischen Fortschritt.
7. Beseitigung ineffizienter Anbieter und Produkte aus dem Wirtschaftsablauf.
8. Stabilisierung von Vollbeschäftigung durch flexible Preisanpassung an Nachfrageänderungen.
9. Sicherung und Erweiterung des persönlichen Freiheitsbereiches durch Gründung unabhängiger Unternehmerexistenzen und von Wahlmöglichkeiten für unselbständige Beschäftigte und Konsumenten.
10. Schutz der Konsumenten vor Übervorteilung ohne kostspielige Prüfung des Angebots im Einzelfall.

Die Analyse weiterer Funktionskataloge namhafter Autoren[349] kann ruhigen Gewissens vernachlässigt werden, da es sich dabei entweder um einen Ausschnitt, die Zusammenfassung einzelner Funktionen zu einem Zielkomplex oder aber um unterschiedliche Auffassungen über das Gewicht bzw. die Hierarchie, die die einzelnen Funktionen im Rahmen des bei Clark genannten Katalogs der gewünschten Wettbewerbswirkungen haben sollen, handelt. Inhaltlich sprechen die Autoren weitgehend die gleichen Wettbewerbsfunktionen an.

Grundlegend unterschiedliche wissenschaftliche Auffassungen sind seit Ende der 60er Jahre nur hinsichtlich der Bedeutung und Einordnung der gesellschaftspolitischen Funktion des Wettbewerbs zu beobachten. Diese kontroverse Diskussion erlebte ihren Höhepunkt im Schlagabtausch zwischen Hoppmann und Kantzenbach. Während ersterer sich ausschließlich dem Freiheitsziel als solchem verschrieb, stellte Kantzenbach die ökonomische Betrachtung der Wettbewerbswirkungen in das Zentrum seiner Überlegungen. Dieser Dissens

---

349 Vgl. Kaysen, C./Turner, D. F.: a.a.O., S. 11ff, 44f; Bain, Joe S.: "Industrial Organization", 2. Auflage, New York u.a. 1968, S. 11, 498; Giersch, Herbert: "Aufgaben der Strukturpolitik", in: Hamburger Jahrbuch für Wirtschafts- und Gesellschaftspolitik 1964, Jg. 9, S. 67ff; Lampert, Heinz: "Die Wirtschafts- und Sozialordnung in der Bundesrepublik Deutschland", 6. überarbeitete Auflage, München 1978, S. 143ff; Arndt, Helmut: Kapitalismus, Sozialismus, Konzentration und Konkurrenz, Tübingen 1976, S. 52ff, 69ff.

begründete eine Flut wissenschaftlicher Abhandlungen, deren Anhänger sich grundsätzlich in zwei Lager teilen lassen. Während die "Institutionalisten" im Wettbewerb einen Wert an sich sehen und ihn zum Schutzobjekt ernennen, das gegen Beschränkungen und Mißbräuche geschützt werden muß (Freiheitsziel bzw. Freiheitsfunktion), betrachten die "Instrumentalisten" den Wettbewerb funktional, als ein Instrument zur Erreichung bestimmter wirtschaftspolitisch erwünschter Marktergebnisse.[350] Hierzu zählen:[351]

- Anpassungs- bzw. Allokationsfunktion

Wettbewerb stellt bei funktionsfähigem Marktmechanismus sicher, daß Arbeit und Kapital in ihre gesamtwirtschaftlich produktivsten Verwendungsbereiche gelenkt werden, in denen die von den Verbrauchern nachgefragten Güter erzeugt und Dienstleistungen bereitgestellt werden. Durch die Vielzahl autonomer Kaufentscheide der privaten Haushalte wird die Zusammensetzung des Güter- und Dienstleistungsangebots so gesteuert, daß die Anbieter den Wünschen der Nachfrager so gut wie möglich Rechnung tragen, um ein Höchstmaß an individueller Bedürfnisbefriedigung zu erreichen. Der Wettbewerb steuert so Höhe und Zusammensetzung der Produktion und damit das Angebot nach den am Markt dokumentierten Konsumentenpräferenzen.

- Entdeckungs- bzw. Fortschrittsfunktion

Die permanente Änderung der Konsumentenwünsche zwingt die Produzenten nicht nur zur Anpassung, sondern bewirkt einen Anreiz, die Mitkonkurrenten zu übertreffen, um Vorsprungsgewinne realisieren zu können. Mit Hilfe von Kosteneinsparungen und Entwicklung neuer Produkte und Produktionstechniken wird dabei Innovation und technischer Fortschritt gefördert. Diejenigen Anbieter, die nicht in der Lage sind, ihr Angebot der veränderten Nachfrage anzupassen und die kostengünstigste Produktionsmethode zu realisieren, werden durch Verluste "bestraft" und unter Umständen zum Ausscheiden gezwungen.

---

350 Vgl. ausführlicher hierzu Tuchtfeld, Egon: Konzepte der Wettbewerbspolitik, in: Merz, Hans/Schluep, Walter R.(Hrsg.): Recht und Wirtschaft heute, Festgabe zum 65. Geburtstag von Max Kummer, Bern 1980, S. 558ff; Schwintowski, Hans-Peter: Deutsches und europäisches Wettbewerbsrecht, in: Zeitschrift für vergleichende Rechtswissenschaft, Nr. 92, 1993, S. 46f.

351 Vgl. Herdzina, Klaus: Wettbewerbspolitik, a.a.O., S. 33, Übersicht 1. Zur Systematisierung der ökonomischen Wettbewerbsfunktionen vgl. auch Olten, Rainer: a.a.O., S. 20 Abb. 1.

- Verteilungsfunktion

Die vom Markt honorierte Leistung ist der Maßstab für die Verteilung der Einkommen und damit für den Gewinn eines Unternehmens. Die Verteilungsfunktion des Wettbewerbs drückt aus, daß die Produktionsfaktoren ihr Einkommen entsprechend der von ihnen erbrachten Leistung zugeteilt bekommen. Das Ziel der leistungsgerechten Entlohnung muß auch immer unter dem Gesichtspunkt der Leistungsmotivation gesehen werden. Nur Aussicht auf höheres Einkommen bzw. höhere Gewinne veranlaßt Wirtschaftssubjekte, sich dem Wettbewerb zu stellen und evtl. erhöhte Risiken einzugehen. Leistungs- und Wettbewerbsgesinnung stehen daher in ursächlichem Zusammenhang mit der Verteilung der erzielten Gewinne.

Bezüglich der Interdependenz der einzelnen ökonomischen Funktionen ist hinzuzufügen, daß diese generell zusammen gesehen werden müssen, da sie sich gegenseitig unterstützen oder sogar erst bedingen.[352]

4.2.4 Zum Verhältnis von gesellschaftspolitischen und wohlfahrtsökonomischen Zielen

Wesentlich bedeutungsvoller erscheint die Rangordnung der ökonomischen Funktionen einerseits und der gesellschaftspolitischen Funktion des Wettbewerbs andererseits.[353] Die Überlegung, ob die gesellschaftspolitische Aufgabe des Wettbewerbs, konkretisiert als die Sicherung der persönlichen Freiheit im ökonomischen Bereich und die relativ breite Streuung ökonomischer Macht - notwendig zur Erhaltung einer freiheitlichen politischen Ordnung als Endziel an sich, oder aber als Ziel im Katalog ökonomischer Zielsetzungen einzuordnen[354] ist bzw. sich als vollkommen isolierte Zielsysteme kontrovers gegenüberstehen, begründete den "Schulenstreit" zwischen reinen Instrumentalisten und reinen

---

352 Vgl. Paschke, Jörg-Volker: Wettbewerb und Wirtschaftspolitik, Frankfurt/Main 1977, S. 44.

353 Ausführlicher zur Frage der Hierarchie der Wettbewerbsfunktionen vgl. Schmidbauer, Herbert: Allokation, technischer Fortschritt und Wettbewerbspolitik, Tübingen 1974, S. 47ff.

354 Unter Berufung auf die Thesen von Hayek lehnt Hoppmann es grundsätzlich ab, in der Sicherung des Wettbewerbs ein Ziel innerhalb der wirtschaftspolitischen Zielhierarchie zu sehen. Wettbewerb soll um seiner selbst willen angestrebt werden. Vgl. Hoppmann, Erich: Fusionskontrolle, a.a.O., S. 18f.

Institutionalisten.[355] Ohne der Diskussion divergierender wettbewerbspolitischer Konzepte vorzugreifen, deren Gegenstand die Erläuterung und Erklärung dieser Problematik ist, sei vorab angemerkt, daß bislang kein abschließender Konsens darüber herrscht, in welchem Verhältnis die gesellschaftspolitischen und spezifisch ökonomischen Zielsetzungen zueinander stehen.[356] Ebenso unbestimmt ist das Verhältnis zu außerwettbewerblichen Zielvorstellungen und daraus resultierend möglichen Zielkonflikten.[357] Selbst über die Rangordnung der ökonomischen Zielsetzungen besteht kaum Einigkeit. Der Wechsel der Zielpriorität wird häufig auf die der Betrachtung zugrundegelegten Wettbewerbskonzeptionen zurückgeführt. Bemerkenswerterweise schien diese Ungewißheit auch beim Bundeskartellamt - der Hüterin des Wettbewerbs - vorzuherrschen. Während der damalige Präsident des Bundeskartellamtes Eberhard Günther noch 1959 den Gesichtspunkt der Freiheitsgarantie postulierte, bezeichnete er zehn Jahre später als Ziel des Gesetzes gegen Wettbewerbsbeschränkungen die Stimulierung ökonomischer Wettbewerbsfunktionen bei gleichzeitiger Aufrechterhaltung eines möglichst großen wirtschaftlichen Freiheitsbereiches.[358] Die Synthese beider Zielsysteme soll verdeutlichen, daß es sich nicht um unvereinbare Alternativen, sondern ähnlich wie bei den Wirtschaftsordnungen in der Praxis um Mischformen handelt, anders ausgedrückt um zwei Seiten derselben Medaille. Wettbewerb soll den am Marktgeschehen Beteiligten nicht nur Freiheitsspielräume eröffnen, sondern gleichzeitig auch eine gute Marktversorgung gewährleisten.

4.3 Wettbewerbstheoretische Einordnung zunehmender Konzentration

Die Vielfalt möglicher Ansätze zur Definition des Erkenntnisobjektes "Wettbewerb" und die kontroversen Vorstellungen darüber, welche Ziele er primär zu erfüllen hat, nährt die Vermutung, daß es sich bei der Suche nach einem geschlossenen wettbewerbstheoretischen Konzept, im Sinne einer eindeutigen und

---

355 Vgl. Schlecht, Otto: Wettbewerb als ständige Aufgabe, Vorträge und Aufsätze Nr. 53, Tübingen 1975, S. 12f mit weiteren Nachweisen.

356 Es bleibt offen, ob im Rahmen der marktwirtschaftlichen Ordnung dem Ziel der "Freiheit" oder dem Ziel des "Wohlstandes" Priorität zukommt. Vgl. Biedenkopf, Kurt H.: Wettbewerbpolitik zwischen Freiheitsidee und Pragmatismus, in: WuW 1968, Jg. 18, S. 4; Neubauer, Manfred H.: Der volkswirtschaftliche Inhalt des Wettbewerbsbegriffs in § 1 GWB, Dissertation, Marburg 1968, S. 246ff.

357 Als Einfallstore außerwettbewerlicher Ziele gelten Gemeinwohlbelange jeder Art, Gesichtspunkte des Mittelstandschutzes, der Sozial-, Arbeitsmarktpolitik und Kulturpolitik aber auch die Industriepolitik.

358 Vgl. Schmidbauer, Herbert: a.a.O., S. 53.

allgemein anerkannten Lage-Ziel-Mittel-Analyse, ähnlich verhält, und wir es mit einem kontroversen Nebeneinander unterschiedlichster Ansätze zu tun haben. Es ist in der Tat so, daß es eine einzige allgemein akzeptierte wettbewerbspolitische Konzeption weder heute gibt noch historisch gesehen je gegeben hat.

Die wissenschaftliche Herausforderung, ein System von Aussagen zu entwickeln, das die Funktionsweise wettbewerblicher Marktprozesse ebenso umfassend wie differenziert erklärt und auf Grundlage dieser Beobachtungen und Erkenntnisse der Politik konkrete Handlungsempfehlungen und Orientierungshilfen zu liefern vermag, ist daher aktueller denn je. Seit dem Beginn der Wettbewerbsdiskussion gab es zwar zahlreiche Klärungen im Kleinen und auch Lösungen von Detailfragen mancherlei Art, über den Status von Partialanalysen kamen diese jedoch in den seltensten Fällen hinaus. Die Ursachen dieses auch derzeit wenig befriedigenden Zustandes sind vielfältig. Wie aus dem Versuch einer Definition des Terminus Wettbewerb bereits ersichtlich, handelt es sich um ein dynamisches Phänomen, das in seinen Ausprägungen und Erscheinungsformen äußerst vielfältig und komplex ist, und sich daher theoretisch nur schwer erfassen läßt. Weiterhin ist dieser Teilbereich der Wirtschaftstheorie weit mehr von normativen Vorstellungen als von empirisch gesicherten Erkenntnissen geprägt, so daß allein aus diesem Grunde kontroverse wettbewerbstheoretische Lösungen zu erwarten sind. Historisch gesehen spielten auch die jeweiligen ökonomischen und gesellschaftspolitischen Gegebenheiten und Hintergründe eine entscheidende Rolle für die wissenschaftliche Erfassung des Wettbewerbs. Insofern sind alle wettbewerbstheoretischen Konzepte sozusagen immer "Kinder ihrer Zeit".

Ehe Überlegungen dahingehend angestellt werden, ob es derzeit ein wettbewerbstheoretisches Leitbild gibt, das den Anforderungen entspricht, in der Weise, als es vor dem Hintergrund zunehmender Fusions- und Übernahmeaktivitäten konkrete Handlungsempfehlungen für die Wettbewerbspolitik bereitzustellen vermag, insbesondere welche Grundhaltung hinsichtlich der Konzentrationserscheinungen bezogen wird, ist es unabdingbar, sich mit den Wurzeln und bisherigen Entwicklungen zu beschäftigen. Wenig fruchtbar und notwendig erscheint es in diesem Kontext, alle Teilaspekte und Partialanalysen zu diskutieren. Vielmehr ist es hinreichend, sich mit dem Teil der "Wettbewerbsgestaltungstheorie"[359] zu beschäftigen, der nachhaltig zu unserem heu-

---

359 Grossekettler verwendet die Ausdrücke "wettbewerbspolitische Konzeptionen", "Wettbewerbsgestaltungstheorie", "Theorie der Wettbewerbspolitik" als Synonyme für Wettbewerbstheorie. Vgl. Grossekettler Heinz: Wettbewerbstheorie, in: Borchert, Manfred/ Grossekettler, Heinz (Hrsg.): Preis- und Wettbewerbstheorie, Stuttgart 1985, S. 115 und 135.

tigen Wettbewerbsverständnis beigetragen hat. Zu diesem Zweck lassen sich die verschiedenen Ansätze[360] - entsprechend der Gewichtung der beiden Zielsetzungen Freiheit bzw. ökonomische Effizienz - in zwei wettbewerbspolitische Grundpositionen einteilen.

4.3.1 Das Freiheitspostulat als wettbewerbstheoretische Grundhaltung

4.3.1.1 Die Theorie des freien Wettbewerbs

Adam Smith legte mit seinem 1776 erschienenen Werk "An Inquiry into the Nature and the Causes of the Wealth of Nations"[361] den Grundstein für die moderne Wettbewerbstheorie und gilt seither als Begründer der sog. ersten Phase der Wettbewerbstheorie.[362] Die Beobachtungen der im Zeitalter des Merkantilismus herrschenden Mißstände, insbesondere des Wohlstandsgefälles und der Bevormundung und Unterdrückung der breiten Bevölkerungsschicht durch die Feudalherren, veranlaßten Smith die Idee vom "system of free competition" aufzugreifen und zu verallgemeinern. Die Erkenntnis der natürlichen Rivalität der Wirtschaftssubjekte zum Zwecke der Verbesserung der Lebensqualität, der Wettbewerb zwischen Angebot und Nachfrage von Gütern war nicht gänzlich neu. Smith verstand es aber, das Phänomen "Wettbewerb", das die Physiokraten[363] bereits um 1760 im Zusammenhang mit der Wohlstandsmehrung der Feudalherren analysierten,[364] aus seiner untergeordneten Rolle zu lösen und den Marktmechanismus als volkswirtschaftlichen Koordinationsmechanismus auf die breite Bevölkerungsschicht zu übertragen. Er verband mit seiner Forderung

---

360 Nicht alle Konzepte können eindeutig den beiden Kategorien zugeordnet werden. Manche Ansätze enthalten Elemente beider Richtungen und sind daher nur schwer zuzuordnen.

361 Smith, Adam: The Inquiry into the Nature and the Causes of the Wealth of Nations, London 1776. In deutscher Fassung: Recktenwald, Horst Claus (Hrsg.): Der Wohlstand der Nationen. Eine Untersuchung seiner Natur und seiner Ursachen, München 1978.

362 Vgl. Herdzina, Klaus: Wettbewerbstheorie, Köln 1975, S. 15. Während sich die Autoren noch darüber einig sind, daß Adam Smith als Begründer der modernen Wettbewerbstheorie gilt, gehen die Meinungen über die Zuordnung einiger Konzeptionen zu einer bestimmten Phase zuweilen auseinander, vgl. Neumann, Carl Wolfgang: Historische Entwicklung und heutiger Stand der Wettbewerbstheorie, Königstein/Taunus 1982, S. 67.

363 Zum Gedankengut der Physiokraten ausführlicher, vgl. Mantzavinos, Chrysostomos: Wettbewerbstheorie. Eine kritische Auseinandersetzung, Berlin 1994, S. 16; Neumann, Carl Wolfgang: a.a.O., S. 29f.

364 Vgl. Heuss, Ernst: Wettbewerb, in: HdWW, Band 8, Stuttgart 1980, S. 679.

vom freien Wettbewerb allerdings nicht nur die Hoffnung auf wirtschaftliches Wachstum und Wohlstandssteigerung für die gesamte Gesellschaft, sondern versuchte mit dem Instrument Wettbewerb die innere und äußere, die religiöse und politische Befreiung und Freiheit des Individuums gleichermaßen zu verwirklichen und den Grundstein einer liberalen Ordnung zu legen, die an die Stelle des Merkantilsystems mit seinen Reglementierungen und Beschränkungen treten soll. Wohlstand und Gerechtigkeit für alle würden am ehesten erreicht, wenn man den Bürgern einen großen Handlungs- und Freiheitsspielraum sowohl auf der gleichen als auch auf der Marktgegenseite gewährt und ihnen dafür auch die Verantwortung für ihr Handeln überträgt.[365] Der Freiheitsbegriff und das Verständnis von Freiheit im Smith'schen Sinne war allerdings eindimensional nur auf das Verhältnis Staat - Privater ausgelegt. Eine Forderung, den Handlungsspielraum Privater untereinander zu sichern, unterblieb. Diese Haltung erklärt sich aus der geistigen Grundüberzeugung Smith, der sich als deistischer[366] Moralphilosoph der Gleichgewichtsthese verschrieb und der Überzeugung war, daß - unter der Voraussetzung der Dezentralisierung der Produktionsfaktoren und der autonomen Entscheidung der Wirtschaftssubjekte was, wie und für wen produziert werden soll -, sich freie und faire Preise für Güter und Dienste quasi automatisch durch die Reaktionen, die Angebot und Nachfrage auslösen, einstellen werden. Weicht der "Marktpreis" vom "natürlichen Preis"[367] ab, ist dies nach Ansicht Smith allenfalls kurzfristiger Natur, ein Zwischenstadium auf dem Weg zum Zentrum. Ein auf die Erhaltung des Gleichgewichts gerichtetes Eingreifen des Staates ist daher nicht notwendig, wenn nicht sogar falsch und würde den auf das Gleichgewicht der natürlichen Ordnung ausgerichteten Regelmechanismus behindern und unter Umständen zerstören. Das "freie Spiel der Kräfte" soll durch Staatseingriffe keinesfalls gestört werden. Diese Funktion übernimmt die "invisible hand"[368] des Marktes. Nur der freie und ungehinderte Wettbewerb ist in der Lage, das egoistische

---

365 Vgl. Gehrke, Christian: Wachstumstheoretische Vorstellungen bei Adam Smith, in: Kurz, Heinz D. (Hrsg.): a.a.O., S. 131.

366 Die Weltanschauung des Deismus gründet sich im tiefen Glauben, alles Bestehende sei göttlich Gewolltes. Vgl. Büscher, Martin: Gott und Markt - religionsgeschichtliche Wurzeln Adam Smiths und die "Invisible Hand" in der säkularisierten Industriegesellschaft, in: Meyer-Faje, Arnold/Ulrich, Peter (Hrsg.): Der andere Adam Smith. Beiträge zur Neubestimmung von Ökonomie als Politischer Ökonomie, Bern 1991, S. 125ff.

367 Vgl. Recktenwald, Horst Claus (Hrsg.): a.a.O., S. 48ff.

368 Smith hatte das Phänomen der unsichtbaren Hand bereits in seinem früheren Werk der "Theory of Moral Sentiments" ausführlich erläutert. Vgl. hierzu Kittsteiner, Heinz-Dieter: Ethik und Teleologie: Das Problem der "unsichtbaren Hand" bei Adam Smith, in: Kaufmann, Franz-Xaver/Krüsselberg, Hans-Günter (Hrsg.): Markt, Staat und Solidarität bei Adam Smith, Frankfurt/Main 1984, S. 41ff.

Eigeninteresse[369] der Wirtschaftssubjekte in volkswirtschaftlich sinnvolle Bahnen zu lenken. Selbst die Existenz von Monopolen, die Smith durchaus erkannte und als kurzfristige, vorübergehende Phänomene einstufte, die dem zeitlich dynamischen Charakter wettbewerblicher Anpassungsprozesse entspringen, rechtfertigt nicht Eingriffe in die wettbewerbliche Selbststeuerung. Denn dauerhaft überhöhte Marktpreise, sog. Monopolpreise, "können nur solange durchgesetzt werden, wie die gesetzlichen Regelungen in Kraft sind, auf denen sie beruhen".[370] Der Vorwurf, Smith hänge einem naiven Harmonieglauben an und würde den Staat zum "Nachtwächterstaat" degradieren, ist nur zum Teil korrekt. Die uneingeschränkte politische Enthaltsamkeit fordert Smith nur wirtschaftspolitischer Art,[371] ansonsten weist er dem Staat folgende konkrete Aufgaben zu:[372]

1. Die Pflicht, das Land gegen Gewalttätigkeiten und Angriffe anderer unabhängiger Staaten zu schützen.

2. Die Aufgabe, jedes Mitglied der Gesellschaft soweit wie möglich vor Ungerechtigkeit oder Unterdrückung durch einen Mitbürger in Schutz zu nehmen oder ein zuverlässiges Justizwesen einzurichten.

3. Die Pflicht, bestimmte öffentliche Anstalten und Einrichtungen zu gründen und zu unterhalten, die ein einzelner oder eine kleine Gruppe aus eigenem Interesse nicht betreiben kann, weil der Gewinn die Kosten niemals decken könnte.

Mit Hilfe dieser Aufgaben soll eine staatliche Rahmenordnung geschaffen werden, die unabhängiges Handeln der Wirtschaftssubjekte ermöglicht, für eine

---

369 Adam Smith erkannte durchaus die Problematik, daß die einzelnen Wirtschaftssubjekte die ihnen übertragene Handlungsfreiheit nicht freiwillig zum Wohle der Allgemeinheit nutzen würden, sondern das in jedem Individuum innewohnende egoistische Streben zu Lasten der Gesellschaft eingesetzt werden kann, was das vielstrapazierte Zitat vom Wohlwollen des Metzgers, Brauers und Bäckers verdeutlicht. Vgl. Recktenwald, Horst Claus (Hrsg): a.a.O., S. 17, 371.

370 Vgl. ebenda S. 54.

371 Vgl. Pichler, Eva: Adam Smith' Beitrag zur Staatsbegründung und zur Finanzwissenschaft, in: Kurz, Heinz D. (Hrsg.): a.a.O., S. 263; Gretschmann, Klaus: Markt und Staat bei Adam Smith. Eine neue Antwort auf eine alte Frage?, in: Kaufmann, Franz-Xaver/Krüsselberg, Hans-Günter (Hrsg.): a.a.O., S. 123ff.

372 Vgl. Recktenwald, Horst Claus (Hrsg.): a.a.O., S. 582; Wünsche, Horst Friedrich: Die immanente Sozialorientierung in Adam Smiths Ordnungsdenken - ein Paradigma für die Soziale Marktwirtschaft, in: Meyer-Faje, Arnold/Ulrich, Peter (Hrsg.): a.a.O., S. 250.

ausreichend große Zahl potentieller und tatsächlicher Wettbewerber sorgt, flexible Güter- und Faktorpreise und eine ausreichende Mobilität der Produktionsfaktoren sichert und den Marktzugang für alle Marktteilnehmer, d.h. die Offenhaltung der Märkte garantiert, so daß auf dem fruchtbaren Boden des Leistungswettbewerbs dauerhafte wirtschaftliche Macht nicht gedeihen kann und folglich auch keine Notwendigkeit besteht, diese unter Einsatz staatlicher Hoheitsgewalt zu kontrollieren und zu begrenzen. Damit wurde praktischer Wettbewerbspolitik in Form von Antikartell- bzw. Antimonopolpolitik eine klare Absage erteilt. Die Handlungsanweisung bestand in der Theorie des freien Wettbewerbs einzig darin, freien Leistungswettbewerb zu gewährleisten.

4.3.1.2 Ordoliberalismus

Der Ausgangspunkt ordoliberaler Überlegungen hinsichtlich der gesellschaftspolitischen Dimension des Wettbewerbs zeigt gewisse Parallelen zum Gedankengut der Klassiker auf. Auch hier waren historisch gesehen die negativen Erfahrungen der Kartell- und Vermachtungspolitik der Weimarer Republik und deren fatale Auswirkungen im Zweiten Weltkrieg[373] Auslöser, ein wettbewerbspolitisches Konzept zu schaffen, dessen primäre Zielsetzung die Sicherstellung der individuellen Handlungs- und Entscheidungsfreiheit sein soll. Das "gesellschaftspolitische Element" der Klassiker wurde bei den Ordoliberalen wiederentdeckt und zugleich ausgedehnt auf den Bereich des Wettbewerbsschutzes Privater untereinander. Eucken und seine Mitstreiter widersprachen der in den 20er Jahren des vergangenen Jahrhunderts aufkommenden These vom zwangsläufigen Niedergang des Wettbewerbs. Das Dilemma steigender Skalenerträge und daraus folgend die Errichtung kostengünstig produzierender Großunternehmen war für die Ordoliberalen nicht existent. Im Gegenteil, die Argumentationskette Produktdiversifizierung - Marktgrößenvorteile - Tendenz zur Abnahme des Wettbewerbs wird unterbrochen und ins Gegenteil verkehrt, sobald die bis dato in den statischen Rahmenkatalog verbannte Prämisse der fortschreitenden technischen Entwicklung endogenisiert wird. Beobachtungen hatten bereits seinerzeit ergeben, daß technischer Fortschritt die Tendenz zur Konkurrenz verstärkt. Eucken belegte seine These durch folgende Argumente:[374]

---

373   Vgl. Stolper, G.: "Deutsche Wirtschaft 1870-1940: Kaiserreich - Republik - Drittes Reich", Stuttgart 1950, S. 136f, zitiert in: Schmidt, Paul Günther: a.a.O., S. 14.

374   Vgl. Eucken, Walter: Technik, Konzentration und Ordnung der Wirtschaft, in: Herdzina, Klaus (Hrsg.): Wettbewerbstheorie 1975, a.a.O., S. 132f.

- Durch die Verbesserung der Verkehrs-, Nachrichten- und Kommunikations-
  technologie werden ehemals lokale bzw. nationale Märkte erweitert. Bislang
  monopolistisch oder auch oligopolistisch agierende Anbieter sehen sich
  neuer Konkurrenz ausgesetzt.
- Technischer Fortschritt ermöglicht eine Verschärfung der Substitutions-
  konkurrenz. Diese wirkt sich wettbewerbsfördernd aus.
- Der technische Fortschritt forciert die Anpassungsflexibilität und vergrößert
  wiederum den Wettbewerbsdruck.[375]

Die eigentliche Gefahr für den Wettbewerb und somit für den Freiheitsspielraum Privater, stellt nach Ansicht der Ordoliberalen erst die Reaktion auf die
zunehmende Konkurrenz dar. Die Erfahrungen zeigten, daß menschliches
Sicherheitsbedürfnis und Machtstreben als starke Motivation für Eingriffe
Privater in das freie Spiel der Kräfte wirken.[376] Die zu erwartenden Abwehr-
reaktionen, zu denen Eucken nicht nur Kartelle und sonstiges wettbewerbsbeschränkendes Verhalten, sondern in erster Linie das Phänomen der Unternehmenskonzentration zählt, gilt es daher unter staatliche Aufsicht zu stellen
und zu kontrollieren. Eucken forderte daher die Sicherung des freien Leistungswettbewerbs durch einen starken Staat,[377] um der Gefahr der Selbstzerstö-
rung eines sich selbst überlassenen Marktes entgegenzuwirken. Hierzu forderte
er einen staatlichen Rahmenkatalog wettbewerbspolitischer Einflußmöglichkeiten, der weit über das hinausging und wesentlich rigider war, als es Smith
einst forderte. Für Eucken bestand die Pflicht des Staates nicht nur darin, sich
wirtschaftspolitisch neutral zu verhalten, um den Gleichgewichtsprozeß nicht zu
stören, sondern die in der Realität zu beobachtenden Ungleichgewichtsten-
denzen in Form von Herausbildung dauerhafter Machtpositionen weniger
Privater gegenüber der Vielzahl unterlegener Privater, zu verhindern bzw.
wenigstens einer Kontrolle zu unterwerfen. Die Forderung einer - zwar system-
konformen - inhaltlich-materiellen Intervention sei auch im Hinblick auf die
Gefahr, die wirtschaftlich übermächtige Unternehmen auf die Neutralität des

---

375 Obwohl in dieser Argumentation die potentielle Konkurrenz nicht explizit erwähnt ist,
     erwächst ihre "Macht" erst aus der schnellen Anpassungs- und Umstellungsfähigkeit.
     Bei Vorhandensein minimaler bzw. nicht bestehender Markteintritts- und Marktaus-
     trittsbarrieren ist ihr "Gefahrenpotential" annähernd gleichzusetzen mit dem der aktu-
     ellen Konkurrenz.

376 Vgl. Schlecht, Otto: Grundlagen und Perspektiven der Sozialen Marktwirtschaft,
     Tübingen 1990, S. 65.

377 Die Ordoliberalen wandten sich ausdrücklich gegen einen "Nachtwächterstaat", vgl.
     Schlecht, Otto: Schäden der Zwangswirtschaft lassen sich durch Interventionismus nicht
     reparieren, a.a.O., S. S1.

Staates ausüben können, notwendig.[378] Eucken setzte dabei auf die präventive Kontrolle und forderte sogar die Entflechtung einmal entstandener Machtkörper,[379] eine Mißbrauchsaufsicht dagegen hielt er für wenig effizient. Die Handlungsanweisung für eine aktive Wettbewerbspolitik bestand folglich darin, jedwede Form der Verletzung wettbewerblicher Handlungsfreiheit zu verhindern.

4.3.1.3 Das neoklassische Konzept der Wettbewerbsfreiheit

Das Konzept der Wettbewerbsfreiheit wurde von seinen Vertretern, insbesondere Erich Hoppmann, etwas verfänglich als neoklassisches Konzept bezeichnet, knüpft aber - wie bereits aus der Namensgebung ersichtlich - an das Freiheitspostulat der Klassik an, das bereits zu Adam Smith Zeiten als zentrales Anliegen der Wettbewerbspolitik galt. Das Ziel der Wettbewerbsfreiheit[380] wurde also zur obersten Norm der Wettbewerbspolitik erhoben. Nach Meinung Hoppmanns, ist Wettbewerb in erster Linie um seiner selbst willen, als Wert an sich zu betrachten, ohne den ein Wohlfahrtsoptimum nicht zu erreichen ist. In Anlehnung an die Aussagen der Klassiker ermöglicht Wettbewerbsfreiheit Marktprozesse, die den Marktteilnehmern individuelle ökonomische Vorteile bringen. Insofern schließen sich die beiden Zielkomplexe Wettbewerbsfreiheit und gute ökonomische Ergebnisse[381] nicht aus, (Non-Dilemma-These oder Harmoniethese) sondern sind "...zwei Aspekte desselben wettbewerblichen Prozesses, sie sind zwei Seiten derselben Medaille. Deshalb kann es keine Alternative, keinen Konflikt und kein Problem der Vorrangigkeit zwischen beiden Zielen geben".[382]

Hoppmann betont den dynamischen Charakter des Wettbewerbs, verstanden als nie abgeschlossenes Such- und Entdeckungsverfahren, dessen "Ergebnisse un-

---

378   "Die Machtkörper (Monopole) gewinnen bekanntlich ihrerseits einen großen politischen Einfluß in einem Staat, in dem sie zu wachsen beginnen. Der Staat wird dadurch selbst unfähig, die Monopolkontrolle wirksam durchzuführen." Eucken, Walter: Grundsätze der Wirtschaftspolitik, a.a.O., S. 120.

379   Vgl. ebenda S. 120.

380   Es handelt sich hier um die relative Wettbewerbsfreiheit, die im Gegensatz zur absoluten ihre Begrenzung in der Handlungsfreiheit der Tauschpartner findet.

381   Hierunter subsumierte Hoppmann die z.B. bei Kantzenbach genannten fünf Wettbewerbsfunktionen zu einem Zielkomplex.

382   Hoppmann, Erich: Zum Problem einer wirtschaftspolitisch praktikablen Definition des Wettbewerbs, in: Schneider, Hans K. (Hrsg.): Grundlagen der Wettbewerbspolitik, Schriften des Vereins für Socialpolitik, Band 48, Berlin 1968, S. 21.

voraussagbar und im ganzen verschieden von jenen sind, die irgend jemand hätte bewußt anstreben können..".[383] Aus diesem Verständnis resultierend, ist es daher auch nicht möglich, Marktprozesse, in denen sich Wettbewerbsfreiheit manifestiert hat, positiv zu beschreiben, da sie nicht an eine bestimmte Marktform gebunden sind und die Ergebnisse vorher auch nicht determiniert werden können. Wettbewerbsfreiheit als konstituierende Voraussetzung für den Wettbewerb muß folglich negativ abgegrenzt werden in dem Sinne, als die Faktoren und Verhaltensweisen erfaßt werden, die den dynamischen Koordinierungsprozeß beeinträchtigen. Wettbewerbsfreiheit ist nach Hoppmann gekennzeichnet durch:

1. Die Abwesenheit von Beschränkungen und
2. das Fehlen von Marktmacht.

Diese Bedingungen müssen sowohl für den Parallel- als auch für den Austauschprozeß gelten, d.h. die Sicherstellung von Handlungs- und Entschließungsfreiheit für alle Marktteilnehmer sowohl auf der gleichen als auch auf der Marktgegenseite gilt es zu gewährleisten. Die Handlungsanweisung für die Wettbewerbspolitik lautet dann auch, die Verhaltensweisen zu kontrollieren und gegebenenfalls zu verhindern, die geeignet sind, die Wettbewerbsfreiheit zu begrenzen und Marktmachtpotentiale aufzubauen (Marktmacht bzw. Wettbewerbsfreiheitstests). Diese Empfehlung gilt allerdings nur für den Fall der sog. künstlichen Wettbewerbsbeschränkungen, die auf privaten bzw. staatlichen wettbewerbsbeeinträchtigenden Verhaltensweisen (z.B. Fusionen, Absprachen usw.) basieren. Im Falle der natürlichen Wettbewerbsbeschränkungen, die aus der Dynamik des Wettbewerbs heraus entstehen (z.B. economies of scale) und in der Regel kurzfristiger Natur sind, besteht keine Veranlassung der politischen Einflußnahme. Sind derartige Beschränkungen der Freiheit des Wettbewerbs allerdings von längerer Dauer empfiehlt es sich, sie als Ausnahmebereiche einer Mißbrauchsaufsicht zu unterwerfen. Weil es jedoch äußerst schwierig sein wird, sämtliche Einzelfälle auf ihr Marktmachtpotential hin zu überprüfen, schlägt Hoppmann das Aufstellen von Spielregeln im Sinne von per se-rules vor, die von Einzelfallentscheidungen abstrahieren (Ablehnung von rule of reason Fälle, da sie den politischen Entscheidungsträgern einen unkontrollierten Ermessensspielraum einräumen würden).

---

383 Hayek, Friedrich August von: Der Wettbewerb als Entdeckungsverfahren, wiederabgedruckt in: Freiburger Studien: Gesammelte Aufsätze, Tübingen 1969, S. 249f.

4.3.1.4 Die Chicago-School of Antitrust

Das Anfang der 80er Jahre in den USA von Vertretern[384] der Chicago-School of Antitrust entwickelte Wettbewerbskonzept[385] basiert ebenfalls auf der starken Betonung des Freiheitsaspektes. Unter den Prämissen der absoluten Rationalität der Entscheidungsprozesse und der Offenheit der Märkte bewirkt die Dynamik des Wettbewerbs langfristig gesehen wohlfahrtsoptimale Marktstrukturen. Ein wettbewerbspolitischer Eingriff ist daher nicht nötig.[386] Zunehmende Konzentration und sogar die Existenz von Monopolen, sofern sie nicht auf staatlicher Privilegierung oder Ressourcenkontrolle beruht, ist unbedenklich. Denn dies ist Ausdruck höherer Effizienz und basiert nicht, wie vielfach behauptet wird, auf Marktmacht. Wegen der Prämisse der Nichtexistenz von Markteintrittsschranken gewährleistet der Druck durch die allgegenwärtige potentielle Konkurrenz, daß nicht leistungsfähige Monopole auf Dauer nicht bestehen können. Eingriffe in die Marktstruktur oder das -verhalten werden nur im Falle von Kartellen oder Absprachen befürwortet. Sind die Voraussetzungen freier, unbeeinflußter Marktprozesse gegeben, werden effiziente Unternehmen überleben und nicht leistungsfähige aus dem Markt ausscheiden. Der Wettbewerb erfüllt in diesem Fall seine Auslesefunktion (survival of the fittest). Die weitgehende Ablehnung restriktiver, ordnungspolitischer Eingriffe des Staates und die starke Betonung des Freiheitsaspektes, stand im krassen Widerspruch zu der bis dahin geltenden Auffassung der Harvard-Schule, die ausgehend vom Struktur-Verhaltens-Ergebnisparadigma gewissen Marktstrukturen wohlfahrts-optimale Wir-

---

384   Als Begründer der Chicago-Schule gelten Milton Friedman und George Stigler. Weitere prominente Vertreter sind Demsetz, Posner, Bork u.a. Vgl. Fehr, Benedikt: Die Ökonomen von Chicago, in: FAZ Nr. 203 vom 31.08.1996, S. 15.

385   Im Gegensatz zu vielen vorherigen Konzeptionen fand die Theorie der Chicago-Schule überraschenderweise Eingang in die Wettbewerbsgesetzgebung der USA. Mit der Übernahme der Lehrmeinungen der Chicago-Schule unter der Ära Reagan vollzog sich ein Paradigmawechsel, der zur Lockerung der US-amerikanischen Fusionsrichtlinien (Merger Guidelines) führte. Vgl. Schmidt, Ingo: The Suitability of Chicago's Approach to Antitrust for EEC and German Competition Policy, in: Jahrbuch für Nationalökonomie und Statistik, Band 205, 1988, S. 30. Die Lockerung der Vorschriften über die Fusionskontrolle hatte eine enorme Zusammenschlußwelle zur Folge, weshalb mittlerweile gegenläufige Trends erkennbar sind, die eine verschärfte Anwendung der Antiturst-Rules forcieren. Vgl. Tichy, Gunther: a.a.O., S. 437; o. V.: Antitrust-Chefin geht, in: FAZ Nr. 180 vom 05.08.1996, S. 15.

386   "..., "Chicago" stands for the belief in the efficiency of the free market as a means of organizing resources, for scepticism about government intervention into economic affairs, and for emphasis on the quantity of money as a key factor in producing inflation." Friedman, Milton: Schools at Chicago, University of Chicago Magazine 1974, S. 11ff, zitiert in: Rittaler, Jan: Industrial Concentration and the Chicago School of Antitrust Analysis, Frankfurt/Main 1989, S. 25.

kungen zuschrieb, die mit Hilfe wettbewerbspolitischer Eingriffe hergestellt werden sollten.

4.3.2 Wohlfahrtsmaximierung als wettbewerbstheoretische Grundmaxime

4.3.2.1 Clarks workable competition Ansatz

Für eine Neuorientierung in der wettbewerbstheoretischen Diskussion sorgten die workability-Konzepte,[387] deren Begründer J. M. Clark im Jahr 1939 mit seinem aufsehenerregenden Aufsatz "Toward a Concept of Workable Competition"[388] eine neue Ära in der Entwicklung der Wettbewerbstheorie einleitete.

Sein Ansatz stellte einen Paradigmawechsel dar in der Weise, als erstmals nicht der Versuch unternommen wurde, die in der Realität vorzufindenden Marktunvollkommenheiten schrittweise zu beseitigen oder wenigstens zu minimieren, wie es das bis dato geltende Leitbild des perfekten Leitbildes propagierte. Clark versuchte vielmehr nachzuweisen, daß bei Vorliegen von Unvollkommenheitsfaktoren das Hinzutreten weiterer monopolistischer Elemente dem Wettbewerb nicht zwingend abträglich sein muß, sondern durchaus eine bessere Annäherung an das Wohlfahrtsoptimum[389] erreicht werden kann.[390] Die Aufgabe der Wettbewerbspolitik muß folglich darin bestehen, durch die Analyse der Arten und Grade der nicht zu beseitigenden Unvollkommenheitsfaktoren, diejenigen festzustellen, die unter bestimmten Konstellationen wettbewerbs-fördernd wirken, um sie von denen zu unterscheiden, die nachteilig auf die Funktionsfähigkeit

---

387 Einen Überblick über die Vertreter, die sich an der Diskussion zur Theorie des funktionsfähigen Wettbewerbs beteiligten, und ihren modifizierten Konzeptionen liefert Poeche, Jürgen: Das Konzept der "Workable Competition" in der angelsächsischen Literatur, Köln 1970, S. 14f, 33ff; Sosnick, Stehpen: A Critique of Concepts of Workable Competition, in: Quarterly Journal of Economics, 1958, Band 72, S. 380ff.

388 Clark, John Maurice: Toward a Concept of Workable Competition, in: American Economic Review 2/40, Jg. 30, S. 241ff. In deutscher Übersetzung Clark, John Maurice: Zum Begriff des funktionsfähigen Wettbewerbs, in: Barnickel, Hans-Heinrich (Hrsg.): a.a.O., S. 148ff.

389 Für Clark gelten Marktergebnisse als wohlfahrtsoptimal, wenn der Wettbewerb eine Reihe von Funktionen erfüllt. Vgl. hierzu die Ausführungen unter Punkt 4.2.3.

390 Diese remedial imperfections wurden in der deutschsprachigen Literatur unter der Bezeichnung "Gegengift-These" diskutiert. Vgl. Hoppmann, Erich: Workable Competition als wettbewerbspolitisches Konzept, in: Theoretische und institutionelle Grundlagen der Wettbewerbspolitik, Theodor Wessels zum 65. Geburtstag, Berlin 1967, S. 153.

des Wettbewerbs wirken. Letztere gilt es dann mit Hilfe staatlicher Einflußnahme zu kontrollieren, zu minimieren oder unter Umständen gänzlich zu beseitigen. Zu diesem Zweck bediente sich Clark des Marktstruktur-Marktverhal-
tens-Marktergebnisparadigmas, das von Edward Mason um 1930 entwickelt
wurde und eine einseitige Kausalität zwischen der Marktstruktur, dem Marktverhalten und dem Marktergebnis unterstellt.[391]

Folgende Abbildung veranschaulicht die Vielzahl der Kriterien, die zur Beurteilung des Wettbewerbsprozesses im Rahmen des workability-Ansatzes herangezogen werden.

---

391 Vgl. Mason, Edward S.: Price and Production policies of Large Scale Enterprise, in:
     American Economic Review (Supplement), 1939, Band 29, S. 61, zitiert in
     Mantzavinos, Chrysostomos: Wettbewerbstheorie 1994, a.a.O., S. 24. Mason gehörte zu
     den Begründern der Harvard-Schule, deren Forschungsrichtung der "Industrial
     Organization" sich vornehmlich der empirischen Beobachtung tatsächlicher Wett-
     bewerbsprozesse zuwandte, während sich die workable-competition Konzepte der
     Suche nach der erwünschten Form des Wettbewerbs widmeten. Fälschlicherweise
     werden beide Forschungsrichtungen wegen der Gemeinsamkeit des angewandten
     Struktur-Verhalten-Ergebnisparadigmas als Synonyme gebraucht. Vgl. Mantzavinos,
     Chrysostomos: Positive und normative Wettbewerbtheorie: der Versuch einer Syste-
     matisierung, in: Ott, Alfred E.(Hrsg.): Probleme der unvollkommenen Konkurrenz,
     Tübingen 1994, S. 65ff.

Abbildung 20:   Kriterien der workablility-Ansätze

Markt-strukturkriterien	Markt-verhaltenskriterien	Markt-ergebniskriterien
– Zahl und Größe der Unternehmen – Konzentrationsgrade – Unternehmensaufbau und -organisation – Unternehmens-verflechtungen – Produkt- und Produktionseigen-schaften – Absatz und Marktorganisation – Marktzugang – Marktphasen – räumliche und zeitliche Marktaus-dehnung – Stand des organi-satorischen und technischen Wissens	– langfristige und kurz-fristige Gewinnüber-legungen – Preis- und Kondi-tionengestaltung – Preisbildung – Reaktionen auf veränderte Kon-kurrenz- und Markt-bedingungen – Parallelverhalten – Preisführerschaft – Formen der kooperativen und konzentrativen Zusammenarbeit – Produktions- und Absatzrestriktionen oder -ausdehnungen – Investitionsent-scheidungen – Boykott, Diskriminierung – Ausbeutungs- oder sonstige Zwangs-maßnahmen	– Leistungs- und Wettbewerbsfähigkeit – Umsätze, Gewinne, Investitionen – Kapitalausstattung und deren Relationen – Preise, Qualitäten, Serviceleistungen, Werbungsaufwand – Kostengestaltung und Kostenverhalten – Faktorkombination und -allokation, technischer, wirt-schaftlicher und organisatorischer Fortschritt – Produktinnovation – Marktversorgung – Verbrauchernutzen und -befriedigung – soziale Sicherheit – Machtkonstellationen
⇒ relativ gleich-bleibende bzw. sich nur langsam verändernde Faktoren	⇒ relativ kurzfristig veränderbare Faktoren	⇒ Aggregation öko-nomisch relevante Resultate => zwangsläufig entste-hende Faktoren

Quelle: Eigene Darstellung unter Bezugnahme auf Poeche, Jürgen: a.a.O., S. 17ff, wobei hier nicht der Anspruch der Vollständigkeit erhoben wird.

Für Clark waren in erster Linie die Marktergebniskriterien Bezugs- und Ausgangspunkt für die Schlußfolgerung, ob die Marktverhältnisse wettbewerbspolitisch als zufriedenstellend angesehen werden können oder nicht.[392] Als funktionsfähig galt für ihn der Wettbewerb dann, wenn dieser dem wirtschaftlichen Fortschritt dient. In dieser Auffassung stark von Schumpeter beeinflußt, begrüßt er daher auch das temporäre Auftreten monopolistischer Marktstrukturen, sofern diese aus schöpferischen Unternehmerleistungen hervorgehen und nach einem angemessenen time-lag von den Imitatoren wieder neutralisiert werden. Mit der Adaptation dieser These stellte er die Dynamik der Wettbewerbsprozesse eindeutig in den Mittelpunkt seiner Theorie und besiegelte die endgültige Abkehr vom statischen Leitbild der vollkommenen Konkurrenz. Mit der stärkeren Betonung des dynamischen Aspekts des Wettbewerbs, verstanden als Folge nie abgeschlossener Vorstoß- und Verfolgungsphasen revidierte er seine Gegengift-These dahingehend, als er Unvollkommenheitselemente in der Theorie des funktionsfähigen Wettbewerbs nicht nur als erwünscht ansieht, sondern als eine notwendige Voraussetzung erachtet, um technischen Fortschritt und wirtschaftliches Wachstum zu erzielen.[393] Die Frage nach der Art und das konkrete Ausmaß der für ein optimales Marktergebnis notwendigen Unvollkommenheitsfaktoren konnten allerdings weder Clark noch die anderen Vertreter der workability-Konzepte lösen. Es besteht auch nach jahrzehntelangem Bemühen keine Aussicht, jemals eine Gruppe genau definierter workability-Kriterien zur Beurteilung von erwünschten und unerwünschten Marktprozessen zu erhalten.

4.3.2.2 Theorie der optimalen Wettbewerbsintensität

Ungeachtet dieser Diagnose-Problematik, versuchte Kantzenbach Mitte der 60er Jahre die Thesen Clarks und Schumpeters weiterzuentwickeln. Ebenfalls von der dynamischen Interpretation des Wettbewerbs, verstanden als andauernden Prozeß von Vorstoß- und Verfolgung, ausgehend, definiert Kantzenbach die Intensität des Wettbewerbs als "die Geschwindigkeit, mit der die Vorsprungsgewinne, die der technische Fortschritt den Unternehmern einbringt,

---

392 Die Betonung des market performance-Kriteriums schließt allerdings nicht aus, daß er auch andere Maßstäbe - wie Marktstruktur und -verhalten - ergänzend herangezogen hat, obwohl er keine konkrete Unterscheidung getroffen hat. Anhand der Aufgaben, die er dem funktionsfähigen Wettbewerb zuschrieb, bezog er offensichtlich unbewußt alle drei Merkmalsgruppen in seine Beurteilung mit ein. Vgl. Woll Artur: Allgemeine Volkswirtschaftslehre, 9. überarbeitete und ergänzte Auflage, München 1987, S. 280.

393 "I have become increasingly impressed that the kind of competition we have, with all its defects - and these are serious - is better than the pure and perfect norm, because it makes for progress." Clark, John M.; Competition as a Dynamic Process, a.a.O., S. IX.

von der Konkurrenz wieder weggefressen werden".[394] Diese ist seiner Meinung nach um so intensiver, wenn möglichst wenige, aber leistungsfähige Großunternehmen in Konkurrenz zueinander stehen. Als optimal bezeichnet er einen Wettbewerb immer dann, wenn er bestimmte Funktionen bestmöglich erfüllt, d.h. ein bestimmtes Marktergebnis hervorbringt. Er bleibt insofern - wie auch sein Vordenker Clark - der Kausalkette von Marktstruktur, Marktverhalten und Marktergebnis verbunden. Das heißt, eine Marktstruktur ist so zu gestalten, daß ein wirtschaftspolitisch erwünschtes Ergebnis mittels eines funktionsfähigen Wettbewerbs entstehen kann.[395] Bei der Analyse beschränkt Kantzenbach sich auf die ökonomischen Wettbewerbsfunktionen als ausschließliche Beurteilungskriterien.[396] Seine Handlungsempfehlung an die Wettbewerbspolitik lautet folglich, dafür zu sorgen, daß die Marktform hergestellt werden soll, die die bestmögliche Verwirklichung einer flexiblen Anpassung an sich ständig verändernde Nachfragestruktur und Produktionstechnik und die Durchsetzung technischen Fortschritts in Gestalt neuer Produkte und Produktionsmethoden gewährleistet.[397] Dies ist nach Ansicht Kantzenbachs in der Marktform des weiten Oligopols mit mäßiger Produktdifferenzierung und begrenzter Transparenz zu erwarten.[398] In der Praxis auftretende, vom Ideal abweichende Marktformen gilt es im Falle unteroptimaler Wettbewerbsintensität mittels Konzentrations- und auch Kooperationsförderung und im Falle überoptimaler Intensität durch die Verhinderung von Wettbewerbsbeschränkungen und Kontrolle von Unternehmenszusammenschlüssen herzustellen.[399]

4.3.3 Abschließende Würdigung

Die Ausführungen unter Punkt 4.3 haben gezeigt, daß keines der traditionellen Konzepte bzw. Leitbilder uneingeschränkt geeignet ist, der praktischen Wettbewerbspolitik dauerhaft gültige und allgemein akzeptierte Anweisungen be-

---

394 Niehans, J.:; Das ökonomische Problem des technischen Fortschritts, in: Schweizerische Zeitschrift für Volkswirtschaft und Statistik, Basel 1954, Jg. 90, S. 156, zitiert in: Kantzenbach, Erhard: Die Funktionsfähigkeit des Wettbewerbs, Göttingen 1966, S. 39.

395 Vgl. Haubrock, Manfred: a.a.O., S. 97; Zur Kritik am SVE-Paradigma vgl. Herdzina, Klaus: Marktstruktur und Wettbewerb, in: Zeitschrift für Wirtschafts- und Sozialwissenschaften, 1973, Jg. 93, S. 267ff.

396 Vgl. Kantzenbach, Erhard: Die Funktionsfähigkeit des Wettbewerbs, a.a.O., S. 12ff.

397 Vgl. Schmidt, Ingo: Wettbewerbspolitik und Kartellrecht, a.a.O., S. 12; Kantzenbach, Erhard: Die Funktionsfähigkeit des Wettbewerbs, a.a.O., S. 17.

398 Vgl. Schmidt, Ingo: Wettbewerbspolitik und Kartellrecht, a.a.O., S. 14.

399 Vgl. Kantzenbach, Erhard: Die Funktionsfähigkeit des Wettbewerb, a.a.O., S. 137ff.

züglich des Konzentrationsphänomens bereitzustellen. Auch neuere Ansätze, die zum Teil aus der kritischen Auseinandersetzung mit den traditionellen Konzeptionen entstanden sind und in der Literatur als interessante Varianten gewürdigt werden, können diesem Anspruch nicht gerecht werden und stehen folglich auch nicht als Alternativlösungen zur Verfügung. Die Wettbewerbstheorie präsentiert sich daher seit einigen Jahren als friedliche Koexistenz verschiedenster Ansätze deren Popularität im Zeitverlauf wechselt.

Für die Wettbewerbspolitik ist Wettbewerbstheorie heute ohnehin weitgehend irrelevant. Entschieden wird sowohl in Deutschland als auch in Europa nach den Gegebenheiten des Marktes. Eine Orientierung an Leitbildern oder statischen Marktformenlehren würde einen Rückschritt bedeuten. Insofern ist auch nachvollziehbar, daß derzeit keine Anstrengungen unternommen werden, auf theoretischer Ebene zu neuen Erkenntnissen zu gelangen. Die Suche nach neuen Leitbildern wurde allem Anschein nach aufgegeben.

4.4 Kartellgesetzgebung als Rechtsbasis der Wettbewerbsordnung in Deutschland

4.4.1 Entstehung und Weiterentwicklung des Gesetzes gegen Wettbewerbsbeschränkungen (GWB)

Die gesetzliche Verankerung des Schutzes freien Leistungswettbewerbs und der Kontrolle mißbräuchlicher Ausnutzung wirtschaftlicher Machtzusammenballung ließ sich in Deutschland, dem einst klassischen Land der Kartelle, im Vergleich zu den USA, die bereits seit Ende des vorletzten Jahrhunderts wettbewerbsbeschränkende und -widrige Handlungen der Unternehmen einer administrativen Kontrolle unterwarfen, erst mit Einführung des Gesetzes gegen Wettbewerbsbeschränkungen (GWB) Anfang 1958[400] realisieren. Vorausgegangen war dem ein jahrelanges zähes Ringen, an dessen Beginn die Einführung der auf Ziffer 12 des Potsdamer Abkommens gestützten alliierten Dekartellierungsvorschriften von 1947 stand. Diese Vorschriften waren in erster Linie von sicherheitspolitischem Denken geprägt und verfolgten das Ziel der

---

400   Zur Entwicklung der Kartellgesetzgebung in Deutschland bis nach dem Zweiten Weltkrieg vgl. ausführlicher Burkhardt, Jürgen: Kartellrecht. Gesetz gegen Wettbewerbsbeschränkungen. Europäisches Kartellrecht, München 1995, S. 9; Kartte, Wolfgang/Holtschneider, Rainer: Konzeptionelle Ansätze und Anwendungsprinzipien im Gesetz gegen Wettbewerbsbeschränkungen - Zur Geschichte des GWB -, in: Cox, Helmut/Jens, Uwe/Markert Kurt (Hrsg.): Handbuch des Wettbewerbs, München 1981, S. 200ff.

konsequenten Entindustrialisierung der deutschen Wirtschaft.[401] Dementsprechend rigoros gestalteten sich die Forderungen der westlichen Besatzungsmächte v.a. Großbritanniens und der USA, die ein generelles Verbot von Kartellen oder ähnlichen Gruppierungen und die Entflechtung der in Deutschland
verbliebenen hochkonzentrierten Wirtschaftskraft forderten.[402] Die Tatsache,
daß die rigiden Dekartellierüngsvorschriften in der Praxis kaum Anwendung
fanden, ist dem in der Folgezeit aufkeimendem Ost-West-Konflikt zuzuschreiben. Primäres Ziel der westlichen Besatzungsmächte, vorrangig aber der
USA war es, nicht länger eine Politik der Sanktionen und der Zerschlagung,
sondern des Wiederaufbaus und der Stärkung der westdeutschen Wirtschaftskraft zu betreiben. Dieser Umdenkungsprozeß hatte zur Folge, daß der bis dato
vorherrschende Dekonzentrationsgedanke zugunsten der Förderung wirtschaftlicher Effizienz in den Hintergrund trat und als Konsequenz hieraus zur zunehmenden Abtretung konzentrationspolitischer Kompetenzen an Deutschland
führte. Zum Ausdruck gebracht wurde dieser Wandel bereits 1949 mit dem
Auftrag der westlichen Alliierten an die Verwaltung für Wirtschaft, einen "Entwurf zu einem Gesetz zur Sicherung des Leistungswettbewerbs und zu einem
Gesetz über das Monopolamt" zu erarbeiten. Ein hierfür eingesetzter bizonaler
Sachverständigenausschuß erarbeitete unter Federführung ihres Vorsitzenden
Dr. Paul Josten einen ersten Entwurf.[403] Dieser basierte im wesentlichen auf
ordoliberalem Gedankengut und beinhaltete neben der Forderung eines absoluten Kartellverbotes mit nur geringen Ausnahmemöglichkeiten die strikte Entflechtung wirtschaftlicher Machtgebilde. Des weiteren war die Bildung einer
unabhängigen Kartellbehörde vorgesehen, die mit weitreichenden Kompetenzen
auszustatten war. Die kritische Auseinandersetzung mit diesem Entwurf ließ
aufgrund seiner Rigidität nicht lange auf sich warten. Vor allem die Interessengruppen der Industrie und des Handels wollten ein derart strenges Wirtschafts-
ordnungsgesetz unter allen Umständen verhindern, was ihnen letztlich auch
gelang, da dieser Entwurf alsbald verworfen bzw. vom damaligen Leiter der
Verwaltung der Wirtschaft, Ludwig Erhard, dem Parlament erst gar nicht vorgelegt wurde. In der Folgezeit wurden zahlreiche Entwürfe erarbeitet, die mehr
oder weniger streng ausgelegt waren. Insbesondere die erstarkten Interessen-

---

401 Über die Ziele der alliierten Dekartellierungsgesetzgebung gibt es keine einheitliche
     Meinung. Vgl. Noll, Bernd: Wettbewerbs- und ordnungspolitische Probleme der Kon-
     zentration, a.a.O., S. 109.

402 "At the earliest practicable date, the German economy shall be decentralized for the
     purpose of eliminating the present excessive concentration of economic powers as
     exemplified in particular by cartels, syndicates, trusts and other monopolistic arrange-
     ments". Potsdamer Abkommen von 02.08.1945, Abschnitt B12, in: Dokumente des
     geteilten Deutschland, 1968, S. 37, zitiert in: Robert, Rüdiger: a.a.O., S. 87.

403 Dieser Entwurf fand in der Literatur als Josten-Entwurf Eingang.

vertreter der Industrie verstanden es immer wieder, das Gesetzgebungsverfahren zu verzögern und den Politikern Kompromisse abzuringen. Erst im Sommer 1957, unmittelbar vor den Wahlen zum 3. Bundestag, konnte das Gesetz gegen Wettbewerbsbeschränkungen (GWB) vom Parlament verabschiedet werden und am 1.1.1958 in Kraft treten.[404] Die so gefundene Lösung war allerdings insbesondere für die Anhänger ordoliberalen Gedankengutes in weiten Teilen unbefriedigend. Dies hatte zur Folge, daß auch nach dem Inkrafttreten die Diskussion um dieses Gesetz nicht ruhte, sondern zum Teil mit derselben Schärfe weitergeführt wurde, wie dies bereits bei dessen Entstehungsgeschichte der Fall war.

4.4.2 Aufgabenstellung des GWB

Sowohl aus dem Titel als auch aus der Begründung zum Regierungsentwurf des GWB läßt sich dessen Zielsetzung ablesen. "Das Gesetz gegen Wettbewerbsbeschränkungen stellt eine der wichtigsten Grundlagen zur Förderung und Erhaltung der Marktwirtschaft dar. Es soll die Freiheit des Wettbewerbs sicherstellen und wirtschaftliche Macht da beseitigen, wo sie die Wirksamkeit des Wettbewerbs und die ihm innewohnende Tendenz zur Leistungssteigerung beeinträchtigt und die bestmögliche Versorgung der Verbraucher in Frage stellt".[405]

Das Gedankengut der Ordoliberalen, deren Einfluß noch im Josten-Entwurf deutlich erkennbar war, ist in der verabschiedeten Fassung des GWB kaum berücksichtigt worden. Ihr zentrales Anliegen war die umfassende Bekämpfung wirtschaftlicher Macht, um auf allen Märkten der Gefahr der Beeinträchtigung des Leistungswettbewerbs vorzubeugen. Hierzu sollten bereits die Chancen zur Bildung und Ausübung von Macht verhindert werden und, wo dies nicht praktikabel bzw. volkswirtschaftlich zweckmäßig erschien, sollten staatliche Lenkungsmechanismen dafür Sorge tragen, daß ein Zustand erreicht wird, der der wirksamen Konkurrenz weitgehend entspricht.[406] Dieses Ziel sollte durch ein absolutes Kartellverbot mit nur geringen Ausnahmemöglichkeiten, einer Entflechtungsregelung und einer Mißbrauchsaufsicht über marktstarke Unternehmen, die nicht entflochten werden können, erreicht werden. Dieser Forderung wurde das GWB in seiner Fassung von 1958 insofern nicht gerecht, als es weder eine Entflechtungsregelung noch eine Fusionskontrolle vorsah. Zudem

---

404 Vgl. Gotthold, Jürgen: a.a.O., S. 73.

405 Regierungsbegründung, BT-DS II/1158, S. 21 zitiert in Elben, Roland: Der Zusammenschluß von Großunternehmen im deutschen und europäischen Kartellrecht, Frankfurt/Main 1994, S. 32.

406 Vgl. Noll, Bernd: a.a.O., S. 111.

war das Kartellverbot durch zahlreiche Ausnahmeregelungen aufgeweicht.[407] Diese Kompromißlösung des GWB präsentierte sich daher für viele Kritiker als "Papiertiger",[408] der seiner Aufgabe der Sicherung des Wettbewerbs zur Schaffung der wirtschaftlichen Freiheit durch und in ihm nicht gerecht werden konnte.

4.4.3 Fusionskontrolle als Achillesferse der Wettbewerbsgesetzgebung

Dem - aus heutiger Sicht - Kernstück der Wettbewerbsgesetzgebung wurde zu Beginn der Diskussion um eine gesetzliche Regelung der Wettbewerbsaufsicht wenig Beachtung geschenkt.[409] Im Zentrum der Überlegungen standen Kartelle[410] und deren wettbewerbsbeschränkende Begleiterscheinungen. Möglichkeiten zur Kontrolle der wirtschaftlichen Konzentration enthält das GWB bekanntermaßen erst seit der Novelle 1973. Den Anstoß für die Bestrebungen zur Einführung einer Fusionskontrolle gab, wie bei den meisten Reformbestrebungen, die Beobachtung der Praxis. Aufgrund der stetig steigenden Konzentrationstendenz sah sich deshalb die Bundesregierung unter Bundeskanzler Brandt veranlaßt, eine Fusionskontrollregelung in das GWB einzubringen und somit den zu beobachtenden Konzentrationsbestrebungen der Wirtschaft entgegenzutreten.[411]

Die Implikation der Fusionskontrolle bedeutete aber auch gleichzeitig die grundlegende Weiterentwicklung der wettbewerbspolitischen Zielvorstellungen der Gründerväter und die Umsetzung der Erkenntnis, daß Wettbewerb in erster Linie dynamischer Art und mit statischen Vorstellungen der Theorie nicht in Einklang zu bringen ist. Obwohl das von Anfang an unrealistische Theoriekonstrukt des Konzepts der vollständigen Konkurrenz in der Praxis kaum Bedeutung erlangte, erfolgte die "amtliche" Anerkennung eines neuen Leitbildes

407 Vgl. hierzu die Ausnahmebereiche der §§ 99 bis 103aGWB.

408 Vgl. Krakowski, Michael: 30 Jahre GWB, in: Wirtschaftsdienst 8/87, Jg. 67, S. 376.

409 Vgl. Sölter, Arno: Unternehmensgröße und Wettbewerbspolitik, in: Kolvenbach, Walter/Minet, Gert-Walter/Sölter, Arno (Hrsg.): a.a.O., S. 59.

410 Diesem Umstand ist es auch zuzuschreiben, daß das GWB seitdem auch Kartellgesetz genannt wird. Vgl. Kinne, Konstanze: Kontinuität im Kartellrecht, in: Wirtschaftsdienst 8/97, Jg. 77, S. 432.

411 Vgl. Elben, Roland: a.a.O., S. 50.

172 4. Die Wettbewerbsordnung der Bundesrepublik Deutschland

erst in der Stellungnahme der Bundesregierung zum Tätigkeitsbericht des BKartA für 1967.[412]

Mit der grundsätzlichen Standortbestimmung durch das neue Leitbild war gleichzeitig der Grundstein gelegt für eine Ergänzung des Kartellgesetzes um weitere Mittel zur Kontrolle der Entstehung wirtschaftlicher Macht. Insofern ordnet sich die Kartellgesetzgebung und hier insbesondere die Fusionskontrolle den ordnungspolitischen Vorstellungen Euckens oder Müller-Armacks unter. Sie verstanden bekanntermaßen sowohl das Konzept der Sozialen Marktwirtschaft als auch das der Ordnungspolitik allgemein, nicht als ein geschlossenes Ganzes, dem jegliche Änderungen und Anpassungen an aktuelle Gegebenheiten abträglich seien, sondern als "einen der Ausgestaltung harrenden progressiven Stilgedanken", der einer ständigen Bewährungsprobe unterliegt.[413]

Als Konsequenz hieraus sind auch die bis heute durchgeführten sechs Novellen zu verstehen, die das Ziel verfolgten, Mängel zu beseitigen und das Gesetz insgesamt wirksamer zu gestalten, vor allem aber dem Erfordernis der Berücksichtigung aktueller Gegebenheiten Rechnung zu tragen.

---

412 Vgl. Elben, Roland: a.a.O., S. 49; Schlecht, Otto: Grundlagen und Perspektiven der Sozialen Marktwirtschaft, a.a.O., S. 22.

413 Sinngemäß formulierte Franz Böhm, daß die Antimonopolpolitik nicht etwas ist, "was eines Tages fix und fertig aus dem Kopf des Zeus hervorsteigt". Vgl. Böhm, Franz: Der vollständige Wettbewerb und die Antimonopolgesetzgebung, in: WuW 1953, Jg. 3, S. 178ff.

Abbildung 21: Novellierungen des GWB

Fundstellen	Kurzfassung der Änderungen
1. Novelle: Gesetz zur Änderung des Gesetzes gegen Wettbewerbsbeschränkungen BGBl I / 1363 vom 22.09.1965 am 01.01.1966 in Kraft getreten	– Einführung der Ausnahmevorschrift für Spezialisierungskartelle – leichte Verschärfung der Mißbrauchsaufsicht über preisbindende Unternehmen – Erweiterung der Befugnisse der Kartellbehörde
2. Novelle: BGBl I / 917 vom 04.08.1973 am 05.08.1973 in Kraft getreten	– Einführung der präventiven Fusionskontrolle – Aufhebung der Preisbindung
3. Novelle: BGBl I / 1697 vom 02.07.1976 am 28.06.1976 in Kraft getreten	– Novellierungen von Normen des Fusionskartellrechts, insbesondere für den Pressesektor, weshalb sie in der Literatur auch als Novelle zu Pressefusionen bezeichnet wird.
4. Novelle: BGBl I / 458 vom 30.04.1980 am 01.05.1980 in Kraft getreten	– Verschärfung der Fusionskontrolle durch Einführung der zusätzlichen Umgehungstatbestandes § 23 Abs. 2 Nr. 2 und § 23a Abs. 2 Änderung der Anschlußklausel § 24 Abs. 8 Nr. 2 – Verschärfung der Mißbrauchsaufsicht; Ergänzung von § 102 und Neueinführung von § 103a
5. Novelle: BGBl I / 2486 vom 22.12.1989 am 01.01.1990 in Kraft getreten	– Korrekturen aufgrund der Handelsproblematik – Abbau von Sondervorschriften in den Ausnahmebereichen
6. Novelle: BGBl I / 2521 vom 02.09.1998 am 01.01.1999 in Kraft getreten	– Harmonisierung des GWB mit der EFKVO

Quelle: Eigene Darstellung.

Mit Einführung der Fusionskontrolle sollte ein Instrument der Wettbewerbspolitik geschaffen werden, das die proklamierte Bekämpfung von Unternehmensmacht, der Konzentration und Wettbewerbsbeschränkungen und der Sicherung des marktwirtschaftlichen Systems dienen soll oder zumindest im "Rahmen der marktwirtschaftlichen Ordnung" zu erfolgen hat. Gleichzeitig wurde

aber erstmals differenziert zwischen dem Erfordernis der Erhaltung wettbewerblicher Strukturen und der Notwendigkeit der Förderung "unteroptimaler
Wettbewerbsstrukturen", d.h. einerseits die Möglichkeit der Untersagung einer
Fusion für den Fall der Entstehung oder Verstärkung einer marktbeherrschenden Stellung, andererseits die Förderung und Erlaubnis von Kooperationen von
kleinen und mittleren Unternehmen, damit sie im dynamischen Wettbewerb
besser bestehen können.

Die Gratwanderung ist insbesondere in der Fusionskontrolle erkennbar, da von
den Entscheidungen unmittelbare Wirkungen auf die Marktstruktur ausgehen.
Die amtliche Wettbewerbspolitik muß dem Erfordernis notwendiger Regelungen und der weisen Selbstbeschränkung mittels verläßlicher wissenschaftlicher
Kenntnisse immer wieder Rechnung tragen.[414]

4.4.4 Materiellrechtliche Ausgestaltung der Fusionskontrolle in der Fassung der 6. Novelle

Die bereits im Jahreswirtschaftsbericht 1995[415] von der Bundesregierung ange-
kündigte und nunmehr zum 01.01.1999 in Kraft getretene 6. Novelle des GWB
brachte neben einer Reihe verfahrensrechtlicher[416] Änderungen der Fusionskontrollvorschriften auch Neuerungen materiellrechtlicher Art mit sich. Die Intention der Gesetzesänderung bestand darin, dem Wettbewerbsprinzip neue
Geltung zu verschaffen in der Weise, daß das deutsche und europäische Kartellrecht weitestgehend in Einklang zu bringen und das, durch fünf Novellen unübersichtlich gewordene, GWB zu straffen ist. Ob dieses Ziel, insbesondere die
Anpassung des deutschen Wettbewerbsrechts an das "Referenzmodell Europa"
für den Bereich der Fusionskontrolle erreicht werden konnte, oder ob wieder
einmal mehr am Wettbewerbsrecht herumgebastelt wurde,[417] wird die anschlie-

---

414 Hier besteht allerdings das Problem, daß gerade die Wissenschaft nur begrenzte Kenntnisse zur Verfügung stellen kann, die zudem nicht ausreichend fundiert sind und häufig
allein der "Lagerzugehörigkeit" ihrer Verfasser folgen.

415 Vgl. Bundesministerium für Wirtschaft (Hrsg.): Jahreswirtschaftsbericht 1995, Bonn
1995, S. 46. Im Jahreswirtschaftsbericht des darauffolgenden Jahres wurde dieses Vorhaben der Novellierung des GWB nochmals bekräftigt. Vgl. WuW 2/96, S. 84.

416 Auf die Darstellung der verfahrensrechtlichen Änderungen soll in diesem Zusammenhang nicht näher eingegangen werden. Zum Ablauf des Fusionskontrollverfahrens nach
der 6. GWB-Novelle incl. der dabei einzuhaltenden Fristen vgl. Schulte, Josef: Änderungen der Fusionskontrolle durch die 6. GWB-Novelle, in: AG 7/98, Jg. 43, Schaubild
S. 298.

417 Vgl. Göbel, Heike: Basteleien am Wettbewerbsrecht, in: FAZ Nr. 113 vom 15.05.1996,
S. 17.

ßende Gegenüberstellung der materiellrechtlichen Ausgestaltung der Fusionskontrollvorschriften vor und nach der Reform zeigen.

Abbildung 22: Die wesentlichen Änderungen der Aufgreif- und Eingreifkriterien im Rahmen der 6. Novelle im Vergleich zur bisherigen rechtlichen Ausgestaltung:

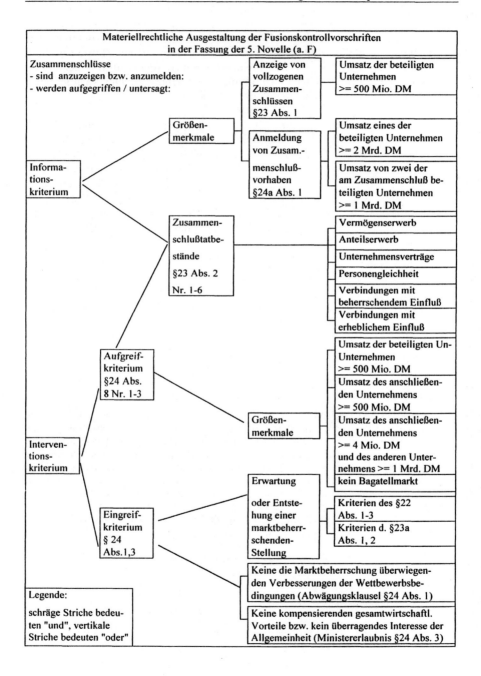

Materiellrechtliche Ausgestaltung der Fusionskontrollvorschriften in der Fassung der 5. Novelle (a. F)

Zusammenschlüsse
- sind anzuzeigen bzw. anzumelden:
- werden aufgegriffen / untersagt:

Informationskriterium

Interventionskriterium

Größenmerkmale

Zusammenschlußtatbestände §23 Abs. 2 Nr. 1-6

Aufgreifkriterium §24 Abs. 8 Nr. 1-3

Eingreifkriterium § 24 Abs. 1,3

Anzeige von vollzogenen Zusammenschlüssen §23 Abs. 1

Anmeldung von Zusam.-menschlußvorhaben §24a Abs. 1

Größenmerkmale

Erwartung oder Entstehung einer marktbeherrschenden-Stellung

Umsatz der beteiligten Unternehmen >= 500 Mio. DM

Umsatz eines der beteiligten Unternehmen >= 2 Mrd. DM

Umsatz von zwei der am Zusammenschluß beteiligten Unternehmen >= 1 Mrd. DM

Vermögenserwerb

Anteilserwerb

Unternehmensverträge

Personengleichheit

Verbindungen mit beherrschendem Einfluß

Verbindungen mit erheblichem Einfluß

Umsatz der beteiligten Un-Unternehmen >= 500 Mio. DM

Umsatz des anschließenden Unternehmens >= 500 Mio. DM

Umsatz des anschließenden Unternehmens >= 4 Mio. DM und des anderen Unternehmens >= 1 Mrd. DM

kein Bagatellmarkt

Kriterien des §22 Abs. 1-3

Kriterien d. §23a Abs. 1, 2

Keine die Marktbeherrschung überwiegenden Verbesserungen der Wettbewerbsbedingungen (Abwägungsklausel §24 Abs. 1)

Keine kompensierenden gesamtwirtschaftl. Vorteile bzw. kein überragendes Interesse der Allgemeinheit (Ministererlaubnis §24 Abs. 3)

Legende:

schräge Striche bedeuten "und", vertikale Striche bedeuten "oder"

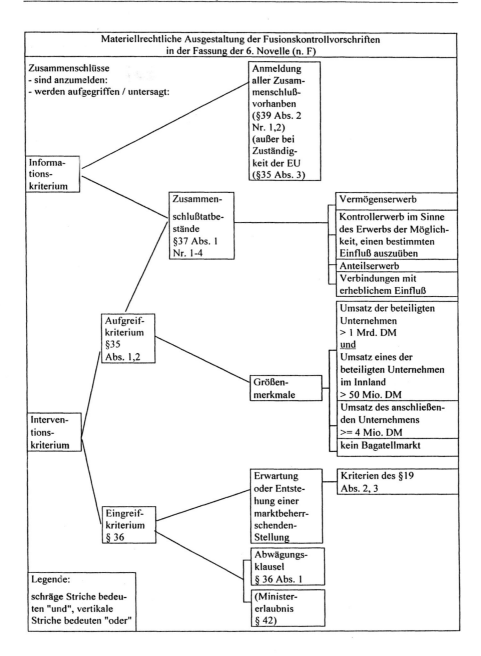

Quelle: Eigene Darstellung in Anlehnung an Herdzina, Klaus: Die zentralen Regelungen des Gesetzes gegen Wettbewerbsbeschränkungen, in: WISU-Studienblatt 1/93, Jg. 22, o. Seitenangabe in Verbindung mit den Ausführungen des Referenten-Entwurfes zur Reform des GWB, hrsg. vom Bundesministerium für Wirtschaft, Juli 1997, S. 17ff bzw. der BT-DS 13/9720.

4.4.4.1 Informationskriterien des GWB

Die bisherige Fassung des GWB nach der 5. Novelle vom 22.12.1989 setzt gewisse Kriterien voraus, die den Anwendungsbereich des GWB festlegen bzw. anhand derer unterschieden wird, ob ein Zusammenschluß anzuzeigen ist, oder aber eine Anmeldung beim Bundeskartellamt zur Folge hat. Ein Zusammenschluß ist nach § 23 Abs. 1 GWB dem BKartA nur dann unverzüglich anzuzeigen, wenn die beteiligten Unternehmen insgesamt im letzten vor dem Zusammenschluß endenden Geschäftsjahr Umsatzerlöse von mindestens 500 Millionen DM erzielten. Eine vorherige Anmeldung des Zusammenschlusses hat dagegen nach § 24a Abs. 1 GWB dann zu erfolgen, wenn eines der beteiligten Unternehmen im letzten abgeschlossenen Geschäftsjahr Umsatzerlöse von mindestens zwei Milliarden DM hatte oder mindestens zwei der am Zusammenschluß beteiligten Unternehmen im letzten abgeschlossenen Geschäftsjahr Umsatzerlöse von jeweils einer Milliarde DM oder mehr hatten. Weiterhin ist zu prüfen, ob es sich überhaupt um einen Zusammenschlußtatbestand handelt, der die Anwendung des GWB rechtfertigt. Was hierbei im einzelnen als Zusammenschluß angesehen wird, regelte bisher § 23 Abs. 2 GWB.[418]

Mit der Neufassung im Rahmen der 6. GWB Novelle wurde diese Differenzierung (Unterscheidung zwischen der nachträglichen Prüfung angezeigter Zusammenschlüsse und der vorbeugenden Prüfung angemeldeter Zusammenschlüsse) aufgegeben, da in der Praxis immer wieder Schwierigkeiten bei der Entflechtung bereits vollzogener, aber erst nachträglich untersagter Fusionen aufgetreten sind. Nach § 39 GWB n. F. sind nunmehr - ebenso wie in der Europäischen Fusionskontrollverordnung - alle Zusammenschlüsse vor dem Vollzug beim BKartA anzumelden, mit Ausnahme der Fälle, die in den Zuständigkeitsbereich der EFKVO fallen.

---

418 Die einzelnen Tatbestände sind in Gliederungspunkt 2.1.3 konkretisiert.

Was als Zusammenschluß im einzelnen zu werten ist, wurde in § 37 Abs. 1 neu konkretisiert. Ein Zusammenschluß liegt in Zukunft in folgenden Fällen vor:

1. Vermögenserwerb,
2. Kontrollerwerb,
3. Anteilserwerb,
4. Verbindungen mit wettbewerblich erheblichem Einfluß.

Die Veränderungen, insbesondere die Vereinfachung und Angleichung der Zusammenschlußtatbestände an das europäische Recht wurde seit langem nicht nur von wissenschaftlicher Seite,[419] sondern vor allem von politischer[420] und nicht zuletzt von Seiten der Unternehmensverbände lautstark gefordert, da die im Verlaufe von fünf Novellen unübersichtlich gewordenen und ausufernden Tatbestandsbestimmungen mittlerweile ein Normenlabyrinth darstellten,[421] in dem sich selbst Experten kaum noch zurechtfanden. So wurden die unter § 23 Abs. 2 Nr. 1-4 GWB aufgeführten quantitativen Einzeltatbestände und die unter Nr. 5 bereits bestehende Generalklausel im Rahmen der 5. Novelle um einen weiteren Auffangtatbestand erweitert. Die Einführung einer weiteren Generalklausel in § 23 Abs. 2 Nr. 6 GWB erfolgte aus dem Bestreben heraus, das Netz der Auffangtatbestände möglichst engmaschig zu stricken, da die Erfahrung gemacht wurde, daß in der Vergangenheit zum Teil abenteuerlich anmutende Konstrukte gebildet wurden, mittels derer versucht wurde, ohne Erfüllung der gesetzlichen Zusammenschlußtatbestände im wirtschaftlichen Ergebnis doch noch einen "Zusammenschluß" der beteiligten Unternehmen zu bewerkstelligen. Als die bekanntesten Fälle sind die "24,9%-Zusammenschlüsse" zu nennen (sog. Umgehung der starren quantitativen Schwellenwerte).

Die Harmonisierung des deutschen Zusammenschlußbegriffs mit dem EU-Recht geschah allerdings nur halbherzig. Zwar wurden einige, in der Praxis ohnehin unbedeutende, Tatbestände gestrichen (§ 23 Abs. 2 Nr. 3-5 GWB a.F.) und der materielle Zusammenschlußtatbestand des "Kontrollerwerbs" in Anlehnung an

---

419 Vgl. Canenbley, Cornelis: Der Zusammenschlußbegriff in der deutschen und europäischen Fusionskontrolle, am Beispiel des Anteilserwerbs, in: Niederleithinger, Ernst/ Werner, Rosemarie/Wiedemann, Gerhard (Hrsg.): FS für Otfried Lieberknecht zum 70. Geburtstag, München 1997, S. 278ff.

420 Die Politik forderte die Veränderungen vor allem im Hinblick auf die europäische Fusionskontrollverordnung, die eine gänzlich anders geartete Definition von Zusammenschlüssen verfolgte. Es sollte daher mit der 6. Novelle eine Harmonisierung vorrangig auf diesem Gebiet erreicht werden.

421 Vgl. Deutscher Industrie- und Handelstag (Hrsg.): Stellungnahme des DIHT zum Eckpunktepapier des Bundeswirtschaftsministeriums für eine Novelle des Gesetzes gegen Wettbewerbsbeschränkungen, Bonn 1996, S. 7.

die europäische Gesetzgebung übernommen. Auf die ersatzlose Streichung der komplizierten Zusammenschlußtatbestände des § 23 Abs. 2 GWB a. F. konnte sich der Gesetzgeber allerdings nicht einigen. Die so gefundene Lösung präsentiert sich als eine Kombination der Generalklausel des europäischen Rechts in Verbindung mit einem Teil der speziellen deutschen Tatbestände.

4.4.4.2 Interventionskriterien des GWB

Aufgreifkriterien

Die Feststellung, ob ein Zusammenschluß nach den gesetzlichen Regelungen des GWB vorliegt ist allerdings nicht ausreichend für die Einleitung eines Prüfungsverfahrens. Hierzu gilt es gewisse Größenkriterien zu überprüfen. Zusammenschlußvorhaben unterlagen bislang nur dann der Fusionskontrolle wenn sie die Grenzen der Toleranzklauseln des § 24 Abs. 8 und 9 GWB in der Fassung der 4. Novelle von 1980 überschritten.[422] Zweck dieser Regelung war, die Fusionskontrolle auf die gesamtwirtschaftlich bedeutenden Fälle zu beschränken.

Nach § 24 Abs. 8 Nr. 1 GWB griff die Fusionskontrolle nur dann, wenn die Umsatzerlöse der beteiligten Unternehmen im letzten Geschäftsjahr vor der Fusion mindestens 500 Millionen DM oder mehr betrugen. Die sog. Anschlußklausel nach § 24 Abs. 8 Nr. 2 GWB regelte die Kontrolle von Zusammenschlüssen kleinerer und mittlerer Unternehmen. Sofern die Umsatzerlöse des sich anschließenden Unternehmens weniger als 50 Millionen DM betrugen und es sich beim Fusionspartner nicht um einen Umsatzmilliardär handelte, erfolgte keine Prüfung durch das BKartA. Gleiches galt für den Zusammenschluß eines Umsatzmilliardärs, sofern die Umsatzerlöse des sich anschließenden Unternehmens weniger als vier Millionen DM betrugen. Ebenfalls ohne Kontrolle durch die Wettbewerbshüter blieb ein Zusammenschluß von Unternehmen eines Bagatellmarktes. Dieser ist immer dann anzunehmen, wenn in den letzten fünf Jahren vor dem Zusammenschluß die Marktumsatzerlöse weniger als zehn Millionen DM betragen haben.

Bei der Novellierung des GWB entfiel die Unterscheidung bei einer Fusion zwischen einem kleinen und mittleren Unternehmen mit einem Umsatzmilliardär. Zukünftig findet die Zusammenschlußkontrolle nur Anwendung, wenn sich ein Unternehmen mit mehr als 20 Millionen DM Jahresumsatzerlös mit einem

---

422 Die Toleranzklauseln waren ursprünglich etwas umfangreicher gestaltet. Sie wurden im Rahmen der 3. und 4. Novelle eingeschränkt, da gewisse Mißbrauchsfälle großer Unternehmen hierzu Anlaß gaben.

anderen Unternehmen - unabhängig von dessen Größe - zusammenschließt. Die Ausnahme hiervon bildet die Bagatellmarktklausel, die weiterhin besteht, jedoch auf einen Umsatzwert von 30 Millionen DM angehoben wurde. Dies ist insofern begrüßenswert, da die bisherige Schwelle sehr niedrig angesiedelt war und volkswirtschaftlich unbedeutende Märkte aufgrund der gesetzlichen Regelung unnötig in das Augenmerk des Bundeskartellamtes gerückt wurden.

Eine wesentliche Änderung im Rahmen der 6. Novelle betrifft allerdings den Geltungsbereich der Zusammenschlußkontrolle (§ 35 GWB n. F.) generell. Die Vorschriften der Fusionskontrolle finden zukünftig erst dann Anwendung, wenn im letzten Geschäftsjahr vor dem Zusammenschluß die beteiligten Unternehmen insgesamt weltweit Umsatzerlöse von mehr als einer Milliarde DM erzielt haben. Außerdem muß mindestens ein beteiligtes Unternehmen im Inland einen Umsatz von mehr als 50 Millionen DM erzielen. Damit soll sichergestellt werden, daß Zusammenschlüsse nur angemeldet werden müssen, die sich im Inland spürbar auswirken.

Mit der Anhebung des Schwellenwertes auf eine Milliarde DM soll eine spürbare Entlastung des Bundeskartellamtes und der Unternehmen bewirkt werden. Durch diese Änderung werden rund zwei Drittel der bisher nachträglich kontrollpflichtigen Zusammenschlüsse aus der Zusammenschlußkontrolle herausfallen. Der Teil der Fälle, die bisher der nachträglichen Fusionskontrolle unterlagen und in Zukunft präventiv angemeldet werden müssen, wird dagegen nach Auffassung des Bundeskartellamtes nicht zu einer unverhältnismäßigen Mehrbelastung führen, so daß per Saldo die Anhebung der Schwellenwerte, verbunden mit der Einführung der generellen Anmeldepflicht, ein Defizit des GWB beseitigt und zugleich der Harmonisierung mit dem europäischen Recht dient, das ohnehin dem Grundsatz der Prävention folgt.

Eingreifkriterien

Lag bislang ein Zusammenschluß im Sinne des § 23 Abs. 2 und 3 GWB vor, der nicht unter die Toleranzklausel des § 24 Abs. 8 GWB fiel, so war das BKartA grundsätzlich verpflichtet, den Zusammenschluß zu untersagen, sofern zu erwarten war, daß durch ihn eine marktbeherrschende Stellung im Sinne des § 22 Abs. 1 bis 3 GWB entsteht oder verstärkt wird. Dieser Grundsatz wurde bei der Novellierung ebenfalls beibehalten und findet sich nunmehr in § 36 GWB n. F. Bei der Reform ebenfalls übernommen wurde die Ministererlaubnis (§ 42 GWB n.F.). Diese ermöglicht es, einen vom Bundeskartellamt wegen der Vermutung der Begründung oder Verstärkung einer Marktbeherrschung untersagten Zusammenschluß nachträglich zu genehmigen.

Was im einzelnen die Annahme einer Marktbeherrschung rechtfertigt, fand sich bislang bei den Bestimmungen über den Mißbrauch marktbeherrschender Stellungen. Hiernach wird das Entstehen oder Verstärken einer marktbeherrschenden Stellung durch die Kriterien der § 22 Abs. 1-3 und § 23 a Abs. 1 und 2 GWB konkretisiert. Als marktbeherrschend galt demnach ein Unternehmen, soweit es als Anbieter oder Nachfrager ohne Wettbewerber ist oder keinem wesentlichen Wettbewerb ausgesetzt ist, oder eine im Verhältnis zu seinen Wettbewerbern überragende Marktstellung hat (Einzelmarktbeherrschung nach § 22 Abs. 1 Nr. 1 und 2 GWB).[423] Als marktbeherrschend galten auch zwei oder mehr Unternehmen, soweit zwischen ihnen ein wesentlicher Wettbewerb nicht besteht (§ 22 Abs. 2 GWB). Weiterhin wurde eine marktbeherrschende Stellung eines Unternehmens vermutet, wenn es einen Marktanteil von mindestens einem Drittel hat, wobei diese Vermutung nicht gilt, wenn das Unternehmen Umsatzerlöse von weniger als 250 Millionen DM hatte (§ 22 Abs. 3 Nr. 1 GWB). Marktbeherrschung wurde weiterhin angenommen, wenn drei oder weniger Unternehmen zusammen einen Marktanteil von 50% oder mehr haben oder fünf oder weniger Unternehmen zusammen einen Marktanteil von zwei Drittel oder mehr haben. Diese Vermutung galt wiederum nicht für Unternehmen die weniger als 100 Millionen DM Umsatzerlöse hatten (Oligopolmarktbeherrschung nach § 22 Abs. 3 Nr. 2 GWB).

Ungeachtet dessen wurde weiterhin vermutet, daß durch den Zusammenschluß eine überragende Marktstellung entstehen oder sich verstärken wird, wenn sich ein Unternehmen mit Umsatzerlösen von mindestens zwei Milliarden DM mit einem anderen Unternehmen zusammenschließt, das auf einem Markt tätig ist, auf dem kleine und mittlere Unternehmen insgesamt einen Marktanteil von mindestens zwei Drittel und die am Zusammenschluß beteiligten Unternehmen insgesamt einen Marktanteil von mindestens fünf Prozent haben oder auf einem oder mehreren Märkten marktbeherrschend sind, auf denen mindestens 150 Millionen DM umgesetzt wurden (§ 23 a Abs. 1 Nr. 1 Buchstabe a und b GWB).

Das Entstehen oder Verstärken einer Marktbeherrschung wurde zudem vermutet, wenn die am Zusammenschluß beteiligten Unternehmen insgesamt Umsatzerlöse von mindestens zwölf Milliarden DM und mindestens zwei der am Zusammenschluß beteiligten Unternehmen Umsatzerlöse von jeweils mindestens einer Milliarde DM hatten (§ 23a Abs.1 Nr. 2 GWB).

---

423 Zu berücksichtigen sind hierbei insbesondere sein Marktanteil, seine Finanzkraft, sein Zugang zu den Beschaffungs- oder Absatzmärkten, Verflechtungen mit anderen Unternehmen, rechtliche oder tatsächliche Schranken für den Marktzutritt anderer Unternehmen, die Fähigkeit, sein Angebot oder seine Nachfrage auf andere Waren oder gewerbliche Leistungen umzustellen sowie die Möglichkeit der Marktgegenseite, auf andere Unternehmen auszuweichen.

Im Rahmen der 6. Novelle wird die Marktbeherrschung in § 19 GWB n. F. geregelt. Beibehalten wurden dabei die Kriterien der Einzelmarkt- und Oligopolmarktbeherrschung sowie die Vermutungstatbestände des § 22 Abs. 3 GWB a. F..[424] Gestrichen wurden hingegen die Tatbestandsmerkmale einer beherrschenden Marktstellung gemäß § 23a Abs. 1 GWB, da diese in der Praxis keine wesentliche Bedeutung erlangt haben.

Für umfangreichen Diskussionsstoff sorgte das Eckpunktepapier des BMWI,[425] das im Rahmen der Marktbeherrschungsdefinition die Aufnahme der beiden Kriterien der Berücksichtigung des tatsächlichen oder potentiellen Wettbewerbs durch innerhalb und außerhalb des Geltungsbereiches dieses Gesetzes ansässigen Unternehmen und der Einbeziehung des Kriteriums der Entwicklung des technischen und wirtschaftlichen Fortschritts, sofern diese dem Verbraucher dient und den Wettbewerb nicht behindert, in den Katalog der bisherigen Vermutungstatbestände des § 22 Abs. 1 Nr. 2 GWB a.F. vorschlug. Diese Forderung basierte auf der Erkenntnis, daß der internationale Wettbewerbsdruck, dem die Unternehmen in zunehmendem Maße ausgesetzt sind, im GWB bislang unzureichend erfaßt und berücksichtigt wurde. Vor allem die viel zu enge, auf das Gebiet Deutschlands beschränkte Marktabgrenzung, müsse korrigiert und an die europäische Fusionskontrollverordnung angepaßt werden,[426] die bei ihrer Marktbeurteilung die Struktur aller betroffenen Märkte in ihrer Beurteilung berücksichtigt. Während sich für das erstgenannte Kriterium eine Mehrheit fand und dieses Kriterium in den Gesetzestext aufgenommen wurde, unterblieb dies beim zweitgenannten Kriterium mit der Begründung, kein Einfallstor für wettbewerbsfremde, insbesondere jedoch industriepolitische Ziele schaffen zu wollen.[427]

Insgesamt gesehen, erfolgte die Überarbeitung und Anpassung der Vermutungstatbestände an europäisches Recht ebenso halbherzig wie es bei den Zusammenschlußtatbeständen der Fall war. So hat die schon vor fast 20 Jahren

---

424 Eine geringfügige Änderung erfolgte nur insofern, als die Tatbestandsvoraussetzung in Halbsatz 2, d.h. die 250 Millionen DM Grenze ersatzlos gestrichen wurde. Gleiches gilt für die Ausnahmeregelung des bisherigen § 23a Abs. 2 Satz 2, die 150 Millionen DM Grenze wurde ebenfalls nicht in die neue Fassung des GWB übernommen.

425 Vgl. Bundesministerium für Wirtschaft (Hrsg.): Eckpunkte für eine Novelle des Gesetzes gegen Wettbewerbsbeschränkungen, Bonn 1996.

426 Vgl. Schütz, Jörg: Der räumlich relevante Markt in der Fusionskontrolle, in: WuW 4/96, Jg. 46, S. 293ff.

427 Vgl. Werner, Rosemarie: Internationaler Wettbewerb und Marktabgrenzung bei der Fusionskontrolle, in: Niederleithinger, Ernst/Werner, Rosemarie/Wiedemann, Gerhard (Hrsg.): FS für Otfried Lieberknecht zum 70. Geburtstag, a.a.O., S. 621.

vom damaligen Präsidenten des BGH, Robert Fischer, vorgetragene These, das GWB sei bei kaum mehr justitiablen Normen, die sich über mehrere Textseiten hinziehen, "kein Gesetz mehr, sondern ein Roman", insbesondere bei den Zusammenschluß- und Vermutungstatbeständen des GWB heute eine noch deutlichere Bestätigung.[428] Diese Behauptung kann auch durch die jüngste Reform nicht widerlegt werden.

4.4.5 Abschließende Beurteilung

Die von der Bundesregierung vorgegebene Begründung und Zielsetzung der 6. GWB-Novelle lautete:

1. Das Wettbewerbsprinzip angesichts neuer Anforderungen zu stärken,
2. das deutsche Recht mit dem europäischen Recht zu harmonisieren und
3. das Gesetz insgesamt neu zu ordnen und zu straffen.[429]

Während die unter Punkt 3 genannte Zielsetzung im Hinblick auf die Fusionskontrollvorschriften weitgehend verwirklicht werden konnte, in der Weise, als diese nunmehr übersichtlicher, lesbarer und verständlicher gestaltet wurden,[430] ist der Gesetzgeber seinem Anspruch in den beiden anderen Punkten nur zum Teil gerecht geworden.

Bereits die vom Bundesminister für Wirtschaft im Jahr 1996 vorgelegten Eckpunkte für die Novelle des GWB ließen erkennen, daß von den ursprünglichen Vorstellungen der Anpassung des Kartellgesetzes an das "Referenzmodell Europa"[431] kaum etwas übrig bleiben würde. Die deutliche Abkehr von den zu Beginn der Diskussion um die 6. Novelle eingebrachten hehren Harmonisierungsbestrebungen[432] fand weder von Seiten der Industrie noch von Seiten

---

428 Vgl. Dreher, Meinrad: Das deutsche Kartellrecht vor der Europäisierung. – Überlegungen zur 6. GWB-Novelle -, in: WuW 11/95, Jg.45, S. 904.

429 Vgl. Schulte, Josef: a.a.O., S. 298; Eisenkopf, Alexander: Mehr Wettbewerb durch 6. GWB-Novelle, in: Wirtschaftsdienst 10/98, Jg. 78, S. 626.

430 Zur Gliederung des GWB n. F., insbesondere der Neuordnung der Fusionskontrollvorschriften vgl. Kahlenberg, Harald: Novelliertes deutsches Kartellrecht, in: BB Nr. 31 vom 06.08.1998, Jg. 53, S. 1593f.

431 Dieser Ausdruck wurde vom Bundeswirtschaftsministerium kreiert, wurde aber auf Betreiben des BKartA hin nicht weiter strapaziert und kam bereits in den Eckpunkten nicht mehr vor. Vgl. o. V.: Kartellrechtsnovelle vor Vollendung, in: Die Welt Nr. 95 vom 23.04.1996, S. 13.

432 Vgl. Göbel, Heike: a.a.O., S. 17; o. V.: Fusionskontrolle im Zentrum des Streits um die Novelle, in: HB Nr. 57 vom 21./22.03.1997, S. 4.

der Wissenschaft Zustimmung. Die eine Seite des Meinungsspektrums vertreten durch die Monopolkommission,[433] das Bundeskartellamt und den Wissenschaftlichen Beirat beim Bundesminister für Wirtschaft,[434] begründete ihre ablehnende Haltung mit der fehlenden Dringlichkeit[435] und der Einseitigkeit der Anpassung des deutschen an das europäische Wettbewerbsrecht. Den Novellierungsvorschlägen des Bundesministers standen auch die Vertreter der Industrie ablehnend gegenüber, freilich mit einer diametral entgegengesetzten Begründung.[436] Sie hielten die Reform für verfehlt, weil keine durchgreifende Angleichung an das europäische Wettbewerbsrecht erkennbar war. Nach Ansicht des BDI entstehe vielmehr der Eindruck, daß der ursprüngliche - konsequente und zutreffende - Harmonisierungsansatz des Bundesministers für Wirtschaft einer in Deutschland weit verbreiteten Haltung weichen mußte, die überspitzt formuliert, darin besteht, das deutsche Kartellrecht ideologisch und inhaltlich zu überhöhen, das europäische dagegen als zweitklassig abzutun.[437] Ihrer Auffassung nach präsentiere sich die Novelle als ein weiteres Beispiel für die begrenzte Reformfähigkeit des Standortes Deutschland.

Insgesamt gesehen entspricht der Tenor dieser Novellierung weder den Forderungen der einhelligen Harmonisierungsbefürworter, noch werden die Bedenken der Novellierungskritiker ausgeräumt. Damit steht die 6. Novelle in der Tradition der letzten Novellen, die - von der zweiten Novelle 1973 abgesehen - ebenfalls nur schrittweise Anpassungen an veränderte Rahmenbedingungen brachten. Bei der 6. Novelle kann also von einer Harmonisierungsnovelle keine Rede sein. Sie ist allenfalls ein Beispiel für eine wenig bedeutsame Reparaturnovelle, gleichsam ein Ausdruck des Machtgerangels der verschiedenen Interessengruppen, von denen sich keine eindeutig hat durchsetzen können.[438] Insofern

---

433 Vgl. Monopolkommission (Hrsg.): 11. HG 1994/95, a.a.O., S. 70ff, 388ff.

434 Vgl. Bundesministerium für Wirtschaft (Hrsg.): "Anpassung des deutschen Kartellgesetzes an das europäische Recht?", Gutachten des Wissenschaftlichen Beirats beim Bundesministerium für Wirtschaft, Studienreihe Nr. 93, Bonn 1996.

435 Vgl. o. V.: Zu früh, zu unreif, in: FAZ Nr. 219 vom 19.09.1996, S. 17.

436 Vgl. Bundesverband der deutschen Industrie (Hrsg.): Stellungnahme zu den "Eckpunkten für eine Novelle des Gesetzes gegen Wettbewerbsbeschränkungen", Köln 1996; derselbe: Stellungnahme zur Anpassung des Gesetzes gegen Wettbewerbsbeschränkungen an das europäische Wettbewerbsrecht, Köln 1995.

437 Vgl. Bundesverband der deutschen Industrie (Hrsg.): Stellungnahme zu den "Eckpunkten für eine Novelle des Gesetzes gegen Wettbewerbsbeschränkungen", a.a.O., S.1.

438 Vgl. Möschel, Wernhard: Keine Wettbewerbspolitik im Kopfstand, in: FAZ Nr. 23 vom 27.01.1996, S. 15. Seiner Meinung nach hätte man "am besten von vornherein die Pfoten von dem Gesetz gelassen". Gersemann, Olaf/Ramthun, Christian: Die Pfoten weglassen, in: WiWo Nr. 27 vom 07.05.1998, S. 27.

dürfte sie jedoch nur eine Übergangslösung bleiben, da die Diskussion um eine Harmonisierung des nationalen mit dem europäischen Wettbewerbsrecht - insbesondere im Bereich der Fusionskontrolle - anhalten bzw. neu aufflammen wird.[439]

---

439   Vgl. Eisenkopf, Alexander: Mehr Wettbewerb durch 6. GWB-Novelle, a.a.O., S. 632.

5. Die europäische Wettbewerbsordnung

5.1 Ausgangslage einer wettbewerbspolitisch orientierten Gemeinschaftsordnung

Der ordnungspolitische Rahmen der heutigen EU[440] wurde bereits im Gründungsvertrag der EWG von 1957,[441] der die Errichtung eines Gemeinsamen Marktes und die schrittweise Annäherung der Wirtschaftspolitik der Mitgliedstaaten zum Ziel hatte, festgeschrieben. Nach dem Willen der Gründerväter sollte durch die Gewährung der für die Errichtung und das Funktionieren dieses Marktes maßgeblichen Prinzipien der Freiheit des Waren-, Personen-, Dienstleistungs- und Kapitalverkehrs die Öffnung der Märkte erreicht werden und zur Intensivierung des grenzüberschreitenden Wettbewerbs beitragen. Mit der Verpflichtung, ein System zu errichten, das den Wettbewerb innerhalb des Gemeinsamen Marktes vor Verfälschungen schützt, wurde zudem nicht nur ein eindeutiges Bekenntnis für einen marktwirtschaftlichen Ordnungsrahmen abgegeben,[442] sondern zugleich die Überzeugung festgeschrieben, daß der durch die Öffnung der Märkte und die Abschaffung von Handelshemmnissen zu erwartende zunehmende Wettbewerb nicht sich selbst überlassen werden darf, sondern einer Kontrolle und Überwachung mittels marktkonformer Regelungen bedarf. Dabei müssen nicht nur Maßnahmen ergriffen werden, die sich gegen wettbewerbsbeschränkende Eingriffe privater Anbieter untereinander richten, welches die vorrangige Zielsetzung nationaler Wettbewerbspolitik ist, sondern vielmehr muß sich die Kontrolle gegen alle Wettbewerbsbeschränkungen richten, die geeignet sind, den zwischenstaatlichen Handelsverkehr zu beeinträchtigen. Im EWG-Vertrag von 1957 wurden deshalb neben Art. 85 (Verbot von Kartellvereinbarungen) und Art. 86 (Verbot des Mißbrauchs einer marktbeherrschenden Stellung) auch Vorschriften über öffentliche Unternehmen und Beihilfen in Art. 90-94 festgeschrieben, um so einen umfassenden Schutz des Wettbewerbs zu gewährleisten. Eine erhebliche Lücke im System

---

440 Zu den Stationen des europäischen Integrationsprozesses vgl. Gößl, Manfred: Der westeuropäische Wirtschaftsraum im globalen Wettbewerb, Frankfurt/Main 1997, S. 31ff.

441 Der EWG-Vertrag wird zuweilen auch als "Magna Charta" des europäischen Einigungswerkes, als flexible Grundlage für die Ausgestaltung der Europapolitik bezeichnet. Vgl. Krägenau, Henry: 40 Jahre Römische Verträge, a.a.O., S. 186.

442 Obwohl im Vertragstext die Wirtschaftsordnung nicht explizit festgelegt ist, ist aufgrund der Zielsetzung der Vertragsinhalte von einem durch Wettbewerb gesteuerten Wirtschaftssystem auszugehen. Vgl. Schmidt, Ingo: Wettbewerbspolitik und Kartellrecht, Stuttgart 1987, S. 190. Zur Diskussion abweichender Auffassungen hierzu vgl. die Ausführungen bei Schmidt, André: Ordnungspolitische Perspektiven der europäischen Integration im Spannungsfeld von Wettbewerbs- und Industriepolitik, Frankfurt/Main 1998, S. 16ff.

der europäischen Wettbewerbsordnung blieb allerdings bestehen, da sich die vertragschließenden Staaten nicht einigen konnten, gesonderte Bestimmungen über die Kontrolle von Unternehmenskonzentrationen in das Vertragswerk aufzunehmen. Es dauerte bis zum Jahr 1989, ehe eine Fusionskontrollverordnung auf den Weg gebracht wurde und damit der europäischen Wettbewerbspolitik ein weiteres Instrument zur Verfügung stand, der Verwirklichung des Zieles des EWG-Vertrags, wettbewerbliche Strukturen im Gemeinsamen Markt zu erhalten, näher zu kommen.

Das Wettbewerbsprinzip als Grundlage eines marktwirtschaftlichen Ordnungsrahmens in Europa und die dazu notwendigen Kontrollmechanismen erfuhren aber nicht nur durch die Komplettierung des wettbewerbspolitischen Instrumentariums eine Aufwertung, sondern auch durch die geographische Ausdehnung ihres Einfluß- und Geltungsbereiches aufgrund

- der schrittweisen Erweiterung der Gemeinschaft auf nunmehr 15 Mitgliedsländer,
- des Abschlusses des EWR-Abkommens,
- des Abschlusses von Assoziationsabkommen (sog. Europa-Abkommen) mit den Reformstaaten Mittel- und Osteuropas,
- des Erlasses bzw. der Anpassung nationaler Wettbewerbsrechte nicht nur in den eigenen Mitgliedstaaten, sondern auch in den EWR- und MOE-Ländern.[443]

Wesentlich bedeutungsvoller für die europäische Wettbewerbspolitik als die räumliche Ausdehnung des Wirkungskreises waren allerdings die im Rahmen des europäischen Integrationsprozesses, vorgenommenen Vertragsrevisionen. Nach der Verabschiedung der Einheitlichen Europäischen Akte 1986 und des Vertrages von Maastricht 1992, wurde mit dem Vertrag von Amsterdam 1997 das europäische Vertragswerk einer dritten Revision unterzogen, deren Auswirkungen insbesondere in der zunehmenden Instrumentalisierung der Wettbewerbspolitik für eine Reihe neu eingeführter wirtschaftspolitischer Zielsetzungen der Gemeinschaft deutlich werden.

---

443 Vgl. Baudenbacher, Carl/Beeser, Simone: Gesamteuropäische Konvergenzentwicklung im Kartellrecht, in: WuW 9/97, Jg. 47, S. 681; Siebert-Jakob, Thinam: Informationsaustausch zwischen der Kommission und den Wettbewerbsbehörden von Drittländern, FIW-Schriftenreihe Heft 167, Köln 1996, S. 58f.

5.2 Zielsetzung der europäischen Wettbewerbspolitik

Die im EWGV gewählte wirtschaftspolitische Konzeption gründet sich auf der Überzeugung, ein möglichst unbeschränkter Leistungswettbewerb im Integrationsraum sei der Garant für die bestmögliche Erfüllung der unter Art. 2 EWGV genannten Vertragsziele. Insofern wird der Wettbewerb nicht als Selbstzweck, als schützenswerte Institution, sondern als Instrument zur Erfüllung wirtschaftspolitischer Aufgaben verstanden.[444] Eine systematische Zusammenfassung der im EWGV genannten heterogenen Vertragsziele konkretisiert zwei Zielkomplexe der europäischen Wettbewerbspolitik:[445]

1. Wettbewerbspolitik als Integrationsinstrument nationaler Märkte.
2. Wettbewerbspolitik als Instrument zur Erreichung allgemeiner wirtschaftspolitischer Aufgaben.

Zu Beginn der europäischen Integration lag der Fokus der Wettbewerbspolitik gemäß der Zielsetzung der Europäischen Gemeinschaft, einen Gemeinsamen Markt zu errichten und die schrittweise Annäherung der Wirtschaftspolitik der Mitgliedstaaten voranzutreiben, eindeutig in der Unterstützung dieses Vorhabens und der Implementierung der dazu notwendigen Strategien. Die Wettbewerbspolitik sollte dazu beitragen, daß die aufgrund des Integrationsziels ergriffenen Maßnahmen zur Öffnung der Märkte und der sich daraus ergebenden Intensivierung des grenzüberschreitenden Wettbewerbs nicht durch wettbewerbsbeschränkende Maßnahmen konterkariert werden.[446] Diese sog. integrationspolitische Komponente der europäischen Wettbewerbspolitik[447] rückte

---

444 Vgl. Kerber, Wolfgang: Die Europäische Fusionskontrollpraxis und die Wettbewerbskonzeption der EG, a.a.O., S. 185; Wolf, Dieter: Eine europäische Behörde für den Wettbewerb, in: FAZ Nr. 258 vom 05.11.1994, S. 15; van Miert, Karel: Die Wettbewerbspolitik der neuen Kommission, in: WuW 7-8/95, Jg. 45, S. 553.

445 Vgl. Schmidt, André: Ordnungspolitische Perspektiven der europäischen Integration im Spannungsfeld von Wettbewerbs- und Industriepolitik, a.a.O., S. 159ff; Tonner, Klaus: Das Wettbewerbsrecht des EWG-Vertrages, in: Kritische Justiz 1/90, S. 99. Er weist darauf hin, daß die integrationspolitische Bedeutung der Wettbewerbspolitik nur selten als primäre Aufgabe dargestellt wird. Vgl. zudem Ehlermann, Claus-Dieter: Wettbewerbspolitik im Binnenmarkt, in: RIW 10/93, Jg. 39, S. 793.

446 Vgl. Kommission der Europäischen Gemeinschaften (Hrsg.): Erster Bericht über die Wettbewerbspolitik, Brüssel 1972, S. 13; dieselbe: Achter Bericht über die Wettbewerbspolitik, Brüssel 1979, S. 9; dieselbe: Neunter Bericht über die Wettbewerbspolitik, Brüssel 1980, S. 19f; Ehlermann, Dieter: Der Beitrag der Wettbewerbspolitik zum Europäischen Binnenmarkt, in: WuW 1/92, Jg. 42, S.7.

447 Vgl. Kerber, Wolfgang: Die Europäische Fusionskontrollpraxis und die Wettbewerbskonzeption der EG, a.a.O., S. 188.

jedoch mit dem Fortschreiten des europäischen Einigungsprozesses zugunsten des zweiten Zielkomplexes in den Hintergrund. Der Aufgabenkatalog nach der jüngsten Revision des europäischen Vertragswerkes unterscheidet sich allerdings grundlegend von dem ursprünglichen des EWGV von 1957. Vor allem seit der Festlegung auf das Binnenmarkt-Programm durch die Einheitliche Europäische Akte (EEA) von 1987 nahm die Ausweitung der für die Verwirklichung der Vertragsziele notwendigen Maßnahmen annähernd "inflatorische" Züge an. Dies führte dementsprechend auch zu einer Verschiebung der Schwerpunkte innerhalb des umfangreichen Tätigkeitsbereiches. Insbesondere in Zeiten ökonomischer Krisen pflegt im politischen Kräftefeld das langfristige Ziel der Sicherung des Wettbewerbs gegenüber kurzfristigen Interventionen in den Hintergrund zu treten.[448] Die Wettbewerbspolitik soll daher neben der allgemein ordnungspolitischen Gestaltungsfunktion zunehmend der Durchsetzung konkret vorgegebener, staatlicher Ziele dienen. So z.B. in den Bereichen der Industrie-, Regional-, Sozial- und Umweltpolitik.[449] Neben den bisher in Art. 2 EGV genannten allgemeinen Vertragszielen

- einer harmonischen und ausgewogenen Entwicklung des Wirtschaftslebens,
- eines beständigen, nicht-inflationären und umweltverträglichen Wachstums,
- eines hohen Grades an Konvergenz der Wirtschaftsleistungen,
- eines hohen Beschäftigungsniveaus,
- eines hohen Maßes an sozialem Schutz,
- der Hebung der Lebenshaltung und der Lebensqualität sowie
- der Stärkung des wirtschaftlichen und sozialen Zusammenhalts

wurden im Rahmen der letzten Revision durch den Vertrag von Amsterdam die Gemeinschaftskompetenzen erneut ausgeweitet. Für viele bedenklich und gleichsam als Ausdruck für die schrittweise Zersetzung des Wettbewerbsprinzips wird die Aufnahme des Zieles eines hohen Beschäftigungsniveaus

---

448 Vgl. Härtel, Hans-Hagen: Wettbewerbs- und Industriepolitik, in: Jahrbuch der Europäischen Integration 1993/94, S. 164.

449 Vgl. van Miert, Karel: Eine aktive Wettbewerbspolitik für das Wirtschaftswachstum, in: Europäische Kommission (Hrsg.): Europa ohne Grenzen, Monatlicher Brief, Juni 1995, S. 6; derselbe: Die Wettbewerbspolitik der neuen Kommission, a.a.O., S. 554; Schlecht, Otto: Die Bedeutung des Wettbewerbs für die Europäische Integration, in: Andreae, Clemens-August/Kirchhoff, Joachim/Pfeiffer, Gerd (Hrsg.): Wettbewerb als Herausforderung und Chance, a.a.O., S. 50; Oberender, Peter/Okruch, Stefan: Gegenwärtige Probleme und zukünftige Perspektiven der europäischen Wettbewerbspolitik, in: WuW 6/94, Jg. 44, S. 511.

sowie die Einbeziehung der Förderung der Wettbewerbsfähigkeit[450] in den Zielkatalog gemäß Art. 2 EGV gewertet.

Zwar hat keine der bisher durchgeführten Änderungen die wettbewerbsrelevanten Vorschriften des EWGV unmittelbar berührt, ihre Auswirkungen auf die wettbewerbspolitische Dimension sind aber dennoch unverkennbar, da die sukzessive Erweiterung der Gemeinschaftskompetenzen zu Konflikten mit dem Primat des Wettbewerbs, wie es im EGV niedergelegt ist, führen kann.[451] Diese Entwicklung und die damit verbundenen Divergenzen bei der praktischen Durchsetzung der europäischen Wettbewerbsordnung sind zum einen zurückzuführen auf die unterschiedlichen Vorstellungen der Mitgliedstaaten hinsichtlich der Funktion und Ausgestaltung der europäischen Wettbewerbspolitik, d.h. auf ein unterschiedliches Wettbewerbsverständnis der Mitgliedstaaten. Zum anderen - und dies ist ein wesentlicher Punkt - kann sich die Europäische Wettbewerbspolitik nicht auf empirisch abgesichertes kausal- oder finalbeschreibendes Erklärungssystem menschlich ökonomischer Verhaltensweisen und darauf aufbauend auf ein verbindliches wettbewerbspolitisches Konzept für eine funktionsfähige Wettbewerbsordnung stützen, sondern muß auf die mehr oder weniger systematisch gesammelten Erfahrungen zurückgreifen.[452]

Obwohl - wie bereits ausgeführt - auch die Wettbewerbspolitik in Deutschland im Laufe der Zeit nicht einer einheitlichen Wettbewerbskonzeption folgte, birgt eine wenig fundierte theoretische Grundlage auf europäischer Ebene ungleich mehr Gefahren als im nationalen Rahmen, da es sich bei der praktischen Umsetzung der Wettbewerbspolitik im europäischen Kontext immer um eine Kompromißlösung handelt, in der der fehlende ordnungspolitische Grundkonsens zwischen den Mitgliedstaaten zum Ausdruck kommt.

---

450 Vgl. Schmidt, André: Die europäische Wettbewerbspolitik nach dem Vertrag von Amsterdam, in: WuW 2/99, Jg. 49, S. 134.

451 Vgl. Immenga, Ulrich: Wettbewerbspolitik contra Industriepolitik nach Maastricht, in: Gerken, L. (Hrsg.): Europa 2000 - Perspektive wohin?, Freiburg 1993, S. 154f.

452 Vgl. Schwintowski, Hans-Peter: Konzept, Funktion und Entwicklung des deutschen und europäischen Wettbewerbsrechts, a.a.O., S. 47; Baudenbacher, Carl/Beeser, Simone: Gesamteuropäische Konvergenzentwicklung im Kartellrecht, a.a.O., S. 683.

5.3   Spannungsverhältnis zwischen Wettbewerbs- und Industriepolitik

5.3.1   Ursprung und Weiterentwicklung industriepolitischer Einflußnahme

Aus der Tatsache, daß es eine verbindliche wirtschaftspolitische Konzeption für eine funktionsfähige europäische Wettbewerbsordnung nicht gibt, sondern nur einen offenen Rahmen, den es entsprechend der wirtschaftspolitischen Erfordernisse auszufüllen gilt, sind Zielkonflikte vorprogrammiert. Insbesondere das Verhältnis von Industrie- und Wettbewerbspolitik wird seit langem zwischen ordnungspolitischen Puristen einerseits und Interventionisten andererseits äußerst kontrovers diskutiert.

Obwohl der Vertrag von Rom keine Rechtsgrundlage für eine Industriepolitik enthält, reichen die Anfänge industriepolitischer Interventionen in Europa bis in die 60er Jahre zurück.[453] Selbst in Deutschland, dem "ordnungspolitischen Musterknaben" hat industriepolitische Einflußnahme eine lange Tradition. So lieferte Ludwig Erhard bereits Ende der 50er Jahre eine bemerkenswerte Kurzfassung von Industriepolitik durch seine Feststellung: "In der praktischen Wirtschaftspolitik muß man manchmal sündigen. Man muß es nur wissen. Wer um das Rechte weiß, der kann auch sündigen".[454] Anders als beispielsweise in Frankreich, das interventionistische Eingriffe des Staates seit jeher als wesentlichen Bestandteil seiner Wirtschaftspolitik ansieht und auch unterstützt,[455] wurde Deutschland nicht müde, seine ordnungspolitischen Sündenfälle zu

---

453   Vgl. Kommission der EWG (Hrsg.): Memorandum der Kommission über das Aktionsprogramm der Gemeinschaft für die zweite Stufe, Brüssel 1986, S. 62. In der Folgezeit erarbeitete die Kommission weitere Vorschläge zur Entwicklung der Industriepolitik in der Gemeinschaft. Vgl. hierzu Kommission der Europäischen Gemeinschaften (Hrsg.): Die Industriepolitik der Gemeinschaft: Memorandum der Kommission an den Rat, Brüssel 1970; dieselbe: Die Industriestrategie der Europäischen Gemeinschaft, Europäische Dokumentation, Brüssel 1982; dieselbe: Memorandum für eine Technologiegemeinschaft, Brüssel 1985; Hort, Peter: Der Brüsseler Konflikt, in: HB Nr. 233 vom 08.10.1991, S. 15.

454   Zitiert in Hartmann, Martina: Europäische Industriepolitik und Internationaler Wettbewerb, in: ifo-Schnelldienst 26-27/93, S. 8.

455   "Beginnend mit Colbert blickt in Frankreich der Einfluß des Staates und die Ausweitung der Staatätigkeit auf eine lange Tradition zurück. Das Gewicht staatlicher Eingriffe ist zwar im Zeitablauf sehr unterschiedlich gewesen, seine Einflußnahme wird jedoch vielerorts als etwas Positives empfunden, manchmal sogar als etwas Selbstverständliches zur Steigerung des Wohlstandes angesehen." Opitz, Marcus: Staatsbetriebe zur Unterstützung einer aktiven Strukturpolitik? - Das Beispiel Frankreich, in: Wirtschaftsdienst 4/92, Jg. 72, S. 190.

kaschieren und unter dem Deckmantel einer Struktur-, Sozial- oder Regional-
politik zu rechtfertigen. Kein Thema - sei es noch so gegenwärtig - wurde in
Deutschland in Kreisen der Politik, Wirtschaft und Wissenschaft so zum Tabu
erklärt, wie die Politik zur Beeinflussung von Wirtschaftszweigen.[456] Diese Ver-
schleierungstaktik mußte allerdings spätestens bei der "Industriesanierung Ost"
zugunsten des offenen Bekenntnisses für strukturerhaltende Maßnahmen aufgegeben werden.[457] Mit der ordnungspolitischen Kehrtwende Anfang der 90er
Jahre in Deutschland hin zu einer aktiven Industriepolitik, mittels derer ganze
Branchen und Regionen in Ostdeutschland vor dem Zusammenbruch und der
industriellen Verödung bewahrt werden sollten, war ungewollterweise auch der
Weg für die endgültige rechtliche Verankerung der Industriepolitik im europäischen Einigungsvertrag bereitet worden.

Mit dem als Folge der Einheitlichen Europäischen Akte in den EWG-Vertrag
eingefügten Titel XI "Forschung und technologische Entwicklung" war bereits
1986 ein bedeutender Schritt hin zu einer Legitimation interventionistischer
Industriepolitik auf Gemeinschaftsebene getan.[458] Auf der Grundlage von Art.
130f wurden Eingriffe in das freie Spiel der Marktkräfte für zulässig erklärt,
sofern sie dem Ziel der Stärkung der wissenschaftlichen und technischen
Grundlagen der europäischen Industrie dienen und die Entwicklung ihrer internationalen Wettbewerbsfähigkeit fördern. Eine Verstärkung der industriepolitischen Komponenten und sozusagen die Gleichstellung mit dem in Art. 3
EWGV genannten Wettbewerbsprinzip, wurde aber erst im Rahmen der Ver-
tragsrevision von Maastricht 1992 erreicht.[459] Auf den Druck insbesondere
Frankreichs hin, hat der damalige geschäftsführende niederländische Außen-

456 Vgl. Sturm, Roland: Die Industriepolitik der Bundesländer und die europäische Inte-
     gration, Baden-Baden 1991, S.12.

457 Vgl. o. V.: Politik und Tarifpartner auf Abwegen, in: Unternehmer Magazin 4/93, Jg.
     41, S. 8ff; o. V.: 360-Grad-Pirouette in der Wirtschaftspolitik, in: Unternehmer-Magazin
     2/93, Jg. 41, S. 16f; Schlecht, Otto: Im Osten Deutschlands ein Mezzogiorno-Syndrom,
     in: FAZ Nr. 10 vom 13.01.1993, S. 15; Beise, Marc: Deutschland: Integration auf
     Abwegen?, in: EG-Magazin 7-8/92, S., 34.

458 Vgl. Streit, Manfred E.: Krücken für die Champions, a.a.O., S. 13; Hellmann Rainer:
     Europäische Industriepolitik - Zwischen Marktwirtschaft und Dirigismus, Baden-Baden
     1995, in Auszügen abgedruckt in: o.V.: Zum Artikel 130 EG-Vertrag, in: EU-Magazin
     7-8/95, S. 11.

459 Vgl. o. V.: Ein Wolf im Schafspelz, in: Unternehmer-Magazin 10/92, Jg. 40, S. 14;
     Deutscher Bundestag (Hrsg.): 9. Hauptgutachten der Monopolkommission 1990/91,
     a.a.O., S. 18; Berg, Hartmut/Schmidt, Frank: Industriepolitik in Deutschland und
     Frankreich: Ziele - Konzepte - Erfahrungen, in: Behrens, Sylke (Hrsg.): Ordnungs-
     konforme Wirtschaftspolitik in der Marktwirtschaft, Festschrift für Hans-Rudolf Peters
     zum 65. Geburtstag, Berlin 1997, S. 419.

minister Hans Van den Broek den Passus über eine europäische Industriepolitik in den Entwurf zur Politischen Union eingebracht.[460] Die Begründung der französischen Forderung war die Überzeugung, ohne eine gezielte und koordinierte Industriepolitik in der Gemeinschaft, würden wichtige Schlüsselindustrien gegenüber den USA und Japan ins Hintertreffen geraten.[461] Obwohl der französische Vorstoß in Maastricht auf den energischen Widerstand der britischen und deutschen Regierung stieß, wurde von der breiten Öffentlichkeit fast unbemerkt[462] ein ordnungspolitischer Wandel eingeleitet, der die Industriepolitik zu einem zentralen Instrument der Wirtschaftspolitik aufwertet.

Mit dem in den EG-Vertrag n.F. aufgenommenen Titel XIII "Industrie" werden nunmehr in Art. 130 EGV die industriepolitischen Zielvorstellungen konkretisiert. Demnach sorgen die Gemeinschaft und die Mitglieder dafür, daß die notwendigen Voraussetzungen für die Wettbewerbsfähigkeit der Industrie der Gemeinschaft gewährleistet sind. Dies bedeutet im einzelnen:

- Erleichterung der Anpassung der Industrie an strukturelle Veränderungen,
- Förderung eines für die Initiative und die Weiterentwicklung der Unternehmen in der gesamten Gemeinschaft, insbesondere der kleinen und mittleren Unternehmen, günstigen Umfelds,
- Förderung eines für die Zusammenarbeit zwischen Unternehmen günstigen Umfelds,
- Förderung einer besseren Nutzung des industriellen Potentials der Politik in den Bereichen Innovation, Forschung und technologische Entwicklung.

---

460 Vgl. Münster, Winfried: Binnenmarkt - auf französisch oder englisch?, in: EG-Magazin 12/91, S. 10; Methfessel, Klaus: Jeanne d`Arc gegen Japan, in: Capital 7/91, Jg. 30, S.146; Lambsdorff, Otto Graf: Die Jagd nach den Fördermitteln vergeudet Kraft und macht noch lange nicht wettbewerbsfähig, in: HB Nr. 250 vom 31.12.1991, S. 5; Keller, Dietmar: Eine gezielte Förderung von Schlüsselbranchen für Europa?, in: Wirtschaftsdienst 4/92 Jg. 72, S. 183; o. V.: Alles nach Plan, in: Manager Magazin 4/92, Jg. 22, S. 156ff.

461 Vgl. o. V.: Maastrichter Beschlüsse verankern Industriepolitik im EWG-Vertrag, in: WuW 3/92, Jg. 42, S. 192; Schlecht, Otto: Europäische Industriepolitik: Ordnungspolitik statt Dirigismus, in: Orientierungen zur Wirtschafts- und Gesellschaftspolitik 1/92, Band 51, S. 14.

462 Der Vertrag von Maastricht wurde in erster Linie wegen seines spektakulärsten Projekts, der europäischen Einheitswährung, diskutiert und kritisiert. Vgl. Starbatty, Joachim: Artikel 130: Wendemarkte der Ordnungspolitik, in: FAZ Nr. 12 vom 15.01.1994, S. 13; Mestmäcker, Ernst-Joachim: "Widersprüchlich, verwirrend und gefährlich", in: FAZ Nr. 236 vom 10.10.1992, S. 15.

Durch diese Stärkung des industriepolitischen Mandats wurde der diskretionäre Handlungsspielraum auf Gemeinschaftsebene erheblich erweitert. Welchen Rang das Wettbewerbsprinzip im Gemeinschaftsrecht einnehmen wird und in welchem Verhältnis es zu den anderen Gemeinschaftszielen stehen wird, ist daher in erster Line vom ordnungspolitischen Vorverständnis der rechtsanwendenden Gemeinschaftsorgane und deren Möglichkeit der politischen Durchsetzung abhängig.

Den Kritikern dieser industriepolitischen Legitimation mag man entgegenhalten, daß der ursprüngliche Vorschlag der französischen Regierung in wichtigen Punkten abgeschwächt wurde. So ist es gelungen, die Kompetenzen der Kommission für eine Industriepolitik insofern zu begrenzen, als für "spezifische Maßnahmen zur Unterstützung der in den Mitgliedstaaten durchgeführten Maßnahmen", welche die Wettbewerbsfähigkeit der europäischen Industrie betreffen, der einstimmige Beschluß[463] des Europäischen Rates erforderlich ist und zudem wettbewerbsverzerrende Handlungen durch den Titel XIII ausdrücklich ausgeschlossen sind. Inwiefern diese Kautelen geeignet sind, eine Dynamisierung interventionistischer Maßnahmen zu verhindern, ist theoretisch nicht absehbar sondern muß die Praxis beweisen. Die Einschätzung der Wirksamkeit dieser Vorsichtsmaßregeln und damit verbunden die Auswirkungen industriepolitischer Interventionen variiert zwischen Gesundbeter- und Kassandra-Interpretation.[464] In welche Richtung das Pendel ausschlagen wird, ist nicht zuletzt abhängig vom Ausmaß und der Auswahl des industriepolitischen Instrumentariums.

5.3.2 Ausgestaltung einer Industriepolitik

Industriepolitik ist seit jeher ein höchst umstrittenes Politikfeld. Von Gegnern als unzulässiger Staatsinterventionismus klassifiziert, von Befürwortern als notwendige Wachstumsstrategie eingeordnet, verdeutlichen diese Aussagen die Bandbreite dieses Begriffs und den Facettenreichtum seiner Zielsetzung sowie

---

463 Einstimmigkeit ist für viele Gegener aber dennoch keine Garantie gegen politisch unerwünschte Beschlüsse, vor allem dann nicht, wenn sie im Rahmen von sog. Paketlösungen ausgehebelt wird. Vgl. Jens, Uwe: Die Planifikateure nehmen in Brüssel Platz, in: FAZ Nr. 97 vom 27.04.1993, S. 16; Westerhoff, Horst-Dieter: Industriepolitik als Element des Maastrichter Vertrages - Einige Anmerkungen, in: LIST FORUM für Wirtschafts- und Finanzpolitik 1993, Band 19, S. 161.

464 Vgl. Möschel, Wernhard: EG-Industriepolitik nach Maastricht, in: Ordo 1992, Jg. 43, S. 418ff; Starbatty, Joachim: Artikel 130: Wendemarke der Ordnungspolitik, a.a.O., S. 13.

die Vielfalt der möglichen Instrumente und die nach wie vor umstrittene theoretische und ökonomische Rechtfertigung.[465]
Der Versuch den Terminus "Industriepolitik" eindeutig zu interpretieren, ist ähnlich schwierig wie beim Begriff "Wettbewerb" und immer auch abhängig von der ideologischen Positionierung. Ohne auf die zahlreichen Definitionsansätze[466] näher einzugehen, besteht insoweit Einigkeit darüber, als Industriepolitik stets ein interventionistisches Eingreifen der wirtschaftspolitischen Entscheidungsträger zum Inhalt hat, d.h. mit dem Begriff Industriepolitik wird eine aktive Rolle des Staates assoziiert, dessen Ziel es ist, Marktergebnisse zu beeinflussen.[467] Dabei lassen sich unterschiedliche Ebenen der Einflußnahme feststellen, deren Klassifizierung von "liberal" bis "interventionistisch" reicht. Grundsätzlich sind zwei wesentliche Dimensionen der Industriepolitik zu unterscheiden:[468]

1. Allgemeine Industriepolitik: Verbesserung der Rahmenbedingungen.
2. Spezielle Industriepolitik:[469] Eingriffe in Märkte zur Erhaltung gefährdeter Industrien;
Förderung der Anpassung von Unternehmen oder Branchen an den Strukturwandel;
Förderung sog. Zukunftsindustrien.

---

465   Vgl. Hummel, Marlies: Industriepolitik - kontrovers, in: ifo-Schnelldienst 17-78/93, S.3.

466   Ausführlicher zu den Begriffsfeldern der Industriepolitik vgl. Schmidt, André: Ordnungspolitische Perspektiven der europäischen Integration im Spannungsfeld von Wettbewerbs- und Industriepolitik, a.a.O., S. 198ff; Frees, Christian-Peter: Das neue industriepolitische Konzept der Europäischen Gemeinschaft, in: EuR 3/91, Jg. 26, S. 281f; Audretsch, David B.: Industrial Policy in the 1990s: An International Comparison, Discussion Paper FS IV 91-32, Wissenschaftszentrum für Sozialforschung, Berlin 1991, S.3; o. V.: Industriepolitik in der EG nimmt Gestalt an, in: Börsen-Zeitung Nr. 9 vom 15.01.1993, o. V.: Conrad, Markus: Industriepolitik als wirtschaftspolitische Option in der Sozialen Marktwirtschaft, Hamburg 1987, S. 5.

467   Vgl. Bletschacher, Georg/Klodt, Henning: Strategische Handels- und Industriepolitik. Theoretische Grundlagen, Branchenanalysen und wettbewerbspolitische Implikationen, Kieler Studien 244, Tübingen 1992, S. 163f.

468   Vgl. Wartenberg, Ludolf von: Europäische Industriepolitik aus Sicht der deutschen Industrie, in: ifo-Schnelldienst 17-18/93, S. 34. Eine - nur geringfügig - abweichende Einteilung nimmt Schmidt, Ingo: Europäische Industriepolitik - ein Widerspruch zur Wettbewerbsordnung?, a.a.O., S. 973 vor.

469   Zuweilen wird weiter differenziert in defensive und offensive Industriepolitik. Zur ersten Kategorie zählen i.d.R. Strukturerhaltungsmaßnahmen, zur zweiten zählen die Maßnahmen zur Förderung von Wachstumsbranchen und Schlüsselindustrien.

In Deutschland wird - trotz aller ordnungspolitischen Sündenfälle - der allgemeinen Industriepolitik[470] eindeutig Vorrang eingeräumt, in der Form als die Unternehmen i.d.R. allein für die Bewältigung des Strukturwandels zuständig sind und der Staat nur dafür Sorge trägt, daß ein günstiges Umfeld für die Eigeninitiative und Weiterentwicklung der Unternehmen geschaffen wird, so z. B. durch die Förderung der Grundlagenforschung, der Vereinfachung von Planungs- und Genehmigungsverfahren oder der Verbesserung von Infrastrukturmaßnahmen. Für Europa ist spätestens seit Maastricht unklar, welche Richtung die EG-Industriepolitik einschlägt. Die Möglichkeiten für eine lenkende, erhaltende und auch strategische Industriepolitik sind durch die Einführung von Artikel 130 in den Einigungsvertrag allemal gegeben. Bisher konnte die Europäische Kommission dieser Versuchung weitgehend widerstehen und erteilte einer sektoralen Strukturpolitik und einem gezielten Interventionismus eine Absage. Sie verfolgt damit bisher weitgehend den sog. horizontalen Ansatz, wie er im Grundsatzpapier der Kommission von 1990 gefordert wurde.[471] Mit dem sog. Bangemann-Papier[472] hat die Kommission ihre Vorstellungen zur Industriepolitik unter dem Titel "Industriepolitik in einem offenen und wettbewerbsorientierten Umfeld - Ansätze für ein Gemeinschaftskonzept" dem Rat und dem Europäischen Parlament mitgeteilt, die dieses auch einstimmig billigten.

Die Grundidee dieses Konzepts basierte auf der Überzeugung, daß die Vollendung des Binnenmarktes zu tiefgreifenden Auswirkungen in allen Bereichen der Industrie führen wird, die der europäischen Industrie einerseits große Chancen eröffnet, andererseits aber mit einem verstärkten Wettbewerbsdruck verbunden ist, in dem die Unternehmen bestehen müssen. Um diesen Anpassungsdruck, der zudem durch die zu erwartende weitere Liberalisierung des Welthandels verstärkt wird, fördernd begleiten zu können, müssen hierfür klare Leitlinien erarbeitet und ein angemessener konzeptioneller Rahmen erstellt werden. Die Frage, ob eine Notwendigkeit besteht, die "unsichtbare Hand" zu unterstützen, stand nicht zur Diskussion. Für die marktwirtschaftliche Devise "Wehret den Anfängen" war es dafür längst zu spät und Brüssel setzte nicht

---

470 Der Begriff wird in der Literatur unterschiedlich weit gefaßt. Grundsätzlich werden darunter aber "sämtliche Maßnahmen im Rahmen der Wirtschafts-, Gesellschafts-, Rechts- und Sozialordnung verstanden, die allgemein den industriellen Sektor tangieren, ohne ihn jedoch spezifisch zu regeln". Hölzler, Heinrich: Eine EG-Industriepolitik: Wohltat oder Sündenfall, in: HB Nr. 92 vom 30.04.1994, S. 8.

471 Vgl. Kommission der Europäischen Gemeinschaften (Hrsg.): Die europäische Industriepolitik für die 90er Jahre, Bulletin der Europäischen Gemeinschaften, Beilage 3/91, S. 7ff.

472 Benannt nach seinem Initiator, dem damals für die Industrie zuständigen Kommissar Dr. Martin Bangemann.

mehr, aber auch nicht weniger Vertrauen in den Markt, als es die nationalen Regierungen selbst taten und nach wie vor tun.[473] Es ging somit lediglich darum, wie die "sichtbare Hand" des Staates diesem Strukturwandel flankierend Beistand gewähren soll.

Das Konzept hat sich auf eine "marktkonforme Industriepolitik"[474] festgelegt, die dafür Sorge zu tragen hat, daß die Voraussetzungen für den ständigen Anpassungsprozeß der Industrie gewährleistet sind. Zu diesen Vorbedingungen zählt die Kommission vorrangig:[475]

1. Erhaltung eines wettbewerbsorientierten Umfelds, mittels einer effektiven Fusions- und Beihilfekontrollpolitik.
2. Erhaltung stabiler wirtschaftlicher Rahmenbedingungen, durch das Betreiben einer soliden Preis-, Finanz-, und Steuerpolitik.
3. Sicherstellung eines hohen Bildungsniveaus.
4. Förderung des wirtschaftlichen und sozialen Zusammenhalts.
5. Verwirklichung eines hohen Umweltschutzniveaus.

Diese Prämissen stellen eindeutig klar, daß in einer modernen Industriepolitik der Gemeinschaft die Hauptverantwortung für die Wettbewerbsfähigkeit bei den Unternehmen selbst liegt und die öffentliche Hand lediglich für ein günstiges und dynamisches Umfeld für die industrielle Entwicklung zu sorgen hat. Mit diesem Bekenntnis wurden die Lehren aus den Fehlentwicklungen der Vergangenheit gezogen, in der sektoral betriebene Industriepolitik wenig erfolgreich war und durch Subventionen, Quoten und Zölle der strukturelle Anpassungsdruck eher gemindert wurde, so daß beispielsweise zu lange an unrentablen Arbeitsplätzen festgehalten wurde, anstatt neue zu schaffen.

Das vorgelegte Konzept sprach sich deshalb von Anfang an gegen eine strukturerhaltende, protektionistische und sektorspezifische Industriepolitik aus. Die Rolle des Staates im neuen industriepolitischen Konzept sollte in erster Linie

---

473 Fast alle nationalen Regierungen haben irgendwann einmal der Versuchung nachgegeben, Zukunftsprojekte mit staatlicher Hilfe zu entwickeln oder Traditionsfirmen vor dem Ruin zu bewahren. Vgl. Bangemann, Martin: Wettbewerbsvorteile täglich erarbeiten, in: FAZ Nr. 127 vom 02.06.1992, S. B7; Büscher, Reinhard: Europäische Industriepolitik - das kleinere Übel?, in: EG-Magazin 3/93, S. 10

474 Vgl. hierzu ausführlicher Gemper, Bodo B.: Marktkonforme Industriepolitik, in: Orientierungen zur Wirtschafts- und Gesellschaftspolitik 1/87, Band 31, S. 49ff; derselbe: Über die Notwendigkeit die "unsichtbare Hand" zu unterstützen, in: Orientierungen zur Wirtschafts- und Gesellschaftspolitik 1/88, Band 35, S. 43ff

475 Vgl. Kommission der Europäischen Gemeinschaften (Hrsg.): Die europäische Industriepolitik für die 90er Jahre, a.a.O., S. 12ff; Frees, Christian-Peter: Das neue industriepolitische Konzept der Europäischen Gemeinschaft, a.a.O., S. 283.

als die eines Katalysators und innovativen Wegbereiters verstanden werden, der durch die konsequente Umsetzung des Binnenmarktprogramms und die Öffnung der Märkte nach außen den Strukturwandel aktiv begleitet und zur Beschleunigung des Anpassungsprozesses geeignete Maßnahmen bereitstellt. Hierzu zählen vorrangig die Förderung der technologischen Kapazitäten beispielsweise durch eine verstärkte Kooperation der vorwettbewerblichen Forschung, die Verbesserung der Hochschulausbildung, die verstärkte Kooperation mit kleinen und mittleren Unternehmen und die Förderung der Transformation der Kenntnisse der Grundlagenforschung bis zur Stufe der industriellen Verwertung. Weiterhin gilt es die zunehmenden Internationalisierungsbemühungen der Unternehmen, insbesondere auch in Richtung Osteuropa, zu unterstützen. Grenzüberschreitende Fusionen, sofern diese nicht zu einem bestimmenden Einfluß auf den betreffenden Märkten führen, sind daher grundsätzlich zu begrüßen, da diese zu einem schärferen Wettbewerb zwischen den neu entstehenden Konzernen führen, als dies bei der Variante "nationaler Champions" der Fall wäre.[476]

Dieser Maßnahmenkatalog deckt sich weitgehend mit den Kriterien in Art. 130 EGV und bietet dem Wortlaut nach keine Grundlage dafür, daß die Gemeinschaft irgendeine Maßnahme einführt, die zu Wettbewerbsverzerrungen führt. Solange die Gemeinschaft an dieser industriepolitischen Orientierung festhält und sich auf ihre vorrangige Aufgabe konzentriert, günstige Rahmenbedingungen für die Wirtschaft zu setzen und dadurch die Attraktivität des Standortes für die ansässigen und für die fremden Unternehmen zu erhalten und zu steigern, besteht kein Zielkonflikt zur Wettbewerbspolitik. Es darf allerdings nicht verkannt werden, daß die Legitimation industriepolitischer Eingriffe, vor allem die zum Teil unbestimmten und auslegungsbedürftigen Rechtsbegriffe,[477] durchaus Raum bieten, den zahlreich vorhandenen Argumenten für Protektion und Subvention, d.h. für massive Eingriffe in das freie Spiel der Marktkräfte, zu entsprechen. Dieser latenten Versuchung nachzugeben würde einmal mehr bedeuten, dem Staat mehr Wissen zuzuschreiben, als den Wirtschaftsakteuren und somit erneut dem Wahn der Machbarkeit anheimzufallen. Das Verhältnis Wettbewerbs- versus Industriepolitik läßt sich somit nicht eindeutig bestimmen. Es ist die Aufgabe der Politik, die zu formulierenden Inhalte in einem freiheitlich, marktwirtschaftlichen Sinne zu beeinflussen. Wie schwierig das zu bewerk-

---

476 Vgl. Kommission der Europäischen Gemeinschaften (Hrsg.): Die europäische Industriepolitik für die 90er Jahre, a.a.O., S. 20ff.

477 Nach Meinung der Monopolkommission ist der Maßnahmenkatalog des Artikel 130 so allgemein und so umfassend, daß er auch in Richtung dirigistischer und sektoraler Industriepolitik aktiviert werden könne. Vgl. Deutscher Bundestag (Hrsg.): 9. Hauptgutachten der Monopolkommission 1990/91, a.a.O., S. 18.

stelligen ist, zeigte sich in aller Deutlichkeit bei der langjährigen Diskussion um
die Ausgestaltung einer Europäischen Fusionskontrollverordnung als elemen-
taren Bestandteil der europäischen Wettbewerbsordnung. Im Zentrum der Auseinandersetzungen stand das Spannungsverhältnis von Wettbewerbs- und
Industriepolitik, also die Frage, ob die Vereinbarkeit von Unternehmenszusammenschlüssen mit dem Gemeinsamen Markt ausschließlich nach wettbewerbspolitischen Kriterien zu beurteilen sei oder ob die Kommission auch bei wettbewerbspolitisch negativer Beurteilung einen Zusammenschluß aus anderen,
vorrangig industriepolitischen Gründen soll genehmigen können. Welche
Lösung letztlich gefunden wurde und wie dieses Instrument der Wettbewerbspolitik ausgestaltet wurde soll im folgenden dargestellt werden.

5.4   Das wettbewerbspolitische Instrument der Europäischen Fusionskontrolle

5.4.1   Die Entwicklung der Fusionskontrolle aus den Wettbewerbsregeln des EWG-Vertrages

Die Ausführungen zur Entstehungsgeschichte und Weiterentwicklung des GWB
lassen erahnen, daß eine gesetzliche Verankerung der Eingriffsmöglichkeiten
bei wettbewerbswidrigen Handlungen und deren juristische Ahndung[478] auf
europäischer Ebene ungleich schwieriger zu bewerkstelligen ist. Nicht ohne
Grund wird deshalb die Geschichte der europäischen Fusionskontrolle exemplarisch als ein Lehrstück für den langen Atem angesehen, den die europäische
Einigung braucht.[479]

---

478 Anders als die nationalen Wettbewerbspolitiken erstreckt sich die Wettbewerbspolitik
der EG auch auf die Kontrolle staatlicher Markteingriffe. Die Regelungen über staatliche Beihilfen (Subventionen) sind in Art. 92 und 94 EWG-Vertrag geregelt. Danach
sind solche Beihilfen im Grundsatz mit dem EG-Recht unvereinbar, wenn sie wettbewerbsverzerrende Wirkungen entfalten oder zu entfalten drohen, allerdings nur,
sofern dadurch der Handel zwischen den EG-Staaten beeinträchtigt wird. Vgl. Bundesministerium für Wirtschaft (Hrsg.): Euro-Informationsbroschüre "Staatliche Beihilfen",
Bonn 1989, zitiert in: Suntum, Ulrich van: Wettbewerb und Wachstum im europäischen
Binnenmarkt, in: Aus Politik und Zeitgeschichte, B7-8/92 vom 07.02.1992, S. 18.

479 Vgl. Caspari, Manfred/Schwarz, Dieter: Europäische Fusionskontrolle. Ein Historienspiel, in: Andreae, Clemens-August/Kirchhoff, J./Pfeiffer, G. (Hrsg.): Wettbewerb als
Herausforderung und Chance, Festschrift für Werner Benisch, Köln 1989, S. 383.
Anders ausgedrückt ist die Entwicklung des europäischen Wettbewerbsrechts ein Beispiel dafür, wie sich die Faktoren der Rechtsbildung auf Gemeinschaftsebene im Verhältnis zu den nationalen Rechtsordnungen potenzieren. Vgl. Veelken, Wilfried:
Aspekte der europäischen Fusionskontrolle, in: Drobning, Ulrich/Kötz, Hein/Mest-
mäcker, Ernst-Joachim (Hrsg.): Die Europäische Fusionskontrolle, Tübingen 1992, S. 2.

Wie bereits mehrfach erwähnt, kannte man, ähnlich der Entwicklung in der Bundesrepublik Deutschland,[480] zu Beginn des europäischen Einigungsprozesses das Instrument der Fusionskontrolle nicht[481] bzw. maß dem keine vorrangige Bedeutung zu, weshalb der EWG-Vertrag[482] eine derartige Regelung auch nicht beinhaltete.[483] Diese Lücke im EWG-Vertrag wurde erst durch die am 21.12.1989 vom Ministerrat verabschiedete Fusionskontroll-Verordnung[484] geschlossen. Obwohl die Mitgliedstaaten der EG sich bereits bei der Unterzeichnung der Römischen Verträge im Jahr 1957 verpflichtet hatten, ein System zu errichten, "das den Wettbewerb innerhalb des Gemeinsamen Marktes vor Verfälschungen schützt",[485] stützte sich die Wettbewerbspolitik der EG über einen Zeitraum von über dreißig Jahren in erster Linie auf die "holzschnittartigen Grundbestimmungen der Art. 85 und 86 EWGV".[486] Diese kartellrechtlichen Vorschriften beinhalten zwar eine Verhaltenskontrolle im Sinne eines Verbotes wettbewerbsbehindernder Vereinbarungen oder Beschlüsse (Art. 85 EWGV) und eines Verbotes von Mißbrauch einer den Markt beherrschenden Stellung (Art. 86 EWGV), eine einwandfreie Rechtsgrundlage für eine wirksame Struk-

---

480 Sowohl das GWB als auch das europäische Wettbewerbsrecht, bestehend aus Art. 85 und 86 des EWG-Vertrages, traten am 1.1.1958 in Kraft.

481 Eine gemeinschaftliche Fusionskontrolle gab es zwar für den Bereich der Montanindustrie (Art. 66 EGKSV), diese Vorschriften wurden allerdings nicht aufgrund ordnungspolitischer, sondern vielmehr politischer Überlegungen in den EGKS-Vertrag aufgenommen. Vgl. Klodt, Henning/Stehn, Jürgen et al.: Wettbewerbspolitik, in: Siebert, Horst (Hrsg.). Die Strukturpolitik der EG, Kieler Studien, Tübingen 1992. S. 182.

482 Vgl. Europäische Wirtschaftsgemeinschaft (Hrsg.): EWG-Vertrag: Grundlage der Europäischen Gemeinschaft, 2. aktualisierte Auflage, Bonn 1988. Der EWG-Vertrag wird zuweilen als "Magna Charta" des europäischen Einigungswerkes, als flexible Grundlage für die Ausgestaltung der Europapolitik, betitelt. Vgl. Krägenau, Henry: 40 Jahre Römische Verträge, in: Wirtschaftsdienst 4/97, Jg. 77, S. 186.

483 Entgegen den Formulierungen des Spaak-Berichts, der die wichtigste Grundlage für den Vertrag von Rom bildet und u.a. die Errichtung einer Kontrolle der Zusammenschlüsse empfohlen hatte, fanden spezifische Regelungen über eine Zusammenschlußkontrolle keinen Eingang in den EWG-Vertrag. Vgl. Spaak-Bericht: Bericht der Delegationsleiter des von der Konferenz von Messina eingesetzten Regierungsausschusses an die Außenminister vom 21.4.1956, in: Schwarz, Jürgen (Hrsg.): "Der Aufbau Europas", Bonn 1980, S. 277ff; Mestmäcker, Ernst Joachim: Fusionskontrolle im Gemeinsamen Markt zwischen Wettbewerbspolitik und Industriepolitik, in: EuR 4/88, Jg. 23, S. 367.

484 ABl. Nr. L 395 vom 30.12.1989, S. 1; weiterhin EuZW 1/90, S. 22. Die Verordnung Nr. 4064/89 über die Kontrolle von Unternehmenszusammenschlüssen trat am 21.9.1990 in Kraft.

485 Europäische Gemeinschaft (Hrsg.): EWG-Vertrag, a.a.O., Art. 3 lit. f EWGV.

486 Groger, Thomas/Janicki, Thomas: Weiterentwicklung des Europäischen Wettbewerbsrechts, in: WuW 12/92, Jg. 42, S. 991.

turkontrolle und deren spezifischer Problematik konnten sie allerdings nicht er-
setzen.[487] Dies zeigte sich erstmals in aller Deutlichkeit beim sog. Continental
Can-Urteil von 1973.[488] Die Kommission[489] entschied sich damals, in Ermangelung ausdrücklicher Vorschriften bezüglich Fusionen, Beteiligungs-
erwerben bzw. des Erwerbs von Vermögensteilen an Unternehmen, die Regelungen des Art. 86 EWGV auch auf den Fall eines Unternehmenszusammenschlusses auszudehnen. Diese Entscheidung bedeutete den Beginn für weitere
Aktivitäten im Hinblick auf die Fusionsproblematik und führte letztlich zu
einem ersten Vorschlag einer Verordnung (EWG) des Rates über die Kontrolle
von Unternehmenszusammenschlüssen,[490] den die Kommission im Sommer
1973 dem Ministerrat unterbreitete. Dieser fand jedoch, ebenso wie drei nachfolgende Änderungsvorschläge, keine Zustimmung im Rat[491] und kam v.a. aus
politischen Gründen fünfzehn Jahre lang nicht von der Stelle.[492] Insbesondere
der Konflikt zwischen Frankreich und den südeuropäischen Staaten nach einer

---

487 Bereits Mitte der 60er Jahre stellte eine von der Kommission eingesetzte Professoren-
     gruppe, die mit der Untersuchung des Problems der Unternehmenskonzentration im Ge-
     meinsamen Markt beauftragt war, fest, "daß ein geschlossenes Rechtssystem erwünscht
     wäre, d.h. ein System, in welchem Absprachen und Zusammenschlüsse mit gleichen
     wirtschaftlichen Wirkungen in gleicher Weise behandelt würden". Vgl. Europäische
     Wirtschaftsgemeinschaft (Hrsg.): Das Problem der Unternehmenskonzentration im
     Gemeinsamen Markt, Kollektion Studien, Reihe Wettbewerb Nr. 3, Brüssel 1966, S. 22.
     Vgl. auch Krakowski, Michael: Anforderungen an eine europäische Zusammenschluß-
     kontrolle, in: Wirtschaftsdienst 7/89, Jg. 69, S. 107.

488 Vgl. EuGH vom 21.2.1973; ebenfalls o. V.: Rechtsprechungsübersicht in: Juristische
     Schulung (JuS) 1/73, Jg. 13, S. 508.

489 Der EuGH bestätigte die Rechtsauffassung der Kommission, dennoch mußte das Urteil
     wegen unzutreffender Marktabgrenzung aufgehoben werden.

490 Vorschlag einer Verordnung (EWG) des Rates über die Kontrolle von Unternehmens-
     zusammenschlüssen vom 20.07.1973, ABl. C 92 vom 31.10.1973. Vgl. hierzu auch
     Deringer, Arved: Auf dem Weg zu einer europäischen Fusionskontrolle, in: EuR 9/74,
     Jg. 9, S. 99f.

491 Vgl. ABl. Nr. C 36 vom 12.2.1982; ABl. Nr. C 51 vom 23.02.1984; ABl. Nr. C 324
     vom 17.12.1986.

492 Vor allem die vollkommen unterschiedlichen Vorstellungen und Intentionen der ein-
     zelnen Mitgliedsländer waren dafür verantwortlich, daß der Rat nicht in der Lage war,
     sich auf eine einheitliche Position zu einigen. Vgl. Block, Astrid: Die europäische
     Fusionskontrolle. Versuch einer rechtlichen und wettbewerbspolitischen Einigung, in:
     WSI Mitteilungen 1/92, Jg. 45, S. 25. Zudem hatten zum damaligen Zeitpunkt die
     wenigsten Mitgliedsländer ein nationales Fusionskontrollrecht, so daß die Sensibilität
     ein Schutzinstrument auf europäischer Ebene zu schaffen, noch nicht vorhanden war.
     Vgl. Schmidhuber, Peter M.: Fortentwicklung des Gemeinschafts-Wettbewerbsrechts
     zur Vollendung des Binnenmarktes, in: WuW 7u.8/89, Jg. 39, S. 546.

eher industrie- und verbraucherpolitischen Ausrichtung der Fusionskontrolle und der vom Vereinigten Königreich und der Bundesrepublik Deutschland geforderten strikten wettbewerbspolitischen Orientierung, waren verantwortlich für die mangelnde Bereitschaft des Rates eine Verordnung auf den Weg zu bringen.[493]

Diese Stagnationsphase wurde erst durch ein weiteres spektakuläres Urteil des EuGH beendet. Im sog. Tabak- bzw. Zigaretten-Urteil,[494] das den Zusammenschluß Rothmans/Philip Morris betraf, bejahte der Gerichtshof im November 1987 die Anwendbarkeit der Wettbewerbsregeln des Art. 85 EWGV auf Unternehmenszusammenschlüsse. Die Kommission verfügte plötzlich über ein Instrument, das es ihr erlaubte, auf Grundlage der Art. 85 und 86 EWGV eine Zusammenschlußkontrolle zu praktizieren. Dieses Instrumentarium wollte die Kommission nach Auskunft des damaligen Wettbewerbskommissars Sutherland solange anwenden, bis der Rat sich auf den Erlaß einer Fusionskontrollverordnung einigen könnte.[495] Diese Ankündigung verbunden mit der Rechtsunsicherheit, die dieses äußerst strittige Urteil auslöste, brachte den Rat in Zugzwang und trug nachhaltig zur Entstehung der Fusionskontrolle bei. Zudem beflügelten die Perspektiven des Programms zur Vollendung des Binnenmarktes 1992 und die bereits zum damaligen Zeitpunkt zu beobachtende Zunahme externen Unternehmenswachstums die Bemühungen, die letzte Lücke im Wettbewerbs-

---

493 Vgl. Kartte, Wolfgang: Die stärkste Lokomotive. Wettbewerbskontrolle im Europäischen Binnenmarkt, in: Das Parlament Nr. 51 vom 14.12.1990, S. 7; Mestmäcker, Ernst-Joachim: Auf dem Weg zu einer Ordnungspolitik für Europa, in: Mestmäcker, Ernst-Joachim/Möller, Hans/Schwartz, Hans-Peter (Hrsg.): Eine Ordnungspolitik für Europa, Festschrift für Hans von der Groeben zu seinem 80. Geburtstag, Baden-Baden 1987, S. 43; o. V.: Vorerst keine europäische Fusionskontrolle, in: WuW 2/89, Jg. 39, S. 101.

494 ABl. C 329 vom 08.12.1987. Ausführlicher hierzu vgl. Schrödermeier, Martin: Auf dem Weg zur europäischen Fusionskontrolle. Anmerkungen zum Tabakurteil des EuGH, in: WuW 3/88, Jg. 38, S. 185ff.

495 Presseerklärung der Kommission IP (87) 407 vom 18.11.1987, in: WuW 1988, S. 28 zitiert in: Weitbrecht, Andreas: Zusammenschlußkontrolle im Europäischen Binnenmarkt, in: EuZW 1/90, Jg. 1, S. 18. Der politische Druck, der vom sog. Tabak-Urteil ausging war nicht zu unterschätzen, so forderte sogar das Europäische Parlament - ohne selbst klar Stellung zu beziehen - den Rat am 23.11.1987 zum Tätigwerden auf. Vgl. BT-DS 11/1301 abgedruckt in o. V.: Entschließung des Europäischen Parlaments zu Unternehmenszusammenschlüssen, in: WuW 3/88, Jg. 38, S. 223. Peter Sutherland, der für Wettbewerbsfragen zuständige Kommissar, bezeichnete das "Philip-Morris"-Urteil im Wall Street Journal vom 08.11.1987 als "fantastic" und als "landmark decision" und künigte die extensive Auslegung der Wettbewerbsregeln des EWG-Vertrages im Handelsblatt vom 06.10.1987 und 29.10.1987 an. Vgl. hierzu auch o. V.: EG-Kommission drängt auf Fusionskontrolle, in: WuW 11/87, Jg. 37, S. 876.

recht der EG zu schließen.[496] Mit der Einigung des Rates über die Verordnung
(EWG) Nr. 4064/89 vom 21.12.1989 wurde die Fusionskontrollverordnung be-
schlossen und in das europäische Regelwerk der Wettbewerbspolitik aufgenommen. Sie trat am 21.9.1990 in Kraft.[497]

Obwohl die verabschiedete Fassung deutlich die Handschrift bundesdeutscher
und britischer Kartellbehörden[498] trägt, war dieses von vielen als "Formelkompromiß" titulierte Instrument der Europäischen Wettbewerbspolitik anfangs
heftig umstritten und kritisiert worden. Die Einigung kam nur auf politischen
Druck hin zustande, da dies die letzte Möglichkeit war, noch unter französischer Präsidentschaft eine Einigung herbeizuführen. Die Ankündigung der im
Jahr 1990 beginnenden irischen EG-Präsidentschaft, die bereits im Vorfeld dro-
hend verlauten ließ, daß sie dieses Thema nicht wieder aufgreifen würde,[499]
brachte alle Beteiligten in enormen Zugzwang. Die deutschen Wettbewerbshüter lamentierten daraufhin lautstark, die Bonner Regierung würde durch ihre
ordnungspolitischen Zugeständnisse das "Grundgesetz der Sozialen Marktwirtschaft" außer Kraft setzen und es sei allemal besser, überhaupt nichts zu be-
schließen, als unter Zeitdruck unbefriedigende "Formelkompromisse" hinzu-
nehmen.[500] Wie der so gefundene Globalkompromiß inhaltlich ausgestaltet

---

496   Vgl. Herrmann, Anneliese/Ochel, Wolfgang/Wegner, Manfred: Bundesrepublik und
      Binnenmarkt '92. Perspektiven für Wirtschaft und Wirtschaftspolitik, in: Schriftenreihe
      des Ifo-Instituts für Wirtschaftsforschung Nr. 126, München 1989, S. 212f; Ruppelt,
      Hans-Jürgen: Der Verordnungsentwurf für eine europäische Fusionskontrolle im EG-
      Ministerrat, in: WuW 3/89, Jg. 39, S. 187ff. Kritisch hierzu Janicki, Thomas: Per-
      spektiven der Fusionskontrolle im gemeinsamen Binnenmarkt, a.a.O., S. 193ff.

497   ABl. EG L 257 vom 21.9.1990.

498   Der überwiegenden Mehrzahl der EG-Mitgliedstaaten war zum damaligen Zeitpunkt
      eine wettbewerbliche Fusionskontrolle fremd. Nur die Bundesrepublik Deutschland und
      Großbritannien verfügten über eine Kartellbehörde mit entsprechenden strengen
      nationalen Wettbewerbsvorschriften. Vgl. Hirn, Wolfgang: Strenge Praxis in: WiWo Nr.
      32 vom 03.08.1990, Jg. 44, S. 26; o. V.: Eine EG-Fusionskontrolle noch in diesem Jahr
      setzt die Erfüllung der deutschen Forderungen voraus, in: HB Nr. 224 vom 20.11.1989,
      S. 3; o. V.: Bei den Kontrollkriterien ist der Müll der Industriepolitik übernommen
      worden, in: HB Nr. 228 vom 27.11.1989, S. 5; o. V.: Nur ganz wenige Staaten mit
      nationaler Fusionskontrolle, in: FAZ Nr. 47 vom 24.02.1989, o. S.

499   Vgl. o.V.: Europäischer Kompromiß bei Fusionskontrolle in Sicht, in: Frankfurter
      Rundschau Nr. 274 vom 25.11.1989, o. S.; o. V.: Der Brüsseler "Formelkompromiß" ist
      nach Meinung der deutschen Kartellbehörde keineswegs akzeptabel, in: HB Nr. 216
      vom 08.11.1989, S. 6; o. V.: Kartte, Wolfgang: Der niedrigere EG-Standard jetzt auch
      für das deutsche Wettbewerbsrecht, in: HB Nr. 242 vom 15./16.12.1989, S. 5.

500   Vgl. Hadler, Wilhelm: Fusionskontrollgesetz vor dem Abschluß?, in: EG-Magazin
      12/89, S. 22.

wurde und ob die mittlerweile über 10-jährige Praxis Kritiker verstummen ließ, wird im folgenden analysiert.

5.4.2 Grundzüge der EFKVO

5.4.2.1 Anwendungsbereich der Verordnung

Die FKVO ist gemäß Art. 1 Abs. 1 für alle Zusammenschlüsse mit gemeinschaftsweiter Bedeutung anzuwenden. Gemäß Art. 2 Abs. 2 VO ist eine gemeinschaftsweite Bedeutung immer dann gegeben, wenn ein Zusammenschluß folgende Umsatzschwellen[501] erreicht:

a) Der weltweite Gesamtumsatz aller beteiligten Unternehmen muß mehr als fünf Milliarden ECU betragen und

b) mindestens zwei der beteiligten Unternehmen müssen einen gemeinschaftsweiten Umsatz von jeweils mehr als 250 Millionen ECU erreichen.

c) Dies gilt allerdings nicht, wenn die am Zusammenschluß beteiligten Unternehmen mehr als zwei Drittel ihres gemeinschaftsweiten Umsatzes in ein und demselben Mitgliedstaat erzielen.

Während unter Buchstabe a) und b) eindeutig festgelegt wurde, daß die Verordnung nur auf Größtzusammenschlüsse mit globaler Bedeutung Anwendung finden soll, relativiert Punkt c) dies dahingehend, daß Zusammenschlüsse von vorwiegend nationaler Bedeutung - trotz Überschreitung der Umsatzschwellen - von der Gemeinschaftskontrolle ausgenommen sind und von den jeweiligen nationalen Kontrollorganen zu überprüfen sind.

Die Aufgreifschwellen waren bis zuletzt heftig umstritten. Die Kommission und die südlichen Mitgliedsländer plädierten für erheblich niedrigere Umsatzschwellen. Zunächst erwägte man einen Gesamtumsatz aller beteiligten Unternehmen von einer Milliarde ECU, später von zwei Milliarden ECU und einen gemeinschaftsweiten Gesamtumsatz von mindestens zwei beteiligten Unternehmen in Höhe von jeweils 100 Millionen ECU. Diese Schwellenwerte hätten

---

501 Zur Berechnung der Umsätze der beteiligten Unternehmen vgl. ausführlicher Röhling, Andreas: Offene Fragen der europäischen Fusionskontrolle, in: ZRP 18/90, S. 1179ff; Niemeyer, Hans-Jörg: Die Europäische Fusionskontrollverordnung, Heidelberg 1991, S. 12f. Mit der Festlegung auf die europäische Einheitswährung wurde die Kunstwährung ECU von EUR abgelöst. Die Daten beziehen sich jedoch auf den Gesetzeswortlaut von 1989, so daß diese nach wie vor in ECU angegeben werden.

einen erheblich weiteren Anwendungsbereich der Verordnung bedeutet[502] und wurden verständlicherweise von deutscher und britischer Seite abgelehnt, die als Schwelle zehn Milliarden ECU gefordert hatten und damit ihre nationalen Restkompetenzen gewahrt sehen wollten.[503] Zudem wurde mit dem Beharren auf höheren Schwellenwerten das grundlegende Mißtrauen deutscher und britischer Ordnungspolitiker in die Effizienz und Wettbewerbsorientierung der Kommission zum Ausdruck gebracht. Die damals geschätzte Anzahl von 40-60 Kontrollfälle pro Jahr[504] sollte nach Ansicht vieler Skeptiker vorerst ausreichend sein, die wettbewerbspolitische Orientierung der Kommission auf den Prüfstand zu stellen, ehe nach einer Anlaufphase von vier Jahren die Schwellenwerte dieser Übergangsbestimmung überprüft und vom Rat mit qualifizierter Mehrheit neu festgesetzt werden sollten.[505]

Die für Ende 1993 vorgesehene Revision der Verordnung, insbesondere die Herabsetzung der Gesamtumsatzschwelle von fünf Milliarden ECU auf zwei Milliarden ECU und die für den gemeinschaftsweiten Umsatz von 250 Millionen ECU auf 100 Millionen ECU, erfolgte trotz sachlicher Rechtfertigung[506] nicht. Die Kommission begründete ihre Entscheidung mit der mangelnden Unterstützung der Mitgliedstaaten. Zudem paßte eine Ausweitung der EG-Kompetenzen nicht in die damalige, durch das Subsidiaritätsprinzip geprägte,

---

502 Siehe den Bericht über die Unterbreitung von Vorschlägen zur geplanten Fusions-kontrollverordnung durch den zuständigen EG-Kommissar Leon Brittan. Vgl. o. V.: Kompromißvorschläge zur Fusionskontrolle, in: WuW 6/89, Jg. 39, S. 488ff.

503 Vgl. Weitbrecht, Andreas: Zusammenschlußkontrolle im Europäischen Binnenmarkt, a.a.O., S. 19. Die Bundesrepublik machte ihre Zustimmung bis in die Schlußphase hinein abhängig, ob sich die von ihr geforderten "essentials" als konsensfähig erweisen würden. Hierzu zählten neben der Forderung der Sicherung einer subsidiären nationalen Wettbewerbskompetenz die wettbewerbsbezogene Ausrichtung der Eingreifkriterien und der Grundsatz der präventiven Kontrolle. Vgl. Janicki, Thomas: EG-Fusions-kontrolle auf dem Weg zur praktischen Umsetzung, in: WuW 3/90, Jg. 40, S. 195.

504 Bei einer Umsatzschwelle von zwei Milliarden ECU rechnete die Kommission mit 90, bei einer Milliarde ECU mit 125-150 Fällen jährlich. Vgl. Monopolkommission (Hrsg.): Konzeption der Europäischen Fusionskontrolle, Sondergutachten 17, Baden-Baden 1989, Tz. 62ff.

505 Die gesetzliche Verpflichtung, die Umsatzschwellen des Artikels 1 zu überprüfen, finden sich in Art. 1 Nr. 3 der Verordnung in Verbindung mit Erwägungsgrund Nr. 10.

506 Das Ergebnis der 1993 durchgeführten Überprüfung wurde in einem Bericht der Kommission an den Rat zusammengefaßt. Vgl. KOM (93) endg. vom 28. 07.1993, zitiert in: Kommission der Europäischen Gemeinschaften (Hrsg.).: Fusionskontrolle der Gemeinschaft: Grünbuch über die Revision der Fusionskontrollverordnung, KOM (96) 19 end. vom 31.1.1996, S. 5.

europapolitische Landschaft.[507] Die Überprüfung wurde daraufhin auf das Jahr 1996 vertagt. Diese fand jedoch trotz der von der Kommission vorgeschlagenen modifizierten Absenkung der Schwellenwerte auf drei Milliarden ECU weltweiten Umsatz und 150 Millionen ECU gemeinschaftsweiten Umsatz im Ministerrat keine Mehrheit, mit der Begründung, da dies zu einer nicht unerheblichen Erweiterung der Zuständigkeit der Kommission führen würde. Nicht zuletzt scheiterte die Absenkung der Schwellenwerte und damit die Ausdehnung der Zuständigkeit der Europäischen Union an der Bedingung der Bundesrepublik Deutschland, ein Europäisches Kartellamt nach deutschem Vorbild zu schaffen.[508] Bis dato wurde zwar keine weitere Änderung der Schwellenwerte angestrebt, der Beobachtung und kritischen Überprüfung der Schwellenwerte wird aber weiterhin große Aufmerksamkeit geschenkt.[509]

Abgesehen von der Forderung der Absenkung der Schwellenwerte konnte allerdings bezüglich der im Januar 1996 im Grünbuch veröffentlichten Änderungsvorschläge[510] am 24.04.1997 vom Rat eine Einigung erzielt werden. Diese wurde am 30.6.1997 durch die Annahme der Verordnung (EG) Nr. 1310/97 finalisiert und trat am 1. März 1998 in Kraft.

Zu den wichtigsten Änderungen zählt insbesondere die Ausdehnung des Anwendungsbereiches der EFKVO auf diejenigen Zusammenschlüsse, die erhebliche Auswirkungen gleichzeitig in mehreren Mitgliedstaaten haben, die Umsatzschwellen des Art. 1 Abs. 2 VO allerdings nicht erreichen. Ein derartiger Zusammenschluß hat künftig gemäß Art. 1 Abs. 3 VO gemeinschaftsweite Be-

---

507 Vgl. Rice, Robert: Marriages made in Brussels, in: Financial Times vom 19.10.1993, o. S.; o. V.: Dezentralisierung der EG-Wettbewerbskontrolle, in: HB Nr. 96 vom 19.05.1993, S. 5.

508 Vgl. Deutscher Bundestag (Hrsg.): Bericht des Bundeskartellamtes über seine Tätigkeit in den Jahren 1995 und 1996, a.a.O., S. VII; o. V.: BDI: Die europäische Fusionskontrolle ausweiten, in: FAZ Nr. 76 vom 29.03.1996, S. 15; o. V.: Deregulierung des Kartellrechts ist auch eine Standortfrage, in: HB Nr. 65 vom 01.05.1996, S. 9.

509 Gemäß Art. 1 Nr. 4 der Verordnung (EWG) Nr. 4064 des Rates vom 21. Dezember 1989 über die Kontrolle der Unternehmenszusammenschlüsse (ABl. L 395 vom 30.12.1989, S. 1) geändert durch die Verordnung (EG) Nr. 1310/97 des Rates vom 30. Juni 1997 (ABl. 180 vom 9.7.1997, S. 1) hat die Kommission vor dem 1. Juli 2000 dem Rat über die Anwendung der in den Absätzen 2 und 3 vorgesehenen Schwellen und Kriterien Bericht zu erstatten.

510 Die wichtigsten Änderungsvorschläge der Kommission bezogen sich auf: 1. Absenkung der Aufgreifschwellen; 2. Mehrfache Anmeldungen; 3. Gemeinschaftsunternehmen; 4. Rückverweisungen an die Mitgliedstaaten; 5. Verfahrensbezogene Verbesserungen; 6. Berechnung der Bankenumsätze. Vgl. Europäische Kommission (Hrsg.): 26. Bericht über die Wettbewerbspolitik 1996, Brüssel 1997, S. 68.

deutung und unterliegt somit der alleinigen Prüfung durch die Kommission, wenn er nachstehende Bedingungen erfüllt:

1. Der weltweite Gesamtumsatz aller beteiligten Unternehmen beträgt zusammen mehr als zweieinhalb Milliarden ECU.
2. Der Gesamtumsatz aller beteiligten Unternehmen übersteigt in mindestens drei Mitgliedstaaten jeweils 100 Millionen ECU.

Damit die Vorhaben mit grenzüberschreitenden Auswirkungen erfaßt werden, ist vorgesehen, daß

1. zum einen in jedem dieser drei Mitgliedstaaten der Gesamtumsatz von mindestens zwei beteiligten Unternehmen jeweils mehr als 25 Millionen ECU beträgt und
2. zum anderen der gemeinschaftsweite Gesamtumsatz von mindestens zwei beteiligten Unternehmen jeweils 100 Millionen ECU beträgt.

Zielsetzung dieser Änderung war, eine neue Kategorie von Zusammenschlußvorhaben der Zuständigkeit der Gemeinschaft zu unterwerfen und somit eine Mehrfachanmeldung transnationaler Zusammenschlüsse bei den jeweiligen nationalen Fusionskontrollsystemen zu vermeiden, die bekanntermaßen zu großer Unsicherheit und höheren Kosten für die Unternehmen führen und zudem aufgrund unterschiedlicher Ausgestaltung der nationalen Fusionskontrollvorschriften unter Umständen zu sich widersprechenden Entscheidungen führen können.[511]

5.4.2.2 Der Zusammenschlußbegriff

Für die Anwendbarkeit der EFKVO und die Einleitung eines Prüfungsverfahrens ist neben der quantitativen Komponente allerdings das Vorliegen eines Zusammenschlusses essentiell. Dieser wird nach Art. 3 Abs. 1 VO immer dann angenommen, wenn

- zwei oder mehr bisher voneinander unabhängige Unternehmen fusionieren oder
- eine oder mehrere Personen, die bereits mindestens ein Unternehmen kontrollieren oder

---

511 Vgl. Kommission der Europäischen Gemeinschaften (Hrsg.): Fusionskontrolle der Gemeinschaft: Grünbuch über die Revision der Fusionskontrollverordnung, a.a.O., S. 13ff.

- ein oder mehrere Unternehmen durch den Erwerb von Anteilsrechten oder Vermögenswerten, durch Vertrag oder in sonstiger Weise die unmittelbare oder mittelbare Kontrolle über die Gesamtheit oder über Teile eines oder mehrerer anderer Unternehmen erwerben (sog. Kontrollerwerb).

Neben der klassischen Fusion stellt der Kontrollerwerb einen Zusammenschluß im Sinne der EFKVO dar. Was im konkreten Fall unter dem Kontrollbegriff zu verstehen ist, erklärt sich aus Art. 3 Abs. 3 der VO. Hiernach wird eine Kontrolle immer dann begründet, wenn durch Rechte, Verträge oder andere Mittel, die einzeln oder zusammen unter Berücksichtigung aller tatsächlichen oder rechtlichen Umstände die Möglichkeit gewähren, einen bestimmenden Einfluß auf die Tätigkeit eines Unternehmens auszuüben.

Im Gegensatz zum GWB hat sich die Europäische Fusionskontrolle bei der Definition eines Zusammenschlusses nicht auf fixe Beteiligungsschwellen festgelegt, deren Erwerb zwingend einen Zusammenschluß darstellen.[512] In der Regel wird man aber eine Kontrolle immer dann annehmen, wenn ein Unternehmen über 50% des Kapitals eines anderen Unternehmens erwirbt. Bei einer Beteiligung zwischen 40% und 50 % tendiert die Kommission zur Annahme eines bestimmenden Einflusses. Selbst im Fall einer Minderheitsbeteiligung kann ein Unternehmen die Kontrolle über ein anderes Unternehmen erlangen, sofern die übrigen Anteile breit gestreut sind.[513] Insofern lehnt sich der Zusammenschlußbegriff der VO eher an die weite Auslegung des Zusammenschlußbegriffs im französischen und britischen Recht an. Letzteres nimmt bereits einen für die Kontrolle ausreichenden Einfluß bei einer Beteiligung von nur 20 % an, unter der Voraussetzung des Streubesitzes der restlichen Anteile.[514]

Wesentlich für die Begründung eines Zusammenschlußtatbestandes ist nach Erwägungsgrund Nr. 23 der VO (EWG) Nr. 4064/89 weiterhin, daß nur Handlungen erfaßt werden, die zu einer dauerhaften Veränderung der Struktur der beteiligten Unternehmen führen. Handlungen, - einschließlich der Gründung

---

512 Vgl. Hardes, Heinz-Dieter: Wettbewerbspolitik in Deutschland und in der EU, in: WiSt 9/94, Jg., S. 443; Heidenhain, Martin: Unberechtigte Kritik an Fusionskontrollverordnung, in: EuZW 8/90, Jg. 1, Editorial; Deutscher Bundestag (Hrsg.): 9. Hauptgutachten der Monopolkommission 1990/1991, a.a.O., S. 278, Tz. 600.

513 Vgl. Kerber, Wolfgang: Die Europäische Fusionskontrollpraxis und die Wettbewerbskonzeption der EG, Bayreuth 1994, S. 10f; Immenga, Ulrich/Mestmäcker, Ernst-Joachim (Hrsg.): EG-Wettbewerbsrecht, Kommentar, Ergänzungsband, Stand der 1. Ergänzung Juli 1998, München 1998, Anhang 3, S. 3ff.

514 Vgl. Kirchhoff, Wolfgang: Europäische Fusionskontrolle, in: BB, Beilage 14 zu Heft 11 vom 20.04.1990, Jg. 45, S. 2.

von Gemeinschaftsunternehmen[515] - die lediglich eine Koordinierung des Wettbewerbsverhaltens unabhängig bleibender Unternehmen bezwecken oder bewirken, gelten nicht als Zusammenschluß. Die Entscheidung, wo im Einzelfall die Trennlinie zwischen Kooperation und Konzentration zu ziehen ist, hat sich, wie bereits im Vorfeld erwartet, als eines der schwierigsten Probleme in der Anwendung der VO erwiesen. Von welcher zentralen Bedeutung die Frage der Behandlung von GU ist, zeigte sich bereits in den ersten beiden Jahren der Anwendung der VO, in denen fast die Hälfte der angemeldeten Zusammenschlüsse den Tatbestand des GU erfüllten.[516] Um den Willkürverdacht bei der Beurteilung von konzentrativen bzw. kooperativen GU von vornherein weitestgehend auszuschließen, hat die Kommission mit der Bekanntmachung über Konzentrations- und Kooperationstatbestände nach der Fusionskontrollverordnung einen Leitfaden geschaffen, der mit den Kartellbehörden der Mitgliedsstaaten abgestimmt wurde.[517]

---

515 Die Gründung eines Gemeinschaftsunternehmens, das dauerhaft alle Funktionen einer selbständigen wirtschaftlichen Einheit erfüllt und nicht die Koordinierung des Wettbewerbsverhaltens der Gründerunternehmen zum Ziele hat, gilt als Zusammenschluß im Sinne der Verordnung. Ausführlicher zur Problematik der Abgrenzung konzentrativer versus kooperativer Gemeinschaftsunternehmen vgl. Bekanntmachung der Kommission über kooperative Gemeinschaftsunternehmen, ABl. C 43 vom 16.02.1993; o. V.: Bekanntmachung der Kommission über kooperative GU (Text), in: WuW 4/93, Jg. 43, S. 294ff. Hierzu vgl. auch ABl. (EG) Nr. C 203 vom 14.08.1990 über die Bekanntmachung der Kommission über Konzentrations- und Kooperationstatbestände nach der Verordnung (EWG) Nr. 4064/89 des Rates vom 21.12.1989 über die Kontrolle von Unternehmenszusammenschlüssen, geändert durch die Verordnung (EG) Nr. 1310/97 des Rates vom 30.06.1997 bzw. ABl L 180 vom 09.07.1997. S. 1.

516 Vgl. Ehlermann, Claus-Dieter: Neuere Entwicklungen im europäischen Wettbewerbsrecht, in: EuR 4/91, Jg. 26, S. 309; Sedemund, Jochim: Zwei Jahre europäische Fusionskontrolle: Ausgewählte Zentralfragen und Ausblick, in: Everling, Ulrich/Narjes, Karl-Heinz/Sedemund, Jochim (Hrsg.): Europarecht, Kartellrecht, Wirtschaftsrecht, Festschrift für Arved Deringer, Baden-Baden 1993, S. 381; Kamburoglou, Panagiotis: Ein Jahr europäische Fusionskontrolle - Ergebnisse einer FIW-Tagung, a.a.O., S. 986; Deutscher Bundestag (Hrsg.): 9. Hauptgutachten der Monopolkommission 1990/91, a.a.O., S. 279, Tz. 602.

517 Vgl. ABl. Nr. C 203 vom 14.08.1990. Zwischenzeitlich wurde diese durch eine neue Bekanntmachung über die Unterscheidung von konzentrativen und kooperativen GU ersetzt. Vgl. ABl. Nr. C 385 vom 31.12.1994, S. 5. Mit der Revision der FKVO verliert diese jedoch ihre Gültigkeit. Es gelten nunmehr die Leitlinien der Kommission zur Auslegung von Artikel 3 der VO in seiner zuletzt geänderten Form. Vgl. VO (EG) Nr. 1310/97 bzw. ABl. L 180 vom 9.7.1997, S. 1.

5.4.2.3 Prüfungskriterien

Sobald die Kommission nach Anmeldung[518] eines Zusammenschlusses festgestellt hat, daß dieser unter den Anwendungsbereich der Verordnung fällt,
wird von der Kommission ein Prüfungsverfahren[519] eingeleitet, in dessen Verlauf sie zu prüfen hat, ob der Zusammenschluß mit dem Gemeinsamen Markt
vereinbar ist. Zentrales Eingreifkriterium ist dabei nach Art. 2 Abs. 2 und 3 VO
die Begründung oder Verstärkung einer beherrschenden Stellung, durch die
wirksamer Wettbewerb im Gemeinsamen Markt oder in einem wesentlichen
Teil desselben erheblich behindert wird. Für die Konkretisierung des unbestimmten Rechtsbegriffs der "marktbeherrschenden Stellung" werden analog
zum GWB in Art. 2 Abs. 1 Buchstabe a) und b) der VO verschiedene materielle
Beurteilungskriterien genannt, die zur Prüfung der Frage der Marktbeherrschung herangezogen werden sollen. Im einzelnen sind dies:

- Struktur aller betroffenen Märkte unter Berücksichtigung des tatsächlichen
  oder potentiellen Wettbewerbs durch innerhalb oder außerhalb der Gemeinschaft ansässige Unternehmen,
- Marktstellung,
- wirtschaftliche Macht und Finanzkraft der beteiligten Unternehmen,
- Wahlmöglichkeiten der Lieferanten und Abnehmer,
- Zugang zu den Beschaffungs- und Absatzmärkten,
- rechtliche oder tatsächliche Marktzutrittschranken,
- Entwicklung des Angebots und der Nachfrage bei den jeweiligen Erzeugnissen und Dienstleistungen,
- Entwicklung des technischen und wirtschaftlichen Fortschritts, sofern diese
  dem Verbraucher dient und den Wettbewerb nicht behindert.[520]

---

518 Nach Art. 4 Abs. 1 und 2 sind Zusammenschlüsse von gemeinschaftsweiter Bedeutung
     innerhalb einer Woche nach Vertragsabschluß bei der Kommission anzumelden.

519 Zum Prüfungsverfahren und den Fristen siehe ausführlich Vonnemann, Wolfgang: Die
     neue europäische Fusionskontrolle, in: DB 11/90, Jg. 43, Schaubild S. 572. Zu den
     Fristen im speziellen vgl. Happe, Claus-Michael: Die Fristen im EG-Fusionskontroll-
     verfahren, in: EuZW 10/95, Jg. 6, S. 303ff.

520 Dieses Kriterium war Auslöser zahlreicher Diskussion, gilt es doch vor allem für Ver-
     fechter einer rein wettbewerblich ausgerichteten Konzeption der Fusionskontrolle als
     Rudiment industriepolitischen Einflusses. Vgl. Streit, Manfred E.: Krücken für die
     Champions, in: FAZ Nr. 141 vom 20.06.1992, S. 13; Siebert, Horst: Die Weisheit einer
     höheren Instanz, in: FAZ Nr. 63 vom 14.03.1992, S. 15; Schmidt, Ingo: Europäische
     Industriepolitik - ein Widerspruch zur Wettbewerbsordnung?, in: WuW 12/95, Jg. 45,
     S. 971.

Innerhalb des genannten Indizienkataloges nimmt das Kriterium der Marktstellung bzw. des Marktanteils eine Sonderstellung ein. Die Festlegung der
Höhe des Marktanteils, als wichtigste Grundlage der fusionskontrollrechtlichen
Beurteilung von Zusammenschlüssen, erfordert allerdings die Abgrenzung des
relevanten Marktes räumlicher und sachlicher Art.

Der sachlich relevante Markt wird nach der Rechtsprechung des EuGH nach
dem Bedarfsmarktkonzept abgegrenzt. Danach zählen alle Erzeugnisse, die sich
aufgrund ihrer Merkmale zur Befriedigung eines gleichbleibenden Bedarfs besonders eignen und mit anderen Erzeugnissen nur in geringem Maß austausch-
bar sind, zum sachlich relevanten Markt.[521] In der Praxis bereitet die Abgrenzung des relevanten Produktmarktes relativ wenig Schwierigkeiten.

Gänzlich anders verhält es sich bei der geographischen Abgrenzung des relevanten Marktes. Neben der bereits erwähnten Problematik der wettbewerbsrechtlichen Behandlung von GU kristallisierte sich zu Beginn der Anwendung
der Verordnung die räumliche Abgrenzung als der zweite große Problembereich
heraus. Während der Fusionskontrollpraxis des GWB diese Problematik bislang
weitgehend fremd war, da sie ihren Anwendungsbereich national definierte,[522]
muß bei Zusammenschlüssen von gemeinschaftsweiter Bedeutung im Einzelfall
geklärt werden, ob der relevante Markt auf das Gebiet eines oder mehrerer Mitgliedstaaten zu beschränken ist, oder ob ein gemeinschaftsweiter Markt anzunehmen ist. Grundsätzlich tendiert die Kommission zu einer eher "weiten"
Auslegung des räumlich relevanten Marktes[523] und trägt damit dem Prozeß zunehmender Verflechtung vordem räumlich getrennter Märkte Rechnung. Es
wäre auch vollkommen verfehlt, in dem sich rasch vollziehenden Strukturwandel die Annahme vorwiegend nationaler Märkte aufrechtzuerhalten, zumal

---

521 Vgl. Kommission der Europäischen Gemeinschaft (Hrsg.): 21. Wettbewerbsbericht
     1992, a.a.O., S. 401f und dieselbe: 22. Wettbewerbsbericht 1993, a.a.O., Tz. 232-235.

522 Obwohl sich das BKartA bislang aufgrund gesetzlicher Vorgaben an eine aus-
     schließliche Betrachtung nationaler Märkte gebunden sah, berücksichtigte sie bei öko-
     nomischer Betrachtungsweise die Existenz grenzüberschreitender Märkte. Dies erfolgte
     i.d.R. im Rahmen der Prüfung potentieller Konkurrenz. Vgl. Pfeffer, Joachim: Berück-
     sichtigung des internationalen Wettbewerbs bei der räumlichen Abgrenzung des rele-
     vanten Marktes, in: WuW 11/86, Jg. 36, S. 853ff; Baum, Herbert: Der relevante Markt
     als Problem der Wettbewerbspolitik, a.a.O., S. 401.

523 Vgl. Deutscher Bundestag (Hrsg.): 9. Hauptgutachten der Monopolkommission
     1990/91, a.a.O., S. 279, Tz. 606f.

die Ursachen[524] für räumlich getrennte Märkte in der Vergangenheit durch die Integrationsmaßnahmen auf europäischer Ebene sukzessive abgebaut wurden.

Diese Vorgehensweise der Kommission, v.a. die nach Meinung nationaler Wettbewerbshüter zu optimistische Einschätzung bezüglich des Entstehens gemeinschaftsweiter Märkte und die Vernachlässigung der bestehenden Wettbewerbsverhältnisse, war Anfang der 90er Jahre häufig Anlaß zu kritischen Äußerungen.[525] Die rasante Entwicklung der letzten Jahre scheint die Vorgehensweise und Entscheidungspraxis der Kommission jedoch zu bestätigen. Viele Märkte befinden sich auf dem Weg von nationalen zu europäischen, andere haben diese Entwicklung bereits durchlaufen und für eine Reihe weiterer Märkte ist dies in Zukunft zu erwarten. Obwohl der weitestgehend abgeschlossene europäische Integrationsprozeß zwar nicht automatisch dazu führt, daß nationale Märkte nicht mehr existent sind, ist es ersichtlich, daß die Zahl der für die EFKVO relevanten Zusammenschlüsse mit rein nationalem Charakter zugunsten westeuropäischer und auch weltweiter Zusammenschlüsse abnimmt.[526]

---

524 Aus Sicht der Kommission sind nationale, rechtliche Regelungen, nationale Standards, Handelsbeschränkungen, Transportkosten, unterschiedliche Vertriebssysteme und Konsumentenpräferenzen die Hauptursachen für räumlich getrennte Märkte. Vgl. Kerber, Wolfgang: a.a.O., S. 55. Vice versa wird der geographisch relevante Markt definiert, als "das Gebiet, in dem die beteiligten Unternehmen die relevanten Produkte oder Dienstleistungen anbieten, in dem die Wettbewerbsbedingungen hinreichend homogen sind und das sich von benachbarten Gebieten durch spürbar unterschiedliche Wettbewerbsbedingungen unterscheidet". Immenga, Wolfgang/Mestmäcker, Ernst-Joachim (Hrsg.): Kommentar, a.a.O., Textanhang S. 2.

525 Vgl. Deutscher Bundestag (Hrsg.): 9. Hauptgutachten der Monopolkommission 1990/91, a.a.O., S. 280, Tz 609f.

526 Mittlerweile hat die früher intensiv geführte Diskussion - vornehmlich mit dem BKartA - über die räumliche Marktabgrenzung, viel an Bedeutung verloren. So haben sich - auch in aus deutscher Sicht wichtigen Fällen - keine nennenswerten Konflikte zwischen Kommission und dem BKartA ergeben. Vgl. Wolf, Dieter: Nicht mit Mega-Behörden gegen Mega-Fusionen, in: FAZ Nr. 107 vom 10.05.1999, S.10.

5.4.3   Verhältnis von deutscher und europäischer Fusionskontrolle

Die Rangfolge zweier Rechtsordnungen, die für die gleiche Materie Gültigkeit beanspruchen[527] und eng mit der Problematik der räumlichen Referenzmärkte verknüpft sind, bot im Vorfeld der Einführung der EFKVO reichlich Diskussionsstoff.[528] Vor allem die Bundesrepublik Deutschland, die zum damaligen Zeitpunkt in der EG die am weitesten entwickelte nationale Fusionskontrolle besaß, hatte bis zuletzt für eine möglichst weitreichende nationale Kompetenz bei der Fusionskontrolle gestritten, wie auch schon bei der Frage der Aufgreifschwellen.[529] Der damalige Bundeswirtschaftsminister Haussmann wollte den Berliner Kartellwächtern eine möglichst weitreichende nationale Restkompetenz sichern und handelte mit Wettbewerbskommissar Leon Brittain eine Kompromißregelung aus, wonach im Falle einer Gefährdung des Wettbewerbs auf dem nationalen Markt dem Bundeskartellamt weiterhin automatisch das Recht eingeräumt werden sollte, einen Zusammenschluß auch oberhalb der für die Anwendung des Gemeinschaftsrechts maßgeblichen Umsatzschwelle, zu untersagen. Diese Lösung stieß jedoch nicht nur in Brüssel, sondern unerwarteterweise auch im Wirtschaftsausschuß des Bundestages und in der FDP-Fraktion auf harten Widerstand.[530] Verabschiedet wurde letztlich ein sog. "one stop-shopping",[531] d.h. der Vorrang und die Exklusivität der europäischen Kontrolle. Nur soweit Vorhaben, etwa wegen der Größe oder wegen fehlender gemeinschaftsweiter Bedeutung, der EG-Kontrolle nicht unterfallen, bleibt Raum für das nationale Kartellrecht. Die von deutscher Seite ursprünglich geforderte Doppelkontrolle konnte zugunsten der ausschließlichen Zuständigkeit der Kommission für die Anwendung der FKVO glücklicherweise vermieden werden.

---

527   Seit Inkrafttreten des GWB und des Gründungsvertrages über die europäische Wirtschaftsgemeinschaft bereitet das Verhältnis des nationalen Rechts zum Gemeinschaftsrecht Probleme, da wettbewerbsbeschränkende Sachverhalte sowohl den Normen des GWB wie den Wettbewerbsregeln des europäischen Gemeinschaftsrechts unterfallen. Vgl. Bunte, Hermann-Josef: Das Verhältnis von deutschem zu europäischem Kartellrecht, in: WuW 1/89, Jg. 39, S. 7; Zuleeg, Manfred: Der Rang des europäischen im Verhältnis zum nationalen Wettbewerbsrecht, in: EuR 2/90, Jg. 25, S. 123; Wolf, Dieter: Zum Verhältnis von europäischem und deutschem Wettbewerbsrecht, in: EuZW 7/94, Jg. 5, S. 233.

528   Vgl. Block, Astrid: Die europäische Fusionskontrolle. Versuch einer rechtlichen und wettbewerbspolitischen Einigung, a.a.O., S. 31.

529   Vgl. Vonnemann, Wolfgang: a.a.O., S. 572.

530   Vgl. Hadler, Wilhelm: Fusionskontrollgesetz vor dem Abschluß?, a.a.O., S. 22.

531   Vgl. hierzu Art. 21. Abs. 1 und 2 EFKVO.

Die Verordnung sieht jedoch Ausnahmen[532] vom Grundsatz des Art. 21 VO vor. Die Kommission kann nach Art. 9 Abs. 1 und 2 VO einen angemeldeten Zusammenschluß unter bestimmten Voraussetzungen an die Kartellbehörde eines Mitgliedstaates verweisen (deutsche Klausel). Die Kommission kann einem Rückverweisungsantrag unter folgenden Voraussetzungen entsprechen:[533]

Der angemeldete Zusammenschluß

- droht eine beherrschende Stellung,
- auf einem gesonderten Markt eines Mitgliedstaates,
- zu begründen oder zu verstärken,
- wodurch wirksamer Wettbewerb auf diesem Markt erheblich behindert würde.

Die Verweisung ist unabhängig davon, ob der gesonderte Markt einen wesentlichen Teil des Gemeinsamen Marktes ausmacht oder nicht. Diese Bedingung ist auf Wunsch der Bundesrepublik als Kompensation des Ausschließlichkeitsgrundsatzes eingefügt worden und soll den wettbewerbspolitischen Interessen der Mitgliedstaaten in Einzelfällen Rechnung tragen. Bis Ende 1999 wurden von den Mitgliedstaaten 38 Verweisungsanträge gemäß Art. 9 Abs. 1 FKVO gestellt, von denen über die Hälfte die Kommission nicht an die Mitgliedsländer zurückverwies, sondern selbst eine Entscheidung fällte.[534] Als weitere Ausnahme vom Ausschließlichkeitsgrundsatz der VO kann auf Antrag eines Mitgliedstaates die Kommission einen Zusammenschluß, der keine gemeinschaftsweite Bedeutung besitzt, nach Art. 22 VO untersagen bzw. mit Auflagen genehmigen, wenn durch den Zusammenschluß die Gefahr der Begründung oder Verstärkung einer beherrschenden Stellung besteht (holländische Klausel). Die Vorschrift wurde auf Wunsch der holländischen Regierung eingefügt. Zielsetzung dieser Regelung war das Zur-Verfügung-Stellen des Europäischen Regelungswerkes für Mitgliedstaaten, die zum damaligen Zeitpunkt keine nationale Fusionskontrolle besaßen.

---

532 Als dritte Verweisungsmöglichkeit an die Mitgliedstaaten - neben den beiden nachfolgend aufgeführten - gilt die Berücksichtigung berechtigter Interessen auf nationaler Ebene, so z. B. im Bereich der öffentlichen Sicherheit oder der Medienvielfalt. Vgl. Art. 21 Abs. 3 VO.

533 Vgl. Kamburoglou, Panagiotis: EWG-Wettbewerbspolitik und Subsidiarität, in: WuW 4/93, Jg. 43, S. 278.

534 Vgl. Monopolkommission (Hrsg.): Hauptgutachten diverser Jahre. Laut unveröffentlichter Statistik der Kommission über die Zusammenschlüsse für die Jahre 1998 und 1999, sind in 1998 drei Rückverweisungen an die Mitgliedstaaten erfolgt, in 1999 wurden bisher keine Rückverweisung veranlaßt. Die Statistik gibt keine Auskünfte über die Anzahl der Anträge auf Rückverweisung für den betreffenden Zeitraum.

Die Kommission hat in einer Erklärung zur Ratsverordnung[535] bezüglich des Verfahrens der Rückverweisung allerdings von vornherein deutlich gemacht, daß diese Vorgehensweise nur in Ausnahmefällen angewandt werden soll. Die bislang verzeichnete Anzahl der tatsächlichen Rückverweisungen untermauert dies auch eindrucksvoll. Die konsequente Haltung der Kommission, v.a. aber die Einführung des Subsidiaritätsgrundsatzes in den Maastrichter Verträgen entfachte allerdings eine neue Diskussionsrunde, ob eine neue Zuständigkeitsabgrenzung zwischen Kommission und Mitgliedstaaten notwendig ist. Obwohl insbesondere die Vertreter der Industrie[536] ihre Zufriedenheit mit der Anwendung des Art. 9 VO zum Ausdruck brachten, wurde auf Ersuchen einiger Mitgliedstaaten[537] die Möglichkeit der Rückverweisung dahingehend modifiziert, daß die Kommission nunmehr verpflichtet ist, einen Fall an die zuständigen nationalen Behörden zu verweisen, wenn kein wesentlicher Teil des Gemeinsamen Marktes betroffen ist. Dem Subsidiaritätsprinzip wurde mit dieser Änderung somit entsprochen. Welche konkreten Auswirkungen diese Revision mit sich bringen wird, läßt sich derzeit noch nicht abschätzen, wobei allerdings angenommen werden kann, daß ein sprunghafter Anstieg angesichts der ohnehin geringen Zahl der Verweisungsanträge nicht zu erwarten sein wird.

5.4.4 Abschließendes Resümee

Seit Einführung der EFKVO im Jahr 1990 wurden über 1200 Fusionsfälle bei der Kommission angemeldet. Der Großteil der angemeldeten Zusammenschlußfälle wurde als vereinbar mit dem Gemeinsamen Markt eingestuft. Einige Fälle wurden mit Auflagen genehmigt. Der Anteil der untersagten Zusammenschlußvorhaben ist mit 1% verschwindend gering.

---

535 Vgl. o. V.: Erklärungen zum Ratsprotokoll vom 19.12.1989, in: WuW 3/90, Jg. 40, S. 240ff.

536 So lehnte beispielsweise der BDI den Vorschlag der Bundesregierung ab, den Vollzug des europäischen Wettbewerbsrechtes unter dem Gesichtspunkt der Entlastung der Europäischen Kommission, des Subsidiaritätsprinzips und der Bürgernähe dezentral auszugestalten und eine Parallelzuständigkeit der nationalen Wettbewerbsbehörden und der Kommission einzuführen. Vgl. o. V.: Keine Re-Nationalisierung des EG-Wettbewerbsrechts, in: HB Nr. 8 vom 12.01.1994, S. 5.

537 So auch der ehemalige Wirtschaftsminister Rexrodt, der die Leitlinie vorgab, daß europäische Fälle, an denen nur ein begrenztes Gemeinschaftsinteresse besteht, grundsätzlich von der nationalen Behörde bearbeitet werden solle, in deren Bereich der Schwerpunkt des jeweiligen Falles liegt. Vgl. o. V.: Dezentralisierung der EG-Wettbewerbskontrolle, a.a.O., S. 5; Kommission der Europäischen Gemeinschaften (Hrsg.): Fusionskontrolle der Gemeinschaft: Grünbuch über die Revision der Fusionskontrollverordnung, a.a.O., S. 26.

Ungeachtet des reinen Zahlenspiels, das nur wenig über die Effektivität der europäischen Fusionskontrolle aussagt, sei vorab angemerkt, daß sich trotz der jährlich zum Teil sprunghaft ansteigenden Zahl der Fälle,[538] sowohl die fusionskontrollrechtlichen Vorschriften insgesamt als funktionsfähig erwiesen haben als auch die Entscheidungspraxis der Kommission bewährt hat, was mittlerweile auch von deutscher Wettbewerbsseite eingeräumt wird.[539] Auch die anfangs befürchtete Abhängigkeit der Kommission von politischen Instanzen und deren Einflüssen[540] ist trotz einiger Hinweise[541] nicht konkret eingetreten. Ebenfalls unbegründet blieb die Befürchtung, wettbewerbsfremde Erwägungen könnten in die Entscheidungen der Kommission eingehen.

Trotz dieser positiven Bilanz bleiben dennoch gewisse Ressentiments gegenüber der Durchsetzung der europäischen Fusionskontrolle, was insbesondere in der nachhaltigen Forderung nach Errichtung eines unabhängigen europäischen Kartellamtes deutschen Musters und der Weigerung der Absenkung der Aufgreifschwellen zum Ausdruck gebracht wird.

5.5   Der Prozeß der zunehmenden Rechtsangleichung

Bis zum Jahr 1989, dem Jahr der Verabschiedung der EFKVO, präsentierte sich die Wettbewerbspolitik in Europa als unkoordiniertes Nebeneinander von Gemeinschaftsrecht und erheblich voneinander abweichenden nationalen Wettbewerbsordnungen und war daher in wettbewerbspolitischer Hinsicht wenig befriedigend.[542] Zwar verfügten viele Länder über eine Verhaltenskontrolle im

---

538   Nach Meinung der Monopolkommission beruht der Anstieg sowohl auf einer faktischen Absenkung der Schwellenwerte als auch auf einer Ausweitung des materiellen Anwendungsbereiches der Fusionskontrollverordnung. Die Unternehmensumsätze steigen zum einen real und inflationsbedingt, zum anderen führt die Erweiterung des räumlichen Anwendungsbereichs auf neue Mitgliedstaaten zu einem stetigen Anstieg der zu kontrollierenden Vorhaben. Vgl. Deutscher Bundestag (Hrsg.): 11. Hauptgutachten der Monopolkommission 1994/95, a.a.O., S. 334, Tz. 674.

539   Vgl. Deutscher Bundestag (Hrsg.): 12. Hauptgutachten der Monopolkommission 1996/97, a.a.O., S. 280, Tz. 476; Deutscher Bundestag (Hrsg.): Tätigkeitsbericht des BKartA 1993/94, a.a.O., S. VI, VII; ebenda: Tätigkeitsbericht des BKartA 1995/96, a.a.O., S. VII.

540   Vgl. Monopolkommission (Hrsg.): Konzeption einer europäischen Fusionskontrolle, Sondergutachten 17, a.a.O., Tz. 140.

541   Vgl. Deutscher Bundestag (Hrsg.): 11. Hauptgutachten der Monopolkommission 1994/95, a.a.O., S. 347 Tz. 717.

542   Vgl. Günther, Eberhard: Wege zur Europäischen Wettbewerbsordnung, Baden-Baden 1968, S. 151.

Sinne eines Verbots bzw. einer Mißbrauchsaufsicht über Kartelle und Monopole, eine Fusionskontrolle hatten zum damaligen Zeitpunkt jedoch nur die
wenigsten Mitgliedstaaten der EG in ihr wettbewerbspolitisches Regelwerk
aufgenommen. Zu diesen Ländern zählten Griechenland, die Niederlande,
Portugal und Spanien. Zu den Ländern, die selbst Kartelle und Monopole nur
marginal und Zusammenschlüsse überhaupt nicht kontrollierten zählten Belgien, Dänemark, Italien und Luxemburg. Lediglich Deutschland, Frankreich,
Großbritannien und Irland (allerdings nur in Grundzügen) verfügten zum damaligen Zeitpunkt neben einer wirksamen Verhaltenskontrolle auch über eine
nationale Zusammenschlußkontrolle.[543] Aber selbst hier waren Unterschiede
dergestalt erkennbar, daß die Kontrolle von Unternehmenszusammenschlüssen
nicht einheitlich an wettbewerblichen Zielsetzungen, vorrangig der Erhaltung
wettbewerblicher Marktstrukturen, ausgerichtet war, sondern zum Teil der
Verwirklichung eigener nationaler Interessen dienen sollte. Dementsprechend
unterschiedlich präsentierte sich deren materiellrechtliche Ausgestaltung.

Dem Vertragsziel des Gemeinsamen Binnenmarktes folgend, ein System zu errichten, das den Wettbewerb innerhalb des Gemeinsamen Marktes vor Verfälschungen schützt, war die Schaffung gleicher Wettbewerbsbedingungen eine
besonders vordringlich Aufgabe. Um zu einer gut funktionierenden europäischen Wettbewerbsordnung zu gelangen, mußte es daher gelingen, die unterschiedlichen Wettbewerbsvorstellungen der Länder zu einem einheitlichen
wohlausgewogenen Ganzen zusammenzufassen und in der Weise voranzutreiben, wie dies auf integrationspolitischer Ebene allgemein der Fall war. Dazu
gehörte auch, die erhebliche Lücke im System der einzelstaatlichen Wettbewerbsordnungen in gleichem Maße zu schließen, wie dies mit der Einführung
der EFKVO auf Gemeinschaftsebene gelungen ist. Ohne einen einheitlichen
Wettbewerbsrahmen bestünde die Gefahr, daß die durch die europäische Integration erreichte Öffnung der Märkte und die freie Beweglichkeit der Produktionsfaktoren durch wettbewerbsbeschränkende Maßnahmen im zwischenstaatlichen Bereich zunichte gemacht würden.

Ob und in welchem Ausmaß die Implementierung bzw. Harmonisierung der
einzelstaatlichen Fusionskontrollgesetzgebungen zwischenzeitlich gelungen ist,
soll anhand der Analyse der Entwicklung und Ausgestaltung der Fusions-
regelungen in einigen ausgewählten Mitgliedsstaaten der EU (gegliedert nach
dem Beitrittszeitpunkt zur EG bzw. EU) aufgezeigt werden.

---

543 Vgl. Monopolkommission (Hrsg.): Konzeption einer europäischen Fusionskontrolle,
     Sondergutachten 17, a.a.O., S.15f.

5.5.1 Die Fusionskontrolle Frankreichs

Die Ausgestaltung des wettbewerbspolitischen Instrumentariums in Frankreich nach dem 2. Weltkrieg und dessen Fortentwicklung bis zum heutigen Tag ist untrennbar verknüpft mit den allgemeinen wirtschaftspolitischen Zielsetzungen unseres Nachbarlandes und deren Veränderung im Zeitverlauf. Die nach dem Krieg praktizierte Wirtschaftspolitik läßt sich mit dem gemeinhin bekannten Zauberwort "Planification" umschreiben und beinhaltet das Bemühen, mittels Vier- bzw. Fünf-Jahres-Plänen[544] die wirtschaftliche Entwicklung zu steuern bzw. zu planen und das Wachstum und die Internationalisierung der französischen Industrie zu fördern. Diese interventionistisch geprägte Wirtschaftspolitik bediente sich - neben den allgemeinen Maßnahmen der Sozialisierung, des beherrschenden staatlichen Einflusses auf Investitionen und der intensiven Kontrolle über Preise und Löhne - vorrangig einer aktiven staatlichen Konzentrationspolitik. Ihre Intention bestand in erster Linie darin, die zum damaligen Zeitpunkt in vielen Branchen zersplitterten industriellen Kräfte zu bündeln und auf eine überschaubare Anzahl von Unternehmen internationaler Größenordnung zusammenzufassen, die fähig sind, sich auf allen Gebieten im Wettbewerb mit ausländischen Gruppen zu behaupten.[545] Die bewußte Planung und Steuerung industrieller Strukturen stand damit im krassen Gegensatz zur wettbewerbspolitisch orientierten deutschen Wirtschaftspolitik, die das freie Spiel der Kräfte propagierte und dies auch auf die Entwicklung der Anzahl und Größe der Unternehmen bezog. Während Frankreich die Konzentration vorantrieb, hat die Wettbewerbsgesetzgebung in Deutschland versucht, die Konzentration wirtschaftlicher Macht zu bremsen.

Die Leitlinie in Frankreich hieß: Industriepolitik statt Wettbewerbspolitik. Daran änderte auch die mit dem Gesetz Nr. 77-806 vom 19.07.1977 eingeführte Fusionskontrolle wenig. Dies lag zum einen in der materiellrechtlichen Ausgestaltung der fehlenden Anmeldepflicht, der lückenhaften Zusammenschlußtatbestände und großzügig ausgestalteten Marktanteilskriterien, zum anderen in der Durchführung, da die politische Entscheidungskompetenz nicht wie in

---

544 Zum Inhalt und der zeitlichen Einordnung der einzelnen Pläne vgl. Lob, Harald: Die Entwicklung der französischen Wettbewerbspolitik bis zu Verordnung Nr. 86-1243 vom 01. Dezember 1986, Frankfurt/Main 1988, S. 18ff.

545 Vgl. Jetter, Karl: Frankreich hat das Ziel der staatlichen Fusionspolitik verfehlt, in: FAZ Nr. 214 vom 14.09.1992, S. 14.

Deutschland einer unabhängigen Behörde[546] obliegt, sondern dem Wirtschaftsminister zugeordnet wurde.[547] Es dauerte bis Mitte der 80er Jahre, ehe dem
Wettbewerbsprinzip in zunehmendem Maße Geltung verschafft und eine sukzessive Abkehr industriepolitischer Einflußnahme erkennbar wurde.[548]

Die veränderte wirtschaftpolitische Leitlinie manifestierte sich u.a. in der umfassenden Reform und Neuordnung des französischen Wettbewerbsrechts von
1986.[549] Wesentlicher Bestandteil der Gesetzesänderung war die grundsätzliche
Beseitigung von Preiskontrollen durch den französischen Staat und die Schaffung eines unabhängigen Wettbewerbsrates (Council de la Concurrence). Die
mit der Novelle verbundenen materiellrechtlichen Änderungen der Fusionskontrolle waren demgegenüber allerdings von vergleichsweise untergeordneter Bedeutung. Im Gegensatz zu Deutschland ist die Konzentrationskontrolle in
Frankreich nicht präventiv ausgestaltet, d. h. eine Anmeldung von Zusammenschlußvorhaben oder von vollzogenen Unternehmenszusammenschlüssen bleibt
auch nach der Novelle freiwillig. Kontrollfähig sind Zusammenschlüsse nach
Art. 38 der Verordnung (VO), wenn die beteiligten Unternehmen zusammen-
genommen mehr als 25% Marktanteil[550] auf einem relevanten Markt erreichen.
Eine weitere Kontrollmöglichkeit besteht nach dem neuen Recht künftig auch
dann, wenn die beteiligten Unternehmen zusammen mehr als sieben Milliarden
Französische Franc (FF)[551] Umsatz erzielen, vorausgesetzt mindestens zwei der
am Zusammenschluß Beteiligten erzielen einen Umsatz von mindestens zwei

---

546 Mit Einführung der Fusionskontrolle im Jahr 1977 wurde zwar eine Institution ge-
     schaffen (Commision de la concurrence), die eine unbestreitbare Autorität in allen
     Wettbewerbsfragen übernehmen sollte, ihr tatsächlicher Stellenwert blieb jedoch gering.
     Vgl. Lob, Harald: Der französische Wettbewerbsrat, in: RIW 4/95, Jg. 41, S. 273.

547 Vgl. Rittner, Fritz: Konvergenz oder Divergenz der europäischen Wettbewerbsrechte?,
     a.a.O., S. 34.

548 Ausschlaggebend für diesen Umdenkungsprozeß waren die in der Praxis zu ver-
     zeichnenden Erfolge der liberal-konservativen Regierung von Jacques Chirac, deren
     Privatisierungskonzept zur Gesundung der französischen Wirtschaft in erheblichem
     Maße beitrug. Vgl. o. V.: Frankreichs Industriepolitik. Subventionen und Beteiligungen:
     Staatsunternehmen vor der Pleite?, in: WISU 5/91, Jg. 20, S. 357.

549 Vgl. VO Nr. 86-1286 vom 01.12.1986.

550 Die Marktanteilsschwelle betrug nach alter Rechtsprechung 40%. Vgl. Kerber, Markus:
     Zur Reform des französischen Wettbewerbsrecht, in: WuW 5/86, Jg. 36, S. 378.

551 Bei einem zugrundegelegten festen Umrechnungskurs von 6.55957 FF je Euro, ent-
     spricht dies einem Betrag von über einer Milliarde Euro.

Milliarden FF.[552] Grundlage der Marktanteilsdefinition bildet der relevante Markt. Dieser wird als der französische oder als wesentlicher Teil desselben definiert.[553] Die Neufassung des Zusammenschlußbegriffes nach Art. 39 der VO beinhaltet gegenüber den Aufgreifkriterien keine materielle Änderung des bisherigen Rechts. Es bleibt bei dem Grundsatz, daß "jeder vollständige oder teilweise Erwerb des Eigentums an einem Unternehmen oder - unabhängig von der rechtlichen Gestaltung - die Gewinnung eines bestimmenden Einflusses auf ein anderes Unternehmen" als Zusammenschluß gilt.[554] Eingreifkriterium ist, ob die (geplante) Transaktion geeignet ist, den Wettbewerb zu beeinträchtigen, insbesondere durch Bildung oder Verstärkung einer marktbeherrschenden Stellung. Im Falle einer Marktbeherrschungsvermutung kann der Wirtschaftsminister den Fall dem Wettbewerbsrat zur Begutachtung vorlegen. Dieser hat in seiner Entscheidung zu berücksichtigen, ob ein Zusammenschluß einen möglichen Beitrag für den wirtschaftlichen und sozialen Fortschritt leistet und die internationale Wettbewerbsfähigkeit der beteiligten Unternehmen durch den Zusammenschluß gestärkt wird.[555] Die Entscheidungsbefugnisse in der Fusionskontrolle liegen letztlich aber - im Gegensatz zu Fällen eines Verstoßes gegen das Kartellverbot sowie in allen Fällen eines Mißbrauchs wirtschaftlicher Machtstellungen[556] -

---

552 Vgl. Tonke, Christian: Das Wettbewerbsrecht der Mitgliedstaaten der Europäischen Gemeinschaften, in: von der Heydt, K.-E./von Reckenberg, W.-G.(Hrsg.): Die Europäische wirtschaftliche Interessenvereinigung, Stuttgart 1990, S. 346; Baumann, Günter: Neue Spielregeln für den Unternehmenserwerb in Frankreich, in: Die Bank 1/90, S.43; Jenny, Frédéric: France: 1987-94, in: Graham, Edward M./Richardson, David J. (Hrsg.): Global Competition Policy, Washington DC 1997, S. 90.

553 Können die an einem Zusammenschluß beteiligten Unternehmen zweifelsfrei nachweisen, daß der geographisch relevante Markt größer ist als der nationale Markt, werden diese Angaben des "wirtschaftlich relevanten Marktes" in der Analyse der Wettbewerbslage zugrundegelegt. Vgl. o.V.: Gemeinsames Formblatt für die Anmeldung von Zusammenschlüssen in Deutschland, in Frankreich und im Vereinigten Königreich, in: WuW 11/97, Jg. 47, S. 893.

554 Vgl. Kleemann, Dietrich: Das neue französische Wettbewerbsrecht, in: WuW 8/87, Jg. 37, S. 633.

555 Für den Wettbewerbsrat ist der Marktanteil lediglich ein erstes Indiz für die Feststellung einer marktbeherrschenden Stellung. Weitere wesentliche Elemente der Überprüfung sind die Marktanteilsverteilung bei den übrigen Unternehmen sowie strukturelle und verhaltensbedingte Marktzutrittsschranken. Bei Feststellung einer Marktbeherrschung aufgrund der genannten Kriterien sind dann die daraus möglicherweise entstehenden Nachteile abzuwägen mit den Beiträgen, die ein Zusammenschluß zum wirtschaftlichen und technischen Fortschritt und der internationalen Wettbewerbsfähigkeit der Unternehmen liefert (sog. bilan-économique). Vgl. Lob, Harald: Wettbewerbspolitik in Frankreich nach altem und neuem Recht, in: RIW 7/90, Jg. 36, S. 532.

556 Vgl. Kleemann, Dietrich: a.a.O., S. 630.

weiterhin beim Wirtschaftsministerium, so daß die Kontrolle der Entwicklung wirtschaftlicher Strukturen in Frankreich noch immer als rein politische Entscheidung angesehen[557] wird und sozusagen als Rudiment der industriepolitischen Ära weiterbesteht.

Dieses "Manko" der französischen Fusionskontrolle konnte auch nicht durch die Einführung einer Entflechtungsregelung für marktmächtige Unternehmen, die aufgrund von Zusammenschlüssen entstanden sind, ausgeglichen werden. Auch im Falle eines Mißbrauchs einer marktbeherrschenden Stellung, die durch einen zuvor genehmigten Zusammenschluß entstanden ist, kann nachträglich entflochten werden.[558]

Obwohl insbesondere für viele Kritiker die Fusionskontrolle in Frankreich eine stumpfe Waffe blieb, ist die Bereitschaft und Einsicht Frankreichs - eines Landes, das einer strikten Wettbewerbspolitik über längere Zeit verschlossen gegenüberstand - zu begrüßen, "dem Markt seine Funktion als Regulativ der Wirtschaft durch die Stärkung des Wettbewerbs zurückzugeben".[559] Selbst wenn als Hauptmotiv für die Änderung der französischen Wettbewerbspolitik nach wie vor die Wahrung nationaler Interessen ausgemacht wird, so sind die Konsequenzen als positiv zu werten, weil damit eine Annäherung an den marktwirtschaftlichen Ordnungsrahmen und die Wettbewerbspolitik der konkurrierenden Industrieländer erfolgt.[560]

5.5.2 Die Fusionskontrolle Italiens

Italien ist das Land in Europa schlechthin, das sich einer modernen Wettbewerbsgesetzgebung über 40 Jahre lang erfolgreich verweigerte.[561] Erste Bestrebungen, ein Kartellgesetz in Italien einzuführen, reichen bis in die Anfänge der 50er Jahr zurück. Sowohl einem ersten Gesetzesentwurf aus dem Jahr 1950, als auch zahlreichen weiteren Vorschlägen in den Folgejahren war kein Erfolg beschieden. Die politischen Verhältnisse, insbesondere die unternehmerischen

---

557   Vgl. Krimphove, Dieter: Europäische Fusionskontrolle, Köln 1992, S. 362.

558   Vgl. Schmidt, Ingo/Binder, Steffen: Wettbewerbspolitik im internationalen Vergleich, Heidelberg 1996, S. 85.

559   Grauel, Holger: Lockerung der Preiskontrollen in Frankreich, in: WuW 7-8/80, Jg. 30, S. 506.

560   Vgl. Kokalj, Ljoba: Industrie- und Wettbewerbspolitik - Konzeptionen und Ergebnisse im internationalen Vergleich, Dissertation, Bonn 1992, S. 333.

561   Vgl. Brosio, Guido: Antitrust Law finds its way to Italy, in: EuZW 8/91, Jg. 2, Editorial.

Interessen des Staates, die wechselnden Koalitionen, nicht zuletzt aber auch die ablehnende Haltung der italienischen Unternehmen, die durch eine Kartellgesetzgebung die Beschneidung ihrer Expansionsmöglichkeiten befürchteten, versperrten immer wieder den Weg zu einem effektiven Wettbewerbsrecht.[562] Erst mit Einführung des "Legge Antitrust" am 14.10.1990[563] wurde dieser Zustand beendet. Seither verfügt Italien - als letzter Mitgliedsstaat der damaligen EG-6 Mitgliedstaaten - über eine Wettbewerbsgesetzgebung, die sich eng, in weiten Teilen sogar wörtlich, an die europäische Wettbewerbsgesetzgebung anlehnt. Dies gilt insbesondere auch für die Ausgestaltung der Zusammenschlußkontrolle.

Der Zusammenschlußbegriff wird nach Art. 5 durch folgende Grundtatbestände definiert:[564]

1. Die Verschmelzung zweier oder mehrerer Unternehmen.
2. Der unmittelbare oder mittelbare Erwerb der Kontrolle über ein oder mehrere andere Unternehmen ganz oder zum Teil.
3. Die Bildung von Gemeinschaftsunternehmen.

Die präventive Anmeldepflicht wird analog der Bestimmungen aus Art. 1 der EFKVO nur von Umsatzkriterien, nicht jedoch von Marktanteilskriterien abhängig gemacht. Ein Zusammenschluß ist der Kartellbehörde[565] vorab nur dann anzumelden, wenn der auf Inlandsebene erzielte Gesamtumsatz der beteiligten Unternehmen über 500 Milliarden Lire oder wenn der auf Inlandsebene erzielte Gesamtumsatz des Unternehmens, dessen Übernahme vorgesehen ist, über 50

---

562 Vgl. Frignani, Aldo: Neue Entwicklungen im italienischen Wettbewerbsrecht, in: WuW 3/79, Jg. 29, S. 166ff; Melodia, José d´Amely: Überlegungen zu einem italienischen Kartellgesetz, in: WuW 6/81, Jg. 31, S. 410ff; Galli-Zugaro, Emilio: Italien regt sich, in: WiWo Nr. 17 vom 21.04.1989, S. 74.

563 Vgl. Gesetz Nr. 287 vom 10.10.1990, Amtsblatt der italienischen Republik Nr. 240 vom 13.10.1990. In deutscher Übersetzung vgl. o. V.: Italienisches Gesetz zum Schutz des Wettbewerbs und des Marktes, in: WuW 4/91, Jg. 41, S. 302-313.

564 Vgl. Beck, Bernhard: Das italienische Kartellgesetz - Überblick und erste Erfahrungen, in: WuW 9/91, Jg. 41, S. 711.

565 Oberste Aufgabenstellung der Kartellbehörde ist die Überwachung des Schutzes von Wettbewerb und Markt. In ihrer Tätigkeit ist sie vollständig autonom und unabhängig. Vgl. Art. 10. Prominenter Präsident des Kartellamtes wurde 1994 der frühere italienische Ministerpräsident Giuliano Amato. Vgl. o. V.: Amato wird Präsident des Kartellamtes, in: FAZ Nr. 265 vom 14.11.1994, S. 23.

Milliarden Lire beträgt.[566] Werden diese Kriterien erfüllt, obliegt es dem italienischen Kartellamt die Zusammenschlüsse dahingehend zu prüfen, ob sie auf dem nationalen Markt eine marktbeherrschende Stellung begründen oder verstärken, die in erheblicher und dauerhafter Weise den Wettbewerb ausschaltet bzw. behindert. Zur Feststellung der Marktbeherrschung werden größtenteils die aus der EFKVO bekannten Prüfungskriterien[567] herangezogen, allerdings mit dem Unterschied, daß das legge antitrust die folgenden Kriterien nicht berücksichtigt:

1. Die wirtschaftliche Macht und die Finanzkraft der beteiligten Unternehmen.
2. Die Interessen der Zwischen- und Endverbraucher.
3. Die Entwicklung des technischen und wirtschaftlichen Fortschritts.

Während die Vernachlässigung des unter Punkt 1 genannten Kriteriums die Vermutung nahelegt, daß es sich dabei um ein Zugeständnis an finanzkräftige bzw. ressourcenstarke Großunternehmen handelt,[568] hat die Nichtberücksichtigung der Kriterien unter Punkt 2 und 3 keine hintergründige Bedeutung. Es wäre jedoch verfehlt zu glauben, die italienische Wettbewerbsgesetzgebung verzichte völlig auf industriepolitische "Einfallstore". Mit dem Kriterium der "Verbesserung der Wettbewerbssituation der nationalen Industrie" wurde ein Punkt in das legge antitrust eingeführt, das im Zweifelsfall die Möglichkeit eröffnet, wettbewerblich bedenkliche Zusammenschlüsse, mit der Begründung zu genehmigen, sie dienen dem technischen und wirtschaftlichen Fortschritt Italiens. Insofern enthält die materielle Zusammenschlußkontrolle des legge antitrust eine starke industriepolitische Gewichtung.

5.5.3   Die Fusionskontrolle in Belgien

Belgien erkannte schon frühzeitig die Notwendigkeit, den Wettbewerb als Ordnungsprinzip der Wirtschaft zu schützen, weshalb bereits im Jahr 1960 ein Ge-

---

566   Nach Art. 16 des italienischen Wettbewerbsgesetzes sollen die Beträge jedes Jahr dem Währungsniveau angepaßt werden. Im Jahr 1997 lagen die Werte bereits bei 671 bzw. bei 67 Milliarden Lire. Vgl. Siragusa, Mario/Scasselati-Sforzolini, Giuseppe: Developments in National Competition Laws in Europe (April 1 - June 30,1997), in: WuW 9/97, Jg. 47, S. 711; Kaiser, Andreas: Praktische Erfahrungen mit der italienischen Zusammenschlußkontrolle von 1990, in: WuW 12/93, Jg. 43, S. 1005. Legt man den festen Umrechnungskurs von 1936,27 Lire je Euro zugrunde betragen die Umsatzschwellen etwa 350 Millionen Euro bzw. 35 Millionen Euro.

567   Vgl. hierzu Punkt 5.2.4.2.3.

568   Vgl. Ebenroth, Carsten Thomas/Kaiser, Andreas: Das neue italienische Kartellgesetz aus europäischer Sicht, in: RIW 1/91, Jg. 37, S. 11f; Beck, Bernhard: a.a.O., S. 713.

setz zum Schutz gegen den Mißbrauch wirtschaftlicher Machtstellungen erlassen wurde. Es kristallisierte sich jedoch relativ schnell heraus, daß dieses Gesetz nur bedingt geeignet war, seiner Aufgabenstellung, den freien Wettbewerb vor Verfälschungen und Beschränkungen zu schützen, in vollem Umfang gerecht zu werden. Aus diesem Grunde wurden bereits Mitte der 70er Jahre Überlegungen angestellt, das Gesetz einer grundlegenden Änderung zu unterziehen. Es dauerte jedoch annähernd 20 Jahre, ehe dieses Vorhaben in die Tat umgesetzt werden konnte.[569] Mit dem am 01.04.1993 in Kraft getretenen neuen Kartellgesetz[570] können nunmehr, neben wettbewerbsbeschränkenden Verhaltenspraktiken, erstmals auch Unternehmenszusammenschlüsse einer präventiven Kontrolle unterworfen werden. Die materiellrechtliche Ausgestaltung der Fusionskontrolle lehnt sich dabei eng an die Vorschriften der EFKVO an und ist teilweise, z.B. bei der Definition von Zusammenschlußtatbeständen, wortgleich übernommen worden. Die Umsatzschwellen für eine vorherige Anmeldung eines Zusammenschlußvorhabens lagen ursprünglich bei mindestens einer Milliarde Belgischer Franc (BEF)[571] weltweitem Gesamtumsatz aller beteiligten Unternehmen und bei mindestens 20% Marktanteil der beteiligten Unternehmen auf dem relevanten Markt.[572] Mindestumsätze von zwei der beteiligten Unternehmen, wie dies in der EFKVO oder auch beispielsweise auch im niederländischen Gesetz vorgesehen ist, kennt das belgische Wettbewerbsrecht nicht. Das Fehlen dieser zusätzlichen Umsatzbarriere hatte zur Folge, daß sich der Anwendungsbereich der Zusammenschlußkontrolle beträchtlich erweiterte, da die Umsatzschwellen selbst unter Berücksichtigung der Größe des belgischen Marktes sehr niedrig sind.[573] Dies war u.a. auch der Grund, weshalb die Schwellen 1995 erhöht wurden. Mittlerweile belaufen sie sich auf drei Milliarden BEF Gesamtumsatz bzw. 25 % Marktanteil.[574]

---

569 Vgl. Wohlgemuth, Frank K.: Das belgische Kartellrecht, in: WuW 11/94, Jg. 44, S.901f.

570 Vgl. Kommission der Europäischen Gemeinschaften (Hrsg.): 22. Bericht über die Wettbewerbspolitik, a.a.O., S. 555; ebenda: 21. Bericht über die Wettbewerbspolitik, a.a.O., S. 487.

571 Bei einem festen Umrechnungskurs von 40,3399 BEF je Euro entspricht dies einem Wert von ca. 25 Millionen Euro.

572 Vgl. Kommission der Europäischen Gemeinschaften (Hrsg.): 23. Bericht über die Wettbewerbspolitik, a.a.O., S. 585.

573 Vgl. Zschocke, Christian: Zum neuen belgischen Kartellrecht, in: WuW 5/93, Jg. 43, S.386.

574 Vgl. Kommission der Europäischen Gemeinschaften (Hrsg.): 25. Bericht über die Wettbewerbspolitik, a.a.O., S. 314.

Jüngsten Angaben zufolge plant die belgische Regierung eine erneute Änderung der Schwellenwerte. Die Marktanteilsschwelle soll demnach abgeschafft werden, eine Anmeldung zukünftig nur dann erfolgen, wenn der gemeinsame weltweite Gesamtumsatz mindestens eine Milliarde BEF beträgt und wenn jeder der am Zusammenschluß beteiligten Unternehmen auf dem relevanten Markt mindestens einen Umsatz von 400 Millionen BEF erzielt. Weiterhin soll das Gesetz dahingehend geändert werden, daß ein Zusammenschluß automatisch genehmigt werden soll, wenn der gemeinsame Marktanteil der beteiligten Unternehmen auf dem belgischen Markt weniger als 25% beträgt. Zudem ist eine Ministererlaubnis nach deutschem Vorbild geplant, die es ermöglicht, einen nicht genehmigten Zusammenschluß nachträglich zu erlauben, sofern er dem allgemeinen Interesse dient.[575] Bisher besteht die Möglichkeit einen Zusammenschluß, der eine marktbeherrschende Stellung auf dem belgischen Markt begründet oder verstärkt und dadurch wirksamen Wettbewerb erheblich behindert, ausnahmsweise durch den Rat für Wettbewerb[576] zu genehmigen. Voraussetzung hierfür ist, daß

1. die Verbesserung der Herstellung bzw. des Vertriebs,
2. die Förderung des technischen oder wirtschaftlichen Fortschritts oder
3. der Beitrag zur Wettbewerbsstruktur auf dem Markt

die aus dem Zusammenschluß zu erwartenden Wettbewerbsbeschränkungen überwiegen.[577]

Dieser Möglichkeit haftet bekanntermaßen der Makel industriepolitischen Einflusses an. Durch die Adaption an eine Ministererlaubnis deutscher Prägung könnte man diesen insofern beseitigen, als ein unkalkulierbarer Ermessensspielraum einer klaren Regelung weichen würde. Derzeit ist allerdings noch nicht abzusehen, ob und ggf. wann diese Änderungen vom Parlament verabschiedet werden und in Kraft treten können.

---

575   Vgl. Vandermeersch, Dirk/Garzaniti, Laurent: Developements in National Competition Laws (October 1 - December 31, 1997), in: WuW 3/98, Jg. 48, S. 251.

576   Das belgische Gesetz kennt drei Instanzen, den Dienst für Wettbewerb, den Wettbewerbsrat und eine Wettbewerbskommission. Während der Dienst für Wettbewerb und die Kommission vorrangig beratende und kontrollierende Aufgaben wahrnehmen, obliegt es dem Wettbewerbsrat, die Entscheidungen über wettbewerbsrelevante Sachverhalte zu fällen. Zu den drei Instanzen und deren konkrete Aufgabenverteilung vgl. Kommission der Europäischen Gemeinschaften (Hrsg.): 21. Bericht über die Wettbewerbspolitik, a.a.O., S. 488.

577   Vgl. Zschocke, Christian: a.a.O., S. 387.

5.5.4 Die Fusionskontrolle in den Niederlanden

In den Niederlanden wurde lange Zeit keine effektive Wettbewerbspolitik betrieben und auch für nicht notwendig erachtet.[578] Erst Mitte der 80er Jahre zeichnete sich ein ordnungspolitischer Wandel der vormals eher kartell- und konzentrationsfreundlichen niederländischen Wirtschaftspolitik ab. Dennoch dauerte es bis Anfang der 90er Jahre, ehe Überlegungen hinsichtlich einer Überarbeitung und Verschärfung der niederländischen Wettbewerbsgesetzgebung angestellt wurden. Diese Bemühungen fanden schließlich Eingang in das neue niederländische Wettbewerbsgesetz von 1997,[579] das erstmals auch eine präventive Fusionskontrolle beinhaltet. Diese findet Anwendung auf Zusammenschlüsse,[580] die einen weltweiten Gesamtumsatz von mindestens 250 Millionen Niederländische Gulden (NLG)[581] erzielen, wobei mindestens zwei beteiligte Unternehmen in den Niederlanden einen Umsatz von jeweils mehr als 30 Millionen NLG erzielen müssen.[582] Gemäß dem Auswirkungsprinzip sind die Regelungen der Fusionskontrolle auf alle Zusammenschlüsse anzuwenden, die die Größenkriterien erfüllen, unabhängig davon, in welchem Land sie durchgeführt werden. Entscheidend ist, ob ein Zusammenschluß eine beherrschende Stellung begründet oder verstärkt, durch die wirksamer Wettbewerb im niederländischen Markt oder in einem Teil dessen erheblich behindert wird. Ähnlich der deutschen Ministererlaubnis kann der niederländische Wirtschaftsminister einem, durch die neugegründete Wettbewerbsbehörde ("Nederlandse Mededingingsautoriteit"; "NMa") nicht genehmigten, Zusammenschluß nachträglich die Erlaubnis erteilen, wenn das allgemeine Interesse die Wettbewerbsbehinderung infolge des Zusammenschlusses übersteigt. Ansonsten obliegt der NMa die ausschließliche Anwendung des Wettbewerbsgesetzes, d.h. die Begutachtung, Genehmigung bzw. Ablehnung angemeldeter Zusammenschlüsse. Die bereits jetzt schon weitgehend autonome Behörde wurde zunächst dem Wirtschaftsministerium zugeordnet. Nach einigen Jahren Praxis soll dies geändert werden und in

---

578   Vgl. Feldmeier, Gerhard M.: Ordnungspolitische Perspektiven der Europäischen Integration, Frankfurt/Main 1993, S. 174f.

579   Dieses Gesetz, das am 01.01.1998 in Kraft trat, ersetzt das bisherige Gesetz für den wirtschaftlichen Wettbewerb aus dem Jahre 1956. Vgl. Dolmans, Maurits: Developments in National Competition Laws (October 1 - December 31, 1997), in: WuW 3/98, Jg. 48, S. 253f.

580   Was im einzelnen unter den Begriff des Zusammenschlusses fällt, wird anhand der Bestimmungen der EFKVO konkretisiert. Vgl. Vogelaar, Floris O. W.: Die neue Fusionskontrolle in den Niederlanden, in: WuW 12/97, Jg. 47, S. 965.

581   Bei einem festen Umrechnungskurs von 2,20371 NLG je Euro beträgt die Umsatzschwelle ca. 115 Millionen Euro.

582   Vgl. Dolmans, Maurits: a.a.O., S.253.

eine völlig unabhängige verwaltungsrechtliche Behörde - ähnlich dem BKartA in Deutschland - umgewandelt werden.[583] Mit der Verabschiedung dieses Gesetztes hat das niederländische Parlament ein völlig neues Wettbewerbsgesetz geschaffen, das sich in weiten Teilen an das europäische Regelwerk anlehnt. Mit der Einführung einer Ministererlaubnis deutscher Prägung sind zudem gewisse Parallelen zum GWB erkennbar. Dieses sog. zweistufige Verfahren weist auf eine strenge, nach vorrangig wettbewerblichen Kriterien ausgerichtete, niederländische Fusionskontrolle hin.

5.5.5 Die Fusionskontrolle Großbritanniens

Ähnlich der Bundesrepublik Deutschland schenkte man in Großbritannien der Sicherung des Wettbewerbs erst nach dem Zweiten Weltkrieg größere Aufmerksamkeit, wobei auch dort sich das Augenmerk der Wettbewerbshüter zunächst auf Kartelle und ihre wettbewerbsbeschränkenden Wirkungen richtete. Demzufolge enthielt das erste Wettbewerbsgesetz von 1948 (Monopolies and Restrictive Practices Act) keine Bestimmungen über die Kontrolle von Unternehmenszusammenschlüssen. Es herrschte im Gegensatz die Meinung, daß Fusionen ein wirksames Mittel sind, Unternehmensgrößen zu schaffen, die im internationalen Wettbewerb bestehen und der Konkurrenz, vorrangig der zum damaligen Zeitpunkt vorherrschenden US-amerikanischen Großunternehmen, Paroli bieten können. Vor diesem Hintergrund ist auch die bis Ende der 60er Jahre zu beobachtende Fusionswelle zu verstehen, deren Höhepunkt sogar die aktive staatliche Förderung von Fusionen darstellte, von denen man glaubte, daß sie im Interesse der Allgemeinheit liegen.[584]

Erst die öffentlich ausgetragenen sog. "Unfreundlichen Übernahmen", als neuartiges Merkmal dieser Welle, führte zur Einführung fusionskontrollrechtlicher Überprüfungen. Mit dem Monopolies and Mergers Act von 1965, geändert durch den Fair Trading Act von 1973[585] wurden erstmals umfassende Bestimmungen zur Fusionskontrolle in die Wettbewerbsgesetzgebung Großbritanniens

---

583 Vgl. Kommission der Europäischen Gemeinschaften (Hrsg.): 25. Bericht über die Wettbewerbspolitik, a.a.O., S. 317.

584 Vgl. o. V.: British Industrial Policy in a Theoretical Context and International Comparisons, in: Journal of Economic Studies 5/94, Vol. 21, S. 26.

585 Durch den companies Act von 1989 erfuhr die Zusammenschlußkontrolle nochmals eine Änderung, die jedoch den materiellrechtlichen Bereich der Zusammenschlußkontrolle nicht tangierte, so daß die Regelungen des Fair Trading Act nach wie vor Gültigkeit haben.

aufgenommen.[586] Ein Zusammenschluß liegt danach immer dann vor, wenn zwei Unternehmen ihre wirtschaftliche bzw. rechtliche Selbständigkeit verlieren, dies ist beispielsweise dann der Fall, wenn sie in gemeinsames Eigentum oder unter gemeinsame Kontrolle gebracht werden oder eines der Unternehmen seine Tätigkeit einstellt, als Folge der Transaktion, die zum Ausschluß des Wettbewerbs zwischen den Unternehmen führt. Einer Kontrolle sind nach der Rechtsprechung von 1973 die Zusammenschlüsse allerdings nur dann zu unterwerfen, wenn die beteiligten Unternehmen durch Addition ihrer Umsätze einen Marktanteil von mindestens 25%[587] halten oder der Wert des übernommenen Unternehmens mindestens 30 Millionen Britische Pfund (BP)[588] beträgt. Eine Anmelde- bzw. Anzeigepflicht[589] sehen die Bestimmungen des Fair Trading Act nicht vor. Stellt die Monopolies and Mergers Commission (MMC)[590] allerdings fest, daß ein Zusammenschluß gegen das öffentliche Interesse verstößt, untersagt der Handelsminister die Durchführung bzw. erteilt eine Genehmigung unter Auflagen. Bei bereits vollzogenen Zusammenschlüssen ist eine Entflechtung möglich.

Als Eingreifkriterium gilt das sog. "public interest", das als zentraler Begriff im britischen Wettbewerbsrecht das eigentliche Schutzobjekt der Wettbewerbsgesetze darstellt. Der Begriff des öffentlichen Interesses "..is defined very widely for the purposes of monopolies and mergers investigations. The MMC ist instructed to take into account all matters which appear to them in particular circumstances to be relevant ... and among other things shall have regard to the desirability:

---

586 Vgl. Gribbin, Denys: Fusionskontrolle in Großbritannien, in: WuW 2/88, Jg. 38, S. 101.

587 Nach der Rechtsprechung des Monopolies and Merger Act von 1965 lag das Eingreifkriterium des Marktanteils noch bei 33 1/3% und die Schwelle des Vermögenserwerbs bei fünfzig Million Pfund. Vgl. Aberle, Gerd: a.a.O., S. 133.

588 Bei einem Wechselkurs von 0.651 BP je Euro (Stand Juni 1999) entspricht dies einem Wert von ca. 46 Millionen Euro.

589 Im April 1990 ist ein Verfahren für freiwillige Anmeldungen eingeführt worden. Danach muß das Office of Fair Trading innerhalb von 20 Werktagen nach Eingang der vollständigen Anmeldung des Zusammenschußvorhabens darüber entscheiden, ob die MMC angerufen wird. Vgl. Tonke, Christian: a.a.O., S. 352.

590 Die Monopolkommission kann nicht ohne Weisung des Ministers für Handel und Industrie tätig werden, dieser wiederum wird vom Office of Fair Trading informiert, wenn eine Untersuchung eingeleitet wird. Das Handelsministerium ist allerdings bei seinen Entscheidungen an die Empfehlung der Monopolkommission gebunden. Es ist Aufgabe des Directors General of Fair Trading, sich über gegenwärtige oder geplante Zusammenschlüsse in Großbritannien, die die Voraussetzung für eine Prüfung erfüllen, zu informieren und dem Minister für Industrie und Handel Maßnahmen zu empfehlen, die er für zweckdienlich hält. Vgl. o. V.: Gemeinsames Formblatt, a.a.O., S. 897.

1. of maintaining and promoting effective competion,
2. of promoting the interests of consumers, purchasers and other users,
3. of promoting, through competition, the reduction of costs, the develepment and use of new techniques and new products, and faciliating new entry,
4. of maintaining and promoting the balanced distribution of industry and employment,
5. of maintaining and promoting competitive activity in markets outside the United Kingdom.[591]

Während nach der Rechtsprechung von 1948 der Wettbewerb nur rein instrumentellen Charakter hatte,[592] wurde in Art. 84 des Fair Trading Act von 1973 die Erhaltung und Förderung des Wettbewerbs als ein Aspekt des "öffentlichen Interesses" festgeschrieben und somit als Institution anerkannt. Die Aufwertung des Wettbewerbs als Lenkungsinstrument der Wirtschaft darf allerdings nicht darüber hinwegtäuschen, daß das public-interest-Kriterium dehnbar ist und somit große Ermessensspielräume bei der Prüfung von Zusammenschlüssen eröffnet.[593] Abgesehen von diesem Kritikpunkt wird aber der Wettbewerbspolitik Großbritanniens allgemein im Rahmen der Wirtschaftspolitik ein hoher Stellenwert zuerkannt. Dies wird nicht zuletzt in den nachhaltigen Deregulierungs- und Privatisierungsbestrebungen[594] seit Beginn der frühen 80er Jahre, deren Zielsetzung die Intensivierung des Wettbewerbs in vormals staatlichen bzw. unter staatlicher Aufsicht stehenden Bereichen war, zum Ausdruck gebracht. Von herausragender Bedeutung und uneingeschränkt begrüßenswert ist zudem die umfangreiche Neugestaltung des britischen Wettbewerbsrechts im Jahr 1998 mit dem Ziel der Harmonisierung des nationalen mit dem europä-

---

591 George, K. D.: Lessons from UK Merger Policy, in: Admiraal P. H. (Hrsg.): Merger and Competition Policy in the European community, Blackwell 1990, S. 94.

592 Wettbewerb wurde nur als Instrument zur Erfüllung übergeordneter Ziele, insbesondere die Steigerung der Effizienz der Volkswirtschaft, betrachtet. Vgl. Schmidt, Ingo/Binder, Steffen: a.a.O., S. 58; Gribbin, Denys: a.a.O., S. 105.

593 Vgl. Hay, Donald: United Kingdom, in: Graham, Edward M./Richardson, David J. (Hrsg.): a.a.O., S. 226.

594 Zu diesem Zweck wurde von der Regierung Thatcher der sog. Competition Act im Jahr 1980 verabschiedet. Vgl. o. V.: Britisches Wettbewerbssgesetz 1980, in: WuW 7-8/81, Jg. 31, S. S. 503-536.

ischen Recht.[595] Jüngsten Meldungen zufolge, plant die britische Regierung eine erneute Reform der Wettbewerbsgesetzgebung. Die Zielsetzung dieses Vorhabens besteht darin, den politischen Einfluß bei wettbewerbsrechtlichen Entscheidungen zu verringern und die Wettbewerbsaufsicht unabhängig zu gestalten, damit Entscheidungen über Fusionen und Übernahmen aufgrund verläßlicher Regeln und nicht kurzfristiger politischer Erwägungen erfolgen. So soll insbesondere das public-interest-Kriterium in Zukunft restriktiver gehandhabt werden. Derzeit wurde von der Regierung nur die grobe Richtung für die Reform vorgegeben, Details sollen noch ausgearbeitet werden, nachdem umfangreiche Stellungnahmen von den betroffenen Gruppen eingeholt wurden. Die Änderung der Gesetzgebung sollte frühestens im Jahr 2000 erfolgen.[596] Derzeit steht diese allerdings noch aus.

5.5.6 Die Fusionskontrolle Spaniens

Ebenso wie in anderen südeuropäischen Ländern fand auch in Spanien eine Kartellgesetzgebung und insbesondere die wettbewerbsrechtliche Kontrolle von Unternehmenszusammenschlüssen lange Zeit wenig Beachtung. Es existierte zwar seit 1963 ein Gesetz gegen Wettbewerbsbeschränkungen, dieses wurde jedoch kaum angewandt und von der Wirtschaft und den Juristen förmlich ignoriert. Verantwortlich hierfür waren die Schwierigkeiten bei der Auslegung der Rechtsbegriffe, die aus dem amerikanischen Anti-Trust-Law übernommen wurden.[597] Grundsätzlich war Spanien aber bis in die 60er Jahre hinein an einer wettbewerblich orientierten Wirtschaftspolitik wenig interessiert. Erst nach dem Tode Francos wurden umfangreiche Umstrukturierungs- und Privatisierungsmaßnahmen eingeleitet, mit der Zielsetzung, die staatliche Lenkung abzubauen, monopolartige Strukturen aufzulösen und eine Öffnung gegenüber dem Weltmarkt voranzutreiben.[598] Diese Bemühungen fanden ihren Niederschlag in der

---

595 Vgl. Janssen, Helmut: Die Reform des britischen Wettbewerbsrechts, in: WuW 3/98, Jg. 48, S. 233ff. Der Competition Act 1998 wurde am 09.11.1998 verabschiedet, trat allerdings erst am 01.03.2000 in Kraft. Die Änderungen des Competition Act 1998 beziehen sich vorrangig auf wettbewerbsbeschränkende Vereinbarungen und den Mißbrauch einer marktbeherrschenden Stellung. Die Regelungen von Unternehmensfusionen werden davon nicht betroffen. Vgl. Mehta, Cyrus/Dahl, Michael: Das neue Kartellrecht in Großbritannien, in: WuW 11/2000, Jg. 50, S. 1074ff.

596 Vgl. o. V.: Weniger Politik im Wettbewerbsrecht. Die Briten streben eine Reform an, in: FAZ Nr. 60 vom 12.03.1999, S. 15.

597 Vgl. Geys-Lehmann, Stefan/Sande, Maria: Das neue spanische Kartellgesetz, in: RIW 7/90, Jg.36, S. 537.

598 Vgl. Schulze, Ulrich W.: Das spanische Kartellrecht, in: WuW 12/91, Jg. 41, S. 993.

spanischen Verfassung von 1978, in der der Grundsatz der Unternehmensfreiheit ausdrücklich festgeschrieben wurde. Dem für die Durchsetzung dieses Grundrechts notwendigen Schutz eines freien Wettbewerbs, wurde mit der Reform des Kartellrechts von 1989,[599] Rechnung getragen. Ein weiteres Motiv für die Verabschiedung des spanischen Kartellrechts war zudem das Bemühen um eine Annäherung an die europäischen Wettbewerbsregelungen. Den seit dem Beitritt zur EG im Jahr 1986 auch für Spanien geltenden europäischen Wettbewerbsregeln für den innergemeinschaftlichen Handel sollten ähnliche nationale Wettbewerbsschutzmaßnahmen hinzugefügt werden, die der Rechtssicherheit auf nationaler Ebene zuträglich sind. Zudem wollte man verhindern, daß der Auftrag des Staates, den Wettbewerb auf dem spanischen Markt vor Beeinträchtigungen zu schützen, von Marktteilnehmern aus dem In- und Ausland konterkariert wird.

Dieser Zielsetzung folgend, lehnte sich die Ausgestaltung des LDC daher eng an die Systematik des EG-Rechts an.[600] Neben den Regelungen über wettbewerbsbeschränkende Verhaltensweisen wurden im LDC in Art. 14-18 erstmals auch Fusionskontrollvorschriften in das spanische Wettbewerbsrecht aufgenommen. Ein bereits vollzogener Zusammenschluß bzw. ein Zusammenschlußvorhaben kann auf Weisung des Wirtschaftsministers dem Gerichtshof zum Schutze des Wettbewerbs (Tribunal de Defensa de la Competencia) zur Begutachtung vorgelegt werden, wenn die am Zusammenschluß beteiligten Unternehmen einen Marktanteil von 25% oder mehr auf sich vereinigen oder wenn deren Jahresumsatz zusammengerechnet 20 Milliarden Peseten[601] übersteigt. Das Tribunal hat zu prüfen, ob ein Zusammenschluß die Aufrechterhaltung eines wirksamen Wettbewerbs auf dem relevanten Markt behindern kann bzw. zur Verstärkung einer marktbeherrschenden Stellung führt. Zu berücksichtigen sind hierbei die Marktstruktur, die Wahlmöglichkeiten der Lieferanten und der Verbraucher, die Wirtschaft- und Finanzkraft der Unternehmen, die Entwicklung von Angebot und Nachfrage sowie der internationale Wettbewerb. Eine abschließende Entscheidung erfolgt allerdings immer nach einer Abwägung der aus der Fusion resultierenden Wettbewerbsbeschränkungen

---

599   Ley de defensa de la competencia (LDC) Gesetz Nr. 16 vom 17.07.1989, Disp. 169/89, Boletin Oficial del Estado Nr. 170 vom 18.07.1989, S. 3932-3938. In deutscher Übersetzung vgl. o. V.: Spanisches Gesetz zum Schutze des Wettbewerbs, in: WuW 7-8/92, Jg. 42, S. 619-634; Kommission der Europäischen Gemeinschaften (Hrsg.): 19. Bericht über die Wettbewerbspolitik, a.a.O., S. 116.

600   Vgl. Fröhlingsdorf, Josef/Feser, Andreas: Die neuen Regelungen zur Freistellung und Fusionskontrolle im spanischen Wettbewerbsrecht, in: RIW 4/95, Jg. 41, S. 280.

601   Bei einem festen Umrechnungskurs von 166,386 Peseten je Euro beträgt der Wert ca. 120 Millionen Euro.

gegenüber den mit ihr eventuell verbundenen Möglichkeiten der Förderung des technischen und wirtschaftlichen Fortschritts und einer Verbesserung der internationalen Wettbewerbsfähigkeit nationaler Unternehmen. Insofern beinhaltet das spanische Recht eine starke industriepolitische Komponente und stellt einen Kompromiß dar zwischen dem Versuch der Verhinderung wirtschaftlicher Konzentration einerseits und dem Bestrebungen andererseits, bestimmte Zusammenschlüsse im Hinblick auf die Konkurrenzfähigkeit der spanischen Wirtschaft nicht zu unterbinden.[602] Obwohl die eigentliche Entscheidung, ob ein Zusammenschluß genehmigt, untersagt bzw. entflochten wird, die Regierung trifft, räumt das spanische Wettbewerbsrecht dem Minister für Wirtschaft und Finanzen einen weiten Ermessensspielraum ein, da sich die Regierung i.d.R. auf die Vorgaben seines Ministeriums stützt. Diese Problematik und die wenig differenzierte Ausgestaltung des spanischen Wettbewerbsrechts, führte - trotz eines über zehnjährigen, recht erfolgreichen Bestehens, - zu einer gründlichen Reform im Jahr 1999.

Zu den wesentlichen Aspekten der Änderung des spanischen Wettbewerbsrechts, vor allem im Bereich der Fusionskontrolle, zählen:[603]

1. Übergang vom bisher freiwilligen zu einem zwingenden Anmeldeverfahren.
2. Erhöhung der Aufgreifschwellen (25% Marktanteil; 240 Millionen Euro Gesamtumsatz; mindestens zwei beteiligte Unternehmen mit einem Umsatz von mehr als 60 Millionen Euro in Spanien).
3. "Kontrollerwerb" als vorrangiges Kriterium eines Zusammenschlusses (ähnlich der EFKVO).
4. "Verhinderung der Erhaltung eines effektiven Wettbewerbs auf dem Markt" als unbestimmter Beurteilungsmaßstab.
5. Kompetenzverlagerung zu Lasten des unabhängigen TDC.

Ohne die einzelnen Änderungen detailliert zu begutachten, ist die Reform der Zusammenschlußkontrolle zu begrüßen, da sie in weiten Teilen zu einer Verschärfung des Wettbewerbsgesetzes geführt hat. Kritikwürdig ist hingegen die Ausweitung der Kompetenzen des Wirtschaftsministeriums zu Lasten der unabhängigen Wettbewerbsbehörde. Mit dieser Änderung hat es der Gesetzgeber abermals versäumt, die industriepolitische Komponente aus dem spanischen Wettbewerbsrecht zu streichen.

---

602 Vgl. Kort, Michael: Strukturelle Gemeinsamkeiten und Unterschiede im deutschen und spanischen Kartellrecht, in: WuW 12/93, Jg. 43, S. 1023.

603 Vgl. Brokelmann, Helmut: Die Reform des spanischen Wettbewerbsrechts, in: WuW 4/2000, Jg. 50, S. 382ff.

5.5.7 Die Fusionskontrolle in Griechenland

Griechenland verfügte bereits seit 1977 über ein Gesetz zum Schutz des freien Wettbewerbs.[604] Dieses wurde im Vorfeld des Beitritts zur EG erlassen und lehnt sich fast wortgleich an die europäischen Wettbewerbsbestimmungen über wettbewerbsbeschränkende Verhaltensweisen an. In der Praxis fand dieses Gesetz allerdings kaum Anwendung, so daß wettbewerbsbeschränkende Verhaltensweisen privatwirtschaftlicher Anbieter üblich und von der griechischen Regierung auch weiterhin toleriert wurden.[605] Eine wirksame Strukturkontrolle enthielt das Gesetz insofern nicht, als es für Zusammenschlüsse lediglich eine Anzeigepflicht vorsah. Erst mit der ersten Novellierung des Gesetzes im Jahr 1991[606] änderte sich die Rechtslage dahingehend, als eine präventive Zusammenschlußkontrolle einschließlich der entsprechenden Verfahrensregeln in die gesetzlichen Bestimmungen zum Schutz des Wettbewerbs aufgenommen wurden. Zusammenschlüsse, definiert nach den Bestimmungen der EFKVO, waren demnach anzumelden[607] sofern der gemeinsame Marktanteil aller am Zusammenschluß beteiligten Unternehmen mindestens 35% und ihr Gesamtumsatz wenigstens 75 Millionen ECU betrug. Diese Auffangtatbestände wurden allerdings schon bei Verabschiedung der Novelle als zu hoch erachtet und deshalb im Rahmen der im selben Jahr durchgeführten 2. Novelle[608] auf 30% bzw. 65 Millionen ECU reduziert. Einer Kontrolle unterlagen dabei jedoch nur Zusammenschlüsse "gleichartiger Unternehmen", die eine Behinderung, Einschränkung oder Verfälschung des Wettbewerbs auf dem nationalen Markt oder auf einem wesentlichen Teil desselben bewirken und dadurch unter Umständen eine beherrschende Stellung begründen oder verstärken. Mit der Einschränkung "gleichartiger Unternehmen" stellte das griechische Wettbewerbsrecht eindeutig klar, daß die Regelungen der Zusammenschlußkontrolle nur auf horizontale,

---

604 Gesetz 703/1977 über die Kontrolle von Monopolen und Oligopolen und über den Schutz des freien Wettbewerbs vom 19.09.1977, Efimeris tis Kyverniseos, (abgekürzt F.E.K., Nr. A 278 vom 26.09.1977, S. 2583ff.

605 Vgl. OECD (Hrsg.): Economic Surveys Greece 1989/90, S. 60.

606 Gesetz 1034/1991, zur Änderung des Gesetzes über den Wettbewerb und anderer Bestimmungen, F.E.K. vom 08.03.1991, S. 343ff.

607 Für Zusammenschlüsse, die die Aufgreifschwellen nicht erreichen, ist eine nachträgliche Anzeige vorgeschrieben. Diese entfällt für sog. kleine und mittlere Unternehmen gänzlich, wenn diese bei einem Zusammenschluß weniger als 10% Marktanteil auf sich vereinigen und ihr Gesamtumsatz weniger als 10 Millionen ECU beträgt. Vgl. Art. 4a des Gesetzes 703/1977 n.F.

608 Gesetz 2000/1991 zur Deregulierung, Vereinfachung der Liquidationsvorschriften, Stärkung der Wettbewerbsregeln sowie weitere Bestimmungen vom 24.12.1991, F.E.K. Nr. 206 vom 24.12.1991, S. 3600ff.

nicht jedoch auf vertikale und konglomerate Fusionen anwendbar ist. Aus welchen Gründen der Gesetzgeber diese Begrenzung vorgenommen hatte, wird weder aus dem Gesetz noch aus den Parlamentsprotokollen ersichtlich.[609]

Zur Überprüfung einer, durch einen horizontalen Zusammenschluß möglicherweise entstehenden, Marktbeherrschung wurden die Kriterien der Marktanteile der beteiligten Unternehmen, ihre wirtschaftliche und finanzielle Macht, der Zugang zu den Beschaffungs- und Absatzmärkten, die internationale Wettbewerbsfähigkeit, Marktzutrittsschranken sowie die Entwicklung des Angebots und der Nachfrage auf den betreffenden Märkten herangezogen. Die im Rahmen der EFKVO berücksichtigten Kriterien der Interessen der Zwischen- und Endverbraucher sowie die Entwicklung des technischen und wirtschaftlichen Fortschritts, wurden nicht übernommen.[610] Es bestand jedoch die Möglichkeit eine zuvor ergangene Untersagung eines Zusammenschlusses durch den Handelsminister[611] aufzuheben und eine Erlaubnis zu erteilen, wenn das Zusammenschlußvorhaben allgemeine wirtschaftliche Vorteile mit sich bringt, welche die Wettbewerbsbeschränkung aufwiegen oder wenn der Zusammenschluß einem überragenden Interesse der Allgemeinheit dient. In diesem Punkt lehnte sich das griechische Wettbewerbsrecht an die deutsche Ministererlaubnis des § 42 GWB n.F. an. Jene Regelung blieb auch nach der bisher letzten Novelle, die am 24.02.1995 in Kraft getreten ist, bestehen.[612] Materiellrechtliche Änderungen der Novelle, deren Zielsetzung es war, den rechtlichen und institutionellen Rahmen für den Schutz des Wettbewerbs zu ergänzen und zu verbessern, erfolgten allerdings im Bereich der Schwellenwerte, des Anwendungsbereichs des Gesetzes und der Prüfungskriterien. Nach der nun aktuellen Rechtsprechung erfolgt eine präventive Kontrolle der Zusammenschlüsse für alle Wirtschaftsbereiche, sofern die beteiligten Unternehmen die Umsatzschwelle von 50 Millionen ECU erreichen oder mindestens einen Marktanteil von 25% auf sich ver-

---

609   Vgl. Kamburoglou, Panagiotis: Das griechische Wettbewerbsrecht auf neuen Wegen: die beiden Novellen aus dem Jahre 1991, in: RIW 8/93, Jg. 39, S. 638.

610   Vgl. ebenda S. 634. Dies hat sich nach der neuen Rechtspechung allerdings geändert. Die Kriterien sind in den Prüfungskatalog aufgenommen worden.

611   Die Zusammenschlußkontrolle als Teil der Wirtschaftspolitik fällt unter die alleinige politische Verantwortung des Handelsministers. Die beiden anderen Wettbewerbsbehörden, die Direktion Marktforschung und Wettbewerb sowie die Wettbewerbskommission - nehmen vorwiegend verwaltende bzw. beratende Aufgaben wahr. Vgl. Art. 7ff des Gesetzes 703/1977 n.F.. Zu den Änderungen der Zuständigkeiten nach der letzten Novelle im Jahr 1995, vgl. Kommission der Europäischen Gemeinschaften (Hrsg.): 25 Bericht über die Wettbewerbspolitik, a.a.O., S. 315.

612   Vgl. Baetge-Papathoma, Anastasia: Die Neuregelung des Kartellrechts in Griechenland, in: RIW 12/96, Jg. 42, S. 1013ff.

einigen.[613] Die Absenkung der Schwellenwerte, vor allem aber die Ausdehnung des Anwendungsbereiches sind Anzeichen dafür, daß die griechische Wettbewerbskontrolle zunehmend an Bedeutung gewinnt. Zudem sind auch Bemühungen erkennbar, einen rechtsverbindlichen nationalen Rahmen zu schaffen, der den europäischen Regelungen weitestgehend angeglichen ist. Dazu zählt auch die durch die Novelle geänderte Neustrukturierung und Funktion der Wettbewerbskommission, deren Rechtstellung erheblich gestärkt wurde.

5.6   Zusammenfassung

Nach der als stürmisch zu bezeichnenden Entwicklung der nationalen Wettbewerbsgesetzgebungen der Mitgliedstaaten der Europäischen Union[614] in den letzten Jahren, existiert in nahezu jedem europäischen Land ein Kartellgesetz und eine Kartellbehörde. Selbst in den osteuropäischen Ländern[615] sind teilweise ganz erhebliche Anstrengungen zur Verankerung des Wettbewerbsprinzips zu beobachten.[616] Insbesondere für die Fusionskontrolle sah dies vor und unmittelbar nach dem Erlaß der EFKVO im Jahr 1989 vollkommen anders aus. Wie bereits mehrfach erwähnt, verfügte im wesentlichen nur die BRD über ein Kartellgesetz mit einer ausschließlich nach wettbewerblichen Kriterien aus-

---

613   Vgl. Kommission der Europäischen Gemeinschaften (Hrsg.). 25. Bericht..., a.a.O,
       S. 315.

614   Weltweit verfügen etwa 80 von 200 souveränen Staaten über ein eigenes Kartellrecht.
       Vgl. Basedow, Jürgen: Globalisierung ruft nach einer Welt-Wettbewerbsordnung, in:
       FAZ Nr. 162 vom 15.07.2000, S. 14.

615   Neben Bulgarien, Rumänien und Slowenien, verfügen v.a. die Tschechische Republik,
       Polen und Ungarn über nationale Wettbewerbsgesetze. Insbesondere die Letztgenannten
       haben bereits 1990 bzw. 1991 wettbewerbsrechtliche Bestimmungen geschaffen und
       diese mittlerweile z. T. schon einer Reform unterzogen. Vgl. Hansen, Knud: Wettbewerbsschutz in Mittel-/Osteuropa - Zum Beitrag des Kartellrechts für den Übergang
       zur Marktwirtschaft, in: WuW 12/92, Jg. 44. S. 1002ff; Thiel, Matthias: Das
       Wettbewerbs- und Kartellrecht in Osteuropa, in: OR 1995, Jg. 41, S. 99ff; Küpper,
       Herbert: Ungarns neues Wettbewerbsrecht, in: OR 1997, Jg. 43, S. 45ff; Petsche,
       Alexander/Barnert, Michael: Aspekte des neuen ungarischen Wettbewerbsrechts und
       EU Recht, in: ROW 1/97, Jg. 41, S. 11ff; Schultz, Ulrich W.: Die Wettbewerbs- und
       Kartellgesetze der osteuropäischen Staaten, Berlin 1994, S. 148ff, 242ff.

616   Maßgeblichen Anteil an dieser Entwicklung haben die Europa-Abkommen zwischen der
       EU und den Staaten Mittel- und Osteuropas. Die Verpflichtung der Assoziationspartner,
       ihre Rechtsvorschriften an das Gemeinschaftsrecht anzugleichen, stellt dabei die
       wesentliche Voraussetzung für ihre wirtschaftliche Integration in die Gemeinschaft dar.
       Vgl. Deutscher Bundestag (Hrsg.): 12. Hauptgutachten der Monopolkommission
       1996/97, a.a.O., S. 353.

gerichteten präventiven Fusionskontrolle. Zweifelsohne hat die Auseinandersetzung mit wettbewerbspolitischen und wettbewerbsrechtlichen Themen auf europäischer Ebene zur Bewußtseinsbildung und inhaltlichen Annäherung wesentlich beigetragen. Der Prozeß der "schleichenden Ausdehnung" des europäischen Wettbewerbsrechts und die zunehmende Verzahnung und Angleichung dieses Rechts mit den nationalen Kartellrechten haben sich bewährt.

Trotz dieser gestiegenen Sensibilität der Mitgliedsländer hinsichtlich der Wettbewerbsproblematik darf jedoch nicht übersehen werden, daß die Kartellrechtsvielfalt auch zu Nachteilen geführt hat, die in erster Linie aufgrund der zum Teil erheblichen Unterschiede bezüglich Inhalt und Verfahren beruhen. Wie die Ausführungen unter Punkt 5.5 gezeigt haben, garantiert die institutionelle und materiellrechtliche Implementierung wettbewerbsrechtlicher Instrumente keineswegs ein gleiches Wettbewerbsverständnis und damit eine einheitliche Anwendungspraxis in allen Mitgliedstaaten. So stellt sich die derzeitige Situation in Europa allenfalls als ein erster Harmonisierungsschritt dar, dem zur Beseitigung der bestehenden Nachteile weitere folgen müssen. Wie schwierig dies zu bewerkstelligen ist, zeigten die Ausführungen zur 6. Novelle der GWB, die ihrem Harmonisierungsanspruch letztlich auch nicht gerecht werden konnte. Ob am Ende dieses langen Weges ein einheitliches europäisches oder aber vielleicht sogar ein internationales Wettbewerbsrecht bzw. eine einheitliche Wettbewerbsordnung stehen, ist derzeit eine völlig offene Frage. Es sind enorme Anstrengungen hinsichtlich der Harmonisierung wettbewerbspolitischer Grundprinzipien und materiell-rechtlicher Strukturen vonnöten, um dieser Zielsetzung näher zu kommen. Die bestehenden Probleme und grundsätzlichen Unterschiede zwischen den wettbewerbspolitischen Vorstellungen und Überzeugungen einzelner Staaten zu minimieren und die Harmonisierung voranzutreiben, stellt somit die vordingliche wettbewerbspolitische Aufgabe der Zukunft dar. Zur Lösung dieser Problematik bieten sich grundsätzlich verschiedene Möglichkeiten bzw. Optionen an, die im folgenden Punkt einer näheren Betrachtung unterzogen werden.

Unterschiede zwischen den wettbewerbspolitischen Vorstellungen und Überzeugungen einzelner Staaten zu minimieren und die Harmonisierung voranzutreiben, stellt somit die vordingliche wettbewerbspolitische Aufgabe der Zukunft dar. Zur Lösung dieser Problematik bieten sich grundsätzlich verschiedene Möglichkeiten bzw. Optionen an, die im folgenden Punkt einer näheren Betrachtung unterzogen werden.

6. Schaffung einer internationalen Wettbewerbsordnung als Herausforderung der Zukunft

6.1 Grenzen nationaler Wettbewerbspolitik

Die Internationalisierung des Wettbewerbs, die sich aus dem Zusammen-wachsen nationaler Märkte durch Liberalisierung der Handels- und Kapital-ströme ergibt, wird - wie im vorangegangenen Punkt ausgeführt - von einer Ausbreitung nationaler Wettbewerbspolitik auf immer mehr Länder und der zunehmenden Weiterentwicklung und Angleichung ihrer Wettbewerbssysteme begleitet.[617] Bislang hat sich der Harmonisierungsprozeß von unten, d.h. ohne eine verpflichtende Anpassung der individuellen Wettbewerbsordnungen an zentrale Vorgaben, was einer sog. Harmonisierung von oben entsprechen würde, weitestgehend bewährt.

Allerdings führt die zunehmende Globalisierung der Märkte, vor allem aber die wachsende weltweite Verflechtung der Unternehmen dazu, daß trotz aller Be-mühungen die nationalen und auch supranationalen Wettbewerbsordnungen immer häufiger an die Grenzen ihrer Wirksamkeit und Durchsetzbarkeit stoßen und ihrem Auftrag, den Wettbewerb vor Beschränkungen und Verfälschungen zu schützen, nicht mehr nachkommen können. Hieraus resultierend wird die Forderung nach verbindlichen internationalen Wettbewerbsregelungen zu-nehmend lauter.

Bereits heute führen annähernd alle Formen weltweiter Zusammenarbeit inter-national tätiger Konzerne dazu, daß sich einerseits die kartellbehördlichen Informations- und Kontrollprobleme und andererseits die wirksame Durch-setzung von Kartellentscheidungen schwieriger gestalten. Es ist bei Großfusi-onen zur Regel geworden, daß die Zuständigkeiten einer ganzen Reihe von Kartellbehörden, mindestens jedoch die der US-Behörden und der Europäischen Kommission, berührt werden.[618] Dies führt nicht nur zu Mehrfachbelastungen und erhöhten Transaktionskosten der Behörden und Unternehmen, sondern ver-größert zwangsläufig das Konfliktpotential bei divergierenden Entscheidungen. Beispielhaft hierfür war die geplante und letztlich von den europäischen Wett-bewerbshütern untersagte Großfusion der beiden US-amerikanischen Elektro-

---

617 Vgl. Koopmann, Georg: Internationalisierung der Wettbewerbspolitik: Korrelat zur internationalen Handelspolitik?, in: Aussenwirtschaft 2/2001, Jg. 56, S. 159.

618 Vgl. Möschel, Wernhard: Megafusionen zwischen Synergieeffekten und Marktbe-herrschung, in: ifo-Schnelldienst 18/2000, Jg. 53, S. 5; derselbe: Megafusionen drängen den Einfluß des Staates erfreulich zurück, in: HB Nr. 34 vom 18.02.1999, S. 7.

giganten General Electric (GE) und Honeywell.[619] Dieser Fall ist geradezu exemplarisch dafür, wie der wettbewerbspolitische Aspekt in den Hintergrund tritt und die handelspolitische Komponente zum Tragen kommt. Deutlich wurde damit, daß selbst bei weitgehender Angleichung einzelstaatlicher Wettbewerbsprinzipien und Wertvorstellungen nicht auszuschließen ist, daß im Sinne nationalen bzw. öffentlichen Interesses Diskrepanzen bei der Prüfung grenzüberschreitender Fusionen auftreten.

Angesichts dieser Problematik stellt sich unweigerlich die Frage, ob die bisher praktizierte Form des Wettbewerbs der Wettbewerbsordnungen auch in Zukunft durchsetzbar ist oder ob unter Umständen alternative Ansätze im Bemühen um eine globale Wettbewerbsordnung erfolgversprechender erscheinen. Bislang ist die Schaffung international verbindlicher Wettbewerbsregeln, wie sie die Havanna-Charter seinerzeit vorsah, nicht gelungen.[620] Dennoch werden Anstrengungen unternommen und Überlegungen angestellt, die Wirksamkeit des Wettbewerbsprinzips im internationalen Kontext zu sichern. So wird mittlerweile auch die Sicherung des Wettbewerbs neben den Problemen des Umweltschutzes und des Sozialgefälles als zentrales Aufgabengebiet der WTO angesehen.[621] Das stärkste Argument für die Entwicklung einer internationalen Wettbewerbsordnung liegt aber in der Sicherung der erreichten Liberalisierung der internationalen Handelsströme und der dadurch entstandenen wirtschaftlichen Freiheit. Sollte es nicht gelingen, eine für alle beteiligten Nationen verbindliche wettbewerbsrechtliche Regelung zu finden, besteht in Zukunft die Ge-

---

619   Vgl. Hort, Peter: Montis Nein macht den transatlantischen Graben tiefer, in: FAZ Nr. 147 vom 28.06.2001, S. 16; o. V.: EU-Kommission untersagt Fusion zwischen GE und Honeywell, in: FAZ Nr. 152 vom 04.07.2001, S.17; o.V.: Brüssel verbietet größte Fusion der Industriegeschichte, in: FAZ Nr. 152 vom 04.07.2001, S. 1; Gurbaxani, Indira: Zwischen Freiheit und Fairneß, in: FAZ Nr. 185 vom 11.08.2001, S. 15; o. V.: GE und Honeywell legen Berufung gegen EU-Entscheid ein, in: FAZ Nr. 214 vom 14.09.2001, S. 29.

620   Vgl. Senti, Richard: Entstehung und Bedeutung der WTO, in: Die Volkswirtschaft 11/1999, Jg. 72, S. 26; Groger, Thomas/Janicki, Thomas: Weiterentwicklung des Europäischen Wettbewerbsrechts, a.a.O., S. 1002; Duijm, Bernhard/Winter, Helen: Internationale Wettbewerbsordnung - Alternativen und Probleme, in: WuW 6/1993, Jg. 43, S. 465.

621   Vgl. Immenga, Ulrich: Eine europäische Initiative für eine internationale Wettbewerbsordnung!, in: EuZW 5/1995, Jg. 6, S. 129; Oppermann, Thomas/Beise, Marc: Die neue Welthandelsorganisation - ein stabiles Regelwerk für weltweiten Freihandel?, in: Europa-Archiv, Folge 7/1994, Jg. 49, S. 197; Hauser, Heinz/Schanz, Kai-Uwe: Das neue GATT. Die Welthandelsordnung nach Abschluß der Uruguay-Runde, München 1995, S. 283.

fahr, daß das Ziel der Marktdurchdringung durch privat verursachte Wettbewerbsbeschränkungen konterkariert wird.

6.2 Strategien für eine zukünftige internationale Wettbewerbsordnung

Die Internationalisierung wettbewerbspolitischer Normen und Regeln kann auf verschiedenen Wegen vorangebracht werden. Generell lassen sich die verschiedenen Ansätze unter die Rubriken Konflikt-, Kooperations- bzw. Koordinationsstrategien subsumieren.[622]

6.2.1 Konfliktstrategie

Im Falle der Konfliktstrategie steht die Beibehaltung nationalen Rechts sowie dessen konsequente extraterritoriale Anwendung im Vordergrund. Die grundsätzliche Anwendbarkeit nationalen Rechts auf im Ausland vollzogene Zusammenschlüsse gründet sich auf das sog. Auswirkungsprinzip.[623] Dieses Prinzip, das in vielen Ländern zunehmend an Bedeutung gewinnt, besagt, daß jede Wettbewerbsbehörde einen grenzüberschreitenden Zusammenschluß prüfen kann, falls dieser Auswirkungen auf ihre jeweilige Jurisdiktion hat. Von zentraler Bedeutung ist somit die Inlandsauswirkung unabhängig vom Ort ihrer Verursachung. Bei konsequenter Anwendung der Staaten, die über umfassende detaillierte Wettbewerbsgesetze verfügen, bietet dieses Prinzip grundsätzlich ein hohes Schutzniveau und gewährleistet eine weitgehende Kontrolle grenzüberschreitender Fusionen.

Die extraterritoriale Anwendung nationaler Wettbewerbsregeln kann jedoch unter Umständen zu erheblichen Konflikten führen. Insbesondere bei der Durchsetzbarkeit und Informationsbeschaffung im Ausland sind die Wettbewerbsbehörden mangels rechtlicher Verpflichtung auf die Zusammenarbeit und Mithilfe der ausländischen Wettbewerbsbehörden angewiesen. Die Bereitschaft

---

622 Vgl. Duijm, Berhard/Winter, Helen: Möglichkeiten und Grenzen einer internationalen Wettbewerbsordnung, Tübinger Disskussionsbeiträge Nr. 29, November 1993, S. 9ff.

623 Begründet wurde die sog. effects doctrine (Auswirkungslehre) in den USA mit der berühmten Alcoa-Entscheidung, die bis heute Gültigkeit hat. Vgl. Karl, Anna-Maria: Auf dem Weg zu einer globalen Kartellrechtsordnung, in: RIW 8/1996, Jg. 42, S. 633. Staaten, die nicht dem Auswirkungsprinzip folgen, wenden häufig das sog. Territorialitätsprinzip oder Mischformen an. In Großbritannien gilt beispielsweise das strikte Territorialitätsprinzip. Ziel und Gegenstand der Wettbewerbsbeschränkungen müssen hierbei dem Inland zuzuordnen sein. Vgl. Deutscher Bundestag (Hrsg.): 12. Hauptgutachten der Monopolkommission 1996/97, a.a.O., S. 355.

zur Kooperation zwischen den prüfenden Wettbewerbsbehörden und die
Weitergabe von Informationen ist häufig allerdings begrenzt, zum Teil aufgrund
völkerrechtlicher Regelungen sogar unzulässig.[624] Weiterhin können Rechts-
kollisionen auftreten, wenn Zusammenschlüsse Auswirkungen in mehreren
Ländern haben und die Anwendung der jeweiligen nationalen Wettbewerbsgesetze zu unterschiedlichen rechtlichen Konsequenzen führen (wie beispielsweise im Fall GE-Honeywell geschehen). Das Konfliktpotential liegt dabei -
wie bereits erwähnt - weniger in den unterschiedlichen wettbewerblichen
Standpunkten der Behörden als vielmehr in den industriepolitischen oder
handelsstrategischen Staatsbelangen, die mit der Untersagung oder Genehmigung einer grenzüberschreitenden Großfusion verbunden sind.[625]

6.2.2 Kooperationsstrategie

Diese offensichtlichen Mängel und die daraus resultierenden Konflikte bei der
Kontrolle grenzüberschreitender Unternehmensaktivitäten führten zu einer ver-
stärkten Kooperation der Wettbewerbsbehörden und als Folge davon zu einer
Reihe von bilateralen Abkommen beispielsweise zwischen Deutschland-USA
(1976), USA-Australien (1982), Deutschland-Frankreich (1984) und USA-
Kanada (1984).[626] Grundlage für dieses Netz bilateraler Abkommen bildeten
zudem OECD-Empfehlungen, die sich mit Fragen der Mitteilungspflichten, des
Informationsaustausches und der gegenseitigen Abstimmung im Rahmen von

---

624 Vgl. Mozet, Peter: Das Abkommen zwischen der EG und den USA über die Zu-
      sammenarbeit der Kartellbehörden, in: EuZW 7/1992, Jg. 3, S. 201; Deutscher Bundes-
      tag (Hrsg.): 13. Hauptgutachten der Monopolkommission 1998/99, a.a.O., S. 426f;
      derselbe: 12. Hauptgutachten der Monopolkommission 1996/97, a.a.O., S. 357;
      Basedow, Jürgen: Globalisierung ruft nach einer Welt-Wettbewerbsordnung, a.a.O.,
      S. 14.

625 Das massive politische und wirtschaftliche Interesse der USA wurde beispielsweise bei
      der umstrittenen Fusion der beiden Flugzeugbauer Boeing und McDonnell Douglas
      deutlich. Damals genehmigte die EU-Kommission nur zögerlich und widerwillig die
      Fusion mit Auflagen. Vgl. Riley, Alan: Why transatlantic merger regulation is good for
      business, in: Acquisitions Monthly, March 1999, S. 60; o. V.: Das lange Tauziehen um
      die Fusion Boeing/McDonnell Douglas, in: FAZ Nr. 174 vom 30.07.1997, S. 12;
      Mundorf, Hans: Jeder Staat darf vor der Haustür des anderen Staates kehren, in: HB Nr.
      142 vom 28.07.1997, S. 2; o. V.: Übernahme von McDonnell Douglas durch Boeing
      schlägt hohe Wellen, in: FAZ Nr. 294 vom 17.12.1996, S. 19.

626 Vgl. Mozet, Peter: Das Abkommen zwischen der EG und den USA über die Zu-
      sammenarbeit der Kartellbehörden, a.a.O., S. 201.

Kartellrechtsverfahren beschäftigen, welche die Interessen anderer Staaten berühren könnten.[627]
Wie im Falle der Konfliktstrategie bleibt bei der Variante der Kooperationsstrategie das nationale Wettbewerbsrecht jedoch unberührt. Vorrangige Zielsetzung dieses Ansatzes ist, den Informationsaustausch zwischen den Behörden voranzutreiben und die wettbewerbspolitischen Vorstellungen in den einzelnen Ländern anzugleichen. Als jüngstes Beispiel dieser Strategie gilt das Anfang der 90er Jahre geschlossene Kooperationsabkommen zwischen der Europäischen Union und den USA.[628] Dieses Abkommen beinhaltet den Grundsatz der "positive comity", welcher aus dem Völkerrecht stammt und die Staaten zu höflichem Umgang miteinander verpflichtet. Konkret bedeutet dies, daß Wettbewerbsverzerrungen am besten an ihrem Ursprung beseitigt werden. Insofern ist das Prinzip mit dem Ursprungslandprinzip in der Handelspolitik vergleichbar.[629] Obwohl die Einführung der "positive comity" seinerzeit als neues, progressives Element dieses Kooperationsabkommens gepriesen wurde, war seine Relevanz in der Praxis eher gering. Im Gegenteil, es hat beispielsweise bei der Fusion Boeing-McDonnell Douglas beide Seiten nicht von der Androhung handelspolitischer Vergeltungsmaßnahmen abhalten können.[630]
Ohne die Erfolge dieser bilateralen Abkommen schmälern zu wollen, läßt sich jedoch feststellen, daß neben der Verbesserung der Amtshilfe keine nennenswerten Ergebnisse bei der gemeinsamen Kontrolle grenzüberschreitender

---

627 Bereits 1967 gab die OECD Empfehlungen über die Zusammenarbeit der Mitgliedstaaten auf dem Gebiet wettbewerbsbeschränkender Praktiken heraus. Diese wurden im Verlauf zwar mehrfach ergänzt und ersetzt, sind jedoch nach wie vor rechtlich nicht bindend. Vgl. o. V.: Neufassung der OECD-Ratsempfehlung von 1979, in: WuW 3/87, Jg. 37, S. 214ff. Die letzte Änderung erfolgte 1995. Vgl. OECD (Hrsg.): Revised Recommendation of the Council, Concerning Co-Operation between Member Countries on Anticompetitive Practices Affecting International Trade, Paris 1995.

628 Vgl. Karl, Anna-Maria: Auf dem Weg zu einer globalen Kartellrechtsordnung, a.a.O., S. 633; Rill, James F.: Internationale Antitrust-Politik aus der Sicht des amerikanischen Justizministeriums, in: WuW 6/92, Jg. 42, S. 505ff; Mozet, Peter: Das Abkommen zwischen der EG und den USA über die Zusammenarbeit der Kartellbehörden, a.a. O., S. 201ff.

629 Nach dem Prinzip des sog. positiv-comity kann Land A ein Land B ersuchen, Wettbewerbsbeschränkungen zu verfolgen, die ihren Ursprung in Land B und ihren Wirkungsschwerpunkt in Land A haben. Dabei sollen die Wettbewerbsgesetzte des Landes B zur Anwendung kommen. Vgl. Koopmann, Georg: Internationalisierung der Wettbewerbspolitik: Korrelat zur internationalen Handelspolitik, a.a.O., S. 182; derselbe: Konzentration auf Kernkompetenzen, in: Wirtschaftsdienst 11/1999, Jg. 79, S. 646.

630 Vgl. Klodt, Henning: Megafusionen: Brauchen wir ein Welt-Kartellamt?, in: WiSt 4/2000, Jg. 29, S. 181.

Unternehmensaktivitäten erzielt werden konnten.[631] Die Ursache für die begrenzte Wirksamkeit der Kooperationsstrategie wird dabei der fehlenden rechtlichen Verankerung zugeschrieben. Ohne bindende Vorschriften für alle beteiligten Staaten ist eine wirksame Koordination der Wettbewerbspolitik auf Dauer nicht möglich.

6.2.3 Koordinationstrategie

Um der Verwirklichung des Ziels der Schaffung einer internationalen Wettbewerbsordnung näher zu kommen, ist es daher nach Meinung vieler Wettbewerbsexperten unumgänglich, nationale Rechtssysteme anzupassen. Im Rahmen der sog. Koordinationsstrategie stehen hierfür zwei Varianten zur Verfügung. Zum einen die Harmonisierung der nationalen Vorschriften, zum anderen die Schaffung eines unmittelbar geltenden internationalen Wettbewerbsrechts.[632] Beide Varianten erfordern wirtschaftspolitischen Souveränitätsverzicht der beteiligten Staaten sowie die Festlegung gewisser Standards und Mindestanforderungen. Im Gegensatz zur Schaffung einer internationalen Rechtsordnung bleibt bei der Harmonisierung von oben nationales Recht als solches bestehen. Dabei bietet die Festlegung auf Mindeststandards den Vorteil, daß ein Ermessensspielraum für nationale Besonderheiten bestehen bleibt. Dieser kann freilich bei zu großzügiger Ausgestaltung zu großen Unterschieden in den Wettbewerbspolitiken und damit zu Verzerrungen des Wettbewerbs führen. Diese Gefahr besteht demgegenüber mit der Schaffung einer für alle beteiligten Nationen verbindlichen Gemeinschaftsnorm nicht. Diese Variante setzt aber eine weitgehende Übereinstimmung ordnungspolitischer Normen für alle beteiligten Staaten voraus, was realistischerweise kaum zu bewerkstelligen sein wird. Eine weitere Problematik dieses Ansatzes liegt in seiner Durchsetzbarkeit und institutionellen Verankerung. Es ist folglich auf absehbare Zeit illusorisch, einen weltweiten politischen Konsens über einheitliche kartellrechtliche Bestimmungen zu finden und deren Überwachung einer "Welt-Kartellbehörde" zu übertragen.[633]

631 Vgl. ausführlicher zu den Grenzen bilateraler Wettbewerbsabkommen Deutscher Bundestag (Hrsg.): 12. Hauptgutachten der Monopolkommission 1996/97, a.a.O., S. 360f.

632 Vgl. Duijm, Bernhard/Winter, Helen: Möglichkeiten und Grenzen einer internationalen Wettbewerbsordnung, a.a.O., S. 10.

633 Vgl. Kerber, Wolfgang: Wettbewerbspolitik als nationale und internationale Aufgabe, in: Apolte, T./Caspers, R./Welfens P. J. (Hrsg.): Standortwettbewerb, wirtschaftliche Rationalität und internationale Ordnungspolitik, Baden-Baden 1999, S. 250; Basedow, Jürgen: Globalisierung ruft nach einer Welt-Wettbewerbsordnung, a.a.O., S. 14; Wolf, Dieter: Nicht mit Mega-Behörden gegen Mega-Fusionen, in: FAZ Nr. 107 vom 10.05.1999, S. 10.

Einzig auf europäischer Ebene ist es bisher gelungen, durch die Einführung der Europäischen Fusionskontrollverordnung ein Regelwerk durchzusetzen, das unmittelbar in sämtlichen Mitgliedstaaten zur Anwendung kommt und Vorrang vor jedem nationalen Gesetz genießt. Dieser supranationale Ansatz konnte allerdings nur verwirklicht werden, weil die Mitgliedstaaten der Europäischen Union eine kleine und vergleichsweise homogene Staatengruppe bilden, zwischen denen über die wesentlichen wettbewerbspolitischen Grundsätze Einvernehmen besteht.[634] Wie schwer es allerdings auch hier war, eine Einigung herbeizuführen und den dafür notwendigen Souveränitätsverlust der Mitgliedstaaten durchzusetzen, zeigt der lange Weg, den diese Einigung zurücklegen mußte. Selbst nach der Verabschiedung der EFKVO und der mittlerweile über zehnjährigen Praxis ist die begrenzte Konsensfähigkeit in aller Deutlichkeit bei der Diskussion über die Einführung eines europäischen Kartellamtes erkennbar. In diesem Punkt konnte bis dato keine Einigung erzielt werden.[635] Obgleich die Realisierungswahrscheinlichkeit einer internationalen Kartellrechtsordnung derzeit zu Recht als eher gering einzustufen ist, soll aus den vielfältigen Initiativen um ein internationales Rechtssystem ein vieldiskutierter Vorschlag einer internationalen Gruppe von Wettbewerbsexperten, der der Kooperationsstrategie zuzuordnen ist, einer näheren Betrachtung unterzogen werden.

Unter dem Titel "Draft International Antitrust Code (DIAC) - as a GATT-MTO-Plurilateral Trade Agreement"[636] erschien 1993 ein Vertragsentwurf für ein internationales Kartellrecht. Die Zielsetzung der im Jahr 1991 eigens hierfür gegründeten Gruppe von internationalen Wettbewerbsexperten am Münchner Max-Planck-Institut bestand darin, ein globales Wettbewerbsabkommen zu schaffen. Die Entscheidung der Arbeitsgruppe, den DIAC lediglich als plurilaterales Abkommen vorzuschlagen, ergab sich aus der Überzeugung, daß aufgrund der großen Heterogenität der Mitgliedsländer des GATT bzw. der Nach-

---

634 Vgl. Deutscher Bundestag (Hrsg.): 12. Hauptgutachten der Monopolkommission 1996/97, a.a.O., S. 363.

635 Vgl. Seliger, Bernhard: Ein unabhängiges Kartellamt für Europa - ordnungs- und wettbewerbspolitische Aspekte, in: WuW 11/97, Jg. 47, S. 874ff; Schwenn, Kerstin: Zwischen Markt und Politik, in: FAZ Nr. 52 vom 02.03.1995, S. 15; Janicki, Thomas/ Molitor, Bernhard: Wettbewerbssicherung durch Schaffung eines Europäischen Kartellamtes, in: Wirtschaftsdienst 1/95, Jg. 75, S. 36ff; Krüger, Reinald: Auf dem Weg zur Europäischen Wettbewerbsbehörde, in: Wirtschaftsdienst 8/94, Jg. 74, S. 378f.

636 Vgl. Bureau of National Affairs (Hrsg.): Draft International Antitrust code as a GATT-MTO-Plurilateral Trade Agreement, in: Antitrust & Trade Regulation Report No. 1628 vom 19.08.1993, Vol. 64. Vgl. zudem Immenga, Ulrich: Ein Kodex für den Handelsfrieden, in: FAZ Nr. 48 vom 26.02.1994, S. 11.

folgeorganisation WTO, eine bindende Übernahme weltweit geltender Regeln für alle Unterzeichnerstaaten nicht realisierbar ist.[637] Inhaltlich lehnt sich dieser Entwurf, der dem GATT 1993 kurz vor Vollendung der Uruguay Runde zugeleitet wurde, in seinen materiell-rechtlichen Ausführungen stark an die wettbewerbsrechtlichen Grundlagen einiger Industrieländer, vornehmlich der USA und der EU an und basiert im wesentlichen auf fünf rechtlichen Grundprinzipien:[638]

1. Beschränkung des Anwendungsbereichs auf zwischenstaatliche Fälle,
2. Anwendung nationalen Rechts,
3. Prinzip der Inlandsbehandlung,
4. Prinzip des Mindestschutzes sowie
5. Prinzip der internationalen Verfahrensinitiative.

Zudem fordert der DIAC Mindeststandards institutioneller und materiell-rechtlicher Art. Letztgenannte ermöglichen es den einzelnen Teilnehmerländern, höhere Standards durchzusetzen, so daß der Systemwettbewerb oberhalb des Niveaus der Mindeststandards erhalten bleibt. Der Code sieht außerdem die Pflicht der Mitgliedstaaten zur Installation von nationalen, politisch unabhängigen Kartellbehörden vor. Insgesamt gesehen sollen nach dem DIAC alle relevanten Kategorien wettbewerbsschädigenden privaten Verhaltens erfaßt werden. Hierzu zählen die bekannten drei Pfeiler jeder modernen Kartellgesetzgebung:[639]

• Horizontale und vertikale Wettbewerbsbeschränkungen
• Mißbrauch marktbeherrschender Stellungen
• Fusionskontrolle

Der Bereich der Konzentrationskontrolle enthält - ähnlich der bereits erörterten deutschen und europäischen Rechtsordnungen - Regelungen über den Konzentrationsbegriff, den Anwendungsbereich, die Anmeldepflicht, die materiellen

---

637 Das WTO-Regelwerk unterscheidet zwischen multilateral und plurilateral agreements. Multilaterale Abkommen gelten als integraler Bestandteil des WTO-Abkommens und müssen von den Mitgliedstaaten angenommen werden. Im Gegensatz hierzu ist der Beitritt zu plurilateralen Abkommen für die WTO-Mitgliedstaaten nicht zwingend.

638 Ausführlicher hierzu vgl. Fikentscher, Wolfgang/Drexl, Josef: Der Draft International Antitrust Code, in: RIW 2/94, Jg. 40, S. 95ff.

639 Vgl. Sander, Gerald G.: Die WTO als Rahmen einer künftigen Weltwettbewerbsordnung, unveröffentlichter Aufsatz, Tübingen 1998, o. S.; Vosgerau, Hans-Jürgen: Die Internationalisierung der Wettbewerbspolitik, in: Wirtschaftsdienst 2/95, Jg. 75, S. 110; Wins, Henning: Mögliche Ausprägungen einer zukünftigen internationalen Wettbewerbsordnung, Thesenpapier, Tübingen 1998, S. 6.

Anforderungen für Erlaubnis oder Verbot der Konzentration sowie abweichend von den genannten Rechtsordnungen Festlegungen für eine mögliche Umstrukturierung bzw. Entflechtung. Bezüglich des Verfahrens der materiellrechtlichen Zulässigkeit eines Fusionsvorhabens entschied sich die Arbeitsgruppe für ein zweistufiges Verfahren nach dem Vorbild des deutschen GWB. In einer ersten Stufe ist eine ausschließlich wettbewerbsorientierte Betrachtung vorzunehmen. Führt diese im Ergebnis zu einer ablehnenden Haltung, soll in der zweiten Verfahrensstufe das sog. überragende öffentliche Interesse Berücksichtigung finden. Ähnlich der deutschen Ministererlaubnis kann eine Genehmigung in der zweiten Stufe allerdings nur in Ausnahmefällen und nur unter Berücksichtigung weitreichender Voraussetzungen genehmigt werden.[640]

Zur Durchsetzung des DIAC ist dem Willen der Arbeitsgruppe nach eine neutrale Autorität vorgesehen, die nach Art. 19 des DIAC als internationale Kartellbehörde (International Antitrust Authority; IAA) jedoch nur bestimmte Entscheidungen, die bei den nationalen Behörden zu erfolgen haben, initiieren kann. Als wesentliche Neuerung und sozusagen in Anlehnung an die Streitschlichtungserfahrungen des GATT bzw. der heutigen WTO, ist ein weiteres Organ, das sog. internationale Wettbewerbspanel (International Antitrust Panel, IAP), vorgesehen. Dieses kann nach Art. 20 des DIAC beispielsweise von einem Staat angerufen werden, wenn nach seiner Auffassung ein anderer Staat seinen Verpflichtungen aus dem Code nicht entspricht.[641]

Nicht nur die Forderungen materiellrechtlicher sondern vielmehr diejenigen institutioneller Art führten zur gerechtfertigten Kritik,[642] die den Ansatz als zu ambitioniert und zu weitreichend bezeichnete. Daran änderte auch der Hinweis der Autoren nichts, dieser Modellentwurf sei ausschließlich nach wissenschaftlicher Überzeugung ohne Mandat und Rücksichtnahme auf politische Machbarkeit erstellt worden und ohnehin nur als Anstoß für die Erarbeitung einer internationalen Wettbewerbsordnung gedacht. Rückblickend betrachtet muß eingeräumt werden, daß der DIAC auch diesem Minimalanspruch nicht gerecht wird. So wurde er weder im Rahmen der zum damaligen Zeitpunkt laufenden

---

640 Vgl. ausführlicher hierzu Teil 3 des DIAC.

641 Vgl. Vosgerau, Hans-Jürgen: Die Internationalisierung der Wettbewerbspolitik, a.a.O., S. 110; Fikentscher, Wolfgang/Drexl, Josef: Der Draft International Antitrust Code, a.a.O., S. 98.

642 Vgl. ausführlicher hiezu Sander, Gerald G.: Die WTO als Rahmen einer künftigen Weltwettbewerbsordnung, a.a.O., o. S.

Uruguay-Runde[643] berücksichtigt noch werden seine Inhalte aller Voraussicht nach Verhandlungsgrundlage einer neuen multilateralen Verhandlungsrunde sein.[644]

Zusammenfassend bleibt festzuhalten, daß die Suche nach einer weltweit anerkannten Wettbewerbsordnung noch lange nicht abgeschlossen ist. Es hat sich gezeigt, daß weder die Einführung eines umfassenden Wettbewerbssystems, wie es der DIAC vorsah, noch die aufgeführten alternativen Strategien uneingeschränkt geeignet sind, Antworten auf die Fragen nach einer Ordnung des Wettbewerbs unter den Bedingungen steigenden internationalen Wirtschaftsverkehrs zu liefern.

6.3   Abschließende Empfehlungen im Bemühen um eine globale Wettbewerbsordnung

In Anbetracht dieses derzeit wenig befriedigenden Zustandes werden Überlegungen dergestalt angestellt, ob sich die Wahl lediglich einer Option als nicht unzureichend erweist und eine Kombination der verschiedenen Ansätze erfolgversprechender wäre. Insbesondere das BKartA und die Monopolkommission sprechen sich für die parallele Verfolgung mehrerer Ansätze aus. Ihrer Meinung nach sollte sowohl die Einführung und Optimierung nationaler Wettbewerbsgesetze als auch die Weiterentwicklung der bilateralen Kooperationen nationaler Wettbewerbsbehörden weiterverfolgt werden. Ergänzend dazu ist auf internationaler Ebene die schrittweise Annäherung wettbewerbspolitischer Grundprinzipien voranzutreiben.[645] Als geeignetes Forum für Diskussionen und Vereinbarungen auf diesem Gebiet bietet sich ihrer Meinung nach die Welthandelsorganisation an. Die EU-Kommission, unterstützt von der Bundesregierung und den Wirtschaftsverbänden, versuchte daher in der Milleniumrunde der

---

643   Vgl. Blankert, Franz: Das Ergebnis der Uruguay-Runde: Ein historischer Markstein, Schlusstein oder Startblock?, in: Aussenwirtschaft 1/1994, Jg. 49, S. 17ff; Wolf, Susanna: Die Uruguay-Runde: Ergebnisse und Wirkungen, in: WISU 6/1994, Jg. 23, S. 504ff; Girard, Pierre-Louis: Die Verhandlungen der Uruguay-Runde: eine erste Bilanz, in: Die Volkswirtschaft 3/1994, Jg. 67, S. 8ff.

644   Ob eine neunte Verhandlungsrunde zustande kommt, ist nach dem Debakel des 3. WTO-Gipfels im Dezember 1999 in Seattle derzeit offen. Die sog. Milleniumrunde scheint dagegen gescheitert zu sein. Vgl. o. V: WTO-Krise: Was kommt nach Seattle?, in: WISU 2/2000, Jg. 29, S. 142f; Hauser, Heinz: Die WTO: Wohin geht der Weg?, in: Aussenwirtschaft 1/2001, Jg. 56, S. 7ff; Mrusek, Konrad: Im Nachhall von Seattle, in: FAZ Nr. 281 vom 02.12.2000, S. 13.

645   Vgl. Deutscher Bundestag (Hrsg.): 12. Hauptgutachten der Monopolkommission, a.a.O., S. 366; derselbe: Bericht des BKartA über seine Tätigkeit in den Jahren 1997/98 sowie über die Lage und Entwicklung auf seinem Aufgabengebiet, a.a.O., S. VII.

WTO, ein weitreichendes internationales Regelwerk für die Wettbewerbs-kontrolle durchzusetzen.[646] Das sog. Vier-Punkte-Programm für eine grenzüber-schreitende Wettbewerbspolitik umfaßte

- die Festlegung von internationalen Regeln und Grundsätzen für die Anwen-dung des Wettbewerbsrechts,
- ein gemeinsames Vorgehen der WTO-Partner gegen Kartelle und
- andere wettbewerbsbeschränkende Praktiken sowie
- die Einführung von Verfahrensregeln für die Zusammenarbeit der Wettbe-werbsbehörden.[647]

Ungeachtet der Tatsache, daß dieses Programm aufgrund des Scheiterns der WTO-Ministerkonferenz in Seattle Ende 1999 bislang unberücksichtigt blieb, ist jedoch augenscheinlich, daß die Fusionskontrolle als ein wesentlicher Pfeiler jeder Kartellrechtsordnung, nicht zu Diskussion stand. Es liegt die Vermutung nahe, daß bei diesem Vorgehen eine Empfehlung berücksichtigt wurde, die darauf zielt, das Regelwerk einer globalen Fusionskontrolle[648] bei der Imple-mentierung einer internationalen Wettbewerbsordnung zunächst auszuklam-mern. Erfahrungsgemäß zeichnet sich der Bereich der Fusionskontrolle durch besondere politische Sensibilität aus. Ein schneller Erfolg auf diesem Gebiet ist meist nicht zu erwarten und daher stehen Vorschriften der Fusionskontrolle nur selten am Anfang einer kartellrechtlichen Entwicklung. In der Regel lassen erst die fortgeschrittene Praxis und die Erfahrungen mit grenzüberschreitenden Fusionen die Erkenntnis der beteiligten Staaten wachsen, daß ein Bedürfnis für generelle Kontrollmechanismen besteht. Wie bereits ausgeführt, wurden auch die deutschen und europäischen Wettbewerbsgesetze sukzessive um entspre-chende Vorschriften ergänzt.

Mehr noch als bei der Bekämpfung von Kartellen und der mißbräuchlichen Ausnutzung von Marktmacht ist daher bei der Fusionskontrolle ein langfristig angelegter Bewußtseins- und Meinungsbildungsprozeß vonnöten. Von einem Einvernehmen über fusionskontrollrechtliche Regelungen und der notwendigen Bereitschaft, Machtbefugnisse abzugeben, ist die Staatengemeinschaft derzeit allerdings weit entfernt. So verbleiben für eine zukünftige internationale Wett-bewerbsordnung lediglich wettbewerbspolitische Kompromißformeln.

---

646 Vgl. May, Bernhard: Die deutsch-europäische Verhandlungsposition bei der WTO-Handelsrunde, in: Aus Politik und Zeitgeschichte vom 12.11.1999, B46-47/1999, S.29.

647 Vgl. o. V.: Wettbewerbskontrolle: Die EU legt umfassenden Ziele-Katalog vor, in: FAZ Nr. 156 vom 09.07.1999, S. 14.

648 Vgl. o. V.: Internationale Fusionskontrolle gefordert, in: FAZ Nr. 292 vom 16.12.1998, S. 15; o. V.: Neuer Ruf nach internationalen Wettbewerbsregeln, in: FAZ Nr. 147 vom 29.06.1999, S. 17.

Kontrollmechanismen besteht. Wie bereits ausgeführt, wurden auch die deutschen und europäischen Wettbewerbsgesetze sukzessive um entsprechende Vorschriften ergänzt.

Mehr noch als bei der Bekämpfung von Kartellen und der mißbräuchlichen Ausnutzung von Marktmacht ist daher bei der Fusionskontrolle ein langfristig angelegter Bewußtseins- und Meinungsbildungsprozeß vonnöten. Von einem Einvernehmen über fusionskontrollrechtliche Regelungen und der notwendigen Bereitschaft, Machtbefugnisse abzugeben, ist die Staatengemeinschaft derzeit allerdings weit entfernt. So verbleiben für eine zukünftige internationale Wettbewerbsordnung lediglich wettbewerbspolitische Kompromißformeln.

7.　Zusammenfassung und Schlußfolgerungen

Der seit geraumer Zeit zu beobachtende stetige - in der jüngsten Vergangenheit zum Teil sogar sprunghafte - Anstieg der Fusionsanmeldungen sowohl national als auch international wird vielerorts nicht nur mit Unbehagen zur Kenntnis genommen, sondern ist für manch einen bereits der Beleg der althergebrachten These vom Niedergang des Wettbewerbs und der Vermachtung der Märkte als Folge verstärkter Konzentration. Diese Behauptung ist ebensowenig haltbar wie die Aussage, Übernahmen seien wettbewerbsneutral. Für beide gibt es keine hinreichenden Beweise. Dazu ist das Phänomen Konzentration zu vielschichtig, was unter anderem zur Folge hat, daß man eine Theorie der optimalen Konzentration bis heute vergeblich sucht. Statistische Berechnungsmethoden, wie sie beispielsweise in der Bundesrepublik Deutschland vorgenommen werden, sind nicht nur mit einer Vielzahl von Unzulänglichkeiten behaftet, sondern dokumentieren zudem nur die Entwicklungen der Vergangenheit. Als Maßstab für konkrete wettbewerbspolitische und -rechtliche Handlungsempfehlungen eignen sie sich nicht. Es bleibt daher festzuhalten, daß Konzentration ohne umfassende Analyse ihrer Entwicklung oder der Kenntnis ihrer Ursachen und Wirkungen zunächst weder als positiv noch als negativ zu betrachten ist. Eine realistische Einschätzung und Beurteilung dieses Phänomens, dies sei vorweggenommen, wird - wie so oft - zwischen den beiden Extremen zu finden sein.

Die Analyse der jüngeren Kapitalkonzentration in der Bundesrepublik Deutschland und in Europa führte aber zur Feststellung, daß in gewissen Phasen der wirtschaftlichen Entwicklung eine verstärkte Zunahme von Fusionen und Übernahmen zu verzeichnen ist. Diese konnte nicht nur bei der historischen Betrachtung der Fusionstätigkeit in den Vereinigten Staaten in den letzten hundert Jahren nachgewiesen werden. Auch die Entwicklung in den vergangenen zehn bis fünfzehn Jahren hierzulande läßt die Vermutung aufkommen, daß zu bestimmten Zeiten Anreize bestehen, welche das Fusionsgeschehen nachhaltig beeinflussen, und zwar sowohl der Art als auch der Intensität nach. Diese im einzelnen zu identifizieren oder gar zu quantifizieren ist kaum möglich, da es sich dabei meist um die Kombination verschiedener, sich ergänzender oder einander gegengerichteter Kräfte handelt. Zu den Hauptfaktoren des derzeitigen Übernahmegeschehens zählen daher vorrangig die fortschreitende europäische Integration, die nachhaltigen Liberalisierungs- und Deregulierungsbemühungen weltweit sowie die Errungenschaften im Bereich der Technik gleichermaßen. Diese einschneidenden Änderungen der Rahmenbedingungen waren der Auslöser für die Vielzahl von Fusionen und führten im Ergebnis zu der momentan zu beobachtenden "Massenbewegung", die es in der Art, zumindest in Europa, bislang nicht gegeben hatte. Zwar waren Fusionen mit anderen Unternehmen auch vor diesen Umstrukturierungen fester Bestandteil zahlreicher Unternehmen auf der Suche nach neuen und besseren Strukturen, nach einer günstigeren Kombination von Tätigkeitsfeldern und nach der geeigneten Ausgestaltung ihrer Tätigkeiten. Gleichwohl blieb es meist ein "Privileg" großer Unternehmen. Diesbezügliche Engagements von mittelständischen und kleinen Unternehmen waren damals eher die Ausnahme. Mittlerweile paßt sich auch dieses Klientel den Veränderungen des Marktes an und nutzt die Möglichkeit der Zusammenarbeit mit anderen Unternehmen, um sich am Markt neu zu positionieren.

Dabei weist die gegenwärtige Phase intensiver Fusionstätigkeit neben seinem Ausmaß und seiner Intensität einige Besonderheiten der Art nach auf. Sie gelten als Indiz dafür, daß das derzeit überaus rege Fusionsgeschäft in erster Linie als Reaktion des Unternehmenssektors auf die systematischen Veränderungen des wettbewerblichen Umfeldes zu sehen ist und ganz im Zeichen der strategischen Ausrichtung und Neupositionierung steht, und nicht - wie in der traditionellen Wettbewerbstheorie immer wieder behauptet wird - einzig der Beschränkung des Wettbewerbs und der Ausweitung der Marktmacht dient. Zu diesen Kriterien zählt der stetig zunehmende Anteil grenzüberschreitender Zusammenschlüsse an der Gesamtheit aller Fusionen. Diese Entwicklung ist eine natürliche Folge der Marktglobalisierung und gewissermaßen als Symbol der zu fördernden wirtschaftlichen Integration zu begrüßen. Die Wettbewerbspolitik beurteilt diese Entwicklung daher durchgehend positiv. Der zunehmend internationale Charakter der Zusammenschlüsse als Konsequenz der genannten Ursachen hat zwangsläufig Auswirkungen auf die Größenordnungen, in denen sich diese bewegen. Die aktuelle Fusionswelle ist daher gekennzeichnet durch eine Reihe sogenannter Mega-Fusionen. Nach Abwägung aller relevanten Kriterien sahen allerdings die Wettbewerbshüter in den allermeisten Fällen auch hier keine Gefahr für die Funktionsfähigkeit des Wettbewerbs, sondern bewerteten ihre Zulässigkeit und Existenzberechtigung nahezu uneingeschränkt positiv. Weiterhin hat sich gezeigt, daß das Fusionsfieber zwar alle Branchen erfaßt, jedoch nicht gleichermaßen. Während noch vor einigen Jahren Zusammenschlüsse überwiegend in den traditionellen Branchen des Produzierenden Gewerbes, der sog. old-economy stattfanden, zeichnete sich in letzter Zeit eine Trendwende zugunsten des Dienstleistungssektors ab. Auslöser dieser konzentrativen Prozesse waren auch hier die Änderungen der Rahmenbedingungen für die ehedem wettbewerblichen Ausnahmebereiche. Weniger eine Reaktion auf die weltweiten Umstrukturierungen als vielmehr eine Lehre aus vergangenen Entwicklungen stellt die derzeit vorrangig gewählte Art der Diversifikationsrichtung dar. Die aktuelle Fusionswelle steht ganz im Zeichen der Konsolidierung, der Konzentration auf die Kernfelder. Insofern dominieren nicht konglomerate Zusammenschlüsse den allgemeinen Fusionstrend, sondern jene zwischen Unternehmen, die auf denselben Märkten tätig sind. Das US-amerikanische Vorbild der Konglomeratsbildung hatte in Deutschland - im Vergleich zu anderen Mitgliedsländern der EU - ohnehin nie die Bedeutung erlangt, die vielfach vermutet wurde.

Nach Abwägung aller genannten Kriterien sind derzeit keine Anzeichen zu erkennen, daß Unternehmen mittels Fusionen und Übernahmen versuchen, den Wettbewerb zu beschränken oder sogar den Marktmechanismus außer Kraft zu setzen. Das Gegenteil ist der Fall: Die Wettbewerbsintensität ist so hoch wie nie zuvor. In der gegenwärtigen Phase der Internationalisierung der Wirtschaftsbeziehungen überwiegen daher die positiven Effekte dieses Prozesses. Allerdings läßt sich diese Beurteilung für die Zukunft nur aufrechterhalten, wenn die Wirkungen des Markterweiterungseffekts auf die Wettbewerbsintensität stärker sind als die Zunahme der Konzentration. Die Wettbewerbspolitik ist daher gefordert, den Konzentrationsprozeß aufmerksam zu verfolgen und wettbewerbsschädliche Zusammenschlüsse zu verhindern.

Die ausführliche Darstellung sowohl der deutschen als auch der europäischen Wettbewerbsordnungen, insbesondere deren fusionskontrollrechtlicher Vorschriften, hat gezeigt, daß diese - trotz ihrer Schwächen - bislang geeignet waren, die Freiheit des Wettbewerbs sicherzustellen und wirtschaftliche Macht zu beseitigen, wo diese die Wirksamkeit des Wettbewerbs beeinträchtigt. Auch wenn beide heutzutage weniger denn je auf geeignete, theoretisch fundierte Handlungsanweisungen zurückgreifen können, sondern nach den Gegebenheiten des Marktes entscheiden müssen.

Anders verhält es sich auf internationaler Ebene. Dort wächst zwar die Erkenntnis, daß nationale Wettbewerbspolitiken auf Dauer nicht geeignet sein werden, privat veranlaßten grenzüberschreitenden Wettbewerbsbeschränkungen wirksam gegen zu steuern. Der Forderung nach Schaffung einer internationalen Wettbewerbsordnung folgten bislang allerdings kaum konkrete Vorschläge und Lösungsansätze, weshalb die Realisierungschancen dieses ehrgeizigen Vorhabens derzeit als eher gering einzustufen sind.

Literaturverzeichnis

Aberle, Gerd: Wettbewerbstheorie und Wettbewerbspolitik, 2. überarbeitete Auflage, Stuttgart 1992

Abl. Nr. C 203 vom 14.08.1990

Abl. Nr. C 324 vom 17.12.1986

Abl. Nr. C 329 vom 08.12.1987

Abl. Nr. C 36 vom 12.02.1982

Abl. Nr. C 385 vom 31.12.1994

Abl. Nr. C 51 vom 23.02.1984

Abl. Nr. L 180 vom 09.07.1997

Abl. Nr. L 257 vom 21.12.1990

Abl. Nr. L 334 vom 05.12.1991

Abl. Nr. L 395 vom 30.12.1989

Achleitner, Paul/Paul, Frederic: International Column, in: M&A Review 1/96, S. 12-15

Achleitner, Paul/Herden, Raimund W./von Reiche, Christoph: International Column, in: M&A Review 10/96, S. 437-442

Achtenhagen, Leona/Lang, Nikolaus-Sebastian: M&A in Italien, in: M&A Review 6/96, S. 282-286

Achtenhagen, Leona: M&A-Aktivitäten in der deutschen Chemie- und Pharma-industrie, in: M&A Review 9/97, o. Jg., S. 262

Afheldt, Heike: Verlockungen der Größe, in: WiWo Nr. 26 vom 23.06.1989, Jg. 43, S. 3

Alachian, Armen A.: The Basis of Some Recent Advances in the Theory of Management of the Firm, in: Journal of Industrial Economics, 1965, Vol. 14, S. 30-41

Albach, Horst: Stategic Alliances and Stategic Families in Global Competition, Discussion Paper FS IV - 19, Wissenschaftszentrum Berlin 1992

Albach, Horst: Strategische Allianzen, strategische Gruppen und strategische Familien, in: ZfB 6/92, Jg. 62, S. 663-670

Amihud, Y./Lev, B.: "Risk reduction as a managerial motive for conglomerate mergers", in: Bell Journal of Economics 2/81, Jg. 12, S. 605-617

Ansoff, Igor H./Weston, Fred J.: Merger Objectives and Organization Structure, in: Quaterly Review of Economics and Business, August 1962, Vol. 2, S. 49-58

Ansoff, Igor H.: Corporate Strategy. An Analytic Approach to Business Policy for Growth and Expansion, New York u.a. 1965

Antrecht, Rolf: Warten auf die Offensive, in: Capital 2/95, Jg. 34, S. 44-49

Appel, Holger: Die 100 größten Unternehmen, in: FAZ Nr. 152 vom 04.07.2000, S. U1

Arbeitsgruppe Alternative Wirtschaftspolitik (Hrsg.): Wirtschaftsmacht in der Marktwirtschaft, Köln 1988

Arbeitskreis Finanzierung der Schmalenbach-Gesellschaft Deutsche Gesellschaft für Betriebswirtschaft: Analyse der für die Entwicklung eines Buy-Out-Marktes notwendigen Bedingungen in der Bundesrepublik Deutschland unter besonderer Berücksichtigung von MBO's, in: ZfbF 10/90, Jg. 42, S. 830-850

Arndt, Helmut/Ollenburg, Günter: Begriff und Arten der Konzentration, in: Arndt, Helmut (Hrsg.), Die Konzentration in der Wirtschaft, 1. Band, 2. Auflage, Berlin 1971, S. 3-39

Arndt, Helmut: Kapitalismus, Sozialismus, Konzentration und Konkurrenz, Tübingen 1972

Audretsch, David B.: Industrial Policy in the 1990s. An International Comparison, Discussion Paper FS IV 91/32, Wissenschaftszentrum für Sozialforschung, Berlin 1991

Backhaus, Klaus/Meyer, Margit: Strategische Allianzen und strategische Netzwerke, in: WiSt 7/93, Jg. 22, S. 330-334

Backhaus, Klaus/Piltz, Klaus: Strategische Allianzen - eine neue Form kooperativen Wettbewerbs?, in: Backhaus, Klaus/Piltz, Klaus (Hrsg.): Strategische Allianzen, Sonderheft 27 zu zfbf, 1990

Backhaus, Klaus: Die Macht der Allianz, in: Absatzwirtschaft 11/87, Jg. 30, S. 122-130

Baden, Kay/Balzer, Arno: Gute Besserung, in: Manager Magazin 5/93, Jg. 23, S. 166-178

Baden, Kay/Balzer, Arno: Wahre Werte, in: Manager Magazin 5/93, Jg. 23, S. 178-185

Baetge-Papathoma, Anastasia: Die Neuregelung des Kartellrechts in Griechenland, in: RIW 12/96, Jg. 42, S. 1013-1016

Baier, Manfred: Das System horizontaler Wettbewerbsbeschränkungen im deutschen Recht, in: WiSt 2/87, Jg. 16, S. 95-103

Bailey, Elizabeth E./Friedlaender, Ann F.: Market Structure and Multiproduct Industries, in: Journal of Economic Literature, September 1982, Vol. 20, S. 1024-1048

Bain, Joe S.: "Industrial Organization", 2. Auflage, New York 1968

Bain, Joe S.: Entwicklung der Konzentration, übersetzt aus: Industrial Organization, Second Edition (S. 211-215) by Joe S. Bain, abgedruckt in: Barnickel, Hans-Heinrich (Hrsg.): Probleme der wirtschaftlichen Konzentration, Darmstadt 1975, S. 347-352

Baker, George P./Jensen, Michael C./Murphy, Kevin J.: Compensation and Incentives: Practice vs. Theory, in: The Journal of Finance 3/88, Vol. XLIII, S. 593-616

Baldwin, William L.: Market Power, Competition and Antitrust Policy, Homewood/Illinois 1987

Bamberger, Burkhard: Der Erfolg von Unternehmensakquisitionen in Deutschland. Eine theoretische und empirische Untersuchung, Bergisch Gladbach 1994

Bangemann, Martin: Wettbewerbsvorteile täglich erarbeiten, in: FAZ Nr. 127 vom 02.06.1992, S. B7

Barnickel, Hans-Heinrich: Probleme der wirtschaftlichen Konzentration, Darmstadt 1975

Barnickel, Hans-Heinrich: Marktwirtschaft, Kartelle, Konzentration, Kontrolle, Heidelberg 1989

Bartling, Hartwig: Wirtschaft und Gesellschaft, 1. Halbband, Köln 1964

Bartling, Hartwig: Wirtschaft und Gesellschaft, 4. neu herausgegebene Auflage, Köln 1956

Bartling, Hartwig: Wirtschaftliche Macht unter wettbewerbspolitischem Aspekt, Berlin 1971

Basedow, Jürgen: Globalisierung ruft nach einer Welt-Wettbewerbsordnung, in: FAZ Nr. 162 vom 15.07.2000, S. 14

Baudenbacher, Carl/Beeser, Simone: Gesamteuropäische Konvergenzentwicklung im Kartellrecht, in: WuW 9/97, Jg. 47, S. 681-691

Baum, Clemens: Systematische Fehler bei der Darstellung der Unternehmenskonzentration durch Konzentrationskoeffizienten auf der Basis industriestatistischer Daten, in: Jahrbuch für Nationalökonomie und Statistik,
1978, Band 193, S. 30-53

Baum, Herbert: Der relevante Markt als Problem der Wettbewerbspolitik, in:
WuW 6/80, Jg. 30, S. 401-407

Baumann, Günter: Neue Spielregeln für den Unternehmenserwerb in Frankreich, in: Die Bank 1/90, S. 41-46

Baumann, Michael/Burgmaier, Stefanie: Weiße Flecken, in: WiWo Nr. 49
vom 26.11.1998, S. 50-54

BDI (Hrsg.): BDI-Mittelstandsinformationen, Juni 1992, Zulieferfragen 18,
S. 1-10

Beck, Bernhard: Das italienische Kartellgesetz - Überblick und erste Erfahrungen, in: WuW 9/91, Jg. 41, S. 707-714

Becker, Gernot M.: Shareholder Value Analysis als Instrument der strategischen Planung, in: WISU 2/95, Jg. 24, S. 122-124

Becker, Paul: Feindliche Übernahmen. Wesen, Ziele und Gefahren, in: WiSt
5/90, Jg. 19, S. 218-222

Beckermann, Johannes: Deutschland tendiert zu einem Käufermarkt, in: HB
Nr. 82 vom 29.04.1993, S. B2

Beelitz, Frank F.: Kein absoluter Schutz vor ungebetenen Freiern, in: HB
Nr. 82 vom 29.04.1993, S. B8

Behlke, Reinhard: Der Neoliberalismus und die Gestaltung der Wirtschaftsverfassung in der Bundesrepublik Deutschland, Berlin 1961

Behrens, Bolke: Giganten auf dem Sprung, in: WiWo Nr. 27 vom 28.06.1991,
Jg. 45, S. 104-108

Behrens, Bolke: Spiel mit Perlen, in: WiWo Nr. 44 vom 25.10.1991, Jg. 45,
S. 52-72

Behrens, Bolke: Top 500 Europas, in: WiWo Nr. 33 vom 10.08.1995, S. 32-42

Behrens, Rolf/Merkel, Reiner: Fusionsfieber - Das Milliardengeschäft Mergers
& Acquisitions, Frankfurt/Main 1992

Beise, Marc: Deutschland: Integration auf Abwegen?, in: EG-Magazin 7-8/92,
S. 34-38

Bender, Dieter u.a. (Hrsg.): Vahlens Kompendium der Wirtschaftstheorie und
Wirtschaftspolitik, 3. überarbeitete und erweiterte Auflage, Band 2,
München 1988

Berg, Hartmut/Müller, Jens: "Unfriendly takeovers": Ursachen, Formen und Wettbewerbswirkungen, in: WISU 11/90, Jg. 19, S. 647-652

Berg, Hartmut/Schmidt, Frank: Industriepolitik in Deutschland und Frankreich: Ziele - Konzepte - Erfahrungen, in: Behrens, Sylke (Hrsg.): Ordnungskonforme Wirtschaftspolitik in der Marktwirtschaft, Festschrift für Hans-Rudolf Peters zum 65. Geburtstag, Berlin 1997, S. 397-424

Berg, Hartmut: Steigender Konzentrationsgrad gleich sinkende Wettbewerbsintensität?, Anmerkungen zum ersten Hauptgutachten der Monopolkommission, in: Wirtschaftsdienst 4/77, Jg. 57, S. 194-198

Berg, Hartmut: Strategisches Management und funktionsfähiger Wettbewerb, in: WuW 12/89, Jg. 39, S. 969-981

Berg, Hartmut: Wettbewerbspolitik, in: Vahlens Kompendium der Wirtschaftstheorie und Wirtschaftspolitik, Band 2, 5. Auflage, München 1992

Berle, Adolph A./Means, Gardinger C.: The Modern Corporation and Private Property, Rev. Ed., New York 1967 (Original von 1932)

Bernhard, Ursula: Eine Fusionswelle dürfte es zumindest bei den Großkonzernen nicht geben, in: HB Nr. 250 vom 31.12.1991, S. 35

BGBl. 1990, Nr. 7 vom 28.2.1990, Bonn

Biedenkopf, Kurt H.: Ordnungspolitische Probleme der Konzentration, in: Die Aussprache, Bonn 1968, Jg. 18, S. 112-119

Biedenkopf, Kurt H.: Wettbewerbspolitik zwischen Freiheitsidee und Pragmatismus, in: WuW 1968, Jg. 18, S. 4-14

Bisani, Fritz: Synergiemanagement: Ein Begriff macht Karriere, in: Gablers Magazin 3/90, Jg. 4, S. 10-16

Blair, John M.: Economic Concentration, Structure, Behavior and Public Policy, New York 1972

Blankert, Franz: Das Ergebnis der Uruguay-Runde: Ein historischer Markstein, Schlussstein oder Startblock? in: Aussenwirtschaft 1/1994, Jg. 49, S. 17-29

Bleeke, Joel/Ernst, David: Mit internationalen Allianzen auf die Siegerstraße, in: Harvard Manager 3/92, Jg. 14, S. 118-127

Bletschacher, Georg/Klodt, Henning: Strategische Handels- und Industriepolitik. Theoretische Grundlagen, Branchenanalysen und wettbewerbspolitische Implikationen, Kieler Studien 244, Tübingen 1992

Bleymüller, Josef/Gehlert, Günther: Konzentrationsmessung, in: WiSt 9/89, Jg. 18, S. 378-384

Block, Astrid: Die europäische Fusionskontrolle. Versuch einer rechtlichen und wettbewerbspolitischen Einigung, in: WSI Mitteilungen 1/92, Jg. 45, S. 24-34

Blum, Reinhard: "Soziale Marktwirtschaft", in: Görresgesellschaft (Hrsg.): Staatslexikon, Band 4, 7. Auflage, Freiburg im Breisgau 1988

Blum, Reinhard: Soziale Marktwirtschaft. Wirtschaftspolitik zwischen Neoliberalismus und Ordoliberalismus, Tübingen 1969

Böhm, Franz: Der vollständige Wettbewerb und die Antimonopolgesetzgebung, in: WuW 1953, Jg. 3, S. 178-192

Böhm, Franz: Freiheit und Ordnung in der Marktwirtschaft, Baden-Baden 1980

Borchardt, Knut/Fikentscher, Wolfgang: Wettbewerb, Wettbewerbsbeschränkung, Marktbeherrschung, Stuttgart 1957

Bork, R. H.: Vertical Integration and Competitive Processes, in: Weston J. F./ Peltzman, S.: Public Policy Toward Mergers, Pacific Plisades/Calif. 1969

Brenner, Michael/Hammond, John: Auf der Insel hat man Sehnsucht nach den "goldenen" 80er Jahren, in: HB Nr. 82 vom 28.04.1994, S. B5

Brittan, Leon: Strategic Alliances - an old problem and a new challenge to community competition policy, Vortrag auf der 6. Internationalen Kartell Conferenz, Berlin, 25. Mai 1992, o.S.

Brokelmann, Helmut: Die Reform des spanischen Wettbewerbsrechts, in: WuW 4/2000, Jg. 50, S. 365-382

Bronder, Christoph/Pritzl, Rudolf (Hrsg.): Wegweiser für Strategische Allianzen. Meilen- und Stolpersteine bei Kooperationen, Frankfurt und Wiesbaden 1992

Bronder, Christoph/Pritzl, Rudolf: Strategische Allianzen zur Steigerung der Wettbewerbsfähigkeit, in: io Management Zeitschrift 5/91, Jg. 60, S. 27-30

Bronder, Christoph: Kooperationsmanagement - Unternehmerdynamik durch Strategische Allianzen, Frankfurt/Main 1993

Brosio, Guido: Antitrust Law finds its way to Italy, in: EuZW 8/91, Jg. 2, Editorial

Bruner, R. F.: The Use of Excess Cash and Debt Capacity as a Motive for Merger, in: Journal of Financial and Quantitative Analysis, 1988, Vol. 23, S. 199-217

Bühner, Rolf: Erfolg von Unternehmenszusammenschlüssen in der Bundesrepublik Deutschland, Stuttgart 1990

Bühner, Rolf: Erfolge und Mißerfolge von Unternehmenszusammenschlüssen, Vortrag anläßlich der Jahrestagung des Vereins für Socialpolitik am 29.07.1993 in Münster, bisher unveröffentlichtes Manuskript

Bühner, Rolf: Managen wie die Raider, in: Harvard Manager 1/90, Jg. 12, S. 36-41

Buigues, P./Ilzkovitz, F./Lebrun, J.-F.: Industrieller Strukturwandel im europäischen Binnenmarkt: Anpassungsbedarf in den Mitgliedstaaten, in: Kommission der Europäischen Gemeinschaften (Hrsg.): Europäische Wirtschaft, Soziales Europa, Sondernummer 1990

Bundesamt für gewerbliche Wirtschaft (Hrsg.): Bericht über das Ergebnis einer Untersuchung der Konzentration in der Wirtschaft, BT-DS IV/2320 vom 5. Juni 1964

Bundeskartellamt (Hrsg.): Grundsatzabteilung, Referat Fusionskontrolle, unveröffentlichte Checkliste, S. 1-46

Bundesministerium für Wirtschaft (Hrsg.): Jahreswirtschaftsbericht 1995, Bonn 1995

Bundesministerium für Wirtschaft (Hrsg.): "Anpassung des deutschen Kartellgesetzes an das europäische Recht ?", Gutachten des Wissenschaftlichen Beirats beim Bundesministerium für Wirtschaft, Studienreihe Nr. 93, Bonn 1996

Bundesministerium für Wirtschaft (Hrsg.): Eckpunkte für eine Novelle des Gesetzes gegen Wettbewerbsbeschränkungen, Bonn 1996

Bundesministerium für Wirtschaft (Hrsg.): Euro-Informationsbroschüre "Staatliche Beihilfen", Bonn 1989, zitiert in: Suntum, Ulrich van: Wettbewerb und Wachstum im Europäischen Binnenmarkt, in: Aus Politik und Zeitgeschichte, B7-8/92 vom 07.02.1992, S. 13-22

Bundesverband der deutschen Industrie (Hrsg.): Stellungnahme zur Anpassung des Gesetzes gegen Wettbewerbsbeschränkungen an das europäische Wettbewerbsrecht, Köln 1995

Bundesverband der deutschen Industrie (Hrsg.): Stellungnahme zu den "Eckpunkten für eine Novelle des Gesetzes gegen Wettbewerbsbeschränkungen", Köln 1996

Bunte, Hermann, Josef: Das Verhältnis von deutschem zu europäischem Kartellrecht, in: WuW 1/89, Jg. 39, S. 7-21

Bureau of National Affairs (Hrsg.): Draft International Antitrust Code as a GATT-MTO-Plurilateral Trade Agreement, in: Antitrust and Trade Regulation Report No. 1628 vom 19.08.1993, Vol. 64

Burkhardt, Jürgen: Kartellrecht. Gesetz gegen Wettbewerbsbeschränkungen. Europäisches Kartellrecht, München 1995

Büscher, Martin: Gott und Markt - religionsgeschichtliche Wurzeln Adam Smiths und die "Invisible Hand" in der säkularisierten Industriegesellschaft, in: Meyer-Faje, Arnold/Ulrich, Peter (Hrsg.): Der andere Adam Smith. Beiträge zur Neubestimmung von Ökonomie als Politischer Ökonomie, Bern 1991, S. 123-144

Büscher, Reinhard: Europäische Industriepolitik - das kleinere Übel?, in: EG-Magazin 3/93, S. 10-11

Büscher, Rolf: Diagonale Unternehmenszusammenschlüsse im amerikanischen und deutschen Recht, Baden-Baden 1983

Canenbley, Cornelis: Der Zusammenschlußbegriff in der deutschen und europäischen Fusionskontrolle, am Beispiel des Anteilserwerbs, in: Niederleithinger, Ernst/Werner, Rosemarie/Wiedemann, Gerhard (Hrsg.): Festschrift für Otfried Lieberknecht zum 70. Geburtstag, München 1997, S. 277-293

Caspari, Manfred/Schwarz, Dieter: Europäische Fusionskontrolle. Ein Historienspiel, in: Andreae, Clemens-August/Kirchhoff, Jochen/Pfeiffer, Gerd (Hrsg.): Wettbewerb als Herausforderung und Chance, Festschrift für Werner Benisch, Köln 1989, S. 383-397

Clark, John Maurice: Competition as a dynamic process, Washington D.C. 1961

Clark, John Maurice: Toward a Concept of Workable Competition, in: American Economic Review 2/40, Jg. 30, S. 241-256

Clark, John Maurice: Zum Begriff des funktionsfähigen Wettbewerbs, in: Barnickel, Hans-Heinrich (Hrsg.): Probleme der wirtschaftlichen Konzentration, Darmstadt 1975, S. 148-172

Coase, Ronald H.: The problem of Social Cost, in: Journal of Law and Economics, 1960, Vol 3, S. 1-44

Conrad, Markus: Industriepolitik als wirtschaftspolitische Option in der Sozialen Marktwirtschaft, Hamburg 1987

Cooke, Terence, E.: Mergers and Acquisitions, Oxford 1986

Cordes, Jürgen: Der Erfolg von Mischkonzernen aus theoretischer und empirischer Sicht, Bergisch Gladbach/Köln 1993

Cutts, John/Finbow, Anthony: Investing in a difficult market, in: Acquisitions Monthly, February 1996, S. 68-69

Czada, Peter/Tolksdorf, Michael/Alparslan, Yenal (Hrsg.): Wirtschaftspolitik, 2. erweiterte und aktualisierte Auflage, Opladen 1992

Deringer, Arved: Auf dem Weg zu einer europäischen Fusionskontrolle, in: WuW 9/74, Jg. 9, S. 99-105

Deutscher Bundestag (Hrsg.): Bericht des Bundeskartellamtes über seine Tätigkeit in den Jahren 1995/96 sowie über die Lage und Entwicklung auf seinem Aufgabengebiet, BT-DS 13/7900 vom 19.06.1997

Deutscher Bundestag (Hrsg.): Bericht des Bundeskartellamtes über seine Tätigkeit im Jahr 1958 sowie über Lage und Entwicklung auf seinem Aufgabengebiet, BT-DS 3/1000 vom 16.06.1959

Deutscher Bundestag (Hrsg.): Bericht des Bundeskartellamtes über seine Tätigkeit im Jahr 1969 sowie über Lage und Entwicklung auf seinem Aufgabengebiet, BT-DS 6/950 vom 11.06.1970

Deutscher Bundestag (Hrsg.): Bericht des Bundeskartellamtes über seine Tätigkeit im Jahre 1973 sowie über Lage und Entwicklung auf seinem Aufgabengebiet, BT-DS 7/2250 vom 14.06.1974

Deutscher Bundestag (Hrsg.): Bericht des Bundeskartellamtes über seine Tätigkeit in den Jahren 1989/90 sowie über die Lage und Entwicklung auf seinem Aufgabengebiet, BT-DS 12/847 vom 26.06.1991

Deutscher Bundestag (Hrsg.): Bericht des Bundeskartellamtes über seine Tätigkeit in den Jahren 1991/92 sowie über die Lage und Entwicklung auf seinem Aufgabengebiet, BT-DS 12/5200 vom 24.06.1993

Deutscher Bundestag (Hrsg.): Bericht des Bundeskartellamtes über seine Tätigkeit in den Jahren 1993/94 sowie über die Lage und Entwicklung auf seinem Aufgabengebiet, BT-DS 13/1660 vom 14.06.1995

Deutscher Bundestag (Hrsg.): Bericht des Bundeskartellamtes über seine Tätigkeit in den Jahren 1997/98 sowie über die Lage und Entwicklung auf seinem Aufgabengebiet, BT-DS 14/1139 vom 25.06.1999

Deutscher Bundestag (Hrsg.): Schriftlicher Bericht des Ausschusses für Wirtschaftspolitik über den Entwurf eines Gesetzes gegen Wettbewerbsbeschränkungen, BT-DS 2/3644 vom 22.06.1957

Deutscher Bundestag (Hrsg.): Stellungnahme der Bundesregierung zum 2. Hauptgutachten der Monopolkommission, BT-DS 8/2835 vom 10.05.1979

Deutscher Bundestag (Hrsg.): Stellungnahme der Bundesregierung zum 5. Hauptgutachten der Monopolkommission, BT-DS 10/3683 vom 26.7.1985

Deutscher Bundestag (Hrsg.): Stellungnahme der Bundesregierung zum 7. Hauptgutachten der Monopolkommission, BT-DS 11/4804 vom 15.6.1989

Deutscher Bundestag (Hrsg.): Bericht des Bundeskartellamtes über seine Tätigkeit in den Jahren 1997/98 sowie über die Lage und Entwicklung auf seinem Aufgabengebiet, BT-DS 14/1139 vom 25.06.1999

Deutscher Bundestag (Hrsg.): Stenographische Protokolle, 3. Wahlperiode, 3. Sitzung vom 29.10.1957

Deutscher Bundestag (Hrsg.): 11. Hauptgutachten der Monopolkommission 1994/95, BT-DS 13/5309 vom 19.07.1996

Deutscher Bundestag (Hrsg.): 12. Hauptgutachten der Monopolkommission 1996/97, BT-DS 13/11291 vom 17.07.1998

Deutscher Bundestag (Hrsg.): 13. Hauptgutachten der Monopolkommission 1998/99, BT-DS 14/4002 vom 16.08.2000

Deutscher Industrie- und Handelstag (Hrsg.): Stellungsnahme des DIHT zum Eckpunktepapier des Bundeswirtschaftsministeriums für eine Novelle des Gesetzes gegen Wettbewerbsbeschränkungen, Bonn 1996

Deysson, Christian: Lang nachdenken. Geduldet von der demokratischen Regierung in Washington rollt über die USA eine beispiellose Konzentrationswelle hinweg, in: WiWo Nr. 40 vom 28.09.1995, Jg. 49, S. 99

Dolmans, Maurits: Developments in National Competition Laws (October 1 - December 31, 1997), in: WuW 3/98, Jg. 48, S. 250-258

Drauz, Götz: Big is (not) beautiful in Europe, in: EG-Magazin 1-2/93, S. 26-29

Dreher, Meinrad: Das deutsche Kartellrecht vor der Europäisierung. – Überlegungen zur 6. GWB-Novelle -, in: WuW 11/95, Jg. 45, S. 881-907

Drukarczyk, Jochen: Management Buyouts, in: WiSt 11/90, Jg. 19, S. 545-549

Dürr, Ernst: Der Schumpetersche Unternehmer in der Theorie der wirtschaftlichen Entwicklung, in: Borchert, Manfred/Fehl, Ulrich/Oberender, Peter (Hrsg.): Markt und Wettbewerb, Festschrift für Ernst Heuß, Stuttgart 1987, S. 245-263

Duijm, Bernhard/Winter, Helen: Internationale Wettbewerbsordnung – Alternativen und Probleme, in: WuW 6/1993, Jg. 43, S. 465-474

Duijm, Bernhard/Winter, Helen: Möglichkeiten und Grenzen einer internationalen Wettbewerbsordnung, Tübinger Diskussionsbeiträge Nr. 29, November 1993, S. 1-27

Ebel, Hans-Rudolf: Der Zusammenschlußbegriff der Fusionskontrolle, Ein Beitrag zu ő 23 GWB, in: BB Nr. 17 vom 20.6.1974, Jg. 29, S.749-756

Ebenroth, Carsten Thomas/Kaiser, Andreas: Das neue italienische Kartellgesetz aus europäischer Sicht, in: RIW 1/91, Jg. 37, S. 8-13

Edwards, Corwin D.: Conglomerate Bigness as a Source of Power, in: Business Concentration and Price Policy, ed. by National Bureau of Economic Research, Princeton 1955

Edwards, Corwin D.: Maintaining Competition. Requisites of a Governmental Policy, 1. Auflage, New York 1964

Edwards, Corwin D.: The Significance of Conglomerate Concentrations in Modern Economies, in: Arndt, Helmut (Hrsg.): Die Konzentration in der Wirtschaft, 1. Band, 2. Auflage, Berlin 1971, S. 137-157

Ehlermann, Claus-Dieter: Der Beitrag der Wettbewerbspolitik zum Europäischen Binnenmarkt, in: WuW 1/92, Jg. 42, S. 5-20

Ehlermann, Claus-Dieter: Neuere Entwicklungen im europäischen Wettbewerbsrecht, in: EuR 4/91, Jg. 26, S. 307-328

Ehlermann, Claus-Dieter: Wettbewerbspolitik im Binnenmarkt, in: RIW 10/93, Jg. 39, S. 793-797

Eisenkopf, Alexander: Mehr Wettbewerb durch 6. GWB-Novelle, in: Wirtschaftsdienst 10/98, Jg. 78, S. 626-632

Elben, Roland: Der Zusammenschluß von Großunternehmen im deutschen und europäischen Kartellrecht, Frankfurt/Main 1994

Emmerich, Volker: Fusionskontrolle 1992/93, in: AG 12/93, Jg. 38, S. 531-533

Eucken, Walter: Grundsätze der Wirtschaftspolitik, 6. Auflage, Tübingen 1990

Eucken, Walter: Technik, Konzentration und Ordnung der Wirtschaft, in: Herdzina, Klaus (Hrsg.): Wettbewerbstheorie, Köln 1975

Europäische Wirtschaftsgemeinschaft (Hrsg.): Das Problem der Unternehmenskonzentration im Gemeinsamen Markt, Kollektion Studien, Reihe Wettbewerb Nr. 3, Brüssel 1966

Europäische Wirtschaftsgemeinschaft (Hrsg.): EWG-Vertrag: Grundlage der Europäischen Gemeinschaft, 2. aktualisierte Auflage, Bonn 1988

Falter, Wolfgang/Schwiersch, Jochen: Die Größe macht's doch, in: FAZ Nr. 249 vom 26.10.1999, Verlagsbeilage, S. B1

Farrell, Christopher u.a.: An old-fashioned feeding frenzy, in: Business Week vom 01.05.1995, S. 20

Farrell, Joseph/Shapiro, Carl: Horizontal Mergers: An Equilibrium Analysis, in: American Economic Review 1/90, Jg. 80, S. 107-126

Fehr, Benedikt: Die Ökonomen von Chicago: in: FAZ Nr. 203 vom 31.08.1996, S. 15

Fehr, Benedikt: Schmiermittel für den Wandel. Zur Übernahme-Welle in Amerika, in: FAZ Nr. 148 vom 29.06.1995, S. 11

Feldmeier, Gerhard M.: Ordnungspolitische Perspektiven der Europäischen Integration, Frankfurt/Main 1993

Feuerstack, Rainer: Unternehmenskonzentration, Neuwied 1975

Fikentscher, Wolfgang: Wirtschaftsrecht, Band II, Deutsches Wirtschaftsrecht, München 1983

Fikentscher, Wolfgang/Drexl, Josef: Der Draft International Antiturst Code, in: RIW 2/1994, Jg. 40, S. 93-99

Fox, Mark A./Hamilton, Robert T.: Ownership and Diversification: Agency Theory or Stewardship Theory, in: Journal of Management Studies 1/94, Jg. 31, S. 69-81

Frankus, Hans J.: Fusionskontrolle bei Konglomeraten, Berlin 1972

Frees, Christian-Peter: Das neue industriepolitische Konzept der Europäischen Gemeinschaft, in: EuR 3/91, Jg. 26, S. 281-287

Freese, Gunhild: Flucht in die Größe, in: Die Zeit Nr. 46 vom 12.11.1993, S. 25

Friedman, Milton: Schools at Chicago, University of Chicago Magazine 1974, zitiert in: Rittaler, Jan: Industrial Concentration and the Chicago School of Antitrust Analysis, Frankfurt/Main 1989

Frignani, Aldo: Neue Entwicklungen im italienischen Wettbewerbsrecht, in: WuW 3/79, Jg. 29, S. 166-172

Fröhlingsdorf, Josef/Feser, Andreas: Die neuen Regelungen zur Freistellung und Fusionskontrolle im spanischen Wettbewerbsrecht, in: RIW 4/95, Jg. 41, S. 280-284

Gahl, Andreas: Die Konzeption strategischer Allianzen, Berlin 1991

Galbraith, John K.: Gegengewichtige Marktmacht, in: Herdzina, Klaus (Hrsg.): Wettbewerbstheorie, Köln 1975

Galli-Zugaro, Emilio: Italien regt sich, in: WiWo Nr. 17 vom 21.04.1989, S. 71-75

Gant, Joanna: Europe - The call für rules, regulation and a sense of fair play, in: Acquisitions Monthly, February 1992, S. 28-35

Gehrke, Christian: Wachstumstheoretische Vorstellungen bei Adam Smith, in: Kurz, Heinz D. (Hrsg.): Adam Smith (1723-1790). Ein Werk und seine Wirkungsgeschichte, Marburg 1990, S. 129-151

Gemper, Bodo B.: Marktkonforme Industriepolitik, in: Orientierungen zur Wirtschafts- und Gesellschaftspolitik 1/87, Band 31, S. 49-53

Gemper, Bodo B.: Über die Notwendigkeit die "unsichtbare Hand" zu unterstützen, in: Orientierungen zur Wirtschafts- und Gesellschaftspolitik 1/88, Band 35, S. 43-46

George, K. D.: Lessons from UK Merger Policy, in: Admiral P. H. (Hrsg.): Merger and Competition Policy in the European community, Blackwell 1990, S. 71-116

Gersemann, Olaf/Ramthun, Christian: Die Pfoten weglassen, in: WiWo Nr. 27 vom 07.05.1998, Jg. 52, S. 27

Geys-Lehmann, Stefan/Sande, Maria: Das neue spanische Kartellgesetz, in: RIW 7/90, Jg. 36, S. 537-540

Giersberg, Georg: Die hundert größten Unternehmen, in: FAZ Nr. 153 vom 04.07.1992, S. 11; FAZ Nr. 151 vom 03.07.1993, S. 13; FAZ Nr. 153 vom 05.07.1994, S. 15; FAZ Nr. 155 vom 02.07.1995, S. 16

Giersberg, Georg: Große Fusionen lassen viele neue Unternehmen in Deutschland entstehen, in: FAZ Nr. 300 vom 28.12.1998, S. 18

Giersberg, Georg: Der deutsche Beteiligungsmarkt hat sich 1998 verdreifacht, in: FAZ Nr. 9 vom 12.01.1999, S. 20

Giersberg, Georg: Deutsche Unternehmen erobern den Weltmarkt bei Zement, Kohle, Vermögensverwaltung und Telekommunikation, in: FAZ Nr. 301 vom 27.12.1999, S. 20

Giersberg, Georg: In der Telekommunikation werden astronomische Preise bezahlt, in: FAZ Nr. 16 vom 20.01.2000, S. 30

Giersberg, Georg: Der Markt für Übernahmen und Beteiligungen hat sich mehr als verdoppelt, in: FAZ Nr. 301 vom 28.12.2000, S. 18

Giersberg, Georg: Die Steuersenkung erhöht das Angebot an Unternehmen, in: FAZ Nr. 8 vom 10.01.2001, S. 2

Giersch, Herbert: "Aufgaben der Strukturpolitik", in: Hamburger Jahrbuch für Wirtschafts- und Gesellschaftspolitik 1964, Jg. 9, S. 61-90

Girard, Pierre-Louis: Die Verhandlungen der Uruguay-Runde: eine erste Bilanz, in: Die Volkswirtschaft 3/1994, Jg. 67, S. 8-15

Göbel, Heike: Basteleien am Wettbewerbsrecht, in: FAZ Nr. 113 vom 15.05.1996, S. 17

Gocke, Andreas: In 1994 wieder Rückgang des deutschen M&A-Marktes - jedoch mehr Interesse am Ausland, in: M&A Review 1/95, S. 3-6

Gösche, Axel: Mergers & Acquisitions im Mittelstand, Wiesbaden 1991

Gößl, Manfred: Der westeuropäische Wirtschaftsraum im globalen Wettbewerb, Frankfurt/Main 1997

Gotthold, Jürgen: Macht und Wettbewerb in der Wirtschaft, Köln 1975

Grauel, Holger: Lockerung der Preiskontrollen in Frankreich, in: WuW 7-8/80, Jg. 30, S. 506-507

Green, Milford B.: Mergers and Acquisitions, London 1990

Gretschmann, Klaus: Markt und Staat bei Adam Smith. Eine neue Antwort auf eine alte Frage ?, in: Kaufmann, Franz-Xaver/Krüsselberg, Hans-Günter (Hrsg.): Markt, Staat und Solidarität bei Adam Smith, Frankfurt/Main 1984, S. 114-134

Gribbin, Denys: Fusionskontrolle in Großbritannien, in: WuW 2/88, Jg. 38, S. 100-111

Grimm, Andrea: Motive konglomerater Zusammenschlüsse, Göttingen 1987

Grochla, Erwin/ Wittmann, Waldemar: Konzentration, in: Handwörterbuch der Betriebswirtschaft, Band 1, Stuttgart 1975

Groger, Thomas/Janicki, Thomas: Weiterentwicklung des Europäischen Wettbewerbsrecht, in: WuW 12/92, Jg. 42, S. 991-1005

Grossekettler, Heinz: Wettbewerbstheorie in: Borchert, Manfred/Grossekettler, Heinz (Hrsg.): Preis- und Wettbewerbstheorie, Stuttgart 1985, S. 115-335

Grosser, Dieter u.a.: Soziale Marktwirtschaft. Geschichte - Konzeption – Deutung, Stuttgart 1988

Grote, Birgit: Zur Messung von Synergiepotential und Synergieeffekten, in: WiSt 5/91, Jg. 20, S. 261-263

Günther, Eberhard: Wege zur Europäischen Wettbewerbsordnung, Baden-Baden 1968

Gunzert, Rudolf: Was ist Konzentration, in: Wirtschaftssoziologische Studien, Frankfurt/Main 1960

Gurbaxani, Indira: Zwischen Freiheit und Fairneß, in: FAZ Nr. 185 vom 11.08.2001, S. 15

Haager, Klaus: Die konglomerate Konzentration als Problem der Wettbewerbspolitik, Dissertation, Marburg 1971

Hachenburg von, Alexander: Management Buyouts und Shareholder Value, in: io Management 3/97, Jg. 66, S. 48-51

Hadler, Wilhelm: Fusionskontrollgesetz vor dem Abschluß?, in: EG-Magazin 12/89, S. 22

Hadley, John: The waiting game is over, in: Acquisitions Monthly, June 1995, S. 42-46

Halpern, Paul: Corporate Acquisitions: A Theory of Special Cases? A Review of Event Studies Applied to Acquisitions, in: The Journal of Finance 2/83, Vol. 38, S. 297-317

Hammes, Michael: Wettbewerbspolitische Aspekte strategischer Allianzen, in: Wirtschaftsdienst 9/93, Jg. 73, S. 493-500

Hansen, Knud: Zur Aktualität des "Freiburger Imperativs", in: WuW 4/91, Jg. 41, S. 287-296

Hansen, Knud: Wettbewerbsschutz in Mittel-/Osteuropa, in: OR 1995, Jg. 41, S. 1002-1012

Happe, Claus-Michael: Die Fristen im EG-Fusionskontrollverfahren, in: EuZW 10/95, Jg. 6, S. 303-308

Hardes, Heinz Dieter/ Rahmeyer, Fritz/ Schmid, Alfons, u. a. (Hrsg.): Wirtschaftliche Macht, in: Volkswirtschaftliche Lehre, Eine problemorientierte Einführung, 17. aktualisierte Auflage, Tübingen 1990

Hardes, Heinz-Dieter: Wettbewerbspolitik in Deutschland und in der EU, in: WiSt 9/94, Jg. 23, S. 440-445

Härtel, Hans-Hagen: Wettbewerbs- und Industriepolitik, in: Jahrbuch der Europäischen Integration 1993/94, S. 163-170

Hartmann, Martina: Europäische Industriepolitik und Internationaler Wettbewerb, in: ifo-Schnelldienst 26-27/93, S. 3-14

Haubrock, Manfred: Konzentration und Wettbewerbspolitik, Frankfurt/Main 1994

Hauschka, Christoph E./Roth, Thomas: Übernahmeangebote und deren Abwehr im deutschen Recht, in: AG 7/88, Jg. 33, S. 181-196

Hauser, Heinz/Schanz, Kai-Uwe: Das neue GATT. Die Welthandelsordnung nach Abschluß der Uruguay-Runde, München 1995

Hauser, Heinz: Die WTO: Wohin geht der Weg?, in: Aussenwirtschaft 1/2001, Jg. 56, S. 7-9

Hax, Karl: Unternehmungswachstum und Unternehmungskonzentration in der Industrie, in: ZfbF, 1961, Jg.13, S. 1-26

Hay, Donald: United Kingdom, in: Graham, Edward M./Richardson, David J. (Hrsg.): Global Competition Policy, Washington DC 1997, S. 199-234

Hayek, Friedrich August von: Der Wettbewerb als Entdeckungsverfahren, wiederabgedruckt in: Freiburger Studien: Gesammelte Aufsätze, Tübingen 1969

Heidenhain, Martin: Unberechtigte Kritik an Fusionskontrollverordnung, in: EuZW 8/90, Jg. 1, Editorial

Hellmann, Reiner: Europäische Industriepolitik - Zwischen Marktwirtschaft und Dirigismus, Baden-Baden 1995

Henzler, Herbert A.: Ein Lernspiel ohne Grenzen, in: FAZ Nr. 51 vom 29.02.1992, S. 13

Herden, Raimund W./Reinhard, Henning: M&A-Volumen in Europa setzt neue Maßstäbe, in: M&A Review 12/99, S. 525-529

Herden, Raimund W./Dönges, Jutta: Globales M&A-Volumen 1998 erstmals über 2 Bio. US-$, in: M&A Review 2/99, o. Jg., S. 69-74

Herdzina, Klaus: Die zentralen Regelungen des Gesetzes gegen Wettbewerbsbeschränkungen, in: WiSU-Studienblatt 1/93, Jg. 22, o.S.

Herdzina, Klaus: Marktstruktur und Wettbewerb, in: Zeitschrift für Wirtschafts- und Sozialwissenschaften, 1973, Jg. 93, S. 267-284

Herdzina, Klaus: Wettbewerbspolitik, 2. überarbeitete Auflage, Stuttgart 1987

Herdzina, Klaus: Wettbewerbspolitik, 4. Auflage, Stuttgart 1993

Herdzina, Klaus: Wettbewerbstheorie und Wettbewerbspolitik, in: Wirtschaftsdienst 10/86, Jg. 66, S. 525-532

Herdzina, Klaus: Wettbewerbstheorie, Köln 1975

Hermann, Harald: Wettbewerbsgefahren der Konglomeratfusion, in: BB Nr. 18 vom 30.06.1989, Jg. 44, S. 1213-1217

Herrmann, Andreas/Bayón-Eder, Tomás: Zur Übertragbarkeit der Portefeuille-Theorie auf das Produkt-Portfolio-Problem, in: WiSt 2/94, Jg. 23, S. 59-64

Herrmann, Anneliese/Ochel, Wolfgang/Wegner, Manfred: Bundesrepublik und Binnenmarkt `92. Perspektiven für Wirtschaft und Wirtschaftspolitik, in: Schriftenreihe des Ifo-Instituts für Wirtschaftsforschung Nr. 126, München 1989

Hess, Walter: Wie man ein Unternehmen kauft oder verkauft, in: io Management Zeitschrift 2/89, Jg. 58, S. 34-38

Heuss, Ernst: Wettbewerb, in: HdWW, Band 8, Stuttgart 1980

Hillebrand, Werner/Wilhelm, Winfried: Das letzte Aufgebot, in: Manager Magazin 7/92, Jg. 22, S. 30-41

Hillebrand, Walter/Luber, Thomas: Im Dienst der Aktionäre, in: Capital 4/95, Jg. 34, S. 48-57

Hinterhuber, Hans H./Levin, Boris M.: Strategic networks - The Organization of the Future, in: Long Range Planning 3/94, Vol. 27, S. 43-53

Hirn, Wolfgang/Krogh, Henning: Entente cordiale, in: Manager Magazin 10/92, Jg. 22, S. 268-291

Hirn, Wolfgang: Strenge Praxis, in: WiWo Nr. 32 vom 03.08.1990, Jg. 44, S. 26-27

Höfner, Klaus/Pohl, Andreas: Wer sind die Werterzeuger, wer die Wertvernichter im Portfolio?, in: Harvard Business Manager 1/93, Jg. 15, S. 51-58

Hoffritz, Jutta/Salz, Jürgen: Allianz oder Mesalliance?, in: WiWo Nr. 50 vom 03.12.1998, S. 141

Hollmann, Hermann H.: Strategische Allianzen - Unternehmens- und wettbewerbspolitische Aspekte, in: WuW 4/92, Jg. 42, S. 293-304

Hölzler, Heinrich: Eine EG-Industriepolitik: Wohltat oder Sündenfall, in: HB Nr. 92 vom 30.04.1994, S. 8

Hoppmann, Erich: Fusionskontrolle, Tübingen 1972

Hoppmann, Erich: Workable Competition als wettbewerbspolitisches Konzept, in: Theoretische und institutionelle Grundlagen der Wettbewerbspolitik, Theodor Wessels zum 65. Geburtstag, Berlin 1967

Hoppmann, Erich: Zum Problem einer wirtschaftspolitisch praktikablen Definition des Wettbewerbs, in: Schneider, Hans K.: (Hrsg.): Grundlagen der Wettbewerbspolitik, Schriften des Vereins für Socialpolitik, Band 48, Berlin 1968

Hort, Peter: Der Brüssel Konflikt, in: HB Nr. 233 vom 08.10.1991, S. 15

Hort, Peter: Montis Nein macht den transatlantischen Graben tiefer, in: FAZ Nr. 147 vom 28.06.2001, S. 16

Hummel, Marlies: Industriepolitik kontrovers, in: ifo-Schnelldienst 17-18/93, S. 3-6

Hungenberg, Harald: Großunternehmen am Ende? Wenn der Himmel einstürzt, in: Gablers Magazin 9/93, Jg. 7, S. 36-41

Iber-Schade, Annerose: Wettbewerbsbehinderungen und Wettbewerbsverzerrungen durch "Staatsbetriebe", in: Andreae, Clemens-August/Benisch, Werner (Hrsg.). Wettbewerbsordnung und Wettbewerbsrealität, Festschrift für Arno Sölter, Köln 1982, S. 115-128

Ihig, Falk: Strategische Allianzen, in: WiSt 1/91, Jg. 20, S. 29-31

Immenga, Ulrich/Mestmäcker, Ernst-Joachim (Hrsg.): EG-Wettbewerbsrecht, Kommentar, Ergänzungsband, Stand der 1. Ergänzung Juli 1998, München 1998

Immenga, Ulrich: Wettbewerbspolitik contra Industriepolitik nach Maastricht, in: Gerken, L. (Hrsg.): Europa 2000 - Perspektive wohin?, Freiburg 1993

Immenga, Ulrich: Ein Kodex für den Handelsfrieden, in: FAZ Nr. 48 vom 26.02.1994, S. 11

Immenga, Ulrich: Eine europäische Initiative für eine interationale Wettbewerbsordnung, in: EuZW 5/1995, Jg. 6, S. 129

Jacobs, Siegfried: Strategische Erfolgsfaktoren der Diversifikation, Wiesbaden 1992

Jacquemin, Alexis et al: Merger and Competition Policy in the European Community, Cambridge, Massachusetts 1990

Janicki, Thomas: EG-Fusionskontrolle auf dem Weg zur praktischen Umsetzung, in: WuW 3/90, Jg. 40, S. 195-205

Janicki, Thomas: Perspektiven der Fusionskontrolle im gemeinsamen Binnenmarkt, in: WuW 3/89, Jg. 39, S. 193-202

Janicki, Thomas/Molitor, Bernhard: Wettbewerbssicherung durch Schaffung eines Europäischen Kartellamtes, in: Wirtschaftsdienst 1/1995, Jg. 75, S. 36-39

Janssen, Helmut: Die Reform des britischen Wettbewerbsrecht, in: WuW 3/98, Jg. 48, S. 233-244

Javetski, Bill: Merger Fever Is Gripping London, in: Business Week vom 25.12.1995, S. 58-59

Jenny, Frédéric: France: 1987-94, in: Graham, Edward M./Richardson, David J. (Hrsg.): Global Competition Policy, Washington DC 1997, S. 87-114

Jen, Uwe: Die Planifikateure nehmen in Brüssel Platz, in: FAZ Nr. 97 vom 27.04.1993, S. 16

Jensen, Michael C.: Agency Costs of Free Cash Flow, Corporate Finance and Takeovers, in: American Economic Review 5/86, Jg. 76, S. 323-329

Jensen, Michael C.: Takeovers: Their Causes and Consequences, in: Journal of Economic Perspectives 1/88, Vol. 2, S. 21-48

Jetter, Karl: Frankreich hat das Ziel der staatlichen Fusionspolitik verfehlt, in: FAZ Nr. 214 vom 14.09.1992, S. 14

Joas, August: Portfolio-Bereinigung: Die Basis für profitables Wachstum schaffen, in: Thexis 2/94, Jg. 11, S. 14-19

Jöhr, Walter A.: "Die Leistungen des Konkurrenzsystems und seine Bedeutung für die Wirtschaft", in: SchZVSt, 1950, Jg. 86, S. 404-412

Jöhr, Walter A.: Die Konzentration als Problem der Wirtschaftspolitik, in: Arndt, Helmut (Hrsg.): Die Konzentration in der Wirtschaft, 2. Auflage, Band 1, Berlin 1971, S. 459-512

Kahlenberg, Harald: Novelliertes deutsches Kartellrecht, in: BB Nr. 31 vom 06.08.1998, Jg. 53, S. 1593-1599

Kahn, Jeremy: Teh Fortune Global 5Hundred, in: Fortune Nr. 15 vom 03.08.1998, S. 74-81

Kaiser, Andreas: Praktische Erfahrungen mit der italienischen Zusammen-schlußkontrolle von 1990, in: WuW 12/93, Jg. 43, S. 1002-1012

Kamburoglou, Panagiotis: Das griechische Wettbewerbsrecht auf neuen Wegen: Die beiden Novellen aus dem Jahr 1991, in: RIW 8/93, Jg. 39, S. 631-639

Kamburoglou, Panagiotis: Ein Jahr europäische Fusionskontrolle - Ergebnisse einer FIW-Tagung, in: WuW 12/91, Jg. 41, S. 985-987

Kamburoglou, Panagiotis: EWG-Wettbewerbspolitik und Subsidiarität, in: WuW 4/93, Jg. 43, S. 273-283

Kantzenbach, Erhard/Kruse, Jörn: Kollektive Marktbeherrschung, Göttingen 1989

Kantzenbach, Erhard: Die Funktionsfähigkeit des Wettbewerbs, Göttingen 1966

Kantzenbach, Erhard: Unternehmenskonzentration und Wettbewerb, HWWA-Diskussionspapier Nr. 9, Hamburg 1993

Karl, Anna-Maria: Auf dem zu einer globalen Kartellrechtsordnung, in: RIW 8/1996, Jg. 42, S. 633-638

Kartte, Wolfgang/Holtschneider, Rainer: Konzeptionelle Ansätze und Anwendungsprinzipien im Gesetz gegen Wettbewerbsbeschränkungen - Zur Geschichte des GWB -, in: Cox, Helmut/Jens, Uwe/Markert, Kurt (Hrsg.): Handbuch des Wettbewerbs, München 1981, S. 193-224

Kartte, Wolfgang: Die stärkste Lokomotive. Wettbewerbskontrolle im Europäischen Binnenmarkt, in: Das Parlament Nr. 51 vom 14.12.1990, S. 7

Kartte, Wolfgang: Fusionskontrolle in der Marktwirtschaft, in: Raisch, Peter/ Sölter, Arno/Kartte, Wolfgang (Hrsg.): Fusionskontrolle. Für und Wider, Stuttgart 1970, S. 87-114

Kaufer, Erich: Konzentration und Fusionskontrolle, Tübingen 1977

Kaysen, Carl/Turner, Donald F.: Antitrust Policy. An Economic and Legal Analysis, Cambridge (Mass.) 1959

Keller, Dietmar: Eine gezielte Förderung von Schlüsselbranchen für Europa?, in: Wirtschaftsdienst 4/92, Jg. 72, S. 183-189

Kerber, Markus: Zur Reform des französischen Wettbewerbsrecht, in: WuW 5/86, Jg. 36, S. 373-378

Kerber, Wolfgang: Die Europäische Fusionskontrollpraxis und die Wettbewerbskonzeption der EG, Bayreuth 1994

Kerber, Wolfgang: Wettbewerbspolitik als nationale und internationale Aufgabe, in: Apolte, T./Caspers, R./Welfens, P. J. (Hrsg.): Standortwettbewerb, wirtschaftpolitische Rationalität und internationale Ordnungspolitik, Baden-Baden 1999, S. 241-269

Kinne, Konstanze: Kontinuität im Kartellrecht, in: Wirtschaftsdienst 8/97, Jg. 77, S. 432

Kirchhoff, Wolfgang: Europäische Fusionskontrolle, in: BB, Beilage 14 zu Heft 11 vom 20.04.1990, Jg. 45, S. 1-15

Kittsteiner, Heinz-Dieter: Ethik und Teleologie: Das Problem der "unsichtbaren Hand" bei Adam Smith, in: Kaufmann, Franz-Xaver/Krüsselberg, Hans-Günter (Hrsg.): Markt, Staat und Solidarität bei Adam Smith, Frankfurt/Main 1984, S. 41-73

Klaue, Siegfried: Die Entwicklung der Konzentration in der industriellen Produktion, in: Verbraucherpolitische Hefte 5/87, S. 29-39

Klaue, Siegfried: Die Europäischen Gesetze gegen Wettbewerbsbeschränkung sowie die entsprechenden Vorschriften der außereuropäischen Partnerländer. Ergänzbare Textsammlung mit Verweisungen, Berlin 1969, Stand April 1992

Kleemann, Dietrich: Das neue französische Wettbewerbsrecht, in: WuW 8/87, Jg. 37, S. 628-635

Kleine, Christian: Probleme bei Akquisitionen in Deutschland - Ergebnisse einer Umfrage bei schweizerischen Käufern, in: M&A Review 11/95, S. 475-481

Kleine, Dirk/Reese, Philipp: Gründe und Motive für die M&A-Welle in der Pharmaindustrie, in: M&A-Review 3/97, S. 105-112

Klodt, Henning/Stehn, Jürgen et al.: Wettbewerbspolitik, in: Siebert, Horst (Hrsg.): Die Strukturpolitik der EG, Kieler Studien, Tübingen 1992

Klodt, Henning: Megafusionen: Brauchen wir ein Welt-Kartellamt?, in: WiSt 4/2000, Jg. 29, S. 181

Knauss, Fritz/Vogel, Otto/Hermann, Ferdinand (Hrsg.): Unternehmenskonzentration in der westlichen Welt. Stand, Entwicklungstendenzen und Vergleiche, FIW-Schriftenreihe, Heft 40, Köln 1967

Knauss, Fritz: Konzentrationsbewegung in der Bundesrepublik, in: Knauss, Fritz/Vogel, Otto/Hermanns, Ferdinand (Hrsg.): Unternehmenskonzentration in der westlichen Welt. Stand, Entwicklungstendenzen und Vergleiche, FIW-Schriftenreihe, Heft 40, Köln 1967, S. 9-36

Knöpfle, Wolfgang: Kann der Inhalt des Wettbewerbs i. S. des GWB bestimmt werden?, in: DB Nr. 27/28 vom 12.07.1991, Jg. 44, S. 1433-1443

Köhler, Helmut: "Gemeinsame Kontrolle" von Unternehmen aufgrund von Minderheitsbeteiligungen im Europäischen Kartellrecht, in: EuZW 20/92, Jg. 3, S. 634-639

Kokalj, Ljoba: Industrie- und Wettbewerbspolitik - Konzeptionen und Ergebnisse im internationalen Vergleich, Dissertation, Bonn 1992

Kolvenbach, Walter: Großunternehmen und Wettbewerbsordnung, in: Kolvenbach, Walter/Minet, Gert-Walter/Sölter, Arno (Hrsg.): Großunternehmen und Wettbewerbsordnung, Köln 1981, S 1-34

Kommission der Europäischen Gemeinschaften (Hrsg.): Verordnung (EWG) Nr. 4064/89 des Rates vom 21.12.1989 über die Kontrolle von Unternehmenszusammenschlüssen, ABl. L 257 vom 21.12.1990

Kommission der Europäischen Gemeinschaften (Hrsg.): Bekanntmachung über Konzentrations- und Kooperationstatbestände nach der Verordnung (EWG) Nr. 4064/89 des Rates vom 21.12.1989 über die Kontrolle von Unternehmenszusammenschlüssen, ABl. C 203 vom 14.08.1990

Kommission der Europäischen Gemeinschaften (Hrsg.): Panorama 1993, Luxemburg 1993

Kommission der Europäischen Gemeinschaften (Hrsg.): Panorama 1994, Luxemburg 1994

Kommission der Europäischen Gemeinschaften (Hrsg.): Fusionskontrolle der Gemeinschaft: Grünbuch über die Revision der Fusionskontrollverordnung, KOM (96) 19 end. vom 31.01.1996

Kommission der Europäischen Gemeinschaften (Hrsg.): Erster Bericht über die Wettbewerbspolitik, Brüssel 1972

Kommission der Europäischen Gemeinschaften (Hrsg.): Achter Bericht über die Wettbewerbspolitik, Brüssel 1979

Kommission der Europäischen Gemeinschaften (Hrsg.): Neunter Bericht über die Wettbewerbspolitik, Brüssel 1980

Kommission der Europäischen Gemeinschaften (Hrsg.): Memorandum für eine Technologiegemeinschaft, Brüssel 1985

Kommission der Europäischen Gemeinschaften (Hrsg.): Die Industriestrategie der Europäischen Gemeinschaft, Europäische Dokumentation, Brüssel 1982

Kommission der Europäischen Gemeinschaften (Hrsg.): 13. Bericht über die Wettbewerbspolitik 1982, Brüssel 1983

Kommission der Europäischen Gemeinschaften (Hrsg.): 15. Bericht über die Wettbewerbspolitik 1985, Brüssel 1986

Kommission der Europäischen Gemeinschaften (Hrsg.): 19. Bericht über die Wettbewerbspolitik 1989, Brüssel 1990

Kommission der Europäischen Gemeinschaften (Hrsg.): 20. Bericht über die Wettbewerbspolitik 1990, Brüssel 1991

Kommission der Europäischen Gemeinschaften (Hrsg.): 21. Bericht über die Wettbewerbspolitik 1991, Brüssel 1992

Kommission der Europäischen Gemeinschaften (Hrsg.): 22. Bericht über die Wettbewerbspolitik 1992, Brüssel 1993

Kommission der Europäischen Gemeinschaften (Hrsg.): 23. Bericht über die Wettbewerbspolitik, Brüssel 1994

Kommission der Europäischen Gemeinschaften (Hrsg.): 25. Bericht über die Wettbewerbspolitik 1995, Brüssel 1996

Kommission der Europäischen Gemeinschaften (Hrsg.): 26. Bericht über die Wettbewerbspolitik 1996, Brüssel 1997

Kommission der Europäischen Gemeinschaften (Hrsg.): Die Industriepolitik der Gemeinschaft: Memorandum der Kommission an den Rat, Brüssel 1970

Kommission der Europäischen Gemeinschaften (Hrsg.): Die europäische Industriepolitik für die 90er Jahre, Bulletin der Europäischen Gemeinschaften, Beilage 3/91, S. 7-24

Kommission der EWG (Hrsg.): Memorandum der Kommission über das Aktionsprogramm der Gemeinschaft für die zweite Stufe, Brüssel 1986

Koopmann, Georg: Internationalisierung der Wettbewerbspolitik: Korrelat zur internationalen Handelspolitik?, in: Aussenwirtschaft 2/2001, Jg. 56, S. 159-199

Koopmann, Georg: Konzentration auf Kernkompetenzen, in: Wirtschaftsdienst 11/1999, Jg. 79, S. 646

Kort, Michael: Strukturelle Gemeinsamkeiten und Unterschiede im deutschen und spanischen Kartellrecht, in: WuW 12/93, Jg. 43, S. 1012-1025

Kowalewsky, Reinhard: Ohne Grenzen, in: WiWo Nr. 37 vom 09.09.1994, Jg. 48, S. 43

Krägenau, Henry: 40 Jahre Römische Verträge, in: Wirtschaftsdienst 4/97, Jg. 77, S. 186

Krägenau, Henry: 40 Jahre Römische Verträge, in: Wirtschaftsdienst 4/97, Jg. 77, S. 186

Krakowski, Michael: 30 Jahre GWB, in: Wirtschaftsdienst 8/87, Jg. 67, S. 376

Krakowski, Michael: Anforderungen an eine europäische Zusammenschlußkontrolle, in: Wirtschaftsdienst 7/89, Jg. 69, S. 106-112

Krakowski, Michael: Dekonzentrationsprozesse in der Bundesrepublik Deutschland, Köln 1985

Kreilkamp, Edgar: Strategisches Management und Marketing. Markt und Wettbewerbsanalyse. Strategische Frühaufklärung. Portfolio-Management, Berlin 1987

Krimphove, Dieter: Europäische Fusionskontrolle, Köln 1992

Krüger, Reinald: Auf dem Weg zur Europäischen Wettbewerbsbehörde?, in: Wirtschaftsdienst 8/1994, Jg. 74, S. 378-379

Krystek, Ulrich: Unternehmenskultur und Akquisition, in: ZfB 5/92, Jg. 62, S. 539-565

Küpper, Herbert: Ungarns neues Wettbewerbsrecht, in: OR 1997, Jg. 43, S. 45-54

Küting, Karlheinz: Management-Buyout, in: WiSt 3/97, Jg. 26, S. 134-136

Lambsdorff, Otto Graf: Die Jagd nach den Fördermitteln vergeudet Kraft und macht noch lange nicht wettbewerbsfähig, in: HB Nr. 250 vom 31.12.1991, S. 5

Lamoreaux, Naomi: The great merger movement in American business, 1985-1904, London 1985

Lampert, Heinz: "Die Wirtschafts- und Sozialordnung in der Bundesrepublik Deutschland", 6. überarbeitete Auflage, München 1978

Lei David: Offensive und Defensive Uses of Alliances, in: Long Range Planning 4/93, Vol. 26, S. 32-41

Leipelt, Sylvia/Metzenthin, Andreas: Wettbewerbspolitik vor neuen Herausforderungen - Zum 8. Hauptgutachten der Monopolkommission, in: WuW 1/91, Jg. 41, S. 7-14

Lenel, Otto: Die Problematik der Kartelle und Syndikate, in: Arndt, Helmut (Hrsg.): Die Konzentration in der Wirtschaft, 1. Band 2. Auflage, Berlin 1971, S. 201-232

Levin, Dan: Horizontal Mergers: The 50-Percent Benchmark, in: American Economic Review 5/90, Jg. 80, S. 1238-1245

Lewellen, Wilbur/Loderer, Claudio: Merger Decisions and Executive Stock Ownership in Acquiring Firms, in: Journal of Accounting and Economics 1985, Vol. 7, S. 209-231

Lewis, Thomas G./Stelter, Daniel: Mehrwert schaffen mit finanziellen Ressourcen, in: Harvard Business Manager 4/93, Jg. 15, S. 107-114

Lieberman, Marvin B.: Determinants of vertical Integration: An empirical Test, in: The Journal of Industrial Economics 5/91, Vol. 39, S. 451-466

Lill, Uwe: Der Pharmamarkt im Übernahmefieber, in: FAZ Nr. 192 vom 19.08.1994, S. 16

Lill, Uwe: An der Strategie scheiden sich die Geister, in: FAZ Nr. 153 vom 06.07.1999, Beilage, S. B8

Lindner, Roland: Die deutschen Pharmaunternehmen sind nur noch Nischenanbieter, in: FAZ Nr. 291 vom 14.12.2000, S. 32

Link, Harald: Eine intelligente Lösungsmöglichkeit für das Problem der Nachfolgeregelung, in: HB Nr. 82 vom 28.04.1994, S. B4

Lob, Harald: Der Französische Wettbewerbsrat, in: RIW 4/95, Jg. 41, S. 272-280

Lob, Harald: Die Entwicklung der französischen Wettbewerbspolitik bis zu Verordnung Nr. 86-1243 vom 01. Dezember 1986, Frankfurt/Main 1988

Lob, Harald: Wettbewerbspolitik in Frankreich nach altem und neuem Recht, in: RIW 7/90, Jg. 36, S. 530-537

Loo van de, Kai: Marktstruktur und Wettbewerbsbeschränkung, Frankfurt/Main 1993

Lorange, Peter/Roos, Johan/Simcic Bronn, Peggy: Building Successful Strategic Alliances, in: Long Range Planning 6/92, Vol. 25, S. 10-17

Lubatkin, Michael: Merger strategies and stockholder value, in: Strategic Management Journal 1987, Jg.8, S. 39-53

Maisel, Helmut: Diversifikation und konglomerate Interdependenz - Ein Beitrag zu den Wettbewerbswirkungen diagonaler Konzentration, Frankfurt/Main 1984

Mantzavinos, Chrysostomos: Positive und normative Wettbewerbstheorie: der Versuch einer Systematisierung, in: Ott, Alfred E. (Hrsg.): Probleme der unvollkommenen Konkurrenz, Tübingen 1994, S. 65-87

Mantzavinos, Chrysostomos: Wettbewerbstheorie. Eine kritische Auseinandersetzung, Berlin 1994

Marfels, Christian: Erfassung und Darstellung industrieller Konzentration, Statistische Grundlagen und Möglichkeiten, Baden-Baden 1977

Marfels, Wolfgang: Konglomerate Unternehmenszusammenschlüsse – Bedeutung, Ausmaß und Erfassung, Dissertation, Berlin 1977

Markert, Kurt: Die Mißbrauchsaufsicht über marktbeherrschende Unternehmen, in: Cox, Helmut/Jens, Ulrich/Markert, Kurt (Hrsg.): Handbuch des Wettbewerbs, München 1981, S. 297-329

Markham, Jesse W.: Survey of the Evidence and Findings on Mergers, in: Business Concentration and Price Policy, a Report of the National Bureau of Economic Research, Princeton 1955

Markowitz, Harry M.: Portfolio Selection, in: The Journal of Finance, 1952, Vol. 7, S. 77-91

Markowitz, Harry M.: Portfolio Selection. Efficient Diversification of Investments, New Haven, London 1976 (Original von 1959)

Marriott, Christiian: Boom time is back, in: Acquisitions Monthly, January 1996, S. 22

Martin, Andreas: Management buy out, in: WiSt 5/88, Jg. 17, S. 247-249

Marx, Karl: Das Kapital, Band 1, 33. Auflage, Berlin 1989

Mason, Edward S.: Price and Production policies of Large Scale Enterprise, in: American Economic Review (Supplement), 1939, Band 29, S. 61-70

Matsusaka, John G.: Takeover motives during the conglomerate merger wave, in: Rand Journal of Economics 3/93, Vol. 24, S. 357-379

Maurer, Andreas: Statistische Verfahren zur Ermittlung von oligopolistischen Strukturen, Frankfurt/Main 1990

May, Bernhard: Die deutsch-europäische Verhandlungsposition bei der WTO-Handelsrunde, in: Aus Politik und Zeitgeschichte vom 12.11.1999, B 46-47/99, S. 27-31

McAfee, R. Preston/Williams, Michael A.: Horizontal Mergers and Antitrust Policy, in: The Journal of Industrial Economics 2/92, Vol. XL, S. 181-187

Mehta, Cyrus/Dahl, Michael: Das neue Kartellrecht in Großbritannien, in: WuW 11/2000, Jg. 50, S. 1074 ...

Melodia, José d'Amely: Überlegungen zu einem italienischen Kartellgesetz, in: WuW 6/81, Jg. 31, S. 410-413

Mestmäcker, Ernst-Joachim: "Widersprüchlich, verwirrend und gefährlich", in: FAZ Nr. 236 vom 10.10.1992, S. 15

Mestmäcker, Ernst-Joachim: Auf dem Weg zu einer Ordnungspolitik für Europa, in: Mestmäcker, Ernst-Joachim/Möller, Hans/Schwartz, Hans-Peter (Hrsg.): Eine Ordnungspolitik für Europa, FS für Hans von der Groeben zu seinem 80. Geburtstag, Baden-Baden 1987, S. 9-49

Mestmäcker, Ernst-Joachim: Fusionskontrolle im Gemeinsamen Markt zwischen Wettbewerbspolitik und Industriepolitik, in: EuR, 4/88, Jg. 39, S. 349-377

Methfessel, Klaus: Jeanne d'Arc gegen Japan, in: Capital 7/91, Jg. 30, S. 142-147

Milde, Hellmuth: Leveraged Buyout, in: WiSt 1/90, Jg. 19, S. 7-12

Miller, Karen Lowry/Weber, Joseph: A $7 Billion Passport?, Why Hoechst needs Marion Merrell Dow, in: Business Week vom 20. März 1995, o. Jg., S. 60-62

Minet, Gert-Walter: Kritische Anmerkungen zum Konzept der Konzentrations-beurteilung in den Gutachten der Monopolkommission, in: Kolvenbach, Walter/Minet, Gert-Walter/Sölter, Arno (Hrsg.): Großunternehmen und Wettbewerbsordnung, FIW-Schriftenreihe, Heft 96, Köln 1981, S. 35-50

Molitor, Bruno: Fusionen als Prüfsteine der Wettbewerbspolitik, in: Orientie-rungen zur Wirtschafts- und Gesellschaftspolitik 41/89, S. 2-5

Molitor, Bruno: Wirtschaftspolitik, 3. überarbeitete Auflage, München 1992

Molsberger, Josef: Zwang zur Größe?, Zur These von der Zwangsläufigkeit der wirtschaftlichen Konzentration, Köln 1967

Monopolkommission (Hrsg.): Die Wettbewerbsordnung erweitern, 7. Haupt-gutachten 1986/87, Baden-Baden 1988

Monopolkommission (Hrsg.): Fortschritte bei der Konzentrationserfassung, 4. Hauptgutachten 1980/81, Baden-Baden 1982

Monopolkommission (Hrsg.): Fusionskontrolle bleibt vorrangig, 3. Hauptgut-achten 1978/79, Baden-Baden 1980

Monopolkommission (Hrsg.): Gesamtwirtschaftliche Chancen und Risiken wachsender Unternehmensgrößen, 6. Hauptgutachten 1984/85, Baden-Baden 1986

Monopolkommission (Hrsg.): Konzeption der Europäischen Fusionskontrolle, Sondergutachten 17, Baden-Baden 1989

Monopolkommission (Hrsg.): Marktöffnung umfassend verwirklichen, 12. Hauptgutachten 1969/97, Baden-Baden 1998

Monopolkommission (Hrsg.): Marktstruktur und Wettbewerb im Handel, Sondergutachten Nr. 23, Baden-Baden 1994

Monopolkommission (Hrsg.): Mehr Wettbewerb auf allen Märkten, 10. Haupt-gutachten 1992/93, Baden-Baden 1994

Monopolkommission (Hrsg.): Mehr Wettbewerb ist möglich, 1. Hauptgut-achten 1974/75, Baden-Baden 1976

Monopolkommission (Hrsg.): Ökonomische Kriterien für die Rechtsanwen-dung, 5. Hauptgutachten 1982/83, Baden-Baden 1984

Monopolkommission (Hrsg.): Wettbewerb in Zeiten des Umbruchs 1996, 11. Hauptgutachten 1994/95, Baden-Baden 1996

Monopolkommission (Hrsg.): Wettbewerbspolitik oder Industriepolitik, 9. Hauptgutachten 1990/91, Baden-Baden 1992

Monopolkommission (Hrsg.): Wettbewerbspolitik vor neuen Herausforde-rungen, 8. Hauptgutachten 1988/89, Baden-Baden 1990

Moon, Ronald W.: Business Mergers and Take-over Bids, 3rd Edition, London 1968

Möschel, Wernhard: EG-Industriepolitik nach Maastricht, in: Ordo 1992, Jg. 43, S. 415-421

Möschel, Wernhard: Keine Wettbewerbspolitik im Kopfstand, in: FAZ Nr. 23 vom 27.01.1996, S. 15

Möschel, Wernhard: Wettbewerbsproblematik strategischer Allianzen, in: Neue Zürcher Zeitung, Fernausgabe Nr. 124 vom 31.05./01.06.1992, S. 17

Möschel, Wernhard: Megafusionen drängen den Einfluß des Staates erfreulich zurück, in: HB Nr. 34 vom 18.02.1999, S. 7

Möschel, Wernhard: Megafusionen zwischen Synergieeffekten und Marktbeherrschung, in: ifo-Schnelldienst 18/2000, Jg. 53, S. 5-6

Muchow, Kai-Christian: Telekom-Deals prägen das M&A-Jahr 1999, in: M&A 1/2000, S. 2-7

Mozet, Peter: Das Abkommen zwischen der EG und den USA über die Zusammenarbeit der Kartellbehörden, in: EuZW 7/1992, Jg. 3, S. 201-203

Mrusek, Konrad: Im Nachhall von Seattle, in: FAZ Nr. 281 vom 02.12.2000, S. 13

Mueller, Dennis C.: The Effects of Conglomerate Mergers, in: Journal of Banking and Finance 1977, Vol. 1, S. 315-347

Müller, Jürgen/Hochreiter, Rolf: Stand und Entwicklungstendenzen der Konzentration in der Bundesrepublik Deutschland, Göttingen 1975

Müller-Armack, Alfred: "Soziale Marktwirtschaft", in: Wirtschaftsspiegel 1947, o. S.

Müller-Armack, Alfred: Soziale Marktwirtschaft, in: HdSW, Band 9, Tübingen 1956

Müller-Armack, Alfred: Wirtschaftslenkung Marktwirtschaft, 2. Auflage, Hamburg 1948

Müller-Armack, Alfred: Wirtschaftsordnung und Wirtschaftspolitik, Freiburg 1966

Müller-Stewens, Günter/Gocke, Andreas: Investoren auch durch zuviel Regelungen abgeschreckt, in: HB Nr. 84 vom 02.05.1995, S. 25

Müller-Stewens, Günter/Schubert, Volker: Der Markt für Unternehmenskontrolle durchlebt tiefgreifende Strukturveränderungen, 1992 - Das M&A-Jahr im Rückblick, in: M&A Review 1/93, S. 5-9

Müller-Stewens, Günter: Was folgt dem Rekordjahr?, in: M&A 1/2000, S. 1

Münster, Winfried: Binnenmarkt - auf französisch oder englisch?, in: EG-Magazin 12/91, S. 10-12

Mundorf, Hans: Jeder Staat darf vor der Haustür des anderen Staates kehren, in: HB Nr. 142 vom 28.07.1997, S. 2

Murray, Edwin A. Jr./Mahon, John F.: Strategic Alliances: Gateway to the New Europe?, in: Long Range Planning 4/93, Vol. 26, S. 102-111

Nawroth, Egon Edgar: Die Sozial- und Wirtschaftsphilosophie des Neoliberalismus, Heidelberg 1961

Neubauer, Manfred H.: Der volkswirtschaftliche Inhalt des Wettbewerbsbegriffs in § 1 GWB, Dissertation, Marburg 1968

Neumann, Carl Wolfgang: Historische Entwicklung und heutiger Stand der Wettbewerbstheorie, Königstein/Taunus 1982

Niehans, J.: Das ökonomische Problem des technischen Fortschritts, in: Schweizerische Zeitschrift für Volkswirtschaft und Statistik, Basel 1954, Jg. 90, S. 156, in Kantzenbach, Erhard: Die Funktionsfähigkeit des Wettbewerbs, Göttingen 1966

Niemeyer, Hans-Jörg: Die Europäische Fusionskontrollverordnung, Heidelberg 1991

Niemeyer, Hans-Jörg: Europäische Fusionskontrolle, in: BB Beilage 25 zu Heft 35-36/91, Jg.46, S. 1-12

Noll, Bernd: Wettbewerbs- und ordnungspolitische Probleme der Konzentration, Spardorf 1986

o. V.: "Fortune 500"-Unternehmen haben 1993 deutlich besser verdient, in: FAZ Nr. 79 vom 06.04.1994, S. 16

o. V.: "In Deutschland sind verstärkt Übernahmen zu erwarten", in: FAZ Nr. 99 vom 29.04.1997, S. 31

o. V.: British Industrial Policy in a Theoretical Context and International Comparisons, in: Journal of Economic Studies 5/94, Vol. 21, S. 26

o. V.: 360-Grad-Pirouette in der Wirtschaftspolitik, in: Unternehmer-Magazin 2/93, Jg. 41, S. 16-17

o. V.: Alles nach Plan, in: Manager Magazin 4/92, Jg. 22, S. 156-161

o. V.: Amerikas Unternehmenslandschaft wandelt sich, in: FAZ Nr. 109 vom 11.05.1995, S. 24

o. V.: An der Pariser Börse steigt das Übernahme- und Fusionsfieber, in: FAZ Nr. 224 vom 26.09.1997, S. 30

o. V.: Antitrust-Chefin geht, in: FAZ Nr. 180 vom 05.08.1996, S. 15

o. V.: Anwalt der Marktwirtschaft, in: Unternehmer Magazin 7/92, Jg. 40, S. 8

o. V.: BDI: Die europäische Fusionskontrolle ausweiten, in: FAZ Nr. 76 vom 29.03.1996, S. 15

o. V.: Befreiungsschlag, in: FAZ Nr. 148 vom 29.06.1995, S. 11

o. V.: Bei den Kontrollkriterien ist der Müll der Industriepolitik übernommen worden, in: HB Nr. 228 vom 27.11.1989, S. 5

o. V.: Bekanntmachung der Kommission über kooperative Gemeinschaftsunternehmen (Text), in: WuW 4/93, Jg. 43, S. 294-309

o. V.: Britisches Wettbewerbsgesetz 1980, in: WuW 7-8/81, Jg. 31, S. 503-536

o. V.: Der Brüsseler "Formelkompromiß" ist nach Meinung der deutschen Kartellbehörde keineswegs akzeptabel, in: HB Nr. 216 vom 08.11.1989, S. 6

o. V.: Der Markt der Übernahmen wächst wieder, in: FAZ Nr. 153 vom 05.07.1995, S. 9-10

o. V.: Deregulierung des Kartellrechts ist auch eine Standortfrage, in: HB Nr. 65 vom 01.05.1996, S. 9

o. V.: Deutsche Unternehmen sind fusionsfreudig, in: FAZ Nr. 158 vom 10.07.1996, S. 15

o. V.: Dezentralisierung der EG-Wettbewerbskontrolle, in: HB Nr. 96 vom 19.05.1993, S. 5

o. V.: Die größten Companies der Welt, in: WiSU 8-9/93, Jg. 22, S. 636-637

o. V.: Die Nachfrage nach Unternehmensübernahmen steigt wieder, in: FAZ Nr. 282 vom 5.12.1994, S. 20

o. V.: Die schwache Konjunktur bremst die Unternehmenskäufer, in: FAZ Nr. 11 vom 14.01.1993, S. 17

o. V.: Die Synergieeffekte blieben meist aus. Verband: Im Pharmabereich werden weitere Übernahmen folgen, in: FAZ Nr. 120 vom 27.05.1997, S. 20

o. V.: EG-Kommission drängt auf Fusionskontrolle, in: WuW 11/87, Jg. 37, S. 876

o. V.: Ein Wolf im Schafspelz, in: Unternehmer-Magazin 10/92, Jg. 40, S. 14-19

o. V.: Eine EG-Fusionskontrolle noch in diesem Jahr setzt die Erfüllung der deutschen Forderungen voraus, in: HB Nr. 224 vom 20.11.1989, S. 3

o. V.: Entschließung des Europäischen Parlaments zu Unternehmenszusammenschlüssen, in: WuW 3/88, Jg. 38, S. 223

o. V.: Erklärungen zum Ratsprotokoll vom 19.12.1989, in: WuW 3/90, Jg. 40, S. 240-245

o. V.: EU boom gathers pace, in: Acquisitions Monthly, February 1997, S. 40

o. V.: Europäische Fusionskontrolle; 1. Untersagung: VO Nr. 4064/89; "Aerospatiale-Alenia/de Havilland", in: AG 3/92, Jg. 37, S. 98-102

o. V.: Europäischer Kompromiß bei Fusionskontrolle in Sicht, in: Frankfurter Rundschau Nr. 274 vom 25.11.1989, o. S.

o. V.: France regains its popularity with UK buyers, in: Acquisitions Monthly, February 1997, S. 56

o. V.: Frankreichs Industriepolitik. Subventionen und Beteiligungen: Staatsunternehmen vor der Pleite?, in: WISU 5/91, Jg. 20, S. 357

o. V.: French companies most active EU acquiors as boom continues, in: Acquisitions Monthly, November 1995, S. 31

o. V.: Fusionen in Europa. Bei der EU-Kommission angemeldete Fälle, in: Die Welt Nr. 121 vom 26.05.1995, S. 1

o. V.: Fusionskontrolle im Zentrum des Streits um die Novelle, in: HB Nr. 57 vom 21./22.03.1997, S. 4

o. V.: Fusionswelle in Amerika geht weiter, in: FAZ Nr. 181 vom 07.08.95, S. 12

o. V.: Gemeinsames Formblatt für die Anmeldung von Zusammenschlüssen in Deutschland, in Frankreich und im Vereinigten Königreich, in: WuW 11/97, Jg. 47, S. 886-904

o. V.: Guide to the Global 500, in: Fortune Nr. 15 vom 27.07.1992, Band 126, S. 51-108

o. V.: Guide to the Global 500, in: Fortune Nr. 15 vom 26.07.1993, Band 127, S. 35-82

o. V.: Hopes of an M&A Revival, in: Acquisitions Monthly, May 1992, S. 4

o. V.: Immer mehr Fusionen, in: Die Welt Nr. 12 vom 15.01.1996, S. WV1

o. V.: Industriepolitik in der EG nimmt Gestalt an, in: Börsen-Zeitung Nr. 9 vom 15.01.1993, o. S.

o. V.: Italienisches Gesetz zum Schutz des Wettbewerbs und des Marktes, in: WuW 4/91, Jg. 41, S. 302-313 *o. V.*:   Kartellrechtsnovelle vor Vollendung, in: Die Welt Nr. 95 vom 23.04.1996, S. 13

o. V.:   Kartte: Der niedrigere EG-Standard jetzt auch für das deutsche Wettbewerbsrecht, in: HB Nr. 242 vom 15./16.12.1989, S. 5

o. V.:   Keine Re-Nationalisierung des EG-Wettbewerbsrechts, in: HB Nr. 8 vom 12.01.1994, S. 5

o. V.:   Kompromißvorschläge zur Fusionskontrolle, in: WuW 6/89, Jg. 39, S. 488-491

o. V.:   Konzentration, in: Handwörterbuch der Wirtschaftswissenschaften, Band 4 (Han-Kre), Stuttgart 1978

o. V.:   Konzentrationsmessung, in: WISU 8-9/88, Jg. 17, S. 448-449

o. V.:   Maastrichter Beschlüsse verankern Industriepolitik im EWG-Vertrag, in: WuW 3/92, Jg. 42, S. 192

o. V.:   Monopolkommission: Im Handel regiert der Markt, in: FAZ Nr. 42 vom 19.02.1994, S. 11

o. V.:   Neue Übernahme- und Fusionswelle in den USA, in: Neue Zürcher Zeitung, Fernausgabe Nr. 221 vom 24.09.1993, S. 14

o. V.:   Nicht alle Strategischen Allianzen beschränken den Wettbewerb, in: FAZ Nr. 123 vom 27.05.1992, S. 16

o. V.:   Nur ganz wenige Staaten mit nationaler Fusionskontrolle, in: FAZ Nr. 47 vom 24.02.1989, o. S.

o. V.:   Nur noch zwei, in FAZ Nr. 14 vom 18.01.1994, S. 13

o. V.:   Politik und Tarifpartner auf Abwegen, in: Unternehmer-Magazin 4/93, Jg. 41, S. 8-10

o. V.:   Rechtsprechungsübersicht, in: Juristische Schulung 1/73, Jg. 13, S. 508-509

o. V.:   Rekorde bei Übernahmen und Fusionen in Großbritannien, in: FAZ Nr. 6 vom 08.01.1996, S. 17

o. V.:   Spanisches Gesetz zum Schutze des Wettbewerbs, in: WuW 7-8/92, Jg. 42, S. 619-634

o. V.:   The Fortune 500, in: Fortune Nr. 8 vom 18.04.1994, Band 129, S. 126-188

o. V.:   Übernahmefieber, in: Der Volks- und Betriebswirt 1/96, S. 24-25

o. V.:   Übernahmefieber, in: FAZ Nr. 181 vom 07.08.95, S. 14

o. V.: Übernahmewelle beschert Bankiers lukrative Bonus-Zahlungen, in: FAZ Nr. 4 vom 06.01.1997, S. 11

o. V.: UK firms spending big in Germany, in: Acquisitions Monthly, February 1996, S. 56

o. V.: Uns fehlten die Nachfolger, in: FAZ Nr. 286 vom 09.12,1992, S. 27

o. V.: Unter den 500 größten Konzernen der Welt sind 40 deutsche, in: FAZ Nr. 172 vom 26.07.1996, S. 17

o. V.: Unternehmenskäufe. Ausländische Käufer deutscher Unternehmen, in: Die Welt Nr. 7 vom 09.01.1996, S. 11

o. V.: Viele Tochterunternehmen werden verkauft, in: FAZ Nr. 279 vom 01.12.1993, S. 28

o. V.: Vorerst keine europäische Fusionskontrolle, in: WuW 2/89, Jg. 39, S. 101

o. V.: Vorstandsgehälter sind oft unabhängig vom Unternehmenserfolg, in: FAZ Nr. 195 vom 23.8.1994, S. 14

o. V.: VW-Konzern: Durch die Devisen-Manipulation verlor VW an jedem US-Dollar 1,17 DM, in: HB Nr. 84 vom 04.05.1987, S. 15

o. V.: Weniger Politik im Wettbewerbsrecht. Die Briten streben eine Reform an, in: FAZ Nr. 60 vom 12.03.1999, S. 15

o. V.: Wieder deutlich mehr Unternehmensübernahmen in Großbritannien, in: FAZ Nr. 186 vom 18.08.1995, S. 14

o. V.: Wieder mehr Unternehmenszusammenschlüsse, in: FAZ Nr. 177 vom 02.08.1994, S. 16

o. V.: Wolf will weiter für ein europäisches Kartellamt werben, in: FAZ Nr. 134 vom 13.06.1997, S. 16

o. V.: Zu früh, zu unreif, in: FAZ Nr. 219 vom 19.09.1996, S. 17

o. V.: Zum Artikel 130 EG-Vertrag, in: EU-Magazin 7-8/95, S. 11-13

o. V.: Rekordübernahmen durch britische Unternehmen in Europa, in: FAZ Nr. 12, vom 15.01.1998, S. 12

o. V.: "Der Markt für Übernahmen wächst", in: FAZ Nr. 264 vom 12.11.1999, S. 25

o. V.: Traurige Hochzeit, in: Manager Magazin 2/92, Jg. 22, S. 8-12

o. V.: Nur noch sechs große Gruppen in der Automobilindustrie, in: FAZ Nr. 152 vom 04.07.2000, S. U5

o. V.: Spin-offs hit record, in: Acquisitions Monthly, June 1999, o. Jg., S. 6

o. V.: Novartis - Kunstwort für einen Neuanfang, in: FAZ Nr. 59 vom 09.03.1996, S. 16

o. V.: Die Geschichte von Hoechst ist ständiger Wandel, in: FAZ Nr. 280 vom 02.12.1998, S. 22

o. V.: Größe allein reicht nicht, in: FAZ Nr. 14 vom 18.01.2000, S. 15

o. V.: Die Fusionen in der Pharmaindustrie zielen wieder auf das Kerngeschäft, in: FAZ Nr. 27 vom 02.02.1998, S. 17

o. V.: Neue Pharma-Großmacht, in: FAZ Nr. 27 vom 02.20.1998, S. 11

o. V.: Aventis wird zum reinen Pharmaunternehmen, in: FAZ Nr. 267 vom 16.11.2000, S. 21

o. V.: Aventis treibt die Markteroberung in Amerika voran, in: FAZ Nr. 53 vom 03.03.2001, S. 18

o. V.: Hoechst wird einer der vier größten Arzneimittelhersteller, in: FAZ Nr. 52 vom 02.03.1995, S. 18

o. V.: Deutsche Telekom und Telecom Italia fusionieren, in: FAZ Nr. 91 vom 20.04.1999, S. 17

o. V.: Italiens Politiker haben immer noch Einfluß auf Telekom Italia, in: FAZ Nr. 91 vom 20.04.1999, S. 23

o. V.: Verzögerungen bei der Entstehung des deutsch-italienischen Telefongiganten, in: FAZ Nr. 92 vom 21.04.1999, S. 21

o. V.: Deutsche Telekom sieht sich nicht unter Zeitdruck, in: FAZ Nr. 120 vom 27.06.1999, S. 30

o. V.: Der Kampf um Großkunden schweißt die Telekom-Konzerne zusammen, in: FAZ Nr. 286 vom 09.12. 1997, S. 27

o. V.: Ein Drittel der größten Unternehmen der Welt kommt aus Europa, in: FAZ Nr. 168 vom 23.07.1999, S. 19

o. V.: Anwalt der Marktwirtschaft, in: Unternehmer Magazin 7/92, Jg. 40, S. 8

o. V.: Amato wird Präsident des Kartellamtes, in: FAZ Nr. 265 vom 14.11.1994, S. 23

o. V.: Nicht mit Mega-Behörden gegen Mega-Fusionen, in: FAZ Nr. 107 vom 10.05.1999, S. 10

o. V.: EU-Kommission untersagt Fusion zwischen GE und Honeywell, in: FAZ Nr. 152 vom 04.07.2001, S. 17

o. V.: Brüssel verbietet größte Fusion der Industriegeschichte, in: FAZ Nr. 152 vom 04.07.2001, S. 1

o. V.: GE und Honeywell legen Berufung gegen EU-Entscheid ein, in: FAZ Nr. 214 vom 14.09.2001, S. 29

o. V.: Das lange Tauziehen um die Fusion Boeing/McDonnell Douglas, in: FAZ Nr. 174 vom 30.07.1997, S. 12

o. V.: Übernahme von McDonnell Douglas durch Boeing schlägt hohe Wellen, in: FAZ Nr. 294 vom 17.12.1996, S. 19

o. V.: Neufassung der OECD-Ratsempfehlung von 1979, in: WuW 3/1987, Jg. 37, S. 214-218

o. V.: WTO-Krise: Was komm nach Seattle?, in: WISU 2/2000, Jg. 29, S. 142-143

o. V.: Internationale Fusionskontrolle gefordert, in: FAZ Nr. 292 vom 16.12.1998, S. 15

o. V.: Neuer Ruf nach internationalen Wettbewerbsregeln, in: FAZ Nr. 147 vom 29.06.1999, S. 17

o. V.: Wettbewerbskontrolle: Die EU legt umfassenden Ziele-Katalog vor, in: FAZ Nr. 156 vom 09.07.1999, S. 14

Oberender, Peter/Okruch, Stefan: Gegenwärtige Probleme und zukünftige Perspektiven der europäischen Wettbewerbspolitik, in: WuW 6/94, Jg. 44, S. 507-520

Ochel, Willy: Konzentration im Widerstreit der Meinungen, in: Abs, Hermann J./Frey, Emil/Gunzert, Rudolf u.a. (Hrsg.): Vom Sinn der Konzentration, FS für Volkmar Muthesius zum 65. Geburtstag, Frankfurt/Main 1965, S. 75-95

OECD (Hrsg.): Competition Policy in OECD Countries 1989/90, Paris 1992

OECD (Hrsg.): Revised Recommendation of the Council, Concerning Co-Operation between Member Countries on Anticompetitive Practices Affecting International Trade, Paris 1995

Olten, Rainer: Wettbewerbstheorie und Wettbewerbspolitik, München 1995

Oppermann, Thomas/Beise, Marc: Die neue Welthandelsorganisation - ein stabiles Regelwerk für weltweiten Freihandel?, in: Europa-Archiv 7/1994, Jg. 49, S. 195-202

Opitz, Marcus: Staatsbetriebe zur Unterstützung einer aktiven Strukturpolitik? - Das Beispiel Frankreich, in: Wirtschaftsdienst 4/92, Jg. 22, S. 190-195

Otto, Hans-Jochen: Übernahmeversuche bei Aktiengesellschaften und Strategien der Abwehr, in: DB Beilage 12/88, Jg. 41, S. 1-12

Panzar, John C./Willig, Robert D.: Economies of Scope, in: American Economic Review 2/81, Jg. 71, S. 268-272

Paschke, Jörg-Volker: Wettbewerb und Wirtschaftspolitik, Frankfurt/Main 1977

Pausenberger, Ehrenfried: Zur Systematik von Unternehmenszusammenschlüssen, in: WiSU 11/89, Jg. 18, S. 621-626

Penrose, Edith T.: The Theory of the Growth of the Firm, Oxford 1980

Peterson, Thane/Siverman, Gary: Is Deutsche Bank "out of its depth", in: Business Week vom 07. December 1998, S. 46-48

Petsche, Alexander/Barnert, Michael: Aspekte des neuen ungarischen Wettbewerbsrechts und EU Recht, in: ROW 1/97, Jg. 41, S. 11-...

Pfeffer, Joachim: Berücksichtigung des internationalen Wettbewerbs bei der räumlichen Abgrenzung des relevanten Marktes, in: WuW 11/86, Jg. 36, S. 853-961

Pichler, Eva: Adam Smith' Beitrag zur Staatsbegründung und zur Finanzwissenschaft, in: Kurz, Heinz D. (Hrsg.): Adam Smith (1723-1790). Ein Werk und seine Wirkungsgeschichte, Marburg 1990, S. 261-286

Picot, Arnold: Strukturwandel und Wettbewerbsdruck, in: Zfbf 2/90, Jg. 42, S. 119-134

Piesch, Walter: Statistische Konzentrationsmaße, Tübingen 1975

Pilz, Frank: Das System der Sozialen Marktwirtschaft, München 1974

Piontke, Manfred: "Momentan wirken deutsche Bankaktien noch uninteressant", in: FAZ Nr. 130 vom 09.06.1999, S. 32

Poeche, Jürgen: Das Konzept der "Workable Competition" in der angelsächsischen Literatur, Köln 1970

Pöhlmann, Dieter: Nachfolger einkaufen", in: FAZ Verlagsbeilage "Unternehmensbeteiligungen" Nr. 145 vom 26.06.1990, S. B20

Pohmer, Dieter: Einige Aspekte der Unternehmungskonzentration in der Bundesrepublik Deutschland, in: Hamm, Walter/Schmidt, Reimer (Hrsg.): Wettbewerb und Fortschritt, Festschrift zum 65. Geburtstag von Burkhardt Röper, Baden-Baden 1980, S. 57-64

Polo de Lara, Enrique: Better times ahead, in: Acquisitions Monthly, Supplement, April 1995, S. 31-32

Porter, Michael E.: Diversifikation - Konzerne ohne Konzept, in: Harvard Manager 4/87, Jg. 9, S. 30-49

Porter, Michael E.: From Competitive Advantage to Corporate Strategy, in: Harvard Business Review 3/87, Vol. 65, S. 45-66

Porter, Ray J.: Strukturelle Unterschiede zwischen Großbritannien und Deutschland, in: M&A Review 5/93, S. 211-227

Potsdamer Abkommen vom 02.08.1945, Abschnitt B12, in: Dokumente des geteilten Deutschland, 1968, zitiert in: Robert, Rüdiger: Konzentrationspolitik in der Bundesrepublik. Das Beispiel der Entstehung des Gesetzes gegen Wettbewerbsbeschränkung, Berlin 1976

Presse und Informationsamt der Bundesregierung (Hrsg.): Bericht der Bundesregierung zur Zukunftssicherung des Standortes Deutschland vom 03.09.1993

Prior, Egbert: Veba pflegt die Aktionäre, in: Capital 5/95, Jg. 34, S. 18

Raisch, Peter/Sölter, Arno/Kartte, Wolfgang (Hrsg.): Fusionskontrolle. Für und Wider, Stuttgart 1970

Recktenwald, Horst Claus (Hrsg.): Der Wohlstand der Nationen. Eine Untersuchung seiner Natur und seiner Ursachen, München 1978

Reinhard, Peter: Süß ist die Macht, in: WiWo Nr. 47 vom 17.11.1989, Jg. 43, S. 70-71

Reuter, Edzard: Ein neues Netz für den Frieden,. Plädoyer für mehr Partnerschaft, in: Die Zeit Nr. 12 vom 16.03.1990, S. 40

Rhumbler, Felix: Synergiemanagement, Konsequenzen aus einer Studie: Viel wollen, wenig können, in: Gablers Magazin 3/90, Jg. 4, S. 27-29

Rice, Robert: Marriages made in Brussels, in: Financial Times vom 19.10.1993, o. S.

Richardson Reid, Samuel: Mergers, Managers, and the Economy, New York 1968

Riemann, Achim: Der stete Wandel bleibt, in: FAZ Nr. 249 vom 26.10.1999, Verlagsbeilage, S. B1

Riley, Alan: Why transatlantic merger regulation is good for business, in: Acquisitions Monthly, March 1999, S. 59-61

Rill, James F.: Internationale Antitrust-Politik aus der Sicht des amerikanischen Justizministeriums, in: WuW 6/1992, Jg. 42, S. 505-514

Rittner, Franz: Konvergenz oder Divergenz der europäischen Wettbewerbsrechte?, in: Integration oder Desintegration der europäischen Wettbewerbsordnung?, Referate des XVI. Symposiums, FIW-Schriftenreihe, Heft 105, Köln 1983, S. 31-84

Rittner, Fritz: Vertragsfreiheit und Wettbewerbspolitik, in: Andreae, Clemens-August/Benisch, Werner (Hrsg.): Wettbewerbsordnung und Wettbewerbsrealität, FS für Arno Sölter, Köln 1982, S. 27-39

Robert, Rüdiger: Konzentrationspolitik in der Bundesrepublik. Das Beispiel der Entstehung des Gesetzes gegen Wettbewerbsbeschränkungen, Berlin 1976

Rodenstock, Rolf: Konzentration und Wettbewerb, in: Gutzler, Helmut/Herion, Wolfgang/Kaiser, Joseph H. (Hrsg.): Wettbewerb im Wandel, Eberhard Günther zum 65. Geburtstag, Baden-Baden 1976, S. 117-131

Röhling, Andreas: Offene Fragen der europäischen Fusionskontrolle, in: ZRP 18/90, Jg. 11, S. 1179-1186

Rohloff, Adalbert: Welche Konzentrationspolitik ist notwendig oder zweckmäßig, in: Konjunkturpolitik 1968, Jg. 14, S. 41-61

Roll, Richard: The Hubris Hypothesis of Corporate Takeovers, in: Journal of Business 2/86, Vol. 59, S. 197-216

Röper, Burkhardt: Grenzen der Selbstbestimmung und -verantwortung des Bürgers in einer freiheitlichen Wirtschaftsordnung, in: Andreae, Clemens-August/Benisch, Werner (Hrsg.): Wettbewerbsordnung und Wettbewerbsrealität, FS für Arno Sölter, Köln 1982, S. 42-63

Röpke, Jochen: Die Strategie der Innovation. Eine systemtheoretische Untersuchung der Interaktion von Individuum, Organisation und Markt im Neuerungsprozeß, in: Boettcher E. (Hrsg.).: Die Einheit der Gesellschaftswissenschaften, Band 19, Tübingen 1977

Röpke, Wilhelm: Jenseits von Angebot und Nachfrage, Tübingen 1958

Rothhardt, Ulrike: Statistische Konzentrationsmessungen in ausgewählten Mitgliedstaaten der Europäischen Gemeinschaften, Darstellung, Kritik und Verbesserungsvorschläge, Dissertation, Heidelberg 1983

Rubeli, Martin: Takeovers: Geld und Geist bestimmen den Erfolg, in: io Management Zeitschrift 4/90, Jg. 59, S. 46-48

Ruppelt, Hans-Jürgen: Der Verordnungsentwurf für eine Europäische Fusionskontrolle im EG-Ministerrat, in: WuW 3/89, Jg. 39, S. 187-193

Ruppelt, Hansjürgen: Wettbewerbspolitik und wirtschaftliche Konzentration, Tübingen 1978

Rürup, Bert: Die Marktwirtschaft des Sozialen nicht berauben, in: FAZ Nr. 149 vom 29.06.1996, S. 15

Sander, Gerald G.: Die WTO als Rahmen einer künftigen Weltwettbewerbsordnung, unveröffentlichter Aufsatz, Tübingen 1998, o. S.

Schäfer, Michael: Der deutsche Markt für Unternehmenskontrolle in 1995 wieder im Aufschwung, in: M&A Review 1/96, S. 5-8

Schäfer, Michael: Deutscher Markt für Unternehmenskontrolle stabilisiert sich auf hohem Niveau, in: M&A Review 1/97, S. 5-9

Scheiter, Sieghard/Rockenhäuser, Jörg: Deutsche Manager entdecken allmählich den strategischen Wert von Desinvestitionen, in: FAZ Nr. 43 vom 2.102.2000, S. 35

Scherer, F. M.: Industrial Market Stucture and Economic Performance, 2. Auflage, Chicago 1980

Scherf, Dieter: Konzentrative und kooperative Gemeinschaftsunternehmen im europäischen Kartellrecht, in: AG 8/92, Jg. 37, S. 245-258

Scherf, Dieter: Kooperative Gemeinschaftsunternehmen im europäischen Wettbewerbsrecht, in: RIW 4/93, Jg. 39, S. 297-304

Schlecht, Otto: Die Bedeutung des Wettbewerbs für die Europäische Integration, in: Andreae, Clemens-August/Kirchhoff, Joachim/Pfeiffer, Gerd (Hrsg.): Wettbewerb als Herausforderung und Chance, Festschrift für Werner Benisch, Köln 1989, S. 49-58

Schlecht, Otto: Europäische Industriepolitik: Ordnungspolitik statt Dirigismus, in: Orientierungen zur Wirtschafts- und Gesellschaftspolitik 1/92, Band 51, S. 14-18

Schlecht, Otto: Grundlagen und Perspektiven der Sozialen Marktwirtschaft, Tübingen 1990

Schlecht, Otto: Im Osten Deutschlands ein Mezzogiorno-Syndrom, in: FAZ Nr. 10 vom 13.01.1993, S. 15

Schlecht, Otto: Schäden der Zwangswirtschaft lassen sich durch Interventionismus nicht reparieren, in: HB Nr. 206 vom 25./26.10.1991, S. 51

Schlecht, Otto: Wettbewerb als ständige Aufgabe, Vorträge und Aufsätze Nr. 53, Tübingen 1975

Schlytter-Henrichsen, Thomas: Interessante Möglichkeiten für Großkonzerne, in: HB Nr. 82 vom 28.04.1994, S. B9

Schmidbauer, Herbert: Allokation, technischer Forschritt und Wettbewerbspolitik, Tübingen 1974

Schmidhuber, Peter M.: Fortentwicklung des Gemeinschafts-Wettbewerbs-rechts zur Vollendung des Binnenmarktes, in: WuW 7u.8/89, Jg. 39, S. 546 (von bis)

Schmidt, André: Die europäische Wettbewerbspolitik nach dem Vertrag von Amsterdam, in: WuW 2/99, Jg. 49, S. 133-140

Schmidt, André: Ordnungspolitische Perspektiven der europäischen Integration im Spannungsfeld von Wettbewerbs- und Industriepolitik, Frankfurt/ Main 1998

Schmidt, Georg: Anreiz und Steuerung in Unternehmenskonglomeraten, Wies-baden 1990

Schmidt, Ingo/Binder, Steffen: Wettbewerbspolitik im internationalen Ver-gleich, Heidelberg 1996

Schmidt, Ingo/Röhrich, Martina: Zielkonflikte zwischen dem Erhalt kompe-titiver Marktstrukturen und der Realisierung von Effizienzsteigerungen durch externes Unternehmenswachstum, in: WiSt 4/92, Jg. 21, S. 179-184

Schmidt, Ingo: Europäische Industriepolitik - ein Widerspruch zur Wettbe-werbsordnung?, in: WuW 12/95, Jg. 45, S. 971-985

Schmidt, Ingo: The Suitability of Chicago's Approach to Antitrust for EEC and German Competition Policy, in: Jahrbuch für Nationalökonomie und Statistik, 1988, Band 205, S. 30-42

Schmidt, Ingo: Wettbewerbspolitik und Kartellrecht, Stuttgart 1987

Schmidt, Ingo: Wettbewerbspolitik und Kartellrecht, 3. neubearbeitete Auflage, Stuttgart 1990

Schmidtchen, Dieter: Fehlurteile über das Konzept der Wettbewerbsfreiheit, in: Ordo, 1988, Band 39, S. 111-135

Schmidtchen, Dieter: Wettbewerbspolitik als Aufgabe, Baden-Baden 1978

Schneider, E.: Real Economies of Integration and Large-Scale production Versus Advantages of Domination, in: Chamberlin E. H. (Hrsg.): Monopoly and Competition and Their Regulation, Papers and Proceedings of a Conference held by the International Economic Asso-ciation, London 1954

Schneider, Jörg: Synergiemanagement: Flops können vermieden werden, in: Gablers Magazin 3/90, Jg. 4, S. 18-22

Scholz, Christian: Lean Management, in: WiSt 4/94, Jg. 23, S. 180-186

Schrödermeier, Martin: Auf dem Weg zur europäischen Fusionskontrolle. Anmerkungen zum Tabakurteil des EuGH, in: WuW 3/88, Jg. 38, S. 185-194

Schubert, Werner/Küting, Karlheinz: Unternehmungszusammenschlüsse, München 1981

Schulte, Josef: Änderungen der Fusionskontrolle durch die 6. GWB-Novelle, in: AG 7/98, Jg. 43, S. 297-308

Schultz, Ulrich W.: Die Wettbewerbs- und Kartellgesetze der osteuropäischen Staaten, Berlin 1994

Schultze, Ulrich W.: Das spanische Kartellrecht, in: WuW 12/91, Jg. 41, S. 993-997

Schulz, Bettina: Elektrizität im Wettbewerb. Britische Erfahrungen, in: FAZ Nr. 109 vom 10.05.1996, S. 17

Schumacher, Harald: Konglomerate Konzentration und funktionsfähiger Wettbewerb, in: Hamburger Jahrbuch für Wirtschafts- und Gesellschaftspolitik 1973, Jg. 18, S. 135-151

Schuster, Helmut: Wettbewerbspolitik, München 1973

Schütz, Jörg: Der räumlich relevante Markt in der Fusionskontrolle, in: WuW 4/96, Jg. 46, S. 286-293

Schwalbach, Joachim: Vorstandsbezüge werden falsch berechnet, in: Harvard Manager 3/91, Jg. 13, S. 39-42

Schwarz, Gerhard: Marktwirtschaft ohne wenn und aber, in: Doering, Detmar/ Fliszar, Fritz (Hrsg.): Freiheit: Die unbequeme Idee, Argumente zur Trennung von Staat und Gesellschaft, Stuttgart 1995

Schwarz, Jürgen (Hrsg.): "Der Aufbau Europas", Bonn 1980

Schweer, Dieter: Nummer kleiner, in: WiWo Nr. 21 vom 18.05.1995, Jg. 49, S. 50-60

Schwenn, Kerstin: Zischen Markt und Politik, in: FAZ Nr. 52 vom 02.03.1995, S. 15

Schwintowski, Hans-Peter: Konzept, Funktion und Entwicklung des deutschen und europäischen Wettbewerbsrechts, in: Zeitschrift für vergleichende Rechtswissenschaft 1993, Jg. 92, S. 40-75

Sedemund, Jochim: Zwei Jahre europäische Fusionskontrolle: Ausgewählte Zentralfragen und Ausblick, in: Everling, Ulrich/Narjes, Karl-Heinz/ Sedemund, Jochim (Hrsg.): Europarecht, Kartellrecht, Wirtschaftsrecht, FS für Arved Deringer, Baden-Baden 1993, S. 379-397

Seidenfus, Helmuth St.: Wettbewerbsverzerrungen durch gesetzliche Bestimmungen und administrative Maßnahmen, in: Andreae, Clemens-Ausgust/Benisch, Werner (Hrsg.). Wettbewerbsordnung und Wettbewerbsrealität, FS für Arno Sölter, Köln 1982, S. 109-114

Seliger, Bernhard: Ein unabhängiges Kartellamt für Europa - ordnungs- und wettbewerbspolitische Aspekte, in: WuW 11/1997, Jg. 47, S. 874-881

Sell, Axel: Internationale Unternehmenskooperationen, München 1994

Sell, Axel: Internationale Unternehmenskooperationen, Berichte aus dem weltwirtschaftlichen Colloquium der Universität Bremen, Nr. 22, Bremen 1991

Senti, Richard: Entstehung und Bedeutung der WTO, in: Die Volkswirtschaft 11/1999, Jg. 72, S. 26-29

Siebert, Horst: Die Weisheit einer höheren Instanz, in: FAZ Nr. 63 vom 14.03.1992, S. 15

Siebert-Jakob, Thinam: Informationsaustausch zwischen der Kommission und den Wettbewerbsbehörden von Drittländern, FIW-Schriftenreihe Heft 167, Köln 1996, S. 57-68

Siegele, Ludwig: Jahrmarkt der Eitelkeiten. Die Großfusionen in den Vereinigten Staaten bringen wenig und kosten viele Arbeitsplätze, in: Die Zeit Nr. 49 vom 01.12.1995, S. 43

Siragusa, Mario/Scasselati-Sforzolini, Giuseppe: Developments in National Competition Laws in Europe (April 1 - June 30, 1997), in: WuW 9/97, Jg. 47, S. 709-714

Smith, Adam: The Inquiry into the Nature and the Causes of the Wealth of Nations, London 1776

Sohn, Karl-Heinz: Phänomenologie der wirtschaftlichen Konzentration, in: Barnickel, Hans-Heinrich (Hrsg.): Probleme der wirtschaftlichen Konzentration, Darmstadt 1975, S. 103-141

Sölter, Arno: Unternehmensgröße und Wettbewerbspolitik, in: Kolvenbach, Walter/Minet, Gert-Walter/Sölter, Arno (Hrsg.): Großunternehmen und Wettbewerbsordnung, Köln 1981, S. 51-123

Sosnick, Stehpen: A Critique of Concepts of Workable Competition, in: Quarterly Journal of Economics, Band 72, 1958, S. 380-423

Starbatty, Joachim: Artikel 130: Wendemarke der Ordnungspolitik, in: FAZ Nr. 12 vom 15.01.1994, S. 13

Starbatty, Joachim: Ordoliberalismus, in: WiSt 11/83, Jg. 12, S. 567-573

Statistisches Bundesamt (Hrsg.): Finanzen und Steuern, Fachserie 14, Reihe 8, 1990, S. 23

Stein, Ingo: Motive für internationale Unternehmensakquisitionen, Wiesbaden 1992

Stewart, Thomas A.: The Fortune 500, in: Fortune Nr. 9 vom 15.05.1995, Band 131, S. 87-200

Stolper, G.: "Deutsche Wirtschaft 1870-1940: Kaiserreich - Republik - Drittes Reich", Stuttgart 1950

Streit, Manfred E.: Krücken für die Champions, in: FAZ Nr. 141 vom 20.06.1992, S. 13

Streit, Manfred E.: Krücken für die Champions, in: FAZ Nr. 141 vom 20.07.1992, S. 13

Student, Dietmar: "Monopoly mit Milliarden", in: WiWo Nr. 50 vom 09.12.1988, Jg. 42, S. 40-56

Student, Dietmar: Der Coup und die Folgen, in: WiWo Nr. 43 vom 18.10.1991, Jg. 45, S. 170-174

Sturm, Roland: Die Industriepolitik der Bundesländer und die europäische Integration, Baden-Baden 1991

Teece, David C.: Economies of scope and the scope of the enterprise, in: Journal of Economic Behavior and Organization 3/80, Jg. 1, S. 223-247

Teichmann, Ulrich: Wirtschaftspolitik, 4. aktualisierte und erweitere Auflage, München 1993

Templeman, John: The Shocks for Daimler's new driver, in: Business Week vom 21.08.1995, S. 16-17

Tenbrock, Christian: Geschluckt und genehmigt. In den Vereinigten Staaten lassen Größe und Marktmacht von Unternehmen die Kartellwächter zunehmend kalt, in: Die Zeit Nr. 39 vom 22.09.1995, S. 41

Thiel, Matthias: Das Wettbewerbs- und Kartellrecht in Osteuropa, in: OR 1995, Jg. 41, S. 99-120

Thomson, Andy: Cross-border boom tine, Acquisitions Monthly, February 1996, S. 43

Thomson, Andy: Spanish M&A moves into the fast lane, in: Acquisitions Monthly, April 1997, S. 80-84

Tichy, Gunther: Die wissenschaftliche Aufarbeitung der Merger-Mania. Neue Erkenntnisse für die Wettbewerbspolitik?, in: Kyklos 3/90, Vol. 43, S. 437-471

Tolksdorf, Michael: Dynamischer Wettbewerb. Einführung in die Grundlagen der deutschen und internationalen Wettbewerbspolitik, 1. Auflage, Wiesbaden 1994

Tonke, Christian: Das Wettbewerbsrecht der Mitgliedstaaten der Europäischen Gemeinschaften, in: von der Heydt, K.-E./von Reckenberg, W.-G. (Hrsg.): Die Europäische wirtschaftliche Interessenvereinigung, Stuttgart 1990, S. 339-361

Tonner, Klaus: Das Wettbewerbsrecht des EWG-Vertrages, in: Kritische Justiz 1/90, S. 98-111

Toy, Stewart: Splitting up. The other side of merger mania, in: Business Week vom 01.07.85, S. 40-45

Trapp, Wolfgang G.: Zunehmender Marktdruck zwingt zur Konzentration auf das Wesentliche, in: HB Nr. 224 vom 21.11.1991, S. 31

Tuchtfeld, Egon: Konzepte der Wettbewerbspolitik, in: Merz, Hans/Schluep, Walter R. (Hrsg.): Recht und Wirtschaft heute, Festgabe zum 65. Geburtstag von Max Kummer, Bern 1980, S. 549-563

Urbat, Klaus: Dem internationalen Wettbewerbsdruck kann man nur gemeinsam standhalten, in: HB Nr. 224 vom 21.11.1991, S. 33

Utton, M. A.: Industrial concentration, Manchester 1970

van Miert, Karel: Die Wettbewerbspolitik der neuen Kommission, in: WuW 7-8/95, Jg. 45, S. 553-560

van Miert, Karel: Eine aktive Wettbewerbspolitik für das Wirtschaftswachstum, in: Europäische Kommission (Hrsg.): Europa ohne Grenzen, Monatlicher Brief, Juni 1995

Vandermeersch, Dirk/Garzaniti, Laurent: Developments in National Competition Laws (October 1 - December 31, 1997), in: WuW 3/98, Jg. 48, S. 250-258

Veelken, Wilfried: Aspekte der europäischen Fusionskontrolle, in: Drobning, Ulrich/Kötz, Hein/Mestmäcker, Ernst-Joachim (Hrsg.): Die Europäische Fusionskontrolle, Tübingen 1992, S. 1-35

Viehöver, Ulrich: Gefährliches Potpourri, in: WiWo Nr. 20 vom 12.05.1989, Jg. 43, S. 54-60

Vito, Roberto: Zur wettbewerbspolitischen Beurteilung vertikaler Zusammenschlüsse, in: WuW 10/92, Jg. 42, S. 806-817-

Vogel, Louis: Industriepolitik und Wettbewerbsrecht aus französischer Sicht am Beispiel der Fusionskontrolle, in: RIW 8/96, Jg. 42, S. 638-644

Vogelaar, Floris O. W.: Die neue Fusionskontrolle in den Niederlanden, in: WuW 12/97, Jg. 47, S. 964-969

Voigt, Jörn F.: Synergieeffekte: Wo sie entstehen, wie sie zu bewerten sind, in: Gablers Magazin 3/90, Jg. 4, S. 24-26

Voigt, Stefan: Strategische Allianzen, in: WiSt 5/93, Jg. 22, S. 246-249

von der Groeben, Hans: Unternehmenszusammenschlüsse aus der Sicht der Europäischen Gemeinschaft, in: Salin, Edgar/Stohlen, Jaques (Hrsg.): Notwenigkeit und Gefahr der wirtschaftlichen Konzentration in nationaler und internationaler Sicht, Frankfurter Gespräche der List Gesellschaft, vom 10. - 12.03.1969, Protokolle und Gutachten, Tübingen 1969

Vonnemann, Wolfgang: Die neue europäische Fusionskontrolle, in: DB 11/90, Jg. 43, S. 569-574

Vosgerau, Hans-Jürgen: Die Internationalisierung der Wettbewerbspolitik, in: Wirtschaftsdienst 2/1995, Jg. 75, S. 105-112

Walter, Jerry: Movin towards one Europe, in: Acquisitions Monthly, May 1997, S. 62-63

Ward, Angela: German companies enjoy a busy beginning to the year, in: Acquisitions Monthly, May 1995, S. 39

Ward, Angela: Investors undeterred by political climate, in: Acquisitions Monthly, December 1995, S. 44-49

Wartenberg, Ludolf von: Europäische Industriepolitik aus Sicht der deutschen Industrie, in: ifo-Schnelldienst 17-18/93, S. 34-38

Weber, Joseph: The Global 1000, in: Business Week vom 13.07.1998, S. 42-48

Weber, Max: Wirtschaft und Gesellschaft, Grundriß der Sozialökonomik, Tübingen 1922

Weber, Ralf L.: Walter Eucken und der Wandel von Wirtschaftssystemen, in: WiSt 11/92, Jg. 21, S. 579-583

Weitbrecht, Andreas: Zusammenschlußkontrolle im Europäischen Binnenmarkt, in: EuZW 1/90, Jg. 1, S. 18-21

Weizsäcker von, Carl Christian: Keine Angst vor Fusionen, in: FAZ Nr. 95 vom 24.04.1999, S. 15

Wenz, Gerit: Entwicklung, Verfahren und Politik der Zusammenschlußkontrolle in Großbritannien, Köln 1991

Werner, Rosemarie: Internationaler Wettbewerb und Marktabgrenzung bei der Fusionskontrolle, in: Niederleithinger, Ernst/Werner, Rosemarie/ Wiedemann, Gerhard (Hrsg.): FS für Otfried Lieberknecht zum 70. Geburtstag, München 1997, S. 607-624

Westerhoff, Horst-Dieter: Industriepolitik als Element des Maastrichter Vertrages - Einige Anmerkungen, in: LIST Forum für Wirtschafts- und Finanzpolitik 1993, Band 19, S. 149-164

Weston J. F./Ansoff, H. I.: Merger Objectives and Organization Structur, in: Quaterly Review of Economics and Business, 1962, Vol. 2, S. 49-58

Weston, Fred: The Role of Mergers in the Growth of the Large Firms, Publications of the Bureau of Business and Economic Research, University of California, Berkeley-Los Angeles 1953

Wicher, Hans: Unternehmenskultur, in: WISU 4/94, Jg. 23, S. 329-338

Wildemann, Horst: Entwicklungsstrategien für Zulieferunternehmen, in: ZfB 4/92, Jg. 62, S. 391-413

Wildemann, Horst: Lean Management - Entwicklungstendenzen für die Zulieferindustrie, in: Thexis 1994, S. 182-189

Willeke, Franz-Ulrich: Wettbewerbspolitik, Tübingen 1980

Willig, Robert D.: Multiprodct Technology and Market Stucture in: American Economic Review 2/79, Jg. 69, S. 346-351

Wins, Henning: Mögliche Ausprägungen einer zukünftigen internationalen Wettbewerbsordnung, Thesenpapier, Tübingen 1998, S. 1-9

Wittmann, Waldemar: Überlegungen zu einer Theorie des Unternehmenswachstums, in: ZfbF, 1961, Jg. 13, S. 493-519

Wohlgemuth, Frank K.: Das belgische Kartellrecht, in: WuW 11/94, Jg. 44, S. 901-915

Wolf, Dieter: Eine europäische Behörde für den Wettbewerb, in: FAZ Nr. 258 vom 05.11.1994, S. 15

Wolf, Dieter: Wettbewerbsrecht ist künftig in Brüssel zu machen, aber in Berlin anzuwenden, in: HB Nr. 23 vom 02.02.1994, S. 4

Wolf, Dieter: Zum Verhältnis von europäischem und deutschem Wettbewerbsrecht, in: EuZW 7794, Jg. 5, S. 233-238

Wolf, Dieter: Nicht mit Mega-Behörden gegen Mega-Fusionen, in: FAZ Nr. 107 vom 10.05.1999, S. 10

Wolf, Susanna: Die Uruguay-Runde: Ergebnisse und Wirkungen, in: WISU 6/1994, Jg. 23, S. 504-507

Woll Artur (Hrsg.): Allgemeine Volkswirtschaftslehre, 9. überarbeitete und ergänzte Auflage, München 1987

Woll, Artur (Hrsg.): Wirtschaftslexikon, 4. Auflage, München 1990

Wulff, Manfred: Die neoliberale Wirtschaftsordnung. Versuch einer dynamischen Analyse der Konzeption und der Realität, Tübingen 1976

Wünsche, Horst Friedrich: Die immanente Sozialorientierung in Adam Smiths Ordnungsdenken - ein Paradigma für die Soziale Marktwirtschaft, in: Meyer-Faje, Arnold/Ulrich, Peter (Hrsg.): Der andere Adam Smith. Beiträge zur Neubestimmung von Ökonomie als Politischer Ökonomie, Bern 1991, S. 249-274

Wünsche, Horst Friedrich: Soziale Marktwirtschaft: Der Weg zu wirklicher Marktwirtschaft, in: Orientierungen zur Wirtschafts- und Gesellschaftspolitik 52/92, Jg. 2, S. 63-65

Wupper & Partner (Hrsg.): Wupper Reporte 1985-1990

Zohlnhöfer, Werner: "Warum überhaupt Wirtschaftspolitik?. Begründungen für Interventionen des Staates in das Wirtschaftsgeschehen", in: Ellwein, Thomas u.a. (Hrsg.): "Zuviel Staat? Die Grenzen der Staatstätigkeit", Stuttgart 1982, S. 40-58

Zohlnhöfer, Werner: Wettbewerbspolitik im Oligopol: Erfahrungen der amerikanischen Antitrustpolitik, Basel, Tübingen 1968

Zschocke, Christian: Zum neuen belgischen Kartellrecht, in: WuW 4/93, Jg. 43, S. 381-389

Zuleeg, Manfred: Der Rang des europäischen im Verhältnis zum nationalen Wettbewerbsrecht, in: EuR 2/90, Jg. 25, S. 123-134

STUDIEN DER BREMER GESELLSCHAFT FÜR WIRTSCHAFTSFORSCHUNG e.V.

Band 1 Young-Yoon Kim: Die asiatische Pazifikregion. Entstehung eines neuen Weltwirtschaftsraumes. 1990.

Band 2 Wolfgang Möhring: Gegengeschäfte. Analyse einer Handelsform. 1991.

Band 3 Gerhard M. Feldmeier: Ordnungspolitische Perspektiven der Europäischen Integration. Analyse und Synthese der Europäischen Wirtschaftsordnung. 1993.

Band 4 Jürgen Fischer: Marktchancensuche im Unternehmen. Konzeptionelle Ansätze zur systematischen Identifikation, Evaluierung und Nutzung von Marktchancen im Unternehmen. 1994.

Band 5 Tim Stuchtey: Privatisierungsstrategien im Transformationsprozeß Mittel- und Osteuropas. Eine ökonomische Wirkungsanalyse der ehemaligen DDR, Polens und Ungarns. 1994.

Band 6 Jörg Elfers: Unternehmensgründungen. Eine empirische Erfolgskontrolle der Bremer Finanzierungshilfen zur Existenzgründungsförderung. 1996.

Band 7 Manfred M. Gößl: Der westeuropäische Wirtschaftsraum im globalen Wettbewerb. Regionale Integration und Standortwettbewerbsfähigkeit. 1997.

Band 8 Daniel Rutz: Strukturwandel im französischen Finanzsystem. Privatisierungen und Strukturveränderungen auf den französischen Finanz- und Kapitalmärkten. Mit einem Vorwort von Marc Viénot. 1998.

Band 9 Leif Rullhusen: Der Einfluß des deutsch-ostasiatischen Handels auf die Beschäftigungsentwicklung in Deutschland. 2001.

Band 10 Eva-Maria Kinner: Die gegenwärtige Kapitalkonzentration in Europa und die Zukunft der Wettbewerbsordnung. 2002.

Anke Nagy

Die Entwicklung einer internationalen Wettbewerbsordnung

**Möglichkeiten und Grenzen aus organisations-
theoretischer und politökonomischer Sicht**

Frankfurt/M., Berlin, Bern, Bruxelles, New York, Oxford, Wien, 2002.
258 S., 2 Abb.
Europäische Hochschulschriften: Reihe 5, Volks- und Betriebswirtschaft.
Bd. 2913
ISBN 3-631-39528-0 · br. € 40.40*

Können ordnungspolitische Probleme, welche sich aus der zunehmenden
Globalisierung ergeben, mit Hilfe bereits bestehender Abkommen gelöst
werden? Zur Beantwortung dieser Frage werden zunächst bereits bestehen-
de uni-, bi- und supranationale Ansätze untersucht. Dabei wird auch der
Frage nachgegangen, ob eine neue, multilaterale Vereinbarung notwenig ist.
Während der 1. Teil sich auf organisatorische Aspekte beschränkt, wird im
2. Teil die Problemstellung um eine politökonomische Perspektive erweitert.
Hierbei steht das Verhalten der am politischen Entscheidungsprozeß beteiligten Akteure im Vordergrund. Wer ist für, wer ist gegen eine internationale
Lösung? Was sind die Möglichkeiten, wo sind die Grenzen einer internatio-
nalen Wettbewerbsordnung?

Aus dem Inhalt: Uni-, bi- und supranationale Abkommen und Verträge zur
Bekämpfung grenzüberschreitender Wettbewerbsbeschränkungen · Interna-
tionale Wettbewerbsordnung aus organisatorischer Sicht · Politökonomische
Aspekte einer internationalen Wettbewerbsordnung

Frankfurt/M Berlin Bern · Bruxelles · New York · Oxford · Wien
Auslieferung: Verlag Peter Lang AG
Moosstr. 1, CH-2542 Pieterlen
Telefax 00 41 (0) 32 / 376 17 27

*inklusive der in Deutschland gültigen Mehrwertsteuer
Preisänderungen vorbehalten

Homepage http://www.peterlang.de

Peter Lang · Europäischer Verlag der Wissenschaften